サルトル読本

澤田 直 編
Sawada Nao

法政大学出版局

Jean-Paul Sartre

◎写真提供
カバーを含め本書に収録した写真については，すべて株式会社人文書院のご協力を得ました.
記して感謝致します.
法政大学出版局編集部.

編者まえがき

ここにお届けするのは、二〇世紀フランスを代表する哲学者・作家ジャン゠ポール・サルトルを対象とした「読本」である。本「読本」シリーズにこれまで収められたのが狭義の哲学者であったのに対して、サルトルの特徴は、なによりも、その多面性にあるだろう。彼は、専門的な教育を受けた哲学者であったとはいえ、まずは長篇小説『嘔吐』(一九三八)によって作家としてデビューしたのであり、その後も、同時代の多くの哲学者とは異なり、大学人としての生活を送ることはなかった。むしろ、自ら創刊した『現代《レ・タン・モデルヌ》』誌を拠点として、思想界のみならず広く一般読者層にアクチュアルな問題を投げかけ続けることによって、また小説や戯曲などの創作を通して、独自の思想を展開したのだった。

日本での受容という観点から言えば、サルトルは、第二次世界大戦が終わった直後から、実存主義の旗手として、さらには世界的なオピニオンリーダーとして紹介され、極めて広い読者層を持った。短期間に代表作のほとんどが翻訳され、さらには世界に先駆けて『サルトル全集』が刊行されたほど、きわめて人気の高い思想家であった。サルトル熱は、今では想像もできないほどのいわば社会現象だった。一九六六年に、公私にわたるパートナーであるシモーヌ・ド・ボーヴォワールと来日した際には、同年に来日したビートルズと同じくらいマスコミに取り上げられ、講演会場には若者が殺到したというのだから、今にして思うと隔世の感を禁じ得ない。とはいうものの、サルトルは知的な刺激剤として、広く作家や映画監督、芸術家や知識人によって読まれたり、語られたりしたのであって、長いことアカデミックな研究対象としては疎まれ遠ざけられてきた。じつは、これは本国フランスの場合も同じである。ある種のサルトル・フォビアとでも呼ぶべき現象によって、フランスの大学では長いことサルトル研究は完全に排除されていた。むしろベルギー、アメリカのほうが研究は盛んだった。その背景には、サルトルが大学人ではなく、弟子のような存在を持たなかったこともあるのかもしれない。また、戦争、植民地問題、人種差別など、同時代のあらゆる不正に対して立ち上がり、私心なく発言するその闘争的活動の裏に、作家・思想家としての繊細で緻密な執筆と思索活動が隠れてしまったためであるかもしれない。

このような傾向に変化が現れ、専門的な研究が盛んになるのは、フランスでも日本でも、サルトルが死去し、一連のブームが去った八〇年代からである。「死せるサルトルは生前よりも多産」と評されるほど、日記や書簡、草稿（『倫理学ノート』『シナリオ　フロイト』『アルブマルル女王』）などの遺稿が陸続と刊行されたことも、その流れを助けた。サルトルの死去した一九八〇年にパリではサルトル学会Groupe d'Etudes Sartriennesが発足、それ以来、若手の研究者が次々と博士論文を出し、彼らは今では主要な大学のポストに就き、サルトルはようやく大学界でも認知されたと言える。もちろん、作家としては、文学者の殿堂とも言えるプレイヤード叢書に「小説」「戯曲」「自伝」の三巻が刊行されており、確固たる地位を占めている。日本でも一九九五年に世代を超えた研究者の集まりとしてサルトル研究会が発足（二〇〇二年に日本サルトル学会と改称）、年に二回の研究例会を開き、活発な活動を行っている。こうして、サルトル受容は新たな段階に入っているし、若い研究者も増えていることは喜ばしいかぎりである。

もはや、サルトル解釈は、「アンガジュマンの作家」とか、「実存は本質に先立つ」という通俗的な自由の哲学者のレベルではありえない。本書に寄稿してくれたフランソワ・ヌーデルマンも語っているように、このような紋切り型を超えたところにこそサルトルの魅力は見出されるのだ。ところが、残念ながら、一般にはいまだにサルトルと言えば、構造主義や、脱構築から見ると一昔前の実存主義者と考える向きが少なくないようだ。しかし、じつはフーコーやドゥルーズからデリダの脱構築にいたるその後のフランス現代思想の流れも、サルトルなしには正確には理解できないことは、アラン・バディウをはじめ多くの人が指摘するところだ。フーコーやデリダの思想がすでにサルトルによって先取りされ、凌駕されているなどと言ったら、贔屓の引き倒しになろうが、少なくとも、一見対立するかに見えるその後の流れも、サルトルという強烈なアクションあってのリアクションであり、両者はポジとネガのように補完しあっているのであり、どちらも現代世界の諸問題に対しての真摯な向き合いであることは間違いない。

本書は、サルトル研究の最前線の成果を紹介することで、専門家以外の方にも新たなサルトル像が一望できるような書物を提供したいという思いを出発点として編まれた。その意味で、初心者を意識しながらも、最新の情報や研究も盛り込み、専門家にとっても資するものであることを目指している。かつてサルトルを読んでいた人たちから、これから読もうとしている若者まで幅広い読者を想定し、できるかぎり多角的な構成を心がけた。

本書は、大きく四つのパートからなっている。まず、第Ⅰ部「サルトルの可能性をめぐって」は、二〇世紀の思想状況を見通したうえで、サルトルの新たな読みの可能性を探る導入的部分である。早い時期から翻訳と紹介に尽力された日本人研究者のエッセー、海外の哲学者から寄せていただいたエッセー、そして共同討議からなる。続く第Ⅱ部「サルトル解釈の現状」第Ⅲ部「サルトルの問題構成」に集めたのは、主著『存在と無』『弁証法的理性批判』の読解や、重要な問題構成をめぐる論考であり、新資料を駆使した最先端の見地が盛り込まれた研究である。三つ目は「サルトルと同時代」(第Ⅳ部、第Ⅴ部)と題して、ハイデガー、バタイユ、ラカンなどとの関係を考察するパートで、単なる影響や対立関係にとどまらず、同時代が共有する問題系に横断的にアプローチする論文を集めた。最後に第Ⅵ部「作家サルトル——文学論・芸術論」として、狭義での哲学以外をテーマとする論考を収めた。

以上の本文のほか、巻末には付録として詳細なサルトル文献目録と略年譜を附した。サルトルを読む際にお手元に置き、活用していただければ幸いである。

執筆陣には、日本サルトル学会所属の重鎮から若手まで広くお声がけするとともに、サルトルに強い関心を持つ他の領域の研究者たちにもご寄稿を仰ぎ、力のこもった論考をお寄せいただいた。心より御礼申し上げます。

諸般の事情により、企画から公刊までかなりの時間がかかってしまったことは、ひとえに編者の力量不足であり、深くお詫び申し上げる次第であるが、結果的に、サルトルの生誕一一〇年にあたる年に、この読本を世に送ることができたのは幸いであった。本書によって、多面的で豊饒な思想家サルトルが、ますます多くの読者を獲得することになれば、望外の喜びである。

本書には、サルトル関連の写真を数点収録することができたが、これは日本でのサルトル書の刊行を一手に引き受けてきた人文書院のご厚意による。所蔵するサルトル来日時の資料を快く提供してくださった渡邊博史社長をはじめ、人文書院の方々に深甚なる謝意を表します。法政大学出版局の前田晃一さんには、企画の段階から編集作業、そして最後の詰めにいたるまでたいへんお世話になった。深く感謝し、厚く御礼申し上げます。

二〇一五年一月

編者　澤田直

目次

第Ⅲ部　サルトルの問題構成

第Ⅳ部　サルトルと同時代1

第Ⅴ部　サルトルと同時代2

第Ⅵ部　作家サルトル——文学論・芸術論

凡例

一、本文中に示されるサルトルの著作には文献略号を用いる場合がある。略号の後は、ページ数のみを示す。

一、使用する版や叢書は各執筆者の判断によるものであり、略号そのものも必ずしも本書において統一はしていない。各論考ごとの注記を参照のこと。また、出版地がパリの場合は省略する。

一、サルトルの著作名や論文名の日本語表記については、原則として人文書院版『サルトル全集』などの既訳に準拠するが、執筆者の意向を優先する。ただし邦訳のない *Cahiers pour une morale* については暫定的に『倫理学ノート』とする。また、用語の訳語、人名の表記についても、執筆者の意向を優先する。

一、引用文中の〔 〕は、引用者による補足ないし補注を示す。

第Ⅰ部　サルトルの可能性をめぐって

サルトルと翻訳

――または他者への想像力について

鈴木道彦

与えられたテーマは「サルトルと私」という題のエッセイである。しかし私は既に同じタイトルの文章を別の機会に執筆しているし、一九六六年以来何度か会ったサルトル本人の印象も、かつて書いたことがある。そこで本稿では、自分で手がけた二、三の翻訳と、それにかんして頭に浮かぶことのみを記したい。

二〇〇一年にプルーストの『失われた時を求めて』の全訳を終え、二〇〇七年に全十三巻の文庫化も完了したとき、私は自分の一生が、若いときにプルーストとサルトルを読んだために大きく方向づけられたことを改めて強く感じた。そこで残された僅かな時間には、できればサルトルのために、やり残したこと、気になっていたことをしておきたいという気持に駆られたのである。二〇一〇年に『嘔吐』の新訳を出したのはその第一歩だった。そして次は、親しくしていた故平井啓之から生前に依頼された『聖ジュネ』の改訳を考えていたのだが、さまざまな事情から、現在は四人の共訳者とともに、『家の馬鹿息子』の翻訳第四巻を準備しているところである。

『嘔吐』は初め学生時代に翻訳で読んで、さっぱり意味の摑めなかった小説である。ところがその後、原文で精読してみると、きわめて明快な内容の、スリリングな知的冒険に満ちた秀作であることが理解できた。それに興味を覚えて、『『嘔吐』とその周辺』(一九六二年)という文章を書いたのが、サルトルの文学作品を扱った私の最初の論文だった。

それ以来、私は大学のゼミで、何度もこれを取り上げた。歯ごたえのある内容だし、じっくり議論しながら一年間で読み終えるのに適当な長さでもあるためで、そのたびに繰り返し原文を精読したから、最終的には何十回かこれを読む結果になった。それだけに、晩年になってその翻訳の機会が与えられたことは、実に感慨深いことだった。

先訳者の故白井浩司は、戦争中に『嘔吐』を読んで直ちに興味を覚えて翻訳を試みたという。その慧眼には脱帽するほかはない。それでも翻訳は各自の異なった読解があらわれる場であるから、白井訳には抵抗を覚えるところが少なくなかった。

細かな問題はさておき、今は一点だけに絞るなら、existence, exister の訳語である。とくに、現在も流布されている一九九四年の新装版を見ると、白井訳ではその大部分を「実存」としている。たとえば主人公のロカンタンが辻公園の柵を開けて一歩踏み出した瞬間の情景は、次のように訳されている。

私は柵を押して入る。軽い実存どもが一跳びで飛び上がり梢に棲《とま》る。

「軽い実存」? これは侵入してきた人に驚いて、ぱっと飛び上がった小鳥たちのことを指しているのだ。その他にも、「実存する鷗」とか、「根の実存」などという言葉が頻繁に出てくるが、これは私にとって、とうてい違和感なしには読めない表現であった。

「実存」という日本語は、たしかにもとは essentia（本質）の対概念である existentia の訳語の「現実存在」または「事実存在」の省略形として発生したものだろう。しかし実存思想の紹介以後、事情はまったく変化した。したがって『岩波哲学・思想事典』では、この言葉を次のように説明している。

十九世紀のキルケゴール以降、特に二十世紀の実存思想において人間の主体的存在を表示するために Existenz ないし existence という語が用いられた。この場合には、この実存という術語を訳語として当てるのが一般である。したがって、実存という語は、現実存在ないし事実存在という語の短縮形ではあるが、客観的な事物の現実的な存在を意味するよりは、むしろ第一義的には、個的で具体的なあり方をした有限な人間の主体的存在形態を表示する。

「主体的存在」という言い方は少々気になるが、「実存」が人間にかかわるというのは現在では常識だろう。こうした用法の早い例として同事典が挙げるのは、一九二七年の西谷啓治によるシェリングの邦訳や、一九三三年の九鬼周造の論文である。その九鬼周造は「実存」を次のように説明する。

可能的存在に対して現実的存在を実存と云つてもよい。然るに実存の意味が最も顕著にあらはれてゐるのは人間存在においてである。人間存在にあつては存在の仕方がみづからによつて決定されると共にその決定について自覚されてゐるのである。人間存在は存在そのものを自覚的に支配してゐる。（中略）それ故に人間存在が勝義の「実存」である。（「実存哲学」）

さらに九鬼は「ハイデッガーの哲学」という文章で次のように言う。

現存在の本質（essentia）は存在（existentia）から理解されなければならぬ。存在が本質よりも優位を占めてゐる。それ故に現存在の在り方を実存（Existenz）と名づける。

こうして「実存」という言葉は、「現存在の本質はそれの実存にある」という表現で有名なハイデッガーの Existenz の訳語となり、意識存在としての人間に使われるものとなって定着し、現在ではそれが一般的な用法として広く受け容れられているはずである。そうであれば、物の存在の偶然性の発見から、自分自身も余計な存在であることを自覚していくロカンタンの変化を通して、『嘔吐』は「実存」を発見する道程を描いた小説とは言えようが、小石や、鷗や、マロニエの木の根っこまでが「実存」してしまってはとんでもないことになるので、この日本語訳は改めなければならない。とくに翻訳は、専門家ではなくてむしろ一般読者が読むものだから、このような訳語の使用は、戦後の実存主義についても見当違いのイメージを与えかねないだろう。以上のような理由で、私は existence に「実存」という言葉を避け、「存在」という訳語を当てることにしたのである。またこれが、『嘔吐』の新訳を試みたいと考えた多くの理由のなかでも、最も重要なものの一つであった。

＊

ここまで書いてきたときに、私の手許に青山学院大学総合文化政策学会発行の紀要第五号が送られてきたが、たまたまそこに石崎晴己が「サルトルという問題」という文章で同じテーマを扱っているのが目についた。そのなかで著者は『嘔吐』段階での existence の訳語として、もちろん「実存」は不可能だが、哲学的な意味の場合は、être と区別して「現実存在」とすることを提唱している。

実を言うと、これは私も考えないではなかった。しかし、「現実存在する鷗」という表現はどうにも坐りが悪いし、「現実的に存在する鷗」と、いちいち「現実的に」を加えるのも、余りに説明的で冗長になるので避けたかった。小説の翻訳では文体や流れが重要で、私は原文の持つリズムを崩したくなかったのである。「存在」に落ちついたのは、そのような理由からだった。

そして振り返って見ると、『嘔吐』は私が訳したサルトルの最初の小説であり、最初の虚構の作品だったことに気づく。それまで私は評論風のものはいろいろ訳したが、虚構の作品はサルトル以外の作者のものしか手がける機会がなかったのである。

もともと私がサルトルの文章を訳し始めたのは一九六〇年代からで、最初は海老坂武との共訳が多かった。海老坂は当時まだ大学院の学生だったが、学部のときからサルトルを専攻していたので、すべての作品によく通じていた。それに対して私の方は、最初はプルーストに集中しており、サルトルを系統的に読み始めてからまだ日も浅かったから、しばしば彼の協力に助けられたのである。そうした共訳の最初のものは、たぶんフランツ・ファノンの『地に呪われたる者』につけられた序文だろう。これは『中央公論』の一九六二年六月号に掲載された。

その後、人文書院がサルトルの『シチュアシオン』全巻を刊行することになったので、われわれはいくつかの評論を二人の名前で訳出している。なかでも印象深く思い出されるのは、一九四八年にサンゴールの編集で出版された『ニグロ・マダガスカル新詞華集』の序文として書かれ、後に『シチュアシオンIII』に収められた「黒いオルフェ」である。『地に呪われたる者』への序文と同様に、これもかなりの長さの文章で、いずれもサルトルの非常に重要な発言として記憶されるべき性質のものだ。またこれらを訳したことは、その後の私の進む方向にも影響を与えずにはいなかった。

二つの文章には、序文という条件のためでもあるが、共通の性格が見てとれる。それはサルトルがフランス人に向かって、この二冊を絶賛し、これを読めと強く薦めていることである。フランス人だけではない。むしろ、ヨーロッパ人に、白人に、と言った方がいいかもしれない。しかもいずれの本の内容も、無自覚なフランス人やヨーロッパ人にとっては不愉快なもの、気持を逆撫でするもの、できれば読まずにすませたいものだった。とくにファノンの本にはその傾向が顕著だった。

マルチニック島出身の黒人ファノンは、精神科医だが、アルジェリア戦争のさなかに自ら民族解放戦線に身を投じ、そのイデオローグとなった人物である。私はそのアルジェリア戦争の勃発した一九五四年から三年余りをフランスで過ごしたので、滞仏中に植民地問題の重大さを身にしみて感じることになったし、パリでは多くのアルジェリア人の活動家ともつきあった。そのために帰国後にも、東京の麻布に誕生したアルジェリア臨時政府代表部と接触を保って、情報を収集したり、彼らの活動を助けたりしていたのだが、ある日、その二代目代表のベナビレスから贈られたのが、一九六〇年に出たファノンの『アルジェリア革命第五年』(後に『革命の社会学』と改題)という小著だった。ファノンの名前を知ったのはこのときである。『地に呪われたる者』が出たのはその翌年だが、それから程なく、ファノンは白血病のために、アルジェリアの独立も見ないで夭折した。

彼の遺作となったこの本は、前著と比較にならないほど激烈な、重い言葉の連ねられたものだった。冒頭には、まず「暴力」と題された一章があり、単刀直入に「非植民地化とは常に暴力的な現象である」という認識で始まる。そしてフランス語で書かれていても、これはフランス人を対象にしたものではなく、彼らをほとんど無視して、植民地原住民や第三世界の人びとに直接呼びかけるものになっていた。しかしサルトルは、まず二つの理由で、フランス人もこの本を読むべきだと言うのである。

第一に、ここには、痛めつけられ虐げられてきた犠牲者たちの目に映るフランス人の姿が、つまり「客体としての真実」が、そのまま描かれているからだ。だから「勇気を出してファノンの本を読みたまえ。なぜならこの本は君たちを恥じ入らせるだろうし、恥はマルクスが言ったように革命的な感情だからだ」とサルトルは書いている。

そして第二に、フランス人の非難する植民地原住民の〝暴力〟が、実はフランスを始め、植民地を支配する側の暴力によって作られたものであることを、この本が明らかにしているからであるという。なるほど、本国では西欧の誇りとして、ヒューマニズムや人権が称えられていたかもしれない。しかしそれは植民地の原住民を人類から除外して、彼らを人間以下の人間として扱い、牛馬のようにこき使うのを妨げはしなかった。最初に猛威を揮ったのはこの植民地主義者の暴力である。したがって原住民の暴力は、フランスや西欧の暴力の蓄積されたもの、これまでの歴史から生まれたものであって、「初めから彼らの暴力だったのではない。われわれヨーロッパ人の暴力が、増大し、彼らの心を引き裂きながらわれわれのほうへ向きを変えたのである」。だからこうした暴力は、人間以下の人間にされた者が、「自らをふたたび人間として作り上げつつある」姿である、というのがサルトルの主張だった。

このような発言は、フランスでは保守派のみでなく、一般からもたいへんな反感を呼んだ。この序文を執筆した前後にサルトルは、アルジェリアを手放すまいとする過激な右翼組織によって、何度もテロの標的にされ、危うく難を逃れている。また後になってもサルトルのことを、「公然と殺人を呼びかけた」などと言って、酷評する人が跡を絶たなかった。たとえば『サルトル、最後の哲学者』を書いたアラン・ルノーがそうであり、ベルナール゠アンリ・レヴィの『サルトルの世紀』にも似たような表現がある。それほどに多くのフランス人にとって、これは耳に入れたくない言葉だった。ということは、心情のうえでも、植民地主義からの脱出がけっして容易ではないことを示している。歴史認識の欠如は、日本だけの問題ではないのである。

これに比べて「黒いオルフェ」は『新詞華集』の序文だから、それほどの物議は醸し出さなかったであろうが、しかしよく見れば、サルトルの姿勢はここでも似たようなものだ。

彼がこの文章で引いているのは、ハイチ、マルチニック、グアドループ、マダガスカル、セネガル、カメルーンなどの出身の詩人たちであり、その多くは奴隷の子孫の黒人である。そして彼らが歌うのは黒人の魂であり、黒人独特の感覚や思考であり、黒人のみの見出す美であり、つまりはサンゴールが「黒いアフリカの文化的価値の総体」と呼んだ「ネグリチュード」にほかならない。サルトルはそれを「黒人の世界内存在」と呼ぶのである。

この「ネグリチュード」は、一九三〇年代のパリで始まった黒人詩人の運動から生まれ、四〇年代にはマルチニックで刊行された雑誌『トロピック』に引き継がれたものだが、それが一般に広く知られるようになったのは、むしろこの『ニグロ・マダガスカル新詞華集』と、それにつけたサルトルの序文以来ではないだろうか。サルトルがここで何よりも強調するのは、彼らが「ネグリチュード」をフランス語で歌うことを余儀なくされている、という事実だった。それは、これら世界各地に散らばった黒人詩人たちにとって、彼らに共通する唯一の言語がフランス語だったからだ。彼らは、植民地で文明化の名のもとに押しつけられたフランス語を、母語のように吸収した。だから、それぞれの出身部族の内部でだけ通用する言語はあっても、互いの意志疎通をするのも、詩を書くのも、フランス語によるほかはなかったのだ。

現在では、とくに一九九〇年代からクレオール語の作家の紹介も盛んに行われているくらいだから、こうした事情も広く知られている。しかし、私が「黒いオルフェ」を初めて読んだときには、アフリカ大陸からインド洋のマダガスカルを経て、遠くカリブ海の島々に至るまでの旧フランス植民地の黒人詩人たちが、等しくフランス語によって「ネグリチュード」を歌うのを目にするのは、非常に新鮮なことだった。

しかし、そのフランス語はまた抑圧者の言語でもあり、言語自体が抑圧者の思想の染みこんだものでもある。そしてもちろん詩人たちは黒人の解放を目指していたのだから、この言葉の抑圧性、階級性を破壊するためにこそ、これを使うようになるだろう。サルトルは、とくに「白」と「黒」という対になる二語を挙げて、それを説明している。

> ニグロは潔白を意味するのに「雪のように白い」と言うように学ぶだろう。眼差しの、心の、罪の、黒さ［卑劣さ］について語ることを学ぶだろう。この階級制《イエラルシー》を覆そうと執拗に努めぬかぎり、口を開くや否や彼は自分を責めたてることになる。そしてもしフランス語でこれを覆すなら、彼はすでに詩の領域にいるのである。かりに「潔白の黒さ」とか「美徳の暗闇」というような言い回しを想定すれば、われわれはどんなに奇妙な味を覚えることだろうか。

この一節は、私にとってきわめて興味深いものだった。つまり黒人詩人が「ネグリチュード」の価値を見出して、黒い皮膚の美しさや、黒い輝きを称え始めると、彼らの書くものはフランス語の通常の意味と衝突し、いわばフランス語を解体する方向に進むのである。だからこそサルトルは、「デュシャンやシュールレアリストたちの手になる、自己破壊的のオブジェにも似た驚異的な詩を、この黒という言葉が獲ちとるのである」と言い、フランス語で書かれた黒人詩のみが「現代における唯一の偉大な革命詩である」と認めたのである。

しかしサルトルは手放しでこれを称賛するだけではない。彼は、白人に対して黒人の復権を要求する「ネグリチュード」こそ、人種差別の撤廃に通じる唯一の道であるとしながらも、同時にこれを「人種主義に反対する人種主義」とも呼ぶ。そして、この黒人賛歌が一つの人種主義である以上、それは到達点ではなくて経過点であり、弁証法的な一契機であって、普遍的なものに向かって乗り越えられるべきものであると見なすのである。

このような視点は、「ネグリチュード」によって初めて自分の価値を認め、黒さこそ力であり、光であると考えることができた黒人たちに、衝撃を与えずにはいなかった。ファノンは一九五二年に出したその最初の著書である『黒い皮膚・白い仮面』のなかで、サルトルが「黒人の熱狂を破壊した」と記しているが、それは「ネグリチュード」が乗り越えられるべきものであるというサルトルの言葉を指している。しかしそのファノンもやがてサルトルの立場を受け容れて、「ネグリチュード」を越え、九年後には自分の『地に呪われたる者』の序文をサルトルに依頼するようになるだろう。そのように考えると、白人支配に対抗する黒人詩人たちの運動と、その運動に刺激され、それを理解しようとつとめながら、その先を目指す白人知識人との、この緊張したやりとりが、私にはきわめて実り豊かな対話に思われた。

それにしても、サルトルは植民地原住民でも黒人でもないのに、どうしてこのように原住民の立場を理解したり、黒人の「世界内存在」を語ったりすることができるのか。たしかに、黒人の内的体験を持たない白人は「ネグリチュードについて適切に語ることはできないだろう」と、サルトルは自ら認めている。それでも彼がこれほど雄弁に原住民や黒人の立場を語ったのは、他者への想像力を駆使した結果にほかならない。彼はフランス人であるにもかかわらず、フランスに痛めつけられた植民地原住民の内に芽生えるものを再構築しようと試みるし、また白人であるにもかかわらず、フランス語で書いたり語ったりすることを強いられた黒人の内的体験を想像する。いま私は「フランス人であるにもかかわらず」、「白人であるにもかかわらず」と書いたが、むしろ逆に、彼はフランス人であるからこそ、白人であるからこそ、このような文章を書いたと言った方がいいかもしれない。この他者に向けられた想像力なしには、人は他者の目に映る自分の「客体的存在」を把握することなど、とうていできないだろう。またこの姿勢が、サルトルの優れた作品にはしばしばあらわれており、たとえば『聖ジュネ』から『家の馬鹿息子』に至る伝記的文学論も、その巨大な成果であると私は考える。

＊

『地に呪われたる者』への序文と、「黒いオルフェ」。この二つのエッセイを翻訳したことは、私にとって大きな経験だった。それは単に二つのエッセイを紹介するというだけにとどまらず、改めて植民地問題を考えるきっかけにもなったし、他者への想像力の重要さを再認識することにも繋がった。とくにファノンも、またサンゴールやセゼールのような黒人詩人も、いずれも抑圧者の言葉であるフランス語によって表現することを余儀なくされている、という事実の指摘は示唆的であった。というのも、ちょうどその頃、私は「小松川事件」の李珍宇《イ・ジヌ》と朴寿南《パク・スナム》の往復書簡『罪と死と愛と』を読んで、日本のなかの第三世界とも言える在日コリアンの問題の深刻さ、重大さを考えていたところだったからだ。そして彼らも、日本語という抑圧者の言語を母語とする在日朝鮮人だった。

母語と、成年後に習い憶えた言葉とは、質的にまったく違っている。私の中学時代のある友人は、何十年もフランスに住み、フランス人の妻子を持ち、フランス語のみで生活していたが、晩年に脳梗塞を起こして以来、とつぜんフランス語がまったくしゃべれなくなり、それ以後は死亡のときまで日本語しか通じなかった。母語の力とはそのようなものだ。

李珍宇も朴寿南も、日本の過去の植民地支配のために、否応なしに日本語しかしゃべれない人間に作られた。彼らは心ならずも、日本語を母語として強制された。つまり日本語の含む価値観に従ってものを考えるべく強いられて、内面まで犯された人たちである。だから朴寿南は、戦後に朝鮮語を覚えようと必死に努力するが、結果はたどたどしいものであったことを自分でも認めている。そして彼らはいずれも幼かったときに、不意に降ってきた日本語の一語によって、自分が何者であるかを暴力的に悟らされ、それに深く印しづけられた。すなわち「チョーセン」という一語がそれである。その言葉には、日本社会と日本語の持つ抑圧性が染みこんでいる。「黒いオルフェ」のサルトルをふたたび引くなら、「この階級制《イエラルシー》を覆そうと執拗に努めぬかぎり、口を開くや否や彼は自分を責めたてることになる」だろう。

それでは彼らはどうしたか。そのことは『越境の時』（集英社新書）という小著に書いたから、ここでは繰り返さない。しかし日本人であるわれわれは、この言葉の暴力を作りだしたのが日本人であり、日本社会であることを、まず認めなければならないだろう。すべてはその反省から始まるのであり、それなしには他者への想像力もあり得ないし、客体としての日本人の姿も永久に目に入ることはないだろう。そのような歴史認識を欠いたままで、威勢のいいことを並べる政治家や似非知識人が、現在の日本にはあふれている。その連中の発想を、私は「無反省史観」と呼んでいるが、これはまた他者なき里の「ひとりよがり史観」と言ってもいい。それが現在の東アジアの緊張の重要な一因になっていることは、容易に見てとれる。

サルトルの文章が、植民地原住民にも、黒人にも読まれて、広く影響を与え得たのは、そこに西欧人としての、また白人としての、歴史を踏まえた反省が貫かれているからである。そして真の反省が可能なのは、自信と勇気がある場合に限られる。そのことは、個人であっても集団であっても、変わらないだろう。

（二〇一三年一月記）

知識人としてのサルトル

石崎晴己

サルトルが二〇世紀フランスの（そしておそらくは世界の）最大の知識人であることは、異論を容れないだろう。彼の声望の絶頂期（一九五〇年代・六〇年代）に、彼は何度もソ連に滞在し、中国、キューバ、ユーゴスラヴィア、チェコスロヴァキアといった「共産圏」諸国を訪問し、カストロ、チェ・ゲバラ、毛沢東、フルシチョフ、チトーなど、「共産国」指導者たちと会見した。あたかもフランスを代表する人物として（もちろんイタリア、ブラジル、イスラエル、エジプト、日本などでも、フランス文化を代表する人物として迎えられているが）。サルトルの伝記作者、アニー・コーエン＝ソラルは、このようなサルトルを「硫黄くさい大使」(1)と呼んでいる。悪魔が硫黄の臭いがするところから「硫黄くさい」とは、異端審問によって異端とされた者に冠せられた形容詞だ。かつて一八世紀に、いわゆる啓蒙思想家（フランス語ではphilosophe「哲学者」と呼ばれる）のヴォルテールが、プロイセンやロシアなどの啓蒙専制君主と交友関係を持っていたが、サルトルはまさにその先例の華々しい再現であった。言わばサルトルは、もう一つのフランス、あるべき別の体制のフランスを代表する大使、場合によっては国家元首として遇されたと言える。ド・ゴールの登場以前のフランスは第四共和制で、政権が安定せず、政府が頻繁に交替したこともあり、国際的にフランスを代表するイメージを帯びた政治家がいなかったということもある。もちろん、二つの世界の対立と第三世界の興隆という当時の世界の構造がその背景にあった。西欧先進諸国の体制は、米ソ二大強国の狭間で、臨時的・仮設的な気配を帯びており、資本主義か共産主義か、それとも第三の道があるのかという体制選択の問題は、つねに切迫していた。特に西欧圏最大の共産党が存在するフランスでは、その様相が強く、その中で、『レ・タン・モデルヌ』誌を拠点とするサルトルの動向と発言は、大いに注目され、支持もされた。

フランス語には、Maître à penser「思考の師」という語があり、ものを考える上での手掛かりとなってくれる人物形象を意味するが、サルトルはまさに最大の「思考の師」だったのである。

彼のアンガジュマンは、米ソいずれにも与さない「第三の道」の模索（「革命的民主連合」の試みの挫折）から、共産党の「同伴者」へ、「批判的同伴者」から第三世界への積極的支援（アルジェリアのＦＬＮ〔民族解放戦線〕支持やヴェトナム戦争でのアメリカの戦争犯罪告発）へ、そして六八年以後は、毛沢東主義など左翼主義への接近（敢えて言うなら左翼主義グループに対する「慈父的ないしメセナ的後見」）へと変転するが、その変転は基本的にはフランスの左翼公衆（おおむね左翼高級紙たる週刊誌『ヌーヴェル・オプセルヴァトゥール』の読者層）の熱望ないし志向のヴェクトルを中心軸とするジグザグを描いていたと言えよう。ただ六八年前後からは、ヴェクトルからのズレが次第に大きくなって行ったと言わざるを得ないが。

周知のように、「知識人」というフランス語のタームは、ドレフュス事件の際に生まれたものだが、知識人という人物形象ないしモデルは、サルトルの登場と君臨によって完成に達する。それは、ヴォルテール、ヴィクトル・ユーゴ、エミール・ゾラといったカリスマ的形象を産み出したフランス文化の伝統に立脚し、さらに二〇世紀前半にはアンドレ・ジィドという「先達」を加えて完成されたモデルであり、人権や自由といった普遍的価値ないし大義に仕えるために、時の体制・政権を批判するアンガジュマンを行う知識人、要するに普遍主義的な批判的知識人の形象であり、マックス・ウェーバーのカリスマ分析を援用して、「預言者的知識人」と呼ぶこともできよう。(2)

これは、ピエール・ブルデューの発想をヒントにして定義した知識人モデルであるが、ブルデュー自身は、サルトルの死に当たって発表した短い「サルトル論」の中で、サルトルを「全体的知識人」と定義している。(3) ここで「全体的」というのは、「思考のあらゆる戦線に出動する」と補足されており、まずは「思考に課せられたあらゆる問題、思考が取り組むべきあらゆる事象」に取り組み発言する、という意味と受け止めることができる。要するに、狭い専門領域の枠から抜け出して、普遍的・一般的な見解発表を行う者の謂いであり、「自分と関りのないことに差し出口をはさむ人間」(4)という、ドレフュス事件以来のフランス知識人の真骨頂を表現しているということになろう。専門性のまやかしの羈絆を振りほどくという意味では、エドワード・サイードの「アマチュアリズム」の主張(5)にも通ずるものがある。

しかしこの「全体的」という形容詞にはもう一つの意味がある。すなわち、「フランスの知識人の歴史の中で作り出され、確立して来た、知識人であるいく通りものあり方を、サルトルが一身に集中した蓄積作業」とか、「あらゆる種類の知的資本」の集中などと説明される意味、サルトルが知的生産活動のあらゆる様式を統合した、つまり駆使してみせた、という意味である。哲学と小説だけでなく戯曲や映画のシナリオ、さらには文学批評だけでなくジャーナリズム的論説も、というように、彼はあらゆるジャンルに進出したが、本質的に重要なのは、哲学と文学の統合、哲学者と作家の兼務である。そしてこの兼務（**掛け持ち**）こそ、サルトルがフランス知識人界を征服し、「最大の知識人」となった理由を説明するものに他ならない。

この兼務は、サルトルが実現して以来、既成事実としてあまりにも自明となってしまったが、その実現の当初は、おそらく驚天動地の新機軸であった。ブルデューの短いが内容が濃密に詰まっている「サルトル論」を引き継いで、具体的かつ綿密なサルトル論を展開したアンナ・ボスケッティは、サルトルの達成を哲学者ベルクソンと文学者ジィドの統合的継承と捉えている。(6) つまり、作家であるが多少哲学的著作を試みたとか、哲学者が小説や戯曲を書いた、といったレベルの事柄ではなく、哲学と文学のそれぞれ最高レベルの達成を一身に統合した兼務だったのである。

同時代に、例えばカミュのような、哲学的エッセーも著す作家がおり、バタイユのようなジャンルを決めがたい思索的著作と文学作品を産み出し続けた文筆家がいたとしても、サルトルのこの最高水準での兼務は、はるかに他の追随を許さなかった。『存在と無』の哲学書としての正統的結構とスケールを取り上げてみるだけでも、明らかであろう。要するに、この兼務によって、まさに知識人たるものの、部分的でない、総合的「全体的」なあり方が実現したのである。

こうした全体的ないし普遍主義な批判的知識人モデルは、いわゆる構造主義の台頭の中で、痛烈に批判されるようになる。例えばフーコーは、一九七二年に行われたドゥルーズとの対談の中で、(7) 知識人のこれまでのあり方と、それが基盤を失うに至った状況の変化を、的確に総括している。あまりにも簡にして要を得た総括なので、そのまま引用する方が得策だろう。

「知識人は、真なるものを、それがまだ見えていない者たちに、それを述べることのできない者の名において、述べるのであった。つまり知識人とは、意識（自覚）と弁舌であった。

ところが、近年の高揚〔いわゆる五月革命〕以来、知識人たちが発見したのは、大衆はものを知るために知識人を必要としないということである。大衆は、完璧に明快に、知識人よりよくものごとを知っており、そのことを極めて見事に述べている」。(8)

この発言は、必ずしもサルトルを目しているものではないが、サルトルに象徴される知識人の運命を要約していると、言わざるを得ない。フーコーはさらに、「特定領域の知識人」(9) というモデルを提唱しているが、それの詳述は本論の課題ではない。同じくブルデューも、「集団的知識人」というモデルを提唱するが、(10) これについても同様である。

ところでサルトル自身は、当初、「知識人」ではなく、「作家」として語ることが多かった。サルトル的アンガジュマンのマニフェストと言うべき『『レ・タン・モデルヌ』創刊の辞』は、何よりも作家にとって己の生きる時代にしっかりとアンガジュマンを行う以外に道はないことの論証に他ならない。この雑誌は、必ずしも文芸誌ではなく、政治・経済的論考なども掲載する「総合誌」であるが、その「創刊の辞」が掲げる基本方針（つまりどんな原稿を期待するか）は、「あらゆる文学様式の助けを借りる」と称しつつ、詩や小説と並んで、「理論的記事」や歴史的エッセー、アンケートやルポルタージュも挙げながら、最後に「原稿は文学的価値を有するものでなければならない」と宣言する。つまり、すべての知的文筆活動ないしその所産が、いささか無意識的に「文学」として了解されているのである。『レ・タン・モデルヌ』誌は、ある意味でサルトルの個人的活動の増幅の用具であり、ここに列挙されたジャンルは、サルトルが自身で取り組み得る活動に他ならず、それらすべてに「作家」たるサルトルは「文学的価値」を要求するわけである。

要するにここに見えるのは、「知識人」が「作家」によって代表されるという、フランス独自の（他の国については問わないでおこう）傾向である。ヴォルテールも、ヴィクトル・ユーゴ、ゾラ、ジィドも、作家に他ならない。また「大知識人」とは、社会的な所属から自由で、個人的カリスマを威信の源とする者である以上、往々にして「作家」であるというのは、知識人論的原則でさえある。それに対して、例えば丸山眞男のような大学教授が代表的知識人形象をなした戦後日本、さらには、およそ作家を代表的知識人形象と認めたことがなさそうな（鷗外や漱石は辛うじて該当するかも知れないが）近代日本を考えてみると、非常に興味深い。

サルトルが「知識人」について語った最初の最も重要な機会は、一九六六年夏の日本訪問の際に行った、知識人についての三つの講演（「知識人の擁護」）であろう。その第一、第二講演（知識人論）の要点は、おおむね以下の通りである。[11]

(1) 知識人の誕生と定義

知的技術者は、支配階級に奉仕するために支配階級によって養成され、支配階級が労働者を搾取して絞り出した余剰によって生活の資を与えられるが、己の知的技術そのものに内在する原則、すなわち既成の知を疑問に付す姿勢(いわば自由検討の精神)、真理探究の手法が要求する厳密性、探究する真理の普遍性の要請からして、支配階級の個別的・特殊的な階級的利益に奉仕することを拒否し、普遍性への奉仕という、真に己の関心＝利益に合致する行為を選び採る者が出てくる。そのような知的技術者が「知識人」なのである。しかし支配階級は、知識人となった者を「自分と関わりのないことに差し出口をはさむ」怪物と呼び、裏切り者とみなす。

(2) 知識人の機能と効用

かくして知識人は、社会の中にある矛盾、支配階級という個別的階級の利益が普遍性の名で押しつけられるという矛盾を、最も痛烈に己の内部に抱える者、社会のなかの裂け目を内在化した人間であるが、その矛盾は、社会全体の矛盾、すべての人間が抱える矛盾である。しかしだれもがその矛盾の「反省的自覚」を徹底的に行う能力を有するわけではない。知識人はその能力を持っており、それゆえ知識人は、「すべての人間のために(に代って)」そうした「反省的自覚」を行うのであり、歴史的社会は、己の矛盾と戦う知識人の戦いを通して、自らを普遍化して行く。

(3) 恵まれない階層との連帯の必然性

階級的個別性を超克し、普遍的「客観性」に到達し、社会の真の姿が目に見えるようになるために最も適切な手段は、社会の最底辺から、つまり矛盾と圧迫が最も顕現しているところから上を見上げる視点に立つ、つまりは民衆と同じ視点に立つことである。「最も恵まれない」階級は、知識人が普遍性を実現するための手段を提供してくれる「盟友」であるから、彼らの立場に立つという知識人の選択は、善意や美徳によってなされるものではなく、己の内発的な矛盾の超克のための止むに止まれぬ行為である。

（4）知識人への委任状

しかし知識人は、だれからも（その盟友からも）委任状を受けておらず、支配階級からは裏切り者とされ、プロレタリアートからも疑わしい者と見なされ、要するに、正当化されず、不断に「追放」状態にある、孤独に打ち捨てられた、余計な人間である。しかし、よく考えてみれば、それはすべての人間の境遇に他ならず、知識人のみがそれを自覚化・明示化するのである。知識人に委任状を与えるものがあるとすれば、それは社会や集団のなかでのすべての人々の孤独ということになろう。

ここには、初期のサルトル的実存主義が描き出した人間の条件（追放、孤独、正当化の不在、「余計なもの」）が、ふんだんに動員されている。けだし知識人は、少年ジュネのように、ブルジョワ社会によって絶体絶命の選択に追い込まれ、怪物とならざるを得なかった存在なのである。サルトル的悲愴化作用とでも言うべきものが、ここにも機能している。

これと関連して特に注目すべきは、ヒューマニズム批判であろう。サルトルはここで、普遍的な本性（人間性）を備えた「人間」がすでに作られて存在するとするブルジョワ・ヒューマニズムこそ、支配階級が押しつける偽りの普遍性の典型であり、普遍的人間はまだ実現しておらず、「これから作って行くべきもの」であると主張する。[12]

周知の通り、『実存主義とは何か』で展開されたヒューマニズム論は、多分に誤解を引き起こしやすい舌足らずな曖昧さを残しており、それが例えばベルナール＝アンリ・レヴィの「二つのサルトル」論[13]を産む要因となるのだが、その後サルトルは、『弁証法的理性批判』で強烈なブルジョワ・ヒューマニズム批判を展開し、こうした曖昧さを乗り越えた。ここに見える議論は、まさにその批判を簡明に要約したものと言える。かつて『実存主義とは何か』で引用した、「人間は人間の未来である」というフランシス・ポンジュの言葉を、ここで再び引用しているのは、あの時の舌足らずを撤回・改訂しているという自覚の表現なのではなかろうか。この日本訪問が、アルチュセールやフーコーの登場、特に『言葉と物』の刊行（一九六六年六月、サルトル訪日の直前）による構造主義の爆発的流行の最中に行われたことが、改めて想起される。
この堂々たる知識人擁護論は、ある意味では傲慢・尊大な自己言及のディスクールと受け取られかねない。唯一、サルトルの圧倒的なカリスマがこれを支えていると言える。しかし構築されたばかりのこの知識人モデルは、間もなく五月革命以後の左翼青年知識人の急激な台頭の中で、「古典的知識人」への激しい批判に曝されることになる。サルトル自身も、青年たちとの頻繁な討論の中で、これを受入れ、自らを「古典的知識人」と定義することになる。これに対置される「新しい知識人」とは、従来、知識人の職能の前提であった知的労働と肉体労働の区別を廃棄したところに想定される、全面的に革命と労働者の解放に仕える、肉体労働をする知識人と定義できよう。この知的労働と肉体労働の揚棄は、いわゆる工場への「定着」によって実現されるとされた。これはかつて日本でも行われた「セツルメント」(settlement)活動と同じ用語で、当時盛行した毛沢東主義の信奉者たちが、文化大革命下の中国で行われた「下放」をヒントに着想したものと思われる。大知識人サルトルは、己の威信や業績などをいささかも援用することなく、「フローベール論」など書かずに大衆小説を書くべきだと言い放つピエール・ヴィクトールなどの毛沢東主義者青年の批判に、真摯に向き合い、誠実に討論している。ただ、知識人そのものに異議を唱え、知識人としての自分に異議を唱えるところまでは為し遂げたとしても、すべての時間を活動に捧げるために「フローベール」論を放棄する、ということまでは、頑として肯んじなかった。その理由は、「自分は十分若くない」というものにすぎなかったとしても。[14]
先に示したフーコーの批判が指摘した、知識人をめぐる状況の転換は、当のサルトル自身に直接襲いかかっていた、と言える。ある意味でサルトルは、こうした批判を主体的に自己批判に組み込んでいたのである。
ところで「知識人の擁護」の第三講演のタイトルは、「作家は知識人か」である。この問いに対する答えはもちろん「ウイ」であり、しかも、作家は他の知識人カテゴリーと違って、「本質的に」知識人であるとされる。なぜなら、他の知識人は、普遍的な知ないし知識の伝達を行うことで職務を果たすことができるのに対して、作家とは、普遍的な世界全体を自分という独自的存在の体験の中に内在化しつつ、そこから言語によって独特な物品（オブジェ）を作り出す者であるからである。つまり、普遍性の追求は、他の知識人においては、己の専門職の普遍への要求と支配階級の個別的利益の追求との板挟みになって行う決断・選択の結果であるのに対して、作家とは本来的に己の独自性の中で普遍性と独自性の弁証法を生きる者だからだ。

ここで躍動しているのは「単独的普遍（者）」の概念である。この語は、そもそも、一九六四年四月二一日から二三日まで、ユネスコによってパリで開催された「生けるキルケゴール」と題するキルケゴール生誕一五〇周年記念シンポジウムの際に行われたサルトルの発表のタイトル（「単独的普遍者」[15]）として始めて登場するものであるから、これは最も早い登場の例の一つと言えるが、第二講演の中でも、大いに活用されていた（「知識人の思考は、〔…〕自己をつねに「単独的普遍性」、つまり自分では普遍的であると信じているまさにそのとき、階級的偏見によって単独化されているものとして、捉えなければならない」[16]）が、とりわけ第三講演では、キー概念として機能している。

この点も含めて、第三講演は、サルトルの言語観、文学観、作家観の一つの進展を画する重要なテクストである。例えば、単純な伝達手段（信号）としての学術専門語に対して、作家の伝達手段は共通言語であり、それは独自の音感や形象などの物質性という、伝達に還元できない要素（非情報的要素）から成り立つものであるとする議論などは、『文学とは何か』における、いささか単純裁断的な散文と詩の区別を、大幅に乗り越え修正しようとする試みと言えよう。

いずれにせよ、「知識人」の擁護論を展開したサルトルにとって、己の自己認識はあくまでも「作家」であり、「知識人」であるのはあくまでも「作家」としての限りであった、ということになるであろう。

ちなみに、サルトルの生涯を総括する自伝の試みであるボーヴォワールとの対談（『別れの儀式』に所収）の中で、死後の評価について問われたサルトルは、「あなたの哲学は素晴らしい、しかし作家としてはご退場願いたい」と言われるよりは、「あなたは大作家だ、しかし哲学者としては私を納得させない」と言われる方が好もしいと、己の志向に

おける作家の優位を断言している。(17)

注

(1) Annie Cohen-Solal, *Sartre 1905–1980*, Gallimard, 1985, coll. « Folio », 1999として再刊。藤原書店より近刊の予定。

(2) ジゼル・サピーロ「20世紀フランスにおけるアンガジュマン・モデル」丸山真幸訳、『21世紀の知識人』石崎晴己・立花英裕編、藤原書店、三七頁以降。

(3) ピエール・ブルデュー「サルトル、全体的知識人の誕生」拙訳、『いま、サルトル』思潮社、一九九一年。

(4) サルトル『知識人の擁護』佐藤朔他訳、人文書院、一九六七年、三九頁、ならびに「知識人の擁護」岩崎力・平岡篤頼・古屋健三訳、『シチュアシオンⅧ』人文書院、一九七四年に所収、二九二頁。

(5) エドワード・サイード『知識人とは何か』大橋洋一訳、平凡社ライブラリー、一九九八年。特に第四章「専門家とアマチュア」を参照。

(6) アンナ・ボスケッティ『知識人の覇権』拙訳、新評論、一九八七年。

(7) ミシェル・フーコー「知識人と権力」蓮實重彦訳、『ミシェル・フーコー思考集成Ⅳ』筑摩書房、一九九九年。

(8) 同書、二五九頁。

(9) ミシェル・フーコー「真理と権力」北山晴一訳、『ミシェル・フーコー思考集成Ⅵ』筑摩書房、二〇〇〇年。

(10) ピエール・ブルデュー「現代世界における知識人の役割」拙訳、『ピエール・ブルデュー　超領域の人間学』藤原書店、一九九〇年。

(11) 『知識人の擁護』（前掲書）、ならびに「知識人の擁護」（『シチュアシオンⅧ』〔前掲書〕に所収）。なお、この二つのテクストは同一のものと見なされるが、前者が実際の講演原稿の訳であるのに対して、後者はそれに大幅に修正を加えたものとなっている。当然ながら、フランス語の原文としてわれわれに接近可能なのは、後者である。ただ前者には、心を打つ印象的な、捨て難い件が多数含まれており、筆者としては、それも大幅に採用したことをお断りしておく。

(12) 特に『知識人の擁護』（前掲書）の五七頁を参照。

(13) ベルナール＝アンリ・レヴィ『サルトルの世紀』拙監訳、藤原書店、二〇〇五年。

(14) 『反逆は正しいⅠ』鈴木道彦・海老坂武訳、人文書院、一九七五年。特に「第六章　毛派と知識人」を参照。

(15) 「単独的普遍者」、『生けるキルケゴール』松浪信三郎訳、一九六七年。『シチュアシオンⅨ』一九七四年、いずれも人文書院、に所収。

(16) 『知識人の擁護』（前掲書）五四頁。

(17) シモーヌ・ド・ボーヴォワール「サルトルとの対話」朝吹三吉・海老坂武訳、『別れの儀式』人文書院に所収、二〇一頁。

分水嶺としてのサルトル

ジャン＝リュック・ナンシー
澤田直＝訳

　サルトルという形象《フィギュール》は、二〇世紀半ばの哲学的実践の流れが転換した時期の——振動、躊躇、決意の時のいずれでもあった時期の——主要な様相《アスペクト》を、驚くべき仕方で体現している。——そして、サルトルともに、二〇世紀は、自らの歴史との関係を、自らないしは世界、そして、その可能性と要求とに対するあり方との関係を、転換したのだ。サルトルは、そしてサルトルとの関係は、二〇世紀が「ついにそれ自身となった」急変を、そして新たな状況へと開口部と見なすことができる何かを、特徴づけている。

　この範例的な布置《コンフィギュレーション》は——本稿では分析までに踏み込めないが——いくつかの特徴によって素描されよう。

　第一の特徴は、フッサールとハイデガー読解に関するものである。サルトルによって、それまではほぼドイツ国境内に留まっていた（そして後にはそこから排除された）もの、そして、ほぼ大学という枠内に限られていたものが、新たな地位《ステイタス》を得た。哲学が、目に見える形で、歴史、エートス、行動の現実のうちに力を及ぼすことになったのである。おそらく、サルトルの読解は、ハイデガー自身によって一挙に斥けられるような諸々の公準を生み出すものであった。簡単に言えば、サルトルは、あらゆる本質をきっぱりと否定したり、実体的な「存在」を忌避する代わりに、実存が本質に、単純に先立つとしたのだった。バタイユ、ボーフレ、グラネル、デリダは、実体的な「存在」の忌避や、存在論の「脱構築」を再獲得せねばならなかった。しかし、彼らがそれを実践しえたのは、少なくとも部分的には、サルトルがすでにそのような道を切り拓いたためだった。

サルトルのハイデガー読解において重要なことは（フッサール読解においてもそうだが、こちらに関してはメルロ＝ポンティのほうへと流れていく必要がある）、ひとりの思想家との関係に留まらない。むしろより深く、思想を構想すること自体であり、特に、「諸価値」のヒューマニズム、ないしは、それ自体も絶対的な価値である「全体的人間」を生み出すもののヒューマニズムに地位を与えた点にあった。したがって、デリダがサルトルを論じた一九七二年〔講演は一九六八年〕のテクストが「人間の目的＝終わり」と題され、明瞭な形で、サルトルとフーコーの間に立てられたこの人間という資格《タイトル》の両義性を考察したことは、偶然ではない。

第二の特徴は、精神分析との関係である。フロイトに抗しながらも、サルトルは、「意識」の伝統のただなかで、「主体」をずらす可能性を開いた。ただ、それは下意識の方にではなく、特異性の消失点がそこに現れることができるような力と意味形成の関係の編み目のほうへとずらす可能性である。ここでもやはり、バタイユ、フーコー、ドゥルーズ、デリダは、より決然としたやり方でアプローチすることになるのだが、それは一九六二年以降、レヴィ＝ストロースが、サルトルとの論争のうちで、「コミュニケーションの世界」と呼んだものであり、そこではこの言葉は、間主観性としてではなく、前主観的ないしは超越論的ないしは構造化的なものとして捉えられなければならない。したがって、ここでもやはり、サルトルは境界線に、分水嶺に身を置いていると言える。「構造」は所与ではない意味《サンス》＝方向へと開かれており、そこでは、サルトルにとっては、あらかじめ与えられた（たとえば「自由」

がそうだ）基盤に留まっている。

最後の特徴（まだ他にもあるが、ここでは触れない）は、文学との関係であり、これが、サルトルを前代未聞のヤヌス〔二つの顔を持つ存在〕にした。彼以前の誰ひとりとして、同じくらいの強度で作家であり、哲学者であったものはいないし、誰ひとりとして（ロマン主義以来）文学についてこれほど哲学的思索を展開したものもいない。ある意味で、この混淆、というより同じ筆によるジャンルの衝突・接触は、理論的領域と虚構《フィクション》的領域の明確な分割をいかなる意味でも妨げはしなかった。とはいうものの、思考が曝されている様式と、意味ないしは真理の言説の性質とが同時に、まさにここで問題化されたのである。このような言説が自らの基盤をなし得ないこと、それが構成上から言って、他者性へと曝されていること、このような他者性によってこそまさに、予めあるのではない（超越的でない）「意味」があり得るということ、こういったことこそ、サルトルがすでに知っていたことであった。彼自身はそこに身を投じはしなかったものの、それが、哲学的エクリチュールのあらゆる形式とあらゆる賭け金に関する現代の問いかけの道である。言いかえれば、サルトルが次のような形で表現したものから発して進んでいく一つの思考の問いかけの道である。「すでに現実に存在してしまっている世界を創造することが問題なのだ。このことが意味するのは、世界は、その存在においてまで、私の自由というひとつの自由から発したものであるかのように、私に対して現れねばならないということである。それは詩的な発出だ。なぜなら即自存在が他者性へと魔術的にひっくり返された自由でなければならないのだから」（*Chahiers pour une morale*〔『倫理学ノート』〕, p. 458）。このくだりには重大な両義性があるが、なによりも、「私に対して現れる」と「存在」とが、不確かな等価性のうちに並んでいる点がそうである。しかし、本稿は批判的分析の場ではない。強調すべきはむしろ、このような「詩的な発出」によって、所与で既存であるような意味のレジームの乗り越えが示されているということだ。自己からの脱出もなく、天や、真理の十全な地平との想定された関係が絶対的に疑問視されることなしに。

一九八九年にアルレット・エルカイム＝サルトルによって出版された遺稿『真理と実存』のうちにも、次のようなくだりがある。「あらゆる真理は私の知り得ない外部を備えている。それゆえ、寛大さ《ジェネロジテ》の態度とは、他者たちに真理を投げかけ、真理が私から逃れるという限りで、真理を無限なものにさせることである」(p. 117〔一三七頁〕)。私たちはいま、このようなサルトルの他者であり、外部だ。いや、じつはサルトルの生前からすでにそうであったのだ。私たちは他性へと絶対的なあり方で投げかけられた真理は無限であるが、それは彼が考えたような「潜在的な《ポテンシャル》」意味においてだけでなく、「現働的な《アクチュエル》」意味においてもそうだ、と私たちは言いたい。この無限は外部と他者性を、「人間」そのもののうちに書き入れているのだと言いたいのだ。しかし、そこにもまたサルトルの寛大さから来る何かがあることも否定できない。この寛大さ――この責任＝応答性――は、あくまでも世界を変革しようと望んでいる。

追記

右の文章は、二〇〇五年サルトル生誕百年の折に書かれたものだが、二〇一二年に澤田直から、その続きを書くように依頼された。その間、つい最近のことだが、私はジョルジュ・バタイユを巡る討論会で、フランシス・マルマンドが、バタイユに関するサルトルの文章を引用するのを聞く機会をもった(マルマンドは一九八〇年三月二六日付け『ヌーヴェル・オプセルヴァトゥール』誌という典拠を示している)。私が書き留めた文章の一部は次のようなものだ。「ジョルジュ・バタイユが与えた社会的かつエロティックな意味における裂け目」。私は少なくともこれまで、この文がどのような文脈で言われたのかを探してみようとはしなかった。また、それがどこからきたのか、どのような賭け金を持っていたのかを描く気もない――もちろんそれ自体はなされる必要があろうが――。いまのところは、澤田の依頼に応えるために、この引用が――それを聞いたとき、私は驚愕した――私自身の二〇〇五年の論考の一側面を、きわめて時宜にかなった仕方で補強してくれると思うのだ。サルトルは、歴史と、多少とも予想された図式に従った意味《シニフィカシオン》生産の枠組みからの解放を探求する諸思考への道を切り拓いた、と私は以前に書いたのだった(厳密に言えば、サルトルの場合、この意味は目指された目的の意味というよりは、新たな選択を創出できるという人間の自由の意味である。それゆえ、それは「投企＝計画《プロジェ》」の意味であり、バタイユ的意味合いでの「経験」のそれではなかった）。しかし、この「切り拓き」の主題《モチーフ》はあまりに限定されたものであったという点に関してもまた訂正しなければならないだろう。

かつてはバタイユのことを「新しい神秘家」と見なしたサルトルが（一九四三年のことだから、一九八〇年の発言から四〇年ほども以前のことになるが）――たとえ偶々であれ――バタイユを肯定的な仕方で参照することができたのだとすれば、それは、サルトルがバタイユのうちに、「非合理主義」に還元することができない次元を認めることができたからだと思われる。サルトルは、かつてバタイユを「非合理主義」として批難したのであり、その点こそが、彼の考える実存的投企とは相容れないものであった。

私は以前にも、サルトルが出典を明示することなく、「非知」という明瞭にバタイユ的な表現を用いている（『方法の問題』）ことを指摘したことがある。だが、「裂け目」への参照においては、一方で、バタイユが名指されているだけでなく、サルトル自身の思考のうちへのこの術語《ターム》（それゆえ名詞）の導入《アンガジュマン》も明白なのである。フランシス・マルマンドが、『純粋な幸福』のなかで描く、その直接的な文脈は次のようなものである。

> 反逆的作業の過程で、ひとつの方向転換が起こったのだ。人びとは、一九六八年に、このことをはっきりと見てとった。出来事の意味《サンス》を構成するのは、もはや出口や誕生ではなく、ジョルジュ・バタイユが与えた社会的かつエロティックな意味での「裂け目」であることを。

もし「裂け目」が「誕生」と区別されるのだとすれば（むろん、この二つを結びつけることは十分可能であろう。ただ、サルトルはそれを無意識的なしかたでしか行っていないように思われる）、それは六八年の「はっきりとした」教訓のためである。つまり、何かが日の目を見た。おそらく潜在的なありかたで現前していた何かが。ところで、六八年は特に、「投企＝計画」（政治的、社会的、文化的計画）という主題《モチーフ》をある種のしかたで宙吊りにしたことで他の事件とは際だって異なるものである。たとえ、同時に、六八年が数多くの（改革の）計画を作動させ、加速させたとしてもである。その際に、バタイユは、単なる形成や既成の政治的言説に対する留保ではなかったこの宙吊りに適した名前を与えるものとしてサルトルの目に映った。「裂け目」が「同時に社会的かつエロティックな意味」を持つとすれば、それは、「裂け目」が（バタイユ的な意味での）経験、つまり、始まりつつある「誕生」の将来へとその意味を送り届けるような現在の真理としてである。

ここで問題になっている思考に関してさらなる分析をすることはできない。私としては、サルトルの「アンガジュマン」の先鋭な意味を強調するだけにしておこう。彼の言うアンガジュマンとは、大義（投企＝計画）に役立つ活動家《ミリタン》のそれであるだけではなく、現在の現実的運動によって、また運動においてアンガジェされた感受性――感受性が「アンガジェする」以上にだ――のアンガジュマンである。サルトルは、ここでは、――死を目前に控えて――活動家タイプの彼のアンガジュマンにおいて衝撃を受けたように見える。そして、出来事や、歴史の方向転換や、さらには歴史の裂け目に骨惜しみすることなく近づくことによって、身を任せて《アンガジェ》いるように見える。私が以前に書いた論考の結論は、このような方向へと修正されるべきであろう。

＊　本稿は、サルトルの生誕百年の際に、「ル・モンド」紙に掲載されたエッセーに、編者の求めに応じて書かれた Post-scriptum（追記）を加えたものである。前半部の初出は以下の通り。« Une pensée au partage des eaux » (sur Sartre), *le Monde* (supplément « livres »), 11 mars 2005.

サルトルの花粉

フランソワ・ヌーデルマン
岡村雅史＝訳

作家の死後の運命は季節と似ている。サルトルの場合は、六〇年代末から秋となり、一九八〇年の死去によって冬となったが、今日では素晴らしい春を迎えているように思われる。とはいえ、季節の比喩が示すのは、政治的な回帰ではなく、持続的で多様な、その継続力である。じっさい、現代の多くの政治的な動きが、知識人のアンガージュマンというサルトルが一九六六年に日本で行った講演で理論化したものをアップデートしたものであるとしても、かつてのサルトル「思想」がそのままの形で戻ってきているのではない。主張というものは、状況によって変化する。サルトル思想はいまや、そこに想を得た様々な思想や行動を通して示されているのである。

常に遅れがちな追随者を引き離して、サルトルは生存中から、障害を乗り越え、新しい理論領域を突破するためのノウハウを人々に与えてきた。彼は定期的に、自らの文学、哲学、政治に関する仕事を総括し、まとまった作品という概念を拒み、かつてのテクストをたえず作業現場に戻すという自由な意識の運動の方を選んだ。彼の仕事は何度も激変した。現象学からマルクス主義へ、アナーキズム的個人主義から革命の闘士へ、意識の小説家から集団的神話の劇作家へと。サルトルはたえず、自分の変遷、変容を理解する鍵を与えながらも、死ぬまで自らを裏切りつづける姿勢を貫いたため、新たな方向転換が信じられない、彼の忠実な弟子たちは困惑した。いまでは、彼の死は、「他者のもの」となった。彼の作品群の意味は、読者に委ねられた。読者は自らの羽で、飛びまわり、花粉を集め、巣分かれしていく。サルトルの理論的かつ美学的で偉大な足跡は、予見不可能な受粉に席を譲ったのだ。あまりに長い間、賞賛や批難で押さえつけられたサルトルが、こうして思いも寄らなかった場所に見出されることになる。

実際、サルトルの名は、今日の諸々の作品、理論的軌跡、さらには生活様式に広まり、哲学、風俗、著作のうちに驚くべき仕方で展開している。その豊かさを把握するには、思想史的分類を破壊し、この哲学者を実存主義に還元したり、文学者としては参加の文学に還元したりしないことが肝要だ。サルトルとカミュ、あるいはサルトルとアロンといった疑似論争も無視せねばなるまい。二〇世紀思想に関して精緻な考古学を行えば、いわゆるサルトルの論敵たちがどれほど限りなく彼を評価しているかが示されるだろう。ドゥルーズは「彼は私の師であった」と書き、フランスの知識界において、サルトルを通してカフカ、ドス・パソス、ハイデガー、映画、ジャズといったすべてが入ってきたことを喚起している。サルトルは天賦の才により、新しい思想と新しいエクリチュールを捉え、それらを結合させて、自由の哲学を構想した。フランス知識界の作品を入念に調べてみれば、彼の思想の驚くべき豊饒さがその後も連綿と継承されていることが明らかになる。フーコー、デリダ、ロブ＝グリエ、バルト、その他多くの者が、巨匠というものを嫌ったこの巨匠と対決しなければならなかったが、彼らはみな自分達がサルトルに負債があることを認めていた。誰もが、サルトルと共に、あるいはサルトルに反して、また、その傍らで自己構築しなければならなかった。だが、サルトルなしでは決してありえなかったのだ。

サルトルの斜陽は政治的なものであった。それがとりわけ、より良き人間性というモラルの要請をもたらしただけにその翳りは深かった。六〇年代末には、彼は急進的政治思想を通じてしか公には存在していなかった。こうして、サルトルの葬儀に参列した大群衆は、彼と共に二〇世紀の有毒な政治的ユートピアも葬ったのだった。サルトルが多くの別の生活を送っていたことは、とうの昔に忘れられていたのである。ところが、彼は書くことを放棄してなどいなかったし、三千ページを超えるフローベールの人間学的伝記に没頭してさえいた。今日では、その群島のような、驚異的なテクスト群が再発見されている。映画のシナリオ、紀行文、ジャーナリスティックなルポルタージュ、ティントレット研究、書簡集、日記、これらの作品は、我々が持ってきた傾向作家サルトルという紋切り型のイメージを覆すものだ。このような、ほとんどカレイドスコープのごとき多面的なサルトルは我々を驚かせずにはおれない。工場の出口で労働者に演説し、アルジェリアのフランス人兵士に不服従を呼びかけ、ゲバラと討論し、ベトナム戦争弾劾裁判を組織したあの男、その同じ男がイタリアへ長期にわたる愛の逃避行をなし、アメリカではバーに入り浸り、ロマン派の音楽をピアノで熱く演奏していたりしたことがわかったのだから。

今日、サルトル読解が多様化しているのも、この哲学者が自らの生を細分化したためである。彼は自らの生を絶えず問い続け、再構成し、独自の方法でその各断片を分節化し、秘密の部分を隠し持ったり、私的な情熱を歴史の大きな流れの中へ移し入れたりした。公的生と私生活を分離するというよりは、むしろ彼は自分の実存を音楽の譜面よろしく、各パートに仕切り、政治的な大きな声部が押し殺そうとする様々な音調をオーケストレーションして響かせたのだ。パリの屋根の下での、あるいはヴェニスの潟を前にしてのサルトルの憂鬱《メランコリー》は、偶発的な出来事というよりは、準安定状態にあるひとつの想像界から来るものである。ある時代を生きた一人の人間の一貫性を示すような遺言という形で、サルトルの総括をするのではなく、サルトルという主体が、さまざまな場所や人や作品と結んだその時々の親近性を見極めるほうが適切であろう。この点においては、彼はまぎれもなく我々の同時代人なのであり、我々同様、多様で流動的な存在で、崇拝される彫像となることを拒むのである。

多面体として参照される存在としてサルトルが再生したと言っても、いくつかの重要な理論的な軸はくっきりとしており、彼の哲学上の足跡は明らかに見てとれる。確かに「サルトル研究家」なる人々が存在し、サルトル作品のいくつかの部分、つまり想像力論、実存主義的精神分析、マルクス主義と主観性、歴史性と弁証法、等々といったサルトルの独自性が顕著なあらゆる分野を解説し研究している。サルトルの遺産とその解釈が、息子娘間《チルドレン》の対立を超えて論争を呼ぶ。若きベニー・レヴィーとの長い対談で、ユダヤ主義の思想と触れ合った「最後」のサルトルの場合がそれである。その結果、すさまじい分裂が起こった。解放の革命的思想に忠実な子供達《チルドレン》（その中には常に、自らのサルトル主義を主張していたアラン・バディウもいる）と、異なる時間性を考えるためにヘーゲル流の歴史からの脱出を説くこの対話に耳を貸す人々とを対立させたのだ。この場合は、理論上の亀裂はフランスの思想界において一層激しい分裂を生み出し、この分裂を通じて左派の政治的ユートピアの遺産が問題となった。

しかし、サルトル思想の財産は、環境問題や性同一性の問題といった、サルトルが正面から取り上げなかった問題において現代化し、その決定的な源泉となっている。構造主義やポスト構造主義によってサルトルが失効したとされた後でさえ、そうなのだ。哲学的・政治的エコロジーはサルトルを参照項とするが、それは労働、自主管理、土地の不安定さなどに関する考察を通じてであり、今日きわめて注目されているサルトル主義者のエコロジスト、アンドレ・ゴルツによって展開されている。他方、ジェンダーやクイアー理論に関する研究においても、性差に関する権利要求が一時期もてはやされた後、ボーヴォワールやサルトルの主張が復権している。偶然性の哲学者サルトルは、反自然主義思想の主要な参照項であり、本質主義や自己同一性といった考えに対する最良の抵抗の原動力であり続けている。それは家族構造における象徴体系を尊重する精神分析学の厳命や、神経科学による行動の説明といった新決定論に対する解毒剤なのである。このように、サルトルの再帰は、厳密に言えば「回帰」ではなく、サルトルの批判者の一人であったデリダが示唆するような意味での「亡霊」なのである。遺産とは常に来るべきものであり、常に自己に抗して、そしてあらゆる自己欺瞞の形に抗して考え続けた哲学者サルトルの進行中の仕事は、我々に憑きまとうのをやめないのだ。

サルトルは後の世代が、一つの概念にまとめることができるような作家ではなく、自らの実験に全面的に取り組みつづけた実験者であった。だからこそ、彼の作品は多様な文体を持った。それはまるで作家がエクリチュールと合体し、限界までそれを押し進め、自分の想像力をこれに供給することで、これを歪曲し、変容させ、ついには放擲してしまうかのようだ。『嘔吐』、『猶予』、『言葉』は一見したところ同一の作家によるものとはとうてい思えない。たとえ事情に精通した者が、これらのどれも同じくらい力強く、異なった作品を結びつけることができるとしてもである。サルトルを読む喜びとは、まさにエクリチュールが、展開する理念を超えて、一つの思想となっていることから生じるのである。フッサールなりセリーヌの文体、マルクスなりフォークナーの文体を取りながらも、サルトルはそれを自分の音楽にしてしまう。サルトルは彼らの言語を通し、彼らを超えて思考する。こうして彼は変成したテクストを作り出したが、それらはしばしば、多くの他の書物や歴史＝政治的な状況との接触から生まれたがために未完に終わった。というのも、一たび、別の時代、別の同業者に接すると彼は以前のテクストを放棄してしまったからだ。不眠の監視人、案内人、創造者であったサルトルは、単に「人間に対する情熱」を持っていただけでなく、彼がたえず自己再創造しようとするための劇場や実験室を作り上げたエクリチュールへの情熱を、何にも増して持ったのであった。

＊ 本稿（Pollens de Sartre）は、編者の求めにより、ヌーデルマン氏によって書き下ろされたものである。

共同討議

新しいサルトル像を求めて

合田正人＋松葉祥一＋澤田直

サルトルとの出会い——受容の歴史の中で

澤田　先ずは、それぞれのサルトル体験の確認から始めてみたいと思いますが、いかがでしょうか。私から先に話をさせていただくと、中学生のころは小説好きだったのですが、高校に入ってからニーチェやキルケゴールといった「哲学系」に関心を持ち始め、そんななかでサルトルにも出会いました。サルトルは哲学への入口の一つでした。でも、『実存主義とは何か』を読んだ時、「うまく言えないけど、何か違うな」と思ったんです。あの本はもともと講演だということもありますが、矛盾がたくさんあるんです。自分なりにその通りだと頷けるところと、理詰めで考えるとどうも変じゃないかと思うところがあって、高校生ながらに考えた。大学で『存在と無』を集中的に読んだのは、高校の時のこの感覚が残っていたからかもしれません。

合田　最初は翻訳で読んだのですね。

澤田　ええ。卒論の時には原書で読んでいましたが。

合田　澤田さんが卒論でサルトルを扱ったのは、当時、大学に矢内原伊作さんがいたからですか。

澤田　そうですね……、というか、高校時代に読んだ矢内原さんの『ジャコメッティとともに』に衝撃を受けて、この先生につきたいと思って、受験したということもあるのです。その当時の矢内原さんは、哲学の研究というよりは、芸術論とか文学論を中心になさっていました。私も文学や芸術がどのように哲学と繋がるのかということにも関心があったので矢内原さんに惹かれたのです。講義では矢内原さんはベルクソン、あとはメルロ＝ポンティでしたね。サルトルを取り上げたことは学部ではありましたが、院ではありませんでした。ご本人から聞いた話ですが、サルトルの翻訳は自分からというより、やるはずの人がやらなかったために、出版社から回ってきたのだと。もちろんサルトルと個人的な交流もあった人ですけれども、所謂サルトルを研究するという感じではなかったですかね。

松葉　卒論のテーマはどういうものですか。

澤田　文学や芸術が哲学的なものとどう繋がるかをテーマに、ボードレール論も含めて、サルトルの芸術論を考えていたのですが、話が大き過ぎだと言われました。そこで、サルトルにおいて「自由」という概念が『自我の超越』から『存在と無』を経て、『実存主義とは何か』まで、どのように変容していくのかを論じました。「自由」という言葉は、実は存在論的地平だけでなく、倫理的にもキーワードなのですが、存在論と倫理を併せて考えると、どうも矛盾が出てくる気がする。その矛盾はどのようなものか、といういま思い出すと冷や汗が出るようなものでした。

卒論に納得がいかなかったので、大学院でも続けて読んでいたのですが、ちょうどその頃にサルトルの遺稿が刊行されはじめました。一九八三年に *Cahiers pour une morale*（『倫理学ノート』）や、『書簡集』が出たりして、それまで思い浮かべていたサルトル像とは違う、ある意味でドキュメントに基づくサルトルが出てくるようで面白くなってきた。

それらの遺稿著作を読んでいくと、矛盾点が繋がるような問題系も見えてきました。自分が最初に矛盾だらけだと思っていたものとは違うものが見えてきそうだと思ったんです。それからはサルトルの「倫理思想」を中心に研究を続け、気がついたらずるずると博論までそれになってしまったという感じです。

ただ、当時の世の中の流れとしては、自分と同世代でも関心を持つのは、サルトルではなく、実存主義でもなく、もはや構造主義さえも終わって……という時代でした。

合田　確かにそういう雰囲気がありました。

澤田　日本では「どうしていまごろサルトルをやるの？」という反応でした。でもフランスでは、新たな遺稿などが出ることで既存のサルトル研究とは違うことを私と同世代の人たちが始めていました。留学時代に問題意識を共有できる彼らと出会うことができたのは本当によかったと思います。松葉さんはどうですか。

松葉　私は高校時代にサルトルはあまり読んでなかったですね。いま話に出た時代のせいなのか、私の周りが悪かったのか（笑）、バタイユやブランショばかり読んでました。

合田　高校生で？

松葉　そうです。ランボーやアルトーの翻訳をしている鈴木創士が同級生なんです。高校で一緒にバリケード封鎖やストライキをしたりするなかで「フランス哲学をどう考えるか」などという話をしていたのですが、その中の話題の一つとして出てきたくらいです。

私は、大学で文学部の哲学・倫理学専攻に入学したのですが、哲学科では、サルトル研究は許されない雰囲気でした。あれはカフェのお喋りだと。当時は学会の発表でサルトルがテーマになることも殆どなかったです。メルロ＝ポンティもそうでしたが。

ただ、いま考えると時代としてはまだサルトルの影響は強かったと思います。運動関係者はサルトルを当然読んでいると見なされました。その影響で私も読んだわけです。研究対象に選んだメルロ＝ポンティも、最初に書いた『想像力』の書評からその後も、明らかにサルトルを意識しながらものを書いていた人ですから、その間接的な影響もあります。例えば『世界の散文』は明らかにサルトルを念頭に書いています。

そういう意味で私もサルトルをずっと読んではきたのですが、やはり自分のテーマにはできなかったのは、サルトルの中にある種の違和感を感じたところがあったからだと思います。これは後ほど話題になるかもしれませんが、他者へ対する眼差しについて納得ができなかったのだと思います。

この前、フランスのネット・ラジオで学生たちの討論を聴いていたら、ある学生が自分が共感するのはサルトルではなくメルロ＝ポンティだと言っていました。その理由が「サルトルは頭から言葉から出てくるが、メルロ＝ポンティは身体から出てくる」と。その感じは私が大学でサルトルを読んで感じた違和感に近いものかもしれません。

私は一九八四年にフランスに留学するのですが、当時はまだサルトルを直接に知ってる人々がたくさんいた。パリ第Ⅷ大学でリオタールに指導してもらうのですが、パリⅧの中庭には……

合田　サルトルの大きな肖像画がありますよね。

松葉　そうなんですよ。六八年の精神を引き継ぐと宣言をしている大学らしいなと思い、ちょっとびっくりしたんですね。それと当時、先ほど澤田さんが仰ったように、サルトルの読み直しの機運が高まっていたのは確かです。私は特に初期の哲学論文が面白いと思いました。『自我の超越』と『存在と無』がどう繋がるのか、それまでの私のサルトル理解ではわからないと思って、そこに興味を持ったことを覚えています。

合田　おふたりとも高校時代から早熟で、様々な文学や哲学の経験があるのですが、私は本当に田舎のロック小僧みたいなことをやっていて、ほとんど本を読んでなかったんですね。私にとっては、本を読むという経験も、英語以外の外国語を勉強するという経験も、そして鈴木道彦先生との出会いも―これらすべての端緒にサルトルがいたわけです。一八、一九歳の頃です。それはやはり決定的な何かだったと思うんです。

ただその前に一つ、くだらないけれども言っておきたいことがあります。七〇年に三島由紀夫が自決した時にですね、私の母が『金閣寺』を図書館から借りてきて、私に読ませようとしたのです。図書館の司書の女性に勧められたのですが、彼女は母親に、町の図書館には浪人生や高校生が勉強に来るけれど、そのなかでも「サルトルなんか読んでる人たちは、段々勉強ができなくなった」と吹き込んだのです。私は当時一三歳でしたが、それが「サルトル」という名前との最初の出会いでした。

しかしこれは凄いことだと思うんです。人口二万人くらいの田舎の小さな町でさえ、そこで生きる人々の日常の中に「サルトル」が介入していた。そして、それに中学生の私が「なんだそれは」と反応したのです。サルトルはダメだけど三島なら、というのも相当変ですが……。いずれにしても「サルトル」という名前はそれほど大きな影響力を持っていたということでしょう。

サルトル（1966 年，来日の折）

その後、結局は何も知らないで東京の大学に入るのですが、とにかくそのサルトルの訳者として知られている人物が自分の先生として教室で何かを教えてくれる。このこと自体、私にとっては驚くべき事件でした。

鈴木ゼミでは確か『文学とは何か』と『想像力』から読み始めたと思いますが、その後、やはりメルロ＝ポンティの『知覚の現象学』も読まなきゃいけないと思って、ほとんどすべての単語を辞書で引きながら原書で読み始めました。ただ、当時でもサルトルの『存在と無』は古本屋で買った記憶があります。メルロ＝ポンティはみすず書房から次々に邦訳が出ていた。ただ、高いのでバイトしてお金ができると買いに走る（笑）。レヴィ＝ストロースもフッサールもそうでした。私的には、ある意味でものすごく高揚感があったと思います。それに比べると、サルトルは本屋で新刊を見なかったような気がしますね。

実は非常に早い時期に出会っていて、最初のある種の哲学体験でもあるんだけれども、サルトルとはきちんと向き合うことがなかったという感じがします。ただこの五年くらい、特に『存在と無』を読み直してみると、まったくその当時は気づかなかったことで考えさせられることが多い。僭越ながら、その当時の研究者たちが言わなかったことも多々あるし、また思想史的にもサルトルを、特にサルトルの前の世代の人たちとの関連で改めて定位できるんじゃないかと思うようになりました。

澤田　日本のサルトル受容について少し捕捉させてください。サルトルの紹介は戦後すぐに始まるのですが、敗戦後の何もないところに水先案内人、あるいは世界的知識人という感じで入ってくる。それで、サルトルという人物像と作品とが、時期もジャンルも無関係に、文学も哲学も政治も全部一緒くたに入ってくる。これは重要なテクストだからという吟味や取捨選択をしたうえで翻訳するのではなく、原書が刊行されたら順次翻訳していくという感じで、すさまじい勢いで翻訳され、おそらく市場的には一九七〇年くらいまでに飽和状態に達してしまった。そういう意味では、お二人の場合もそうですし、私の時ももう大学に入った時には「サルトルは一昔前に終わった」っていう感じでした。それに加えて、サルトルの翻訳者や紹介者を見ても、サルトル「研究者」というのは哲学では極めて少ないんですね。

これはフランスの大学でも同じで、サルトルで博士論文というのはまずなかったと思います。留学に際して、博士論文の指導教官を探しましたが、専門家はいませんでした。大学で研究対象としてサルトルがわずかながら入ってくるっていうのは八〇年代の前半くらいからですね。それ以前は、例えばミシェル・コンタにしても、研究者、大学人、というより、サルトルの所謂「取り巻き」だったわけです。それが、先ほども話したように遺稿など、研究対象としてのドキュメントが出て来た頃から少しずつ変わり始めた。逆に言うと、そこからサルトルは資料になってしまったとも言えるわけですが……。

合田　そうですね、いままさに逆説的に仰ったのだと思いますが、日本では、特に私の先生たちの世代には、サルトルを研究対象にしてはならないという気持ちが強くあったと思います。

澤田　その通りだと思います。

個と全体

合田　サルトルが戦後日本の様々な運動においてある種の水先案内人になっていたことは確かだとして、いまあらためて私が考えるのは、サルトルは「フランス的な正義の哲学者」であるということです。フランス的というのは誤解を恐れずに言えば、共和主義的かつ帝国主義的ということで、それが「コギト」の普遍化可能性への信憑を生み出している。

「戦争の終わり」というエセーを読むと、サルトルはそこで、戦争の終結は皆が望んでいたけれども、このような終わり方は気に食わないと言っている。どういう終わりかっていえば、それは日本への原爆の投下です。例えば艦砲射撃で日本を叩いて終わりにしたのであれば、正義の連合軍が日本を降伏に追い込んだという図式になるだろう。ところが、原爆を投下することによって、新しい厄介な問題が生まれた。つまり、一方では加害国日本が被害意識を持ち、他方では人類全体が滅亡する可能性が出てきたのです。この論理が誤っているとか、そういうことを私はここで言いたいのではありません。しかし、このサルトル的な発想にどこか引っかかるところがある。様々な反体制運動の象徴的牽引者としてサルトルがいたことを否定するわけではないけれども、いま、サルトルを読む時に、この引っかかるところ、わだかまりのようなものが何なのかを考えてみたいのです。

澤田　いまのお話とも関連するのかもしれないですけど、サルトルは非常に多面的な人で、アプローチの仕方で見えてくる相貌が相当に変わってくると思います。例えば思想家としてのサルトルに絞って見ても、ほとんど分裂するくらいにまったく違うことを言っている部分がある。その一方で、ものすごく一貫している部分もあり、その落差が激しい。それはとても奇妙な感じで、単純に時代とともに変化した、前期はこう、後期はこうということではすまない何かがあります。いまの合田さんのお話でいうと、サルトルは、世界の正義の代弁者と見なされていたし、自認もしていた。でも、そういう発言をするのは第二次世界大戦後のことであり、戦前のサルトルはまったくの別人です。

その意味で、私が注目しているテクストに『戦中日記』があります。『戦中日記』を読むと正義の代弁者の発言とは違う、一市民としてのサルトルが出てきます。ある意味で、3・11と福島の原発の問題に直面したわれわれとも似ているのだけれど、こんなことはまさか起きないだろうと思っていたことが起こってしまった、どうしようと、非常に迂闊な仕方でサルトルは戦争に直面するのですね。

普遍的なディスクールを作り出すサルトルであれば、言うなれば自分は世の中のすべてをわかっているかのような発言を様々な局面でするのでしょうが、『戦中日記』はまったく違い、戦争の正体を摑まえようと事態を追いかけてはいるものの、右往左往するばかりのような証言を残している。これがドキュメンタリー的にとても面白い。いずれにしても、一人の思想家を、その人の思想というものでまとめてしまうと、どうしてもそこから落ちてしまう部分が出てくると思うのです。

松葉　戦前から戦中までのサルトルは、完全に個人主義者ですよね。その意味でアナキストだし、おそらく、政治なんて自分には関係ないと考えていたと思うのです。しかし、そのサルトルが第二次世界大戦中に、われわれはこの戦争に学んだ、これが歴史だと言い始めます。

以前に私が訳したもので「レジスタンス、フランスと明日の世界」(『現代思想　総特集　ファシズム』一九八九年四月臨時増刊号)というのがあります。本当にサルトルが書いたのか確定できませんが、サルトルの考えを書き写したものだということはわかっています。私はこれがおそらく戦後のメタモラルな考えを抱くきっかけになったのではないかと思います。その中でサルトルは、最終的にわれわれはこの戦争に負けるかもしれない、けれどもわれわれはそこで全体性について学ぶだろうと述べています。

この問題についてはサルトルの全体主義批判として書いたことがあります(「全体主義・ヒューマニズム・共同体」、『哲学的なものと政治的なもの——開かれた現象学のために』青土社、二〇一〇年所収)。サルトルは個の自由を重視すると同時に、その自由は常に全体の中で考えられなければならないとして、「全体」にも積極的な意味を与えます。例えば『弁証法的理性批判』では、細分化し専門化する「分析的理性」と、人間の全体性を保証する「弁証法的理性」に分け、後者に新しい人間学の土台を築くための基盤を見出し、さらには「全体」主義を肯定さえしています。先のテクストでも確かにサルトルは、最終的にはナチスは敗北するだろうと考えていますし、あくまで個人が一つの自律的な現実であることを主張しますが、しかし「いかに憎むべきものであっても、検討せずに放棄されることはありえないだろう」と考えています。つまり、全体主義を全面的に拒否することは呼びかけず、全体主義は社会変革の契機となり、自分たちの共同体を「正義の原則に則って変えたい」と望んでいます。ここで先ほど合田さんも問題にされた「正義」が問題になります。

個と全体、あるいは個と歴史、個と社会ということにもなると思いますが、この問題を考える時に浮かぶのは、メルロ＝ポンティとサルトルが訣別した手紙のやりとりです。その中でメルロ＝ポンティは、サルトルは戦略的に語り過ぎている、すべてのことに応えなければならないということはないのだと批判しています。サルトルの戦略的なものの言い方については、特にソヴィエトを支持し、共産党とも近かった頃のサルトルの身のふり方を考えてみるとわかりやすいかもしれません。彼自身はおそらくマルクス主義的な党の「支配」に対して全面的な同意を与えているはずではないのに、なぜ共産党の側に立ったのか。日本に紹介されて入ってきたサルトルは五六年のハンガリー侵攻以降の、反スターリン主義のサルトルなので、それ以前のサルトルの戦略的な動き方はよく見えなくなっています。しかし、いま一度この時代を全体と個の問題として考え直す必要があるでしょう。

澤田　サルトルと全体主義の関係は、「全体（性）」という概念とも密接に関わる検証すべき重要な課題だと思いますが、それは戦後のサルトルに見られるある種の戦略的発言とも関わるかもしれません。私自身は必ずしも、ピエール・ブルデューが「全体的知識人の創出」で素描し、それを受けたアンナ・ボスケッティが『知識人の覇権』で展開したような、知識人界で巧妙に自らの地歩を築こうとするサルトルという考えには与しませんが、それでも確かにサルトルは伝説を作るのが非常にうまいというか、決め台詞みたいなのが好きな人であることは否めません。そして、その一行だけが独り歩きしてしまう傾向があります。ところがその前後のテクストを読んでいくと、そこに緻密な論理的脈絡がなかったりする。そのために、哲学からのアプローチで厳密に読もうとすると、なんだこれは、という反応を呼びがちなところがあると思います。そういう緩さが比較的ないのが初期の論文で、こちらはサルトルも、アカデミックな厳密な導入、問題設定をしてから論を立てている。

しかし、ある時期からのサルトルはそういった手続きをやめてしまう。先ほども言いましたけど、私が驚いたのが、『実存主義とは何か』です。論理の飛躍が多い。それでも、決め台詞を言われると、「確かに、そうだよな。そうしないといけないな」と納得させられてしまう。だからある意味では若者にはとっつきやすいのだけれど、実際に読んでいくと、こんな粗雑な論理じゃ困る、ということになるのだと思います。とはいえ、哲学的な文体というか、論じ方をやめてしまったことによってサルトルが開いた可能性もあるでしょう。

行動する思想家とアンガジュマンの意義

合田　ちょっと過激なことを言いますが、サルトルはフッサールを読んだのか？　そして、ハイデガーは？

澤田　フッサールやハイデガーをどこまで読み込んでいたかというと……サルトルという人は、自分に都合のよいところだけを使ったりしますからね。

合田　それはまあわれわれみんなそうだけれど（笑）。

澤田　そうですね。そもそもサルトルは都合のよいところしか読まないのかもしれません。ある人のものを全部きちっと読んだ上でここが使えるという判断をしているのではなくて、自分の関心に関連したところだけを読んでいるような節があります。

ただサルトルは、メルロ゠ポンティと違って、フッサールの膨大な草稿までを読んでいたわけではないですが、フッサールの現象学と出会うことで、フッサールが目指していたものとは違うけれども、それでも、根本的なところでは現象学的なアプローチを学んだのではないでしょうか。ハイデガーとの関係も同じだと思います。乗り越えるべき存在としてフッサールやハイデガーを想定していたのでしょうが、『存在と無』以降は彼らについて言及することはなくなります。

松葉　ただそれも幾つかの側面があると思います。確かに『存在と無』以後の著作について、どこまで現象学的研究として読めるかということになると難しいと言わざるを得ない。やはりサルトル独自の哲学だと思います。だから現象学的には初期著作のみが論じるに値するということになります。

しかし、現象学の視点から見た時に、例えば『自我の超越』は非常に面白い。彼の超越論的主観性に対する批判は正当だと思いますし、メルロ゠ポンティに通じるところがあると思います。『想像力』や『想像力の問題』などの初期の哲学的な著作は、現象学的なテクストとして評価できます。

合田　サルトルは世界の様々な出来事にコミットし、現場にも行き、一般の人々とも会って話す。確かにヒーローというか、行動する思想家という側面がありますね。しかし、私がサルトルのテクストを読んで思い浮かべる肖像はまったくそれとはかけ離れたものです。独学者としてひとり隔絶して引き籠り、外へ出ることもできなくて、近親相姦的夢想に取り憑かれて、暴力に怯えて――だからこそ遠い沈黙のなかの叫びを聴き取り、その苦しみに感染することができた。サルトル自身そういう弱さというか怯えを隠していなくて、むしろ作品化していると思うのです。

サルトルは、先ほど松葉さんが言うように、すべてに応えようとするわけですが、逆に言うと、すべてを語ってしまえるわけですよね。個と全体について、強烈な対立と矛盾があるかに見えて、それをどこかで調和的に捉えうる回路がサルトルの感受性の中には存在しているのではないか。無為の状態で部屋に引き籠っている者が一方で世界的な行動の思想家でもある。しかし、コミットするとか、アンガジェするという時に、それをどうしようもなく阻む何かがある。そしてそれは単に勇気の欠如ではない。考えてみると、サルトルはそれを様々な作品を通して語っているとも思います。

ただ若い時にはそれが私にはわからなかった。でもいまあらためて読み直すと新しい像が結ばれて、それがとても魅力的です。

松葉　いまの合田さんのお話はまさにご著書のタイトルでもある「ニートという冒険」ですよね（『サルトル「むかつき」ニートという冒険』みすず書房、二〇〇六年）。あの本はとても面白かったんですが、その中でも *La Nausée* を『むかつき』と訳されていたことに興味を持ちました。そして〈むかつき〉を否定するのではなく、肯定せよと結論されていました。

　これを読んで私が納得できたことがあります。初期サルトル、つまり現象学者としてのサルトルにおいては、意識に直接与えられたものと、そこから世界ないし他者をどう捉えるかという関係性が問題だった。したがって『嘔吐』に出てくる木の根っこは、「他者としての世界」の表象だった。そしてその他者を取り入れることもできないし、自分の外に取り出すこともできない、その関係性が自分ではどうしようもなくなった時の感情を〈むかつき〉と言っているのではないか。そしてこの問題は最後のフローベール論まで一貫している。他者と自分がいて、その間には揺れがある。現象学的な言い方をすると、内在と、それを超越するものとの関係をどう捉えるか、その問題が一貫してサルトルにはあった。それは個と全体の問題に繋がると思います。

合田　他方で、「個と全体」という問題そのものは極めて古くからある哲学的な問題ですよね。先ず、「全体性」という何かものがあるわけではない。全体は常に非全体化された全体であるわけだし、常に途上、過程というかプロセスですね。「個」もそうです。それをサルトルは理論化できたのかどうか。

　この点で私はサルトルと例えばストア派やスピノザとの繋がりを考えています。今回本書に寄稿した拙論でも引きましたが、『存在と無』でサルトルはアランやストア派の言う「レクトン」に言及しています。例えば大きな災害――あるいは戦争でもいいのですが――があり、すべてが壊れてゆく。しかし、ストア派によれば、それは破壊ではなく変化に過ぎない。そこでサルトルはストア派を批判して、破壊は客体的な現実であって思考の中にあるものではないと言う。現実として外にあるわけですよね。しかし、そう言いつつも「無は存在の表面である」として、「表面」というストア派的な観念に訴えてもいる。ドゥルーズへの通路ですね。死についても、サルトルはハイデガーのように死への先駆的な覚悟ということは言わない、死もまた自分の可能性の外にあるんだと一貫している。これもストア派やスピノザに繋がる見地です。

澤田　繰り返しになりますが、サルトルの中には色々な部分があって、それがお互いにすごく矛盾しているという気がする。しかし矛盾しているが故にどこかで少しずつ繋がっているのだとも思います。全体と個で言えば、「universel singulier 単独的普遍者」という表現が重要だと思います。これは確かに哲学的な問題として提起されるのですが、それだけではなくて、彼の戦争体験そのものを通じて出て来た問題でもあると思うのです。

　自分の個の問題だと思ったのが実は全体だった、あるいは遠く離れた場所での出来事が実は自分の中に出てくると気がついた時に、全体を見つめて、もう一度何かを考える。サルトル思想の変遷を見ていくと、哲学的にはやはりフッサール的な現象学、特に意識に特化したものから始まり、今度は還元された意識と世界との関係へ移行したと言えるでしょう。またこのことは、最後のフローベール論に至るまでの「引き籠もり」の問題で、現実世界に対して想像的なものに何ができるかという問いにも繋がっています。

　だから所謂アンガジュマンにしても、それを一つの概念ましてや「政治参加」などと捉えてしまうと、きわめて凡庸で、そこから新しい何かが出てくるとは思えない。サルトル自身の経験やその背景に補助線を引くことによって見えてくるサルトル的な全体というものがあるのかもしれません。

松葉　メルロ＝ポンティとサルトルの出会いと別れのエピソードを補助線にしてみましょう。

　メルロ＝ポンティ自身の語るサルトルとの初めての出会いは次のような話です（未刊のラジオ・インタヴュー）。エコール・ノルマルのパーティで学生たちが酒を飲んで騒いでる時にちょっとばかり猥褻な歌を歌い出した。当時はお堅い学生だったメルロ＝ポンティが冷やかすように口笛を吹いたら殴られそうになって、その時にサルトルが間に入ってくれて助けてくれたのだそうです。メルロ＝ポンティに言わせると、サルトルは昔からずっとそういう人間で、「闘う人サルトル」だけではない、ということになります。

　別れの話には「アンガジュマン」が関係しています。サルトルのメルロ＝ポンティへの批判は、「お前は政治から離れるのだろう、だったら政治に口を出すな」ということです。しかし、メルロ＝ポンティは哲学者というのもアンガジェしている、哲学者としてアンガジェしているのだと反論する。サルトルはそれについては何も言わず、結局のところ二人は別れるわけです。

　ただ、なぜあの二人が時期的にずれて、マルクス主義ないし共産党に近づき、やがて遠ざかったのか。なぜその時期がずれたのかについてはよくわかりません。メルロ＝ポンティは朝鮮戦争、サルトルの場合はプラハの春、共産党から離れるきっかけは違うにしても、あの二人の軌跡がなぜ重ならなかったのか。二人にとってそれぞれの出来事がどう働いたのかには興味があるし、ある意味それが決定的な二人の違いなのかもしれないとも漠然と考えています。

　その上で、アンガジュマンを例えば、単純な作家や哲学者の政治参加ではないと考えてみると、サルトルのアンガジュマンもまた別の文脈で考えうるだろうと思います。自らが起草したのではないにせよ「不服従の権利」を鮮明に打ち出した「一二一人宣言」もあります。それは被投《アンガジェ》されながら投企《サンガジェ》するというより存在論的な意味で捉えなければならないのではないか。そのアンガジュマンの概念の持つ意義を現在のわれわれがどう活かすかを考えないといけない。

　例えば、植民地問題でいえば、彼の植民地理解は間違っているという批判がある。そういう批判は当然ありうると思うし、サルトルにも限界があることを認めた上で、サルトルが与えられた状況の中で何を選び取ったのかということを見る必要があるのではないでしょうか。テクストとしてのサルトルも非常に重要ですけど、行動する人サルトルからも、われわれが学ぶことはいまなお変わらず多くあると思います。

澤田　サルトル自身はおそらく、その場その場で自分の思ったことや為し得ることを言ったり書いたりしているだけなのに、どうしても決め台詞みたいなものが多かったためにそれがそのままあたかも問題に対する処方箋のように思われてきた。処方には必ず間違いもあって、だから次から次へと彼に批判が出てくるわけです。知識人の問題にしてもそうだしユダヤ人についてもそうです。問題なのは、サルトル自身はある意味で上から目線でこれが正しいと発言しているつもりはないのに、彼の立場や存在からそう取られてしまったことが多いのではないでしょうか。フランス的な正義の哲学者というか、これはまさに普遍的知識人というモデルの限界でもあるわけですが。

贈与、ジェネロジテ、パルタージュ、

合田　いま、レヴィ＝ストロースによるサルトル批判はどういうふうに評価されているのでしょうか。『野生の思考』の最終章「歴史と弁証法」に記されたレヴィ＝ストロースの言葉は非常に重い。どんな社会も、人間の尊厳ついて比較不能な同等の考えを持っているが、コギトの牢獄と溶融集団をフランス革命の暴動をモデルに結ぶ『弁証法的理性批判』の構想ではそれを捉え損なってしまうというのです。

澤田　今回、井上たか子さんが書いて下さったのですが、ボーヴォワールが『第二の性』を書く時の出発点としてレヴィ＝ストロースの批評がありました。サルトル自身も『弁証法的理性批判』でレヴィ＝ストロースを引用しています。問題は『弁証法的理性批判』が一体何のために書かれたのかということに繋がると思うんですけど、サルトルは当時の政治的な文脈の中で、マルクス主義を自分の中で位置づけ直す必要があったためにああいう本になった。個人から歴史を了解するのとは違う視点から歴史を了解するところの関係は一体どうなっているのか。この二つの視点は往還可能なのかという部分が一番の問題だったと思います。

合田　やっぱりデカルト的な伝統の中での集団や階級の形成というのは、結局終わらないっていうか、いつまで経っても終止しない。であれば、『存在と無』に言うように、主体＝われわれというのは不可能だということですよね。この点を私は重要だと思っています。その不可能性は否定的な限界というよりはむしろいまわれわれにとって積極的な可能性なのではないかと思うんですよ。サルトルが「群島《アルシペル》」とか「離散《ディアスポラ》」という語で示唆していることですね。

松葉　しかし『弁証法的理性批判』でサルトルはその不可能性について納得しようとしたのだけれど……

合田　どうやっても解決できないという意識はあったんじゃないかな。例えば、『弁証法的理性批判』の中で分配《ディストリビューション》的正義を問うところがありますよね。ある社会が剰余的生産物を抱えていて、放っておくと飢え死にするような人たちすべてに無償で平等にそれを分配しても、必ずその分配に与らない誰かが出てくる。つまり、分配的正義が機能していても必ずその分配的正義の犠牲者が出て来るとサルトルは強調しています。分配だけではない。『存在と無』では贈与について、マルセル・モースの言う

ポトラッチを踏まえて、贈与は破壊であり、また所有であって、他人を贈物によってと同時に債務者としての規定によって二重に拘束すると言われている。モースはジェネロジテの事例としてポトラッチを挙げたのですよね。更に等価交換については、『聖ジュネ』でニーチェの『人間的な、あまりにも人間的な』を引いて、それは泥棒たちの談合みたいなものだと言っている。サルトルは従来の倫理思想を支えていた「贈与」「交換」「分配」のいずれについっても、それが抱える本質的困難を指摘しているわけです。最晩年のベニ・レヴィとの対談を見ると、「贈与」の問題が再浮上しているのがわかります。ただ、私が大事だと思うのは、ジュネ論の末尾で、サルトルがジュネの知らなかった徳として、「受け取る徳」と「分かち合う徳」を挙げていることです。「分かち合う」と訳したのは「パルタージェ」です。どこで言っていたか思い出せないのだけれど、確かジャン＝リュック・ナンシーが、『弁証法的理性批判』を読んだ時にある哲学の時代が終わったのを感じて自分の仕事を始めた書いていた。ナンシーのキーワードは言うまでもなく「パルタージュ」ですよね。サルトルがみずから提起しつつほとんど取り組めなかった問題が継承されたような印象を持ちます。「受け取る」という問題系はシモーヌ・ヴェイユなんかに見られるかな。

澤田　いまのパルタージュ（分有）やジェネロジテ（寛大さ・贈与性）については、サルトルもよく考えていたのではないでしょうか。私自身は、『〈呼びかけ〉の経験――サルトルのモラル論』（人文書院、二〇〇二年）以来、ジェネロジテを鍵としてサルトルを読んできました。その点では、フローベール論もそうですが、サルトルにおける「家族」の問題はとても大きいです。

ジェネロジテという言葉だけはぴったりいかないかもしれないけど、親が与えるものは、最初は無償だったはずで、子どもにとってどこかで切断面が生じると、その時から関係にまさに支配というバイアスが入って来ざるを得ない。そこで受動性の問題が出て来る。作家の条件を、サルトルは常に受動性から説明していくのもそのためです。ジュネにしても、フローベールにしても、受動的な存在、受け身的でそして女性的なものだとされる。そして、それがさらに逆転して、最終的には与える存在になってゆく。一方、パルタージュですが、この言葉を日本語に訳しにくいのは、まさにこれが一方で線引きをするのと同時にそれによって共有されているという、その両方向性があるからですよね。

松葉　私はサルトルの思想の中に果たしてパルタージュがあったのか、とりわけナンシーに繋がるようなパルタージュの視点をどこまで持っていたのかについてはいまのところ疑問に思っています。

先ほど挙げた拙論で、サルトルの中の余計者について論じました。余計者は例えば合田さんがニートに結びつけられましたが、余計者が常に分配には与らないけれども、しかしある種の闘いによってその境界というか分割線を変更していく動き――ランシエールはこれこそが政治だと言いますけれども――その動きをサルトルは弁証法として見ていたのではないでしょうか。例えば個と他者の関係にも、その中で揺れ動きつつ、実践しつつ、その関係性を変えていくことを常に考えていた。だから固定的なものではない。「見る／見られる」の眼差しにしてもそうですけど、その中での逆転という弁証法的な関係性ではなく、もしパルタージュの視点をサルトルが持つとすれば、関係の根底にその視点を置きながら、そこから全体と個、あるいは他者の関係性を考え直すことができるかもしれない。『弁証法的理性批判』をその側面から読み直せないかなと思っています。

合田　いや、松葉さんが仰ったことはすごく大事だと思う。単に分けるということでは決してなくて、揺れ動くなかで誰が余計者になるかもわからないし、自分の何が余計なのかもかもわからないような、そんな状況の中に投げ込まれているような感じですよね。いま率直に思ったのは、所謂コミュニズムの可能性はそこにしかないのではないのではないかということです。コミュニズムという語は「共通なもの」とは何かという問いしか含んでいない。

澤田　サルトルのテクストをただそのまま持ってくるとなかなか見えないけれど、補助線をいかに引いて、新たな読解を導き出すかが重要だと思います。『弁証法的理性批判』にもいままで見えてこなかったものが見えてくる気がします。

合田　前にメルロ＝ポンティとサルトルとボーヴォワールについて論じたことがあるのですが（『世紀を超える実存の思想』リバティ・アカデミーブックレット7、明治大学リバティ・アカデミー、二〇〇七年）、その時に、私は自分がいかに、ボーヴォワールはサルトルのエピゴーネンであるというイメージに惑わされていたのか深く痛切に反省しました。サルトルとジェネロジテについてはボーヴォワール抜きでは語れないのです。『ピュリアスとシネアス』という論集で性愛のあり方を相互的なジェネロジテとして論じていることも知りませんでした。

もう一つ例を挙げておくと、近所の子どもが死んで泣くわが子に、両親が「兄弟でもないのに泣くのはおやめ」と諭すが、この子は泣きやまない。「善きサマリア人の寓話」を引き合いに出しながら、ボーヴォワールは、一つの行いが、落涙が他人を隣人にするのだと言っています。彼女は不在の子どもの声が聞こえてくるとも書いています。これに私はとても感動したのですね。

それから自分の母親の死を看取った『おだやかな死』は、彼女の名作だと思います。サルトルが論じなかったターミナルケアの問題ですよね。ただ、私は『おだやかな死』に出てくるサルトルとおぼしき人物のたたずまいが好きなんです。何度か訪ねてくるんですよ、そっと。

松葉　ボーヴォワールの『老い』にしても、もっと評価されていい本ですね、晩年学という一つの領域を作ったと言ってもいいくらいで。現象学的とも言っていいところがあって、すごく面白いテクストです。『別れの儀式』にしてもそうですね。

澤田　老いの話でいうとサルトルはそれを問題にしなかっただけじゃなくて、自分が老いているという自覚がなかった（笑）。単に本人はまったくそういう自覚がないからあの年齢であそこまで書いたり喋ったりもしたのかもしれませんが。

合田　先ほど澤田さんが仰ったように、サルトルにおける「家族」という問題は重要ですね。ボードレール論や、もちろんフローベール論もそうですが、家族というものをサルトルがどう考えていたのか。

松葉　日本だけではないと思うけど、サルトル＋ボーヴォワールについては、契約結婚をしたカップルだったということが、社会に与えた影響としては最も大きいですよね。

澤田　ただ、家族の問題をサルトル自身は避けているというか、そんなにはっきりとは出さないですね。ただ「擬似家族」のようなものは作りますね。自由な契約結婚のカップルがブルジョワ的な家族とは違う、自分たちの自由なファミリーを作るということなのかもしれない。しかし、かなり若い時からサルトルとボーヴォワールは、先ず自分の学生と関係を持って、最近明らかになったように、自分の愛人をお互いに紹介したり、まさに「贈与」と「交換」をしたりしていたことがわかってスキャンダルめいたものもたくさん出ました。

合田　それと、サルトルとユダヤ人女性の関係は、これはどう考えてもサルトルの根本的な何かに関わる問題ですね。

澤田　それはそうですね。しかし、大変難しい問題だと思いますので、いずれ考えたいと思います。ともあれ、サルトルにとってはやはり乗り越えるべき一つの大きな問題として家族はあったと思います。『嘔吐』では、独学者もそうでしたけど、主人公のロカンタンについても既に設定において意図的に家族の要素が全面的に排除されている。その意味では、フロイトとの対決にしても、無意識の問題ばかりではなく、ファミリー・ロマンスというものをどう考えていたことも背景として考えておく必要がある。いずれにしてもサルトルはファミリー・ロマンスを他者に託してしか語ることができなかったと言えるでしょう。

サルトルとボーヴォワール（1966年，京都にて）．

他者と暴力

合田　メルロ＝ポンティは『ヒューマニズムとテロル』で、非暴力に対して疑問を投げかけていますね。そしてすべては暴力だと言う。私たちが身体を持っている限り、どんなことをしてもそれがどういうふうに使われるかも、それがいつどこで誰に対して暴力的なものになるかもわからないんだと。しかしその一方で、暴力を減じてゆく暴力とそうでない暴力があるとも言っている。この観点からすると、プロレタリアートの暴力は暴力を廃絶するための暴力だということになるわけでしょう。それで、あれを読んだカミュが激怒する。これは傍観者の意見だ、暴力は不可避だけれども正当化できないとカミュは言うのです。すべてが暴力である中で、或る一つの暴力を肯定するかどうか、肯定できるかどうか、これはメルロ＝ポンティだけの問題ではない。暴力とは何か。フランツ・ファノンは、あなたが生きていく世界を作っていくのが暴力だという言い方もしていて、その時、一体何がその暴力なのかというのはものすごく難しい問題です。しかし、サルトルとも微妙なずれを孕みながら、暴力についてメルロ＝ポンティは考えていた。それは哲学的には他者を考えることに繋がると私は思います。他者というものをどう捉えてゆくかという問いを立てた時に、コンフリクト《confrict》を脱することはできないのではないか。

　サルトルはよく拷問の場面を描きますよね。自分が拷問されたら耐えられるかという問いで自他の関係そのものを問うているわけです。さらに言えば、拷問する者とされる者との間にある種の性的とも言えるような共犯関係がある。ここから、シモーヌ・ヴェイユが重視した「共－苦《コンパッション》」《com-passion》の問題が出てくるでしょう。「共犯関係《コンプリシテ》」という言葉は仲間意識とか割に良い意味でも使うことがありますが、極端に言うと一方が虐待する状況においても、その間に共犯的な何かが生まれてくるということですよね。それを私は肯定しているわけじゃないですよ。ただこれは、世界のどこかで一人でも苦しんでいる人たちがいる以上、私たちは何かをしなければならないというサルトルの立場にも跳ね返ってくる。それはまた実は私たちにとってもアクチュアルな問いなのだと思います。共依存《コ・ディペンデンス》がその格好の事例でしょうか。

澤田　確かに、サルトルの哲学的な議論において、眼差しの関係による相剋的関係にせよ、他者論というのは、結局は《confrict》から抜け出せない。ただ、ある時期からのサルトルは、自分のものも含めて哲学的な議論というか、概念定義から離れてゆく。例えば、ファノン論やネグリチュードとの関係などで顕著なのですが、自分では概念化ができないもの、自分の思考には収まらないものに積極的に関与するようになる。

　メルロ＝ポンティとの訣別の件にも繋がるけれど、戦争をきっかけにして、ヒーロー＝英雄なのかラッシュ＝卑怯者なのか、自分はどちらとして振る舞うのかという問題が、サルトルの中できわめて倫理的なものとして主題化されたように思います。

　これは例えば『出口なし』の中のギャルサンに顕著に見て取れます。ギャルサンは、自分は卑怯者だったのかどうなのか？　自分はちゃんとやったのかと終始問い続ける。そこには、拷問に耐えられるのかという問いもあるのです。もう一つ重要なのは、サルトルがこうした卑怯者をホモセクシュアルの人間と結びつけていることです。同性愛者でないサルトルがなぜこれほど、同性愛の問題にこだわるのかは、とても重要なことだと思っていて、それは以前に少し考察したことがあります（「サルトルにおける同性愛の表象と役割」、『別冊　水声通信　セクシュアリティ』水声社、二〇一二年）。

いずれにせよ、サルトル自身が自分の図式を食い破るような力を、自分の直接経験でないトポスから得ているのではないかと私には思えるのです。サルトルは、一方で色んなことを明晰に語るけれども、一番言いたいことは背後に押し隠している。それが、それが押し出されるように一挙に噴出するような時に、論理的には後から読むと支離滅裂だけれども、状況においては有効な様々な議論が展開されている。

松葉　サルトルの他者に対する視点は普遍的なものというより、受肉した存在としての他者が見えている時とそれがまったく見えていない時があるようです。例えばなぜ『聖ジュネ』を書いたのか。

澤田　『聖ジュネ』は、実はジュネ論といいながら『倫理学ノート』で描き切れなかった倫理の問題が随分入り込んでいると思います。もちろんジュネという存在を媒体に、サルトルが他でも問題にしようと思っていた「悪」の問題がそこではかなり明確な形で描かれています。それは演劇論などでは非常に大きなテーマとしてあるものですが、所謂哲学的な論考では悪そのものをサルトルは主題化しきれませんでした。

合田　悪について言うと、サルトルは逆に善ということはあまり言わない。先に彼の暗黙の前提となっているような正義を問題にしましたが、善悪のマニ教的二元論が最も危険だというところにサルトルのアクチュアリティがあると私は思います。先ほども問題にしたジェネロジテはどうなのか。そして、パルタージュはどうなのか。このあたりはまた考えてみたいですね。

澤田　大きな問題だと思います。それと、ジェネロジテというものが持っている良い側面というか、ポジティブな側面とネガティブな側面をサルトルは常に行き来しながら語っていますね。

合田　デカルトの言うジェネロジテは、自我の自由と同じようなものですよね。サルトルにとってジェネロジテは贈与ではない。デカルトにとってジェネロジテは贈与ではない。自分の限界みたいなものを探求していくという感じですね。モースの贈与はむしろ所有である。与えることによって所有を確認する。これは『倫理学ノート』での仁愛論《シャリテ》にも受け継がれていますよね。

澤田　その点は、やはり近親相姦というか、母親との関係とにも結びつく問題だと思う。だから、ジェネロジテがポジティブに可能なのは、まさにそれ自体が見返りもなしにありうると思うのです。だけどもう一方でジュネ論やフローベール論の中で指摘されているのは、まさに相手を支配する、支配者の論理ですよね。だけどもそれだけだったら『倫理学ノート』の中であれほどジェネロジテを持ち上げたりはしなかったと思うし、やはりサルトルが出している例のように、困っている人がいたらやっぱり助けようという素朴なことが根本にあると思います。

サルトルの可能性はどこにあるのか

澤田　ところで、そもそもサルトルはなぜ他者論を展開したのでしょうか。サルトルの「哲学」に対する批判によくあるのが、確固たる自我と自我が出会って、それが非常に二極的に対立し、しかもそこから逃げることができない、というものです。

初期の『自我の超越』でも問題にしていた自己性（自我ではない）がサルトルの出発点にあったことは間違いなく、その上で他者の問題が出てくるわけですが、しかし、『存在と無』に至ってあれほど他者の問題が大きな問題として出てくるのかが不思議なのです。

どうしてそんなことを考えるかというと、「地獄、それは他者である」の『出口なし』にしても、「見る／見られる」という敵対関係を描き出そうとしているように評されますが、登場人物それぞれの「私」というものは、確固たる私ではなくて、また他者に見られることで私という自我が他者に支配されるというよりは、自分の仮面を変えていくようにそれぞれの自我が変わっていくように思えるのです。私という自我がまた別の自我に出会ってぶつかるということではないように思えるのです。

松葉　自己と他者との間のゆらぎというか、〈むかつき〉としてしか成立しない関係性であって、サルトルは確定した自己と他者の間に関係性が生じるというふうには最初から捉えてない。ですから、むしろサルトルの中では、他者をどう捉えるかという問題が先にあって、自我は空っぽだという確証を得た上で『存在と無』の構成があるのではないでしょうか。

合田　私もずっと疑問に思ってきたことがあって、『自我の超越』でも、自我というのは他人と同じような志向的対象だと言う。それに対して意識の超越論的領野は非人称的で、そこには反省するもの／反省されるものという反射の関係があるだけだ。私がわからないのは、反省するもの／反省されるものの関係がずっと続いたとしても、どうしてそれが「私」になるのかということです。どうしてそこで個体化が可能になるのか。それをサルトルは解決していないと思う。個体化を前提としてしまっているのではないか。ユダヤ人問題の結論では、他者がすべての契機になっている。しかしそこでも、今度は他者というものが前提とされている。

もっともこの点は微妙です。例えば『世界の散文』でメルロ＝ポンティは他者というのは正面にいないと書いています。明らかにレヴィナスの対面を意識していて、前にいるのは《objet》であって他者はそうではないという言い方をしますよね。サルトルの場合には、どちらかと言うと背面なんですね。背中です。背中に貼りついてるんだよね。私から見えないところに貼り付いているものが私に命令している。だけどもそれも自分の一部なわけだ。「眼差し」にしてもレヴィナスのように目の前で顔が見ている関係ではない、サルトルにとっては誰かがどこにもいなくとも眼差しを私が感じるわけです。ただ見られているという……

澤田　結局それは世間の目というものに近いんです。つまり、自分が部屋に一人でいる時、そこに他人がいないことは了解しているけれど、そのことが問題ではなく、こんなことをしているところを誰かに見られたら恥ずかしいというように、内面化されていく部分があるのです。もちろんサルトルにおいては極限状況での他者関係は、殺す／殺されるかという抜き差しならぬ関係になるのですが……。ただ、先ほどから問題になっている個と全体との関係を出発点として、具体的な場面での他者関係、それから最終的に大きな政治的な局面において、この見えない他者がどうなっているのかを考えてみる必要があります。とはいえ、サルトルの思想の展開において、考察が段階的に進んでいるというよりは、スパイラルじゃないけど、全部がグルグルと循環している感じがあります。そのためにサルトルの他者論は単純明快に図式化できない。

松葉　現象学の枠組みでは、他我が問題になるのははっきりしています。サルトルが現象学的なアプローチから始めて他者を考えようとしていたのは当然だと思います。だからこそ、いまサルトルのテクストを読むのであれば、むしろ『存在と無』以降の他者問題を読むことに「生産性」があるだろうと考えます。同時に行動する人サルトルにおける他者問題も読み変えることができるかもしれない。

デリダはサルトル論（「『彼は走っていた、死んでもなお』やあ、やあ」、『パピエ・マシン』下、中山元訳、ちくま学芸文庫、二〇〇五年）で、あらゆる現象性を免れた他者の他者性を「救い出そう」としている点でサルトルを評価しています。しかし、他方でサルトルがこの「救済」を非宗教的なものとする限りで、かえって宗教性にからめ取られていると批判します。

私自身は先ほども言ったように、個と全体、あるいはパルタージュとしての他者関係を、実践的な他者‐世界との関係の中に読み込もうとしていたサルトルに興味があります。サルトルをどう正しく哲学史に位置づけるかということにはあまり興味がなくて、自分にとってサルトルがどう使えるかということにしか興味がない。その意味で無理矢理かもしれないけど、先ほども述べたような問題系を『弁証法的理性批判』の中に読み込めないかなと思っています。サルトルのテクストを読み変えることになるかもしれませんが。

澤田　その意味では、イマジネール（想像界）という系が非常に重要な問題としてあると思います。イマジネールが持っているクリエイティブな部分、それを人間の自由のあり方と結びつけてサルトルは考えた。そこの部分は実はいまでも全然衰えてないっていうか、いま読んでも非常にスリリングなところがあります。*L'imaginaire*――邦訳では『想像力の問題』となっているあのテクスト自身も、もっといろいろな形で読んでいくべきものだと思います。

イマジネールを基盤にした表現でこそ、まさにサルトルは自己と他者とか、あるいは全体と個とかその部分、そういった問題を自分なりのやり方で展開しようとした。一人の人間が一体何をするのか。一人の人間というのは、個人ではなくて単独的普遍者（独自普遍）だという点を晩年のサルトルは強調します。

合田　他者というのは私が構成するものではないという考えがレヴィナスにもサルトルにもある。そこから受動性とか事実性の地平をどういうふうに捉え直してゆくかという問題が出てくると思います。結局は「現実《レアリテ》」という観念をどう設定するかということかもしれない。

もう一つ強調しておきたいのは、私たちは生存している限りアンガジェしているわけだから、アンガジュマンがないということはありえない。しかし、アンガジュマンという言葉に与えられた「社会参加」という狭い意味であえて言わせてもらうと、私はアンガジェしないことの重要性というか、それに自分がどこまで堪えられるか、ということを考えることがあります。これは逆に厳しいところもあるわけですが、サルトルにはそれが吐露されている部分がいっぱいあるように思います。

第三は、サルトルが現代のモラルに関して、不可能だけど不可欠、不可欠だけど不可能と言っていることです。確立された倫理学を提示できない。一生かかってもできない。非常に重く受け止めねばならない点です。

きっと小さな場所に引き籠もりながらサルトルには微かに耳鳴りみたいなものが聴こえていた、あるいはそういうものを抱え込んでいる人たちと共にいると想像できる人だった。そういう「想像的なもの《イマジネール》」のリアリティが私にはサルトルの魅力となっているのです。

澤田　おふたりからサルトルに対する様々な疑問点や批判のみならず、サルトル思想の可能性と新たな読解について大変貴重なお話をいただきました。私の方はサルトル擁護に終始してしまった感じですが、最後に、私が個人的に感じるサルトルの魅力を述べることをお許しください。変な話ですが、サルトルのテクストは既に廃墟のようになっている、その廃墟の光景に私はとても惹かれるのです。サルトルという人はきわめて壮大な建造物を構想するのですが、結局いつでもそれを完成できずに、残骸を残していった。『弁証法的理性批判』だけでなくて、未完の紀行小説『アルブマルル女王』などもそうです。ある意味で、常に破綻しているのです。破綻しているのだけど、その荒涼とした場所を訪れると、常に新たな何かがそこにはある。ローマの遺跡とか、古代の廃墟を見るのと同じような感動に似たもの私はいつも感じるんです、サルトルを読んでいて。

その魅力の正体が何かというのを説明するのはすごく難しいのですが、簡潔に言うと、サルトルが書いてないところを想像することによって見えてくるものを味わうことです。読者の自由の範囲が広いのです。廃墟というのは、不在なものを想像によって透視することによってしか楽しむことができません。サルトルのテクストにもそういう部分があるという気がするし、そういう読みを、誰もができる可能性をサルトルはわれわれに残してくれていると、私は個人的に思うのです。

第Ⅱ部　サルトル解釈の現状

サルトルの栄光と不幸
──『存在と無』をめぐって

谷口佳津宏

1　『存在と無』はどう読まれてきたか、あるいは、読まれずにきたか

サルトルの名が実存主義という言葉と結びつけられて一挙にフランス文化の最前線に躍り出たのは、連合軍によるパリ解放後の一九四四年八月以降のことであった。彼が何故一躍時代の寵児となりえたかについては、すでに、ボスケッティをはじめとして、いくつかの研究があるので、詳しくはそちらに譲るが、(1) その理由の一つが、作家にして哲学者であるという彼の二面性にあったことは間違いない。そのサルトルの哲学者としての名を決定づけたのが四三年六月に公刊された『存在と無』であった。とはいえ、戦時下に公刊された七二四頁(2)に及ぶこの浩瀚な書物は、即座に反響をよんだわけではない。(3) 人間の絶対的自由を唱える本書がドイツ軍占領下の多くのフランス国民に勇気と希望を与えたとみる向きもあるが、これはおそらく後からの回顧的錯覚であろう。戦争中の紙不足とかナチスによる検閲といった事情もあったろうが、本書に対する活字による反応が現われるのは四四年以降のことである。

『存在と無』の構想は第二次大戦でサルトルが戦地に動員された三九年にさかのぼる。手帳に認められた彼の「戦中日記」には、身辺雑記と並んで、後の『存在と無』につながる様々な省察が書き留められていく。一二月九日付のボーヴォワール宛書簡では「私は私の道徳を書き終えた」[4]として、手帳に記したその一部を転写して書き送っている。その後、四〇年の五月一二日付同女史宛書簡で彼は「無についての哲学書を書きたいと思っている」と書き送り、さらに、六月九日には無について数頁書いたことを報告している。この直後の六月二一日、サルトル三五歳の誕生日に、ドイツ軍の侵攻により彼は仲間とともに捕虜となる。七月二二日、彼はバカラの捕虜収容施設から同女史宛に「形而上学の著作『存在と無』を書き始めた」[5]（傍点筆者）と書いている。書簡からは、さらに、八月一二日には七六頁分を書いたこと、トリーアのⅫ‐D捕虜収容所に移された後の翌年三月九日には二〇〇頁の時間性の理論を書いたことなどが窺えるが、その後、彼は右目の一部失明による方向感覚障害ありとする偽の診断証明書を使って収容所から脱け出し、パリに戻ってからも執筆は続けられたようである。こうして、四二年一〇月にはすでに本書は書き上げられたらしいことがブリス・パラン宛の手紙によって確認されている。[6]この間の執筆過程の詳細は不明であるが、アラン・ルノーが指摘するように、おそらくは「既成のテーゼを説明し、表現することだけが問題であったのであり、それを練り上げることはもはや問題ではなかった」[7]と考えられる。このことは、『存在と無』に関してしばしば指摘される矛盾や曖昧さの原因の一つを成すものともみなしえようが、とりあえずここではまず、『存在と無』は当初「形而上学の著作」として構想されたものであったということ、本書刊行当時にはまだ実存主義ブームは起こっていなかったことを確認しておく。[8]

『存在と無』に関する論評で最初のものはガブリエル・マルセルによるそれであろう。『旅する人間』に収録された「存在と無」と題されたその論評には四三年一一月の日付がある。[9]マルセルはサルトルの思想を「実存主義」と呼んだ最初の人ともされるが、『存在と無』に関するこの論評のなかではいまだその表現は用いられてはいない。「サルトル氏の新しい書物の重要さは、異論のないことであろう」という一文で始まるこの論評は、実存主義者サルトルに関する論評ではなく、『存在と無』という哲学書に関する論評であるという点のみならず、サルトルを批判するよりもまずは理解しようと努めるその態度においても、以後のカトリック陣営およびマルクス主義者たちからなされる多くの論評とは一線を画している。マルセルは、『存在と無』における言葉遣いの難解さに悩まされながらも、そこからサルトル独自の「中心的な直観」（「即自の直観」[10]）を取り出す。しかし、それは、唯物論に通ずるとしてマルセルには容認しえぬ直観でもある。即自の直観は、存在の超現象性という主張と結びついている。だが、現象を超えたもの、すなわち、「現象的条件からのがれている」[11]ものをいかに直観しうるのか。「いかにして存在の超現象性が、まだ充分に自らを明らかに示すにいたっていない反省によってつくり上げられた虚構とは別なものであることができるかを知ることは、困難なことである」[12]。ここには『存在と無』に含まれる一つの問題点が的確に指摘されている。

四四年の『形而上学・道徳雑誌』に掲載された『存在と無』についての匿名での短評には、『存在と無』のうちに「現象学とハイデガーの実存主義に馴染み深い多くの主題[13]」がみられるという指摘があり、この時点ですでに『存在と無』が「実存主義」と関係づけられていることが確認できる。四四年末にはすでにサルトルは実存主義の代表者と考えられていた。そのことは同年末に共産党系の週刊誌『アクション』に掲載されたサルトルの手になる「実存主義について――批判に答える」という記事が示している。この記事を書いた後、サルトルは翌年一月から『コンバ』紙および『ル・フィガロ』紙の特派員としてアメリカに渡り、同年六月に帰国する[14]。帰国後、その夏開かれた討論会の席上で彼が発したとされる言葉（「僕の哲学は実存の哲学です。実存主義とはいったい何物なのか、僕は知りません」[15]）は、『アクション』誌の記事後の発言であることから考えて、文字通りに受け取るべきものというよりは、不本意ながら自らに帰せられた実存主義者という称号に対するサルトル自身の苛立ちの念を吐露したものと解すべきであろう[16]。しかし、その年の秋には、彼は、実存主義という言葉を積極的に引き受ける態度に転じ「実存主義攻勢[17]」を開始、あるいは、むしろ再開する。そうした渦中にあって一〇月にパリのジャン゠グジョン通り八番地にあった« la salle des Centraux »で行なわれたのが「実存主義はヒューマニズムであるか」と題された彼の講演会であった[18]。翌年『実存主義はヒューマニズムである』（邦題『実存主義とは何か』）というタイトルで活字化されるこの講演によって実存主義者サルトルの名は決定的なものとなる。

この講演の行なわれた四五年には、ロジェ・トロワフォンテーヌによる『J゠P・サルトルの選択』が刊行されている。本書はこの年五月にパリで行なわれた連続講演を元にしたものであるが、「『存在と無』の呈示と批判」という副題をもつこの本の本文末尾には四五年三月という日付がある[19]。本書の表題は、即自の「客観化された自足」と対自の「主観化された自足」という二重の意味での「絶対的自足[20]」をサルトルが選択したということを意味しており、トロワフォンテーヌは、そうした「項」ではなく「関係」の方を選択するキリスト教的「実存主義」の立場からのサルトル批判を展開している。しかし、この批判は、対自が自足した「項」ではなく、むしろ「関係」であるということを見落としているという点で致命的な欠陥を抱えている。対自は「決して、一つの自律的な実体ではない」(III, 467)。「対自と即自とは、対自それ自身にほかならない一つの綜合的な結びつきによって、結合される」(III, 466)(傍点筆者)。もっとも、トロワフォンテーヌのサルトル解釈は、『存在と無』における対自と即自を精神と物体というデカルト流の二元論の現代版とみなす以後多く見られる解釈の原型となったという点でそれなりの意義をもっている。[21]

同じ年に『カイエ・ドゥ・シュッド』誌に二号に亙って発表されたフェルディナン・アルキエの論評は、合理論の立場からの『存在と無』批判である。アルキエもまた、マルセルと同じく、サルトルの即自概念が不明確である点を指摘しているが、マルセル自身のサルトル批判、すなわち、サルトルは愛や恩寵を否定しているとするキリスト教の立場からの批判に関しては、同じ実存主義者同士での内輪の喧嘩にすぎないと一蹴する一方、マルクス主義の側からのサルトル批判、すなわち、サルトルは歴史や環境から人間を切り離してしまっているとする批判に関しては、その「科学主義」さえ除けば十分に共鳴しうるとして好意的である。アルキエ自身、サルトルに対しては、その時間性に関する主観主義的理解を批判するとともに、サルトルの自由論こそ「彼の作品の鍵」であるとして、論文の後半部ではサルトルの自由論に詳しい検討を加えているが、全体としては、合理論の立場からの外在的批判に終わっているという印象は拭いがたい。もっとも、アルキエがこうした長文の論評を寄せたのも、彼の眼には、『存在と無』が「われわれの世紀の最も重要な書物の一つ」[22]であり、サルトルこそ混迷と不安の時代である現代をもっともよく体現している人物と映ったからに他ならない。彼はサルトルのヒューマニズムを「悲観主義的ヒューマニズム」[23]と特徴づけたうえで、「これまでに提示されたヒューマニズムのなかでは最も首尾一貫している」[24]としてそれに一定の評価を与えている。アルキエのこの論文は、その後広く行なわれることになる『存在と無』の人間主義的解釈の嚆矢とみなすことができる。

『実存主義とは何か(実存主義はヒューマニズムである)』は、サルトルの思想をわかりやすく説明したものとして、サルトルの実存主義を語る際の基本文献としてその後広く読まれることになるが、そうしたなかで、『存在と無』もまた、現象学あるいは存在論の書物としてではなく、むしろ、実存主義の理論書として、『実存主義とは何か』と一続きのものとみなされ、以後、『存在と無』を論じる際には、『実存主義とは何か』からの引用を交えるというのがほとんど常套手段となっていく。あるいは、それどころか、『実存主義とは何か』によってサルトルの実存主義を論じ、その補強として『存在と無』から適宜引用するといった手法すら広く見られるようになる。『存在と無』

と『実存主義とは何か』の著者は同一人物なのであるから、こうした手続きに問題はないようにも思われる。しかし、サルトル自身が後に『実存主義とは何か』を書物として公刊したことを後悔したというエピソードが示しているように、『存在と無』と『実存主義とは何か』には全く同一の思想が述べられているわけではない。予め用意された原稿なしにほとんど即興で行なわれた講演をほぼそのまま活字化した『実存主義とは何か』は、サルトル哲学の人口への膾炙に大きく貢献するものとなったが、それと引き換えにまた、多くの誤解を引き起こす元ともなった。もちろん、元々は「サルトルの手のほとんど加えられていない速記によるテキスト[25]」であったとしても、それが一旦書物となって作者の手を離れてしまえば、それをどう読むかは読者に委ねられる他はない。サルトル自身、そこに盛られた自らの思想を否定したわけではない。しかし、実際には、戦前から彼が育んできた思想のいわば集大成として書かれた『存在と無』と、その後の共産党やカトリック陣営からの人格攻撃をも伴った自らへの批判のなかでそれらに対抗するためにいささか性急になされた講演とでは、彼の置かれていた状況はすでに大きく変わっていた。だが、この二年余りの間に横たわる懸隔を懸隔として見て取るには、当時の人々は、サルトル自身も含めて、まだあまりに時代と密着しすぎていた。もちろん、これは後から見た場合にはじめて言えることであって、当時の人々の受け止め方を批判する意図は毛頭ない。むしろ、サルトルはそのように時代とともにあったからこそ、サルトルその人でありえたわけであり、それが知識人サルトルの成立に不可欠な要素であったことは確かである。しかし、そのことが哲学者としてのサルトルのその後の凋落に一役買っていることもまた否定できない事実である。

サルトルの名は、実存主義ブームの到来とともに海を渡り、四五年にはイギリスの哲学者A・J・エアが「小説家‐哲学者たち」と題された一連の論評のなかでサルトルを論じている。彼は、実存主義者サルトルについて簡単に触れた後、サルトルを実存主義者としてではなく「十分に独立した一人の思想家」として取り上げる。そして、『存在と無』について「哲学の歴史のなかでは珍しいことではないが、理解されるよりも賞賛されることの方が多いあれらの本の一つ[26]」ではないかという疑念を表明したうえで、『存在と無』における対自と即自の区別、時間概念、他者の存在という三つの問題に絞って検討を加えている。そこでは、サルトルの「無が無化される」という言い方は、ハイデッガーの「無が無化する」という言い方と同様、無意味であるとするカルナップ流の批判[27]や、サルトルの分析は心理学としてはしばしば見事ではあるが、その論理的、形而上学的構造は健全であるようには思われないといった批判などがでてくるが、こうした批判はその後も英米系の学者たちによってたびたび繰り返されることになる。[28]

ここまで『存在と無』の公刊から『実存主義とは何か』の講演までの間にでた『存在と無』に関する初期の論評のいくつかを紹介してきたが、それらはいずれも、多少なりとも真摯にこの大著と取り組んだ跡の窺えるものであった。しかし、こうした状況は『実存主義とは何か』の刊行後は徐々に変化してゆく。

四七年にはフランシス・ジャンソンによる『道徳問題とサルトルの思想』が出版される。「あなたは、私がそこに私を認めることができるのに十分なだけ私に近く、私が私について判定することができるのに十分なだけ私から離れた私自身についてのイメージを私に与えてくれた最初の人です」[29]とするサルトル自身による序文を付して公刊されたこの書物は、サルトルのお墨付きをえたいわば公認のサルトル研究書として、以後、『存在と無』と真剣に取り組もうとする者にとっての必読文献となる。もっとも、本書のもつ意義は、その思想がまだ発展途上にあったサルトルをその発展のさなかにおいて捉えようとしたところにあり、その思想が、たとえ完成の域には達しなかったにせよ、とりあえずは完結したものとしてある一人の思想家を前にした場合の対処の仕方は当然これとは異なったものとならざるをえない。その意味では、本書はその歴史的役割をすでに果たし終えたと言えるかもしれない。[30] これに比すれば、四八年に公刊されたジルベール・ヴァレの『サルトルの存在論』[31]の方が、『存在と無』における現象学と存在論との関係に真正面から取り組んだ研究として今後再評価されるべき点を多く含んでいると思われる。

しかし、これ以後のフランスでの『存在と無』をめぐる言説は、急速にその数を減らしていく。少なくとも、本格的な研究書としては、サルトル死後の八六年に公刊されたフランソワ・ルジェの『世界と自我』[32]まで一つもない。この間もサルトルは時代のなかを駈け続けていた。しかし、そのように常に時代とともにあったがゆえに、人々はサルトルの過去を振返るよりもサルトルの今を追いかけるのに精一杯で、『存在と無』を本腰を入れて読もうとする者はほとんどいなくなってしまった。[33] これに拍車をかけたと思われるのが、ハイデッガーによるサルトルのヒューマニズム批判や、その延長上にあるレヴィ＝ストロース、フーコー、デリダらのサルトル批判、さらに、これとは違う角度からではあるが、メルロ＝ポンティによるサルトル批判であった。職業的哲学者ではない普通の人々は、サルトルが他の同業者からこっぴどく叩かれるのをみて、サルトルをまだ読まないうちにサルトルはもはや読むに値しないと決めつけてしまった。また、まずは作家として登場したサルトルの経歴が、結局は、彼を作家が本業の似非哲学者として扱うことになる一因となったことも否定しえない。カミュとの論争のなかで、かつてのサルトルがカミュに対して向けたのと同じまなざしが、今度は、サルトル自身に向けられることとなったのである。こうして、サルトルは旧世代の、時代遅れの、二流の哲学者であるという評価が人々の間に定着していくとともに、サルトルと言えば人間の絶対的自由を唱えるアンガジュマンの哲学者であるとする紋切型の解説が流布していった。それは、偶像すなわち時代のアイドルとしてのサルトルにとっては欠かすことのできないキャッチフレーズであったかもしれない。しかし、偶像はあくまで偶像である。われわれとしては、まずは、こうした偶像としてのサルトルを壊すことから始めなければならない。

2 『存在と無』はどう読まれるべきか

今日、わが国でサルトルはどう理解されているか。一例をあげよう。現代日本を代表するある哲学者はサルトルについてこう述べている。

サルトルは主著となる『存在と無』で、人間には善悪を決定する根拠となるような本質は存在しないのであって、価値は個人の決断が創造するものであるから、本質から価値を導き出すことができないという「浄化的反省」だけが、倫理学の内容となると主張した。『実存主義はヒューマニズムである』の中で、サルトルは、ある少年から家にとどまって母を守るか、家を棄ててレジスタンスに加わるかという相談を受けたというエピソードを描いている。サルトルは少年にただ「創造したまえ」とだけ言う。愛情を守るか、正義を守るかについて、一般的な基準はない。母を守るということも、「親を大切にすべし」という大義名分のために守るのではない。レジスタンスに参加することも正義という理由が彼を拘束するからではない。肝心なことは、彼の決断以外の何も決定根拠はないということであり、自分の選択を自己の創造的な選択以外の何らかの理由で正当化すれば、それが自己自身への裏切りになるとサルトルは考える。[34]

「価値は個人の決断が創造するものである」というのがサルトルの主張であるとこの著者は理解しているようであるが、これでは、まるで価値とは各人がいつでも自分の好きなように勝手に作り出すことができるものだとでも言っているかのように聞こえる。もちろん、いくらサルトルが二流の似非哲学者であったとしても、そんな馬鹿げたことを言うはずがないということくらいは少し冷静に考えてみればすぐにわかるはずだと思われるのだが、サルトルと言えば絶対的自由だとする固定観念は、人にそのことを気づかせないほどにまで強固に根づいているのである。サルトルの言はこうである。

根原的〔ママ〕出現における価値は、決して対自によって立てられるのではない。つまり、価値は対自と同質である。——というのも、自己の〔という〕価値によってつきまとわれていないような意識は、そもそも存在しないからであり、広い意味での人間存在[35]は、対自と価値とをふくんでいるからである。価値が対自によって立てられることなしに対自につきまとうのは、価値が一つの措定対象ではないからである。(I, 282)(傍点サルトル)

サルトルのいう「価値」が、通常、倫理学で問題とされる「価値」とは違って、サルトルのいう「自己」と同じものを指す言葉であり(その意味で、邦訳のように「自己の価値」ではなく、「自己という価値」と読むべきである)、しかも、その「自己」というのも、通常、心理学で問題とされる「自己」とは違って、これもサルトルのいう意味での「即自‐対自」を指す言葉であるということについては今は立ち入らない。サルトルにおいて、価値は、個人の決断とは無関係に、「対自の存在の出現そのものにおいて」(III, 64)、対自につきまとって現われるものと考えられているのであって、けっして、対自が、後から、決断によって創造するようなものではない。

サルトルのいう自由が決断と無縁なものであるということは、ここでは「伝統的な哲学がそうしてきたように自由を決断のうちに位置づけることが問題となっているのではない[36]」として、マルセルがすでにいち早く指摘していたところであった。サルトルのいう自由は、哲学における伝統的な問題設定とは別の次元で考えられている。そのことは「決定論者たちと、無差別的な自由の支持者たちの、あの退屈な論争」(III, 27)(傍点筆者)というサルトルの言葉のうちにも示されている。たしかにサルトルは「自由は、人間の存在である」(III, 38)として、ある意味では、人間の絶対的自由を主張している。しかし、その一方で「人間存在は、自己の自由を承認することをたえず拒否しようとこころみるがゆえに、自己の存在において、その自由が問題になるような、一つの存在である」(III, 36)とも言われていることに注意すべきである。すなわち、サルトルが人間は自由であると言うのは、あくまで存在論の次元においてであって、そのことは、「世界」(この言葉も、サルトルにおいては存在論の次元で考えられており、対自の出現と世界の成立は相即的なものと考えられている)のなかでわれわれが実際にいつでも自由であるということを意味するわけではない。換言すれば、われわれはたしかに存在論的には自由であるのだが、「直接的なものの世界」(I, 154)のうちで生きている普段のわれわれは、その自由に気づいていない、あるいは、気づかぬふりをしているのである。

サルトルのいう自由が伝統的な自由概念とは異なったもので

あるということは、サルトルの場合には意志の自由というものの成立する余地がないという点にも示されている。サルトルによれば、「意志は、自由の唯一の現われ、あるいは少くとも〔ママ〕特権的な現われであるどころか、むしろ反対に、意志は、自己を意志として構成することができるためには、対自のあらゆる出来事と同様に、一つの根原的〔ママ〕な自由を、根拠として前提する」(III, 44)。自らの為す行為が積極的な意志的行為として現われるか、それとも、消極的な受動的行為すなわち「情念的な行為」(III, 46)として現われるかは、対自の「根源的な自由」によって決定されるのであって、意志的な行為だけが自由な行為で情念的な行為は不自由を意味するというわけではない。意志的行為も非意志的行為もどちらも対自の自由な行為の発現であるという点では変わるところはない。サルトルは意志が自由であると考えているのではなく、彼のいう「根源的な自由」とは「意志よりもいっそう深い一つの自由」(III, 66)なのである。(37)

もっとも、これは意志的行為を選ぶかそうでない方を選ぶかは対自の自由な選択にまかされているという意味ではない。対自のその都度の選択、すなわち、「個別的な企て」(III, 88, et *passim*)は、対自の「根本的な企て」(III, 101, et *passim*)の枠内で常にすでにある程度決定されているのであって、そのかぎりでは、対自に選択の自由はない。先の引用にある少年の事例でサルトルが言わんとすることは、その少年が家にとどまるか、レジスタンスに参加するかに関しては「彼の決断以外の何も決定根拠はない」ということではない。そこにおいて「肝心なこと」は、彼が司祭やその他の人ではなく、まさにサルトルという人物を助言者として選んだその時点で賭はすでになされているという点にある。サルトルの教え子であったというこの少年はかつての先生が「君は自由だ。選びたまえ」とおそらく答えるであろうということを予め知りつつサルトルを助言者として選んだのであり、しかも、その際、彼はサルトルとその他の助言者とを予め比較考量したうえでサルトルの下へ行こうと決断したのではない。この少年には司祭を選ぶという選択肢は最初からなかった。しかし、それはこの少年が自由でないということではない。この少年はサルトルを選ぶよう運命づけられていたわけではない。彼はサルトルを助言者として選ぶという「個別的な企て」がひとつの選択肢として現われるような「根本的な企て」をすでに行なってしまっているのである。もっとも、その「根本的な企て」を改変する可能性はいつでも彼に残されている(その意味で、彼は自由である)。ただし、「根本的な企て」を変えること、すなわち「私の『世界‐内‐存在』の徹底的な転換」(III, 96)は、「不安と責任という二重の《感情》」(III, 95)を伴うものであり、「たいていどんなときにも、われわれは不安をのがれて自己欺瞞におちいっている」(III, 320)。

しかも「それ［自己欺瞞］は大多数の人々にとって、人生のあたりまえの姿であるとも言える」(I, 177)。[38] その意味では、われわれはいつでも自由に好きな時に「根本的な企て」を変えることができるわけではない。サルトルのいう「根源的な自由」とは、この「根本的な企て」の次元での自由を指すものであり、個々の「個別的な企て」は、この「根本的な企て」の枠内にあるかぎりでは、けっして自由に企てられるわけではない。

『存在と無』の人間主義的読解は、とくに『実存主義とは何か』の刊行後はもっともオーソドクスな読み方として広く行なわれることとなった。[39] 先のジャンソンの一書もこの系譜のなかに位置づけられる。彼は『存在と無』について「この著作は、実際には――形而上学がそうするように――存在（l'Être）を研究するものではなく、〔…〕あらゆる《即自》に対する人間存在の自由な態度を研究するものである」[40]としている。しかし、そのジャンソンが後に同書に付した後書きのなかで、四七年一月に本書を書き始めた時点ではそれまで二年を費やして読んできた『存在と無』もまだ七〇五頁までしか読んでいなかったと証言していることに[41]象徴的に示されているように、こうした読み方は『存在と無』の七一一頁から始まる「形而上学的概観」と題された結論部を不当に軽視するものであり、かつ、『存在と無』と『実存主義とは何か』をあたかも同一の思想が述べられているかのように解する危険を伴っているという点においても、問題がある。

『存在と無』はどう読まれるべきか。時代のなかで読まれてきた、あるいは、時代のなかにあったがゆえにむしろ読まれずにきた『存在と無』に今後正しく接するためには、結局のところ、哲学書に対する通常の姿勢をもって臨む以外にない。それは至極当たり前のことではあるが、しばしば忘れられてもいる。すなわち、批判するよりもまずは理解することを心がけ、それを何かに活用しよう、利用しようなどという下心は一切棄てて、ただひたすら虚心坦懐そこに書かれている文字に神経を集中して読むこと、これに尽きるであろう。

注

（1）アンナ・ボスケッティ、『知識人の覇権――20世紀フランス文化界とサルトル』、石崎晴己訳、新評論、一九八七年。Ingrid Galster, (sous la dir. de), *La Naissance du « phénomène Sartre » raisons d'un succès 1938–1945*, Seuil, 2001.

（2）目次は含めずに七二二頁とみなす場合も多いが、ここでは『サルトル書誌』の記述に従う。cf. Michel Contat et Michel Rybalka, *Les Écrits de Sartre*, Gallimard, 1970, p. 85.

（3）ボーヴォワールはその自伝のなかで、『存在と無』出版当時の状況についてこう記している。「『存在と無』はガリマール書店から出たものの、ほとんど話題にものぼらず、あまり売れもせず、サルトルは徐々にしか名を売り出さなかった。」（ボーヴォワール、『女ざかり』下、朝吹登水子、二宮フサ訳、紀伊國屋書店、一九六三年、一七八頁）。

M・メルロ＝ポンティ、「実存主義論争」、滝浦静雄訳、『意味と無意味』、みすず書房、一九八三年、一〇三頁も参照のこと。

（4）　書き終えたのか、完成したのか。ルノーはサルトルの一二月三日付ボーヴォワール宛書簡にいう「自分が三ヶ月来理論はつくらずに最少限の習慣だけで実践しているその倫理」が数週間の構想の時期を経て、ここに「完成した」と解するが（cf. Alain Renault, *Sartre, le dernier philosophe*, Grasset, 1993, p. 163f.）、これはむしろ、一二月七日から書き始められた「倫理についての自分の考え mes idées sur la morale」（Jean-Paul Sartre, *Carnets de la drôle de guerre,nouvelle édition augmentée d'un carnet inédit*, Gallimard, 1995, p. 312）を「書き終えた」という意味であろう。ルノーが引用しているプレイヤード版『小説集』の「資料」には « [...] J'ai achevé ma morale » とその一部が省略されているボーヴォワール宛のこの手紙の原文は « entre lesquelles j'ai achevé ma morale » であり（cf. Jean-Paul Sartre, *Lettres au Castor et à quelques autres 1926–1939*, Gallimard, 1983, p. 469）、その文脈からして、サルトルが読書や気象観測やその他の雑用「の合間に」それを「書き終えた」という意味であることは明瞭である。

（5）　これが『存在と無』の実質上の執筆開始日を表わすのかどうかは不明である。コンタ&リバルカの「年表」では、本書の執筆は四一年末からとされている。cf. Michel Contat et Michel Rybalka,« Chronologie »,in *Jean-Paul Sartre, Œuvres romanesques*, Gallimard, coll. « La Pléiade », 1981, p. LVII.『存在と無』の執筆期間を四一年末（一二月）から四二年一〇月とするベルトレやガードナーは、いずれも、おそらくこの「年表」の記述に拠ったものであろう。cf. Denis Bertholet, *Sartre*, Plon, 1995, p. 228 ; Sebastian Gardner, *Sartre's Being and Nothingness*, Continuum, 2009, p. 5.

（6）　cf. Contat et Rybalka, *op.cit.*, p. LVIII.

（7）　アラン・ルノー、『サルトル、最後の哲学者』、水野浩二訳、法政大学出版局、一九九五年、一六二頁。もっとも、ルノーのこの説明は、三九年一二月に粗描された倫理から四三年六月の『存在と無』の印刷終了までの時期を念頭においたものであるが、『存在と無』の執筆開始を四〇年七月あるいは四一年末と見る場合には、なおのこと当てはまるであろう。

（8）　実存主義の流行は四四年のパリ解放後のことと思われるが、実存主義という言葉は『存在と無』の刊行前からすでに一部で飛び交っていたようである。ボーヴォワールは「四三年のはじめ」に、サルトルに紹介されたジャン・グルニエから「貴女は実存主義者ですか」と尋ねられた際に困惑したことに触れ、次のように述べている。「私はキルケゴールは読んだことがあった。ずっと前からハイデッガーについての《実存》哲学（philosophie « existentielle »）の話は聞いていたが、私はガブリエル・マルセルが文壇に発表したばかりの《実存主義者 existentialiste》という言葉の意味を知らなかった。［…］『存在と無』はまだ出版されていなかったが、私は原稿を何度も何度も読み返した。そしてそれに加えるものは何もないと思っていた。」（ボーヴォワール、前掲書、一六九頁［訳文は一部変更］）。なお、四〇年一月二一日付のサルトルのボーヴォワール宛書簡には、フッサールとハイデッガーのことを指して « technique phénoménologique et existentialiste » という表現が用いられているが、そこでの « existentialiste » という語がハイデッガー流の「実存主義」を意味するものかどうかは決定しがたい（cf. Jean- Paul Sartre, *Lettres au Castor et à quelques autres 1940–1963*, Gallimard, 1983, p. 51）。

（9）アニー・コエン＝ソラルは、サルトルに関するその評伝のなかで「この年〔四三年〕に『存在と無』を引用しているのは *Études et Essais universitaires* [sic] 誌でのルネ＝マリル・アルベレスの論説だけのようだ」としているが（Annie Cohen-Solal, *Sartre 1905–1980*, Gallimard, 1985, p. 255）、そこで問題となっている論説は四五年の *Essais et Études universitaires* 第一号に掲載されたアルベレスによる『存在と無』の書評であると思われる。その書評には「『存在と無』が出版されてから大分たった。」という一文も見出される。

（10）メルロ＝ポンティ、前掲書、一〇六頁。

（11）ジャン＝ポール・サルトル、『存在と無Ⅰ』、松浪信三郎訳、ちくま学芸文庫、二〇〇七年、二九頁。ここでは読者の参照の便を考えて、『存在と無』からの引用はちくま学芸文庫版（全三冊）の巻数と頁数を本文中に併記することによって示す。

（12）マルセル、「存在と無」、白井健三郎・伊藤晃訳、『旅する人間』、春秋社、一九六八年、二三三頁。

（13）*Revue de Métaphysique et de Morale*, t. 49, 1944, p. 184.

（14）この間の三月にはクロード＝エドモンド・マニーによる論評もでているが、そこでは、サルトルの他に、カフカ、カミュ、ブランショを実存主義者としたうえで、サルトルの独自性は、「不条理」の啓示を、彼らのように人間と物ないし世界との関係にではなく、物それ自身のうちに見出した点にあるとされている。もっとも、マニーは、サルトル自身が「不条理」という言葉を用いているわけではないことも正しく指摘している。実際、サルトルは「実存主義について——批判に答える」のなかで、自らの「実存主義」とカミュの「不条理の哲学」とを区別したうえで話を進めている。cf. Claude-Edmonde Magny, « Système de Sartre (1) », in *Esprit*, t. 13, n. 108, 1945, p. 566. サルトル、「実存主義について——批判に答える」、石崎晴己訳、『実存主義とは何か』、人文書院、一九九六年、一四〇頁参照。

（15）ボーヴォワール、『或る戦後』上、朝吹登水子・二宮フサ訳、紀伊國屋書店、一九六五年、四八頁。

（16）海老坂武は、サルトルの『実存主義とは何か』の邦訳増補新装版に付された解説「一九四五年の実存主義」のなかで、この討論会を四四年春におこなわれたものとしているが、これは何かの間違いと思われる。また、そこには「戦前に書き始めた『存在と無』」という言葉もでてくるが、これも事実とは異なるように思われる。サルトル、『実存主義とは何か』、前掲書、六頁、一三頁参照。

（17）ボーヴォワール、『或る戦後』上、前掲書、四八頁。

（18）この講演については、「クラブ・マントナンで開かれた」とする記述も見かけるが、「クラブ・マントナン club Maintenant」とはジャック・カルミ（Jacques Calmy）とマルク・ベグベデール（Marc Beigbeder）による一種の文化サークルの組織名称であって、場所を指すものではない。なお、« la salle des Centraux » という名称は、この建物の所有者であった « Maison des Centraux »（グラン・ゼコールの一つであるエコール・サントラル・パリの同窓生らによる株式会社）に由来する。

（19）Roger Troisfontaines, *Le Choix de J.-P. Sartre*, Aubier, 1945, 1946^{2}.（邦訳R・トロワフォンテーヌ、『サルトルとマルセル』、安井源治訳、弘文堂、一九五〇年。）ここで用いた原書第二版では、四九頁（邦訳六六頁）に付された注のなかに、四五年一〇月発行の『現代』誌第一号に掲載されたサルトルの「発刊の言葉 Présentation」からの引用があり、五二頁（邦訳七〇頁）の注では同年一〇月二五日にブリュッセルで行なわれたとされる著者とサルトルとの会話の一部が記録されているが、これらの注はおそらく第二版で追加されたものであろう。

（20）Roger Troisfontaines, *op.cit.*, p. 55. この「絶対的自足 autarcie absolu」という表現のうちに、ドイツの哲学者でありナチでもあるハイデッガーから発想を得ているという自らに対する批判に対して「実存主義について——批判に答える」のなかでサルトルが用いている「知的自足 autarcie intellectuelle」（邦訳では「知的自給主義」）という言葉へのあてこすりを読み取ることも可能かもしれない。サルトル、『実存主義とは何か』、前掲書、一三九頁参照。

（21）こうした解釈の典型としては、たとえば、Alphonse de Waelhens, « Une philosophie de l'ambiguïté » in Maurice Merleau-Ponty, *La Structure du comportement*, PUF, 1977, p. vi. ; Id., « J.-P. Sartre,L'être et le néant », in *Erasmus*, t. 1, n. 9–10, 1947, p. 524, 536. を見よ。ヴァーレンスをはじめとして、メルロ＝ポンティ哲学の磁場に引き寄せられた者は、そのほとんどすべてがサルトルを極端な二元論者とみる誤読に陥っている。

（22）Ferdinand Alquié, « L'Être et le Néant de J.-P. Sartre II », in *Cahiers du Sud*, t. 32, n. 274, 1945, p. 816.

（23）Id., « L'Être et le Néant de J.-P. Sartre », in *Cahiers du Sud*, t. 32, n. 273, 1945, p. 648 ; Alquié, *op.cit.*, p. 815.

（24）Alquié, *op.cit.*, p. 815.

（25）Arlette Elkaïm-Sartre, « Situation de la conférence », in Jean-Paul Sartre, *L'existentialisme est un humanisme*, Gallimard, coll. « Folio », 1996, p.9.

（26）A. J. Ayer, « Novelist-Philosophers V—Jean-Paul Sartre », in *Horizon*, t. 12, n. 67, 1945, p. 12.

（27）この批判に対しては、後にマンサーやディトマーが反論を行なっている。cf. A. R. Manser, « Sartre and le néant », in *Philosophy*, t. 36, n. 137, 1961, p. 179 ; David Detmer, *Freedom As A Value*, Open Court, 1988, p. 222f. エアは、その晩年、『存在と無』について次のように述べている。「本書に対する非難は、それがほとんどすべてハイデッガーの『存在と時間』に由来しているという点だ。本書にとって有利な点は、ハイデッガーがそのことを否認したことだ。」(A. J. Ayer, « A Grievance with the Guru » in *The Sunday Times*, October 25, 1987, p. 66.)

（28）五〇年代にもエイムズ（Van Meter Ames）によるエアと同趣旨のサルトル批判をきっかけにネイタンソン（Maurice Natanson）、ヨルトン（John Yolton）との間で『ジャーナル・オブ・フィロソフィー』誌上で論争が行なわれた。なお、『存在と無』について英語圏の読者に向けて語る際の特別な配慮は、最近のモリスによるサルトル論にも見られる（cf. Katherine J. Morris, *Sartre*, Blackwell, 2008, p. ixff.）。

（29）Jean-Paul Sartre, « Lettre-préface » in Francis Jeanson, *Le Problème moral et la pensée de Sartre*, Seuil, 1971, p. 11.

（30）同じことは竹内芳郎の『サルトル哲学序説』についてもあてはまる。元々は『サルトル哲学入門』というタイトルで五六年七月に刊行されたこの書は、わが国におけるサルトル哲学に関する最初の本格的な書物としては記念すべきものであるが、時代のなかでサルトルの思想を「この日本的現実のなかにあってその愚劣さと闘うための武器」として用いるという著者の姿勢にはサルトルの日本での受容のあり方が典型的に示されている。そして、こうした読まれ方がその後サルトルが急速に読まれなくなっていく要因の一つでもあったことは否定できない。

(31) Gilbert Varet, *L'Ontologie de Sartre*, PUF, 1948.

(32) François Rouger, *Le Monde et le Moi. Ontologie et système chez le premier Sartre*, Meridiens Klincksieck, 1986.

(33) カプランは、四八年に『存在と無』の一七九頁から一八二頁の部分と一八七頁から一九〇頁の部分が入れ替わっていることに気づいて、そのことをガリマール社に伝えたが、それまでは誰もそれに気づかなかったと言っているが、それ以前に書かれた『存在と無』のいずれも少なくとも通読したことだけは窺えるいくつかの論評を見るかぎり、俄かには信じがたい証言である。cf. Francis Kaplan, « Un philosophe dans le siècle » in Galster, *op.cit.*, p. 151.

(34) 加藤尚武、『現代倫理学入門』、講談社学術文庫、一九九七年、一一〇頁。なお、実際の文章では、一度改行されているが、ここでの議論では不要と思われるので、改行なしで引用しておく。

(35) 原語は« réalité humaine »。この言葉は、アンリ・コルバンがハイデッガーのDasein〔現存在〕の仏訳語として採用した用語の借用であるが、サルトルにおいては、時には「人間的現実」という意味合いで用いられる。たとえば、『戦中日記』のなかでは、戦争もまた« réalité-humaine »であると言われている。cf. Sartre, *op.cit.*, p. 101. なお、ハイフン付の« réalité-humaine »という表記は（邦訳では識別しえないが）『存在と無』においても散見される（たとえば、四三年版原書三四二頁を見よ）。

(36) Gabriel Marcel, *L'Existence et la liberté humaine chez Jean-Paul Sartre*, J. Vrin, 1981, p. 75. もっとも、マルセルは、サルトルのように自由と選択を同一視するのは「とんでもない誤り erreur funeste」（p. 77）であるとも言っている。なお、本書は、四六年に行なわれた講演を元にしている。

(37) この意味で、サルトルの実存主義を「世俗的主意主義」（加藤前掲書、一〇九頁）とする理解も誤りである。

(38) 『存在と無』は「自己欺瞞の形相学 eidétique de la mauvaise foi」とも呼ばれていることを想起しておく。cf. Jean-Paul Sartre, « Merleau-Ponty » in *Situation, IV*, Gallimard, 1994, p. 196.

(39) シュトラッサーは『存在と無』を「哲学的人間学」の書と解するが、これは「われわれの目下の研究は、一つの人間学を構成することをめざしているのではない」（II, 168）とするサルトルの言葉と抵触する。S・シュトラッサー、『人間科学の理念』、徳永恂、加藤精司訳、新曜社、一九七八年、三四頁以下参照。

(40) Jeanson, *op.cit.*, p. 254.

(41) Francis Jeanson, « Un quidam nommé Sartre » in Jeanson, *op.cit.*, p. 296.

媒介者としての『倫理学ノート』
――『存在と無』から『弁証法的理性批判』へ

清　眞人

1　回心という主題

つねづねサルトルは自分の戦後の思索が戦前の思索と同一視されることに抗議し、「二つの時期がほとんど完全に切り離されてしまっている」といい得るほどの「一つの断絶」が、自分の思索的人生には存在することを人々が認識するよう訴えた。[1]

とはいえ「一つの断絶」といっても、サルトルほどの思索者において、それは何から何まで切断されるということであろうはずはない。そもそも、そういう断絶的飛躍が、実は或る点で前期それ自体の過程に内在し胚胎していたといった関連、それが何らかの「出会い」（大戦中のかの捕虜収容所体験[2]、レジスタンス体験、あるいはジュネとの出会い等々……）の衝撃を得て発芽し一個の切断線にまで成長するといった経緯、かくて連続と不連続とがいったい何を媒介とすることで交差するのかという問題、これこそサルトルのダイナミックな思索的生涯を振り返る場合の最大の関心事＝問題の環でなくて、何であろう。

かかる問題の環、それを理論の上で体現するのが一九四七年から四八年にかけて、ちょうど『文学とは何か』の執筆と並行しながら執筆された『倫理学ノート *Chaiers pour une morale*』と名付けられる草稿群（本文は原書で五八八頁にのぼる）なのである。だが、それはガリマール社から一九八三年に公刊されたとはいえ、日本ではいまだ翻訳されておらず、一般の読者には近づきがたいものに留まっている。

この『倫理学ノート』は、手帳ⅠとⅡからなり、短い補論Ⅰ「善と主観性」とⅡ「革命的暴力」が添えられている。手帳Ⅱについていえば、その後半の冒頭には三頁ちょっとのレジュメ「一つの存在論的モラルのプラン」が置かれ、そのあとに回心 **conversion**」というタイトルの八二頁あまりの論稿が続く構成となっている。

その「一つの存在論的モラルのプラン」の書き出しはこうである。

（1）存在（l'être）の選択であり存在の欠如としての実存（existence）。超越の展望としての存在。《即自かつ対自》。初源の存在論的現象としての物化（réification）。非本来性とは**自然（本性）**であることか？　けっしてそうではない。（そうなるためには疎外を通す必要）。非本来性＝世界を通して自己を理解すること。**自然（本性）的なるもの**であるのは、世界が私に私のイメージを送り返すからだ。しかし、私は自分のイメージを、それを投企する前にまず立てる。私は自分を、自分の諸善事（財産）、自分の仕事を通して理解し、自分に客体という存在タイプを与える。私は自分を正当化したがる。(3)

少し解説すればこうである。既に『存在と無』の結語の位置にある「道徳的展望」節でサルトルは次の問いを立てていた。

自己（soi）を自由として欲する自由とは、〔…〕自己を取り戻すことを選ぶのではなくて、自己を逃れることを選ぶのであり、自己と合致することを選ぶのではなく、つねに自分から距離をおいて存在することを選ぶのである。自己となれなれしくしないことを欲するこの存在、自身（lui-même）から距離をおいて存在することを欲するこの存在、われわれはこれを何と解すべきであろうか？　この場合、問題なのは、自己欺瞞であろうか、それとも、別の一つの根本的な態度であろうか？　更に、われわれは、存在のこの新たな様相を生きることができるであろうか？(4)

ここで問題にされた「自己を自由として欲する自由」とは、先のプランの書き出しの用語を使えば、「実存」であり得ている「実存」のことである。サルトルによれば、人間はそもそもその対自性（＝自分を意識の対象とするがゆえにそこから「無化的後退」[5]をおこない、その結果、自分を対象としての「自己soi」とそれで無い自分との一対性として誕生せしめるという関係性）によって、その存在様式は「存在」ではなく「実存」なのだ。この自分が「実存」として存立しているという真正さ・本来性を自己欺瞞なくそのまま生きとおす態度が「自己を自由として欲する自由」である。

　ところが、それは実に困難なことなのだ。「実存」であるとは、「存在」に留まれず、絶えまなくそこから脱自し、あらためて自己創造に赴かねばならないという《自由であることの不安》を背負い込むことだからである。むしろ多くの場合、人間はこの不安を免れようと、「実存」というあり方を捨て、反対に「存在」というあり方を得ようとする。いいかえると、人間存在についてまわる対自性を保持したままで（というのは、それを捨て去ることは不可能だから）、なんとか、同時に即自性（＝「存在」性）を自分に与えようとする。つまり、《即自かつ対自》という「展望」にむけて「実存」である自分を「超越」しようとする。別な言い方をすれば、そもそも自己創造＝選択など不必要なほど、既に自分の現にあるあり方はそのままで正当化されていると思いたいのである。あるいは、そういう正当化を自分に与えてくれる「存在」の様態（自然＝本性）に入り込みたがるのだ。

　『存在と無』でサルトルはかかる人間の欲望を「存在欲望」と命名し、[6]そういうように自分を「実存」ではなく「存在」として確証しようとする自己意識の様態を「不純な共犯的な反省」と呼んだ。[7]他方、自分をその「実存」の姿のままに認識し問題にできる意識形態を「純粋な浄化的反省」と名付けた。[8]この点で、人間が「存在欲望」に取り憑かれているということは「不純な共犯的な反省」によってしか自分を問題にできないということと同義であった。（なお、かかる視点はサルトルの哲学的デビュー作である「自我の超越」（一九三七年）や「情動論粗描」（一九三九年）において既に確立していた。[9]）

　だから、先の「道徳的展望」節が投げかけているのは次の問題提起だったのである。果たして人間は「不純な共犯的な反省」によって自分を問うやり方を捨て、「純粋な浄化的反省」によって自分を捉え、それに依拠して自己創造＝選択に赴く生き方へと「回心」できるか否かという。この点で、サルトルは次のように注記していた。『存在と無』の問題記述は「共犯的反省しかめざさなかった」のであり、「純粋な浄化的反省」による批判的自己分析の課題は次に予定される倫理学的考察の書において果たされ、[10]その分析こそが『存在と無』がその存在論的基礎づけを担う「実存的精神分析」となると。[11]

　まさに先の「一つの存在論的モラルのプラン」とは、この「純粋な浄化的反省」による批判的自己分析、いいかえれば、共犯的反省からの回心を遂行するにあたって人間が直面する主要な問題項目を列挙するレジュメといいうる。注目すべきは、そのさいこの回心はさまざまな「疎外＝他有化 aliénation」からの自己解放としてテーマ化されるという点である。

2 疎外＝他有化

この点で『存在と無』を顧みるならば、そこでは既に「他性 altérité」と概念化される関係性が登場していたことが気づかれる。「他者」であるということは、つねに或る何ものかの他者であるいうことだから、他者であるという関係性（＝他性）が成立するのはつねに他者がそれの他者であるところの「それ」（いいかえれば、自分の他者）を自分の成立を支える前提にするという意味で「存在論的に優位に立てる」ことによってである。[12]

この他性の関係性が『倫理学ノート』ではあらためて「疎外＝他有化 aliénation」と明示化される。たとえばこうある。「疎外ということでわれわれは、人間が自己自身、他者、および世界とのあいだに導入する諸関係の或るタイプを理解する。すなわち、疎外において人間は〈他者〉の存在論的優位を定立するのだ」と。続いて、右にいう〈他者〉とはたんに他人のことだけでなく、「あらゆるものが〈他者〉になりうる」と注意が促され、疎外とは「他性をとおしての実存様式」を意味すると定義される。[13] すなわち、存在論上自分より優位においた〈他者〉を基準に立て、それによって測られるその〈他者〉として自分をいわば従属的に把握する存在仕方を取るとき、人間は疎外に陥っているというのだ。

たとえば先の「不純な共犯的反省」の場合は、自己意識は、意識される対象としての自分を「自己」として追求する。すなわち、極めて存在的に確固とし充溢し、そうであるがゆえに本来的であり、存在性の強度という点では目指すべき「価値」をなす「自己」として表象する。いいかえれば、かかる「自己」を意識している当の自分自身の方は、まだその「自己」に至り得ていない、存在の強度という点で欠如性にまといつかれ価値的にいまだ不完全なるものとして捉え、この状態を乗りこえてもう一度完璧な「自己との一致」へと帰り着くことで、自分に「存在」性を与えようとする。だが、当然そうなればこの「自己」の価値性を疑い問題化するどころか、意識は絶えまなくその反対へと、ひたすらなる「自己」の崇拝・正当化へと押しやられる。自分が「存在」ならぬ「実存」であることは肯定されるどころか、否定されるべきこととなる。サルトルの視点からすれば、それは自由の自己抑圧・自己否認にほかならない。

ここでわれわれは疎外論の伝統のなかで極めて興味深い問題に出会う。ヘーゲル＝マルクス的伝統では疎外という問題構成《プロブレマティーク》は、「自己」の概念を本来的なものとして価値化したうえで、その疎外を語るものであった。つまりこの言説構造においては、疎外とは「自己」からの疎外であり、疎外からの解放とは「自己」への復帰であった。他方、サルトルは「自己」への疎外を主題化したのである。[14] もちろん、「自己」からの疎外か「自己」への疎外かというこの対立は、そこで問われる「自己」の内容によっては同じことを問題にしているということになろう。たとえば、「（〈他者〉ないし「存在」としての）自己」への疎外は「（「実存」としての）自己」からの疎外にほかならない、というように。しかし、「自己」という概念がほとんどの場合に無前提に肯定的な響きを帯びる西欧文化圏において、「自己」への疎外という問題を提起したのは、紛れもなくサルトルの大きな功績であった。明らかにこの点では、サルトルこそが近代西欧アイデンティティ主義の孕む本質的ナルシズムへの最初の真正面からの批判者であり、ベルナール＝アンリ・レヴィのいうように現代フランス思想（ポスト構造主義）の祖型《プロトタイプ》なのだ。[15] まさにこの点で、『倫理学ノート』こそかかるサルトル像の決定的な提出書なのである。

ではさらに具体的にいって、『倫理学ノート』においてサルトルはかかる「疎外＝他有化」の概念をとおして現代のいったいいかなる諸問題との対決に入ろうとしたのか？ 恐らくこの問いによってこそ、われわれは『倫理学ノート』が『存在と無』と『弁証法的理性批判』（以下『批判』と略）とのあいだでいかなる媒介者の役割を果たすものかを明らかにすることができよう。実に、本文五八八頁にのぼる同書はかかる意義をもつ諸問題についてのいわば延々たる考察メモであるといってよい。

ここでは、後期の『批判』の暴力論ならびにその思想的基盤をなすモラル——それを私はつねづね「相互性のモラル」と呼んできたが——にダイレクトに関連する幾つかの問題項だけをピックアップしたいと思う。

3　抑圧への共犯的合意と、そこからの自己解放（回心）

たとえば手帳IIの冒頭は次の一節から始まる。「あらゆる歴史は、人間が脱出できないこの原初の疎外との相関関係において理解されねばならない。疎外は事実抑圧ではない。疎外は〈他者〉と《自己自身》との対関係《カップル》における〈他者〉の先行支配であり、自らを〈他者〉の次元に投企し、だから既に疎外されておりまた発起人自身を疎外するところの、あらゆる行動とイデオロギーにとっての客体的なものの優位とその必然性である。〔…〕抑圧者と被抑圧者との間にさえ抑圧それ自身（秩序、要求等）に最小でも内含されている自由者たちの平等な相互承認が存在する」[16] と。ここでいう「自由者たちの平等な相互承認」とは、別な箇所でいわれる、抑圧を被抑圧者にも正当なものとして受け入れさせる「抑圧者と被抑圧者との共犯関係[17]」を指す。嚙み砕いていえばこうだ。

　歴史を創造してゆく人間のあらゆる行為は、しかしながら、何らかの秩序・従うべき要求・追求すべき価値を自分の行為の前提としてひとまず受け入れることからしか出発できない。その限りにおいて、誕生したての人間はまず自分にとって〈他者〉であるそれらを所与の客体的＝存在的な権威をもったものとして受け入れ、それによっておのれを律するところから、つまりその〈他者〉に主導権を取られている従属者として《自分自身》を把握するという自己認識の回路を取るところからしか出発できない。つまりその〈他者〉に自由なる創造者としての《自分自身》を譲渡（疎外）してしまった場面からしか出発できない。たとえば被抑圧者自身が抑圧者の掲げる自己正当化イデオロギーを批判するどころか信奉し、追随し、そのイデオロギーによって疎外されている限り、彼らは抑圧者の共犯者なのであり、自分自身の抑圧者なのだ。（付言するなら、『批判』における中核的概念の一つである「実践的惰性態」はこの問題事情を指示する概念にほかならない。[18]）

　つまり、言葉の真の意味で自由なる自己創造者＝歴史創造者となるためには、まず自分の自己意識に染み込んでいる何らかの自己正当化欲望の――他性的構造を取った――自己疎外性を自覚し、そこから自分を解放するという精神的課題が遂行されねばならない。実は、かかる視点こそがサルトルを比類なく特徴付けるものなのだ。問題を抉りだす彼の視点はつねに自己批判という問題の環を、いいかえれば、他性的な構造を取る自己正当化意識の批判的解体、つまりそこに取り込まれていた意識の「回心」という作業を絶えず内蔵する。実に彼はつねづね「自己に抗って考える」を自分の標語としていた。[19]

　『倫理学ノート』においてサルトルは「黙示録《アポカリプス》」という言葉を愛好する。彼にとって、歴史の「黙示録」的局面とは「不純な共犯的な反省」に自己呪縛されていた人間が奇しくもおのれの「実存」性を取り戻し、自分を自由なる自己創造者＝歴史創造者として生きることになる稀有な瞬間にほかならない。[20]

4　社会的規範の内面化の所産として「自己」を捉え返す視点の誕生

　右に述べてきた問題文脈でぜひとも指摘しておきたいことがある。それは、『倫理学ノート』においてこそ次のことが初めて本格的に主題化されるに至るという点である。すなわち、不純な共犯的反省がみずからのうちに取り戻そうとする「自己」とは、実は諸個人に彼らの帰属する社会システムが押し付ける役割を内面化した所産という側面を孕むということが。

　サルトルはまずこう問題を提出する。かの不純な共犯的反省からの「回心がなされないかぎりは、私は（私の内なる――

清）〈他者〉と共犯的である。というのも、私は〈他者〉としての私自身によって食らいつかれているからである。私の《他者としての我 Moi-Autre》は、私が私の取り巻きと私自身を犠牲に捧げることで養うモロック神である。私は、この《我‐他者》にふさわしいこと、それが要求するものを行なうのである」と。そのうえで彼は次の点を強調する。この〈私〉に取り憑く「モロック神」的な、あるいは「吸血鬼」的な機制として作動する「自己」観念は、実はそもそも個人に差し向けられた社会的な規範観念を個人が内面化することによって誕生するものである、と。たとえば「その背後のもつ深さとは、**他者‐我**（我としての他者）があらゆる他人たちに、ないしは、私のなかのあらゆる他人たちに転移するということである。たとえば尊大なる教師然たる者だとか騎馬哨兵とかは自らのうちにあらゆる他人を（管轄下にある者として、あるいは観衆として）含んでいる。私はこういった人物‐役割（personnage）に食らいつかれている。当然それは、たんに私が遂行する社会的機能であるだけでなく、また**他者**が私に承認する性格でもある。まさに、かくあるべしというエレメントに流し込まれた性質は、どれもそれ自身権利なるものによって貫かれている。女の愛、偉大な天才の感受性、それは一つの権利である。次席検事の癇癪は社長や家長の命令的な性格と同様一つの権利である」[21]。

かくて、一見ごく個人的な情動的振る舞いと見えるものも、そこには当該社会がその情動に期待し要求する社会的身振りが溶け込んでおり、その点でそれは必然的に演技的となり、また演技的なそれへと引き渡される。たとえば、怒るという情動行為に関してサルトルはこう書いている。「怒る場合、われわれは、他者がわれわれに関して構成した裁定者の観念（聖なる怒り）に自分を合致させるために、みずからを怒りに委ねなければならないのだ。これが〈私なるもの le Je〉である」[22]と。こうしていまや「他者としての我」と私（「実存」としての）とのあいだの他性的構造は、監督者‐被監督者との関係性と同一のものとなる。私はつねに「他者としての我」によって監視されている。あたかもそこには、学校や職場やあるいは兵営におけるがごとく監督者の暗黙の視線のもとで活動するときのわれわれの状況と同形の関係性が生まれる。サルトルはこの問題へ「共犯的反省」を明確に関連づける。共犯的反省において生じる反省される自我と反省する自我との関係は次のような状況とアナロジーできるというのだ。すなわち、共犯的反省における反省関係は、右のごとき監督‐被監督の状況の下で、背後から自分を注視する視線を感じていた私が振り返って、私を注視していた相手を私の眼差しの対象へとかえる、その眼差しの投げ返しの関係と類比しうるものだというのである。そこに生じるのは、「私に取り憑き私を所有している〈私 Je〉から私が所有している〈我 Moi〉への移行」（傍点、清）なのであると[23]。

5　『批判』との結節環としての「他性」

では、こうしたサルトルの視点はたとえば後期の代表作である『批判』にはどのように引き継がれるのか？

私見では『批判』の思想的核心はその暴力論にある。まさにそこへと引き継がれるのだ。暴力論のエッセンスは次のテーゼに凝縮される。

「暴力とは、内面化された稀少性であるかぎりでの、人間の諸態度の恒常的な非人間性のことであって、要するに、各人が各人のうちに〈他者〉および〈悪〉の原理を見るようにさせるものなのである。それゆえ――稀少性の経済学が暴力であるためには――殺戮または投獄といった、目に見える実力行使のおこなわれることは必要ではない。それどころか、実力行使の企図の現前する必要さえもない。生産諸関係が不安と相互不信の風土のなかで、『〈他人〉は反＝人間で異種族にぞくする』と信じようといつも身構えている諸個人によって打ち立てられ、追求されさえすれば、換言すれば〈他者〉はどんなものでも〈他者〉たちに対して〈先に手を出した者〉としていつもあらわれることができるのであれば、それで十分なのだ」[24]（傍点、清）。

この〈他者〉に対するマニ教的な先験的な態度、〈他者〉をつねに「先に手を出した者」とみなすがゆえに、自分の振るう暴力はこれを正当防衛とみなす自己意識の回路、それをもまたサルトルはまさに「他性」の回路であると指摘している。[25] 彼は『批判』執筆当時なによりもイスラム教徒のアルジェリア原住民に対してフランス白人市民社会が抱く人種差別意識の構造をその典型として念頭にしつつ、あらゆる人種差別意識の内的構造はこの他性の構造を取ると指摘している。（「人種差別のあらゆる思想は、加工された物質とそれから帰結される体制との中に刻み込まれた実践的真理を他者性の中で実現する行為でしかない。[26]」）そもそも彼によれば、人間社会にまといついた稀少性という否定因子は、人間社会におのれの生存のためには「余計者の淘汰」をおこなわねばならないという否定的必然性を負わせるのだが、この否定的必要性は必ず他性の関係性を身に帯びて――先のテーゼにある通り――現出するという。[27]

まさに『倫理学ノート』における疎外と他性の概念は、このような新たな展開形態で『批判』に引き継がれるのであり、同時にそれはこの他性＝疎外の回路を通しておのれの暴力を正当化する意識の批判的解体・自己批判を迫る論理としても働くのである。そして、この点において実にサルトル的なのである。

6　回心的契機としての他者――相互性のユマニスムへ

この場面において極めて重要なのは、右の他性の関係性が相互性の悪魔的転倒として把握されることである。サルトルいわく、「純粋な相互性においては、私と別な者［他者］も、また私と同じ者である。ところが稀少性によって変容された相互性においては、その同じ人間が根本的に別の者〈他者〉（つまり、われわれにとっての死の脅迫の保持者）として現れるという意味において、その同じ者がわれわれに反＝人間として現れる」[28]。いいかえれば、かのマニ教的な他性の回路は人間の根源にある相互主観性の疎外として問題把握されるのである。

ここで再度強調したい。このサルトルの視点は、同時に、そのように他性的回路に疎外され転倒された人間的相互性の復位というモラル的課題を人間に課する視点でもあるということを。敵（「死の脅迫の保持者」）としての〈他者〉に投射された《悪》とは実は自分自身のなかの《悪》にほかならず、敵の《悪》を糾弾するなら自分の内なる《悪》をも糾弾すべきであり、そのような相互性の認識によって他性的自己正当化の回路を自己批判的に解体し、人間的相互性を平和を志向する社会主義的共同を生む肯定的相互性へと復位させなければならない。かかる社会主義を精神的に基礎づける「相互性のモラル・相互性のユマニスム」がサルトル自身の依拠するモラルとして、暗黙の裡にここで語り出されている。

ここで『倫理学ノート』に戻れば、かかる相互性の視点もまた同書においてこそ準備されたのである。不純な共犯的反省の自己意識回路に陥った意識をして純粋な浄化的反省の遂行へと転轍せしめ、自己正当化のナルシズムを自己批判へと回心させることで、真の人間的相互性の追求への道に就かせる契機、それはどこにあるのか？

人はこの自分のナルシズムを維持するためには、自己に注がれるあの〈他者〉の視線——私の自己正当化意識を動揺せしめ、自己批判に向かわせる——こそを無視し非在のものへと変えねばならない。そういう相関関係にあるという意味で、自己固有の〈他者〉の視線というものに実はさらされている。まさに自分の《敵》・自分の《外部者》・自分の《隷属者》等の視線に、だが、自己正当化のためには非在化せしめねばならないそれに。

それゆえにこそ、まさにその非在化せしめられた視線を現存化し復権し主題化し、その〈他者〉の視点に立っていまや自分を見返すという困難に満ちた相互理解への反省的努力、そこにこそ問題となった転回の契機が誕生するのだ。この視点からいえば、『存在と無』は純粋な浄化的反省の解放力については語っても、それが発動される決定的な契機が右の事情にこそある、ということは何もまだ語っていなかったのである。

そして『文学とは何か』には、サルトルの「相互性のモラル・相互性のユマニスム」が展望する肯定的な人間関係のヴィジョンが登場する。同書に含まれるかの有名な読書論、作家の創作を完成に至らせるのは読者による誠実で創造的なその作品の読書であり、だからまた「あらゆる文学作品は呼びかけである」[29]とする視点に寄せてこう書かれる。「作者は、このように、読者の自由に向かって書き、読者にその作品を存在させることを要求する。しかし、それだけでなく、彼が読者に与えた信用をかえしてくれと、読者が作者の創造的自由を承認して、読者の側からの相称的な呼びかけにより、作者の側の自由を喚起してくれと要求する。読書に関するもう一つの弁証法的逆説は、かくしてあらわれる。読者であるわれわれが、われわれ自身の自由を感じれば感じるほど、われわれは他人（作者）の自由を承認する。作者がわれわれに要求すればするほど、われわれは作者に要求するのである」[30]（傍点、清）と。

ここで強調したいことは、『倫理学ノート』こそがこうしたヴィジョンの提出の最初の書であったことである。たとえばこうある。「呼びかけとは言葉の本源的意味における献身であり、私が私の企図を他者に捧げることを意味する。私はそれを自由に他者の自由に対して表明する。〔…〕この意味において呼びかけとはジェネロジテである。あらゆる呼びかけには贈り物がある」[31]。

また愛について次のような興味深い節がある。「自由同士の奴隷化というこうしたサド゠マゾヒズム的弁証法をもたぬ愛はない。だがまた、自由同士の相互的なより深い承認と理解というものをもたぬ愛もない（後者は『存在と無』に欠けていた次元であった）。にもかかわらず、愛をして欲望と魅惑化のサド゠マゾヒズム的な遊技場をのりこえさせるべく努めること、つまり、人間を開示するさいの性的なタイプの愛、性愛という愛を消えさせようとすること。緊張というものが必要なのだ。両義性の二つの顔をともに維持し、一にして同じ企ての統一性のうちに両者を引き戻すこと。両義性を緩めるや否や、二元性が戻ってくる。到達すべき所与の総合・ジンテーゼというものはない。発明されねばならない」[32]（傍点、清）。

7　行為としての暴力

このような、行為する人間の意識のありように注意を注ぐサルトルの視点こそ、実は後期サルトルを限りなくマルクス゠エンゲルスの史的唯物論に近づけながらも、けっして彼を後者に同質化させなかった契機にほかならない。この点で、たとえば既に『倫理学ノート』は、暴力という現象を問題にするさいにもエンゲルスの自然科学主義的な決定論的な思考様式を批判してこう述べている。「もし人間的事実としてこの事実（暴力のこと――清）を評価するに必要な理論的用具をもっていなかったとしたら、この事実はかかるものとしては消失し、それは厳密に対象的な事実のままにとどまることになる」[33]（傍点、清）と。ここでいう「人間的事実」とは、暴力があくまで人間の自己意識的に遂行される行為であり、それゆえにつねにそこには次の事情が宿るということであった。すなわち、「暴力の宇宙は確かに人間がみずからを主張する或る種の様式なのである。暴力はけっしてしばしばいわれるのとは違って、野獣性への退行ではない。〔…〕あらゆる行為は同時に価値なのだから、暴力はその自身のうちにみずからの固有の正当化を定立しようとするのであり、いいかえれば、暴力はその存在によって暴力への権利を要求するのである。」[34]（傍点、清）

まさに先に見た『批判』における暴力の自己表象を貫く他性の回路の暴露こそは、暴力に内在する「固有の正当化」の論理を暴露し解体しようとするサルトルの視点が命じたものだったのだ。

8　全体分解的全体性

次のことも強調しておきたい。行為する意識のありように批判的眼差しを注ぐサルトルの観点は、そのことによって本質的にモラル的である。先にも強調したように、サルトルの視点は絶えず自己批判的であり、「実存」の自由性の回復は、それを拭い去ることでおのれの行為責任を曖昧化し無化しようとする不純な共犯的反省との厳しくも困難な闘争の結果としてのみ各自にもたらされるものであった。この「実存」のモラルの主体は個人である。「集団」の論理はこの究極の個人の「実存」が担い手となるモラル的決断の急所＝実存的自由にまではけっして届かない。

サルトルは、歴史のなかで歴史を創造しようとして行為することは、それ自体自分の行為のなかへと歴史的全体性を取り込むことによって、またそこへと取り込まれもする、全体化の過程を生きることにほかならないという点で、一方でヘーゲルの全体性の弁証法の有効性を承認する。だが他方では、前述のモラル的決断が問題となる行為の個人性が、この全体化の過程に対して全体性の支配を解体する対抗的働きをもつことを強調しもする。

それゆえに、歴史に介入するサルトルの思索の論理は、全体化と全体分解化との相対立する矛盾的二方向が織りなす、その全体化的な過程を、あくまで両義的緊張関係への視点を失うことなく把握するという複雑な方法論を採用することになる。この両義的な全体分解的な全体性の視点は、ヘーゲルとキルケゴールを両義的に結合する観点だとして『方法の問題』でも語られるものであるが、この視点もまた『倫理学ノート』が最初に提出したものなのである。[35]

9　断章「暴力について」とニーチェ問題

既に与えられた紙数が尽きようとしている。次の一点だけどうしても触れておきたい。『倫理学ノート』には「暴力について de la violence」というタイトルが付された興味深い四六頁分の断章が含まれている。それは、前述のまさにおのれを正当化するために暴力が自分自身をどのような「暴力の宇宙」によって包み込むに至るか、それをいわば現象学的に考察した特別章である。しかも、そのなかには明らかにニーチェを念頭にしたと思われる「力のモラルの諸原理」というタイトルの一四のテーゼからなる断章が含まれており、しかもこの断章には「自分自身を正当化する暴力のモラル」というサブタイトルが添えられている。また、別の箇所にはそれをダイレクトに補完するいくつかの節があり、そのなかには、ニーチェの名こそ出していないが、明らかにニーチェの掲げる宇宙生命体たる「根源的一者」の形而上学的ヴィジョンを「パルメニデス的球体」と批判的に名付ける一節が含まれている。サルトルはこうニーチェを批判しているのだ。「力への意志」と「永遠回帰」を説くニーチェの言説は、その視点を個人からこの「パルメニデス的球体」の側に立つものへと変換することによって成り立っており、その結果、その言説は、現実の人間と事物あるいは状況の具体的規定性をことごとく「根源的一者」の全体性のなかに融解することで無化し無意味化する「全体主義的認識」の性格を帯びるに至っていると。[36] 付言するならば、この「パルメニデス的球体」という概念はサルトル最晩年の巨編『家の馬鹿息子』の第二巻（邦訳第三巻）では「パルメニデス的実体」という概念となって再登場し、それはフローベールが創作を遂行するときの視点がその側に立つ「否定的無限」と呼ばれる宇宙論的視座、人間どもの演じる地上の悲喜劇を「長いホメロス的笑い」をもって嘲笑しうる「超人」の視点を構成するものとして語られるのである。しかも、実はこのサルトルの批判の論理は、『聖ジュネ』の第二部最終章「カイン」の最終節「最後の矛盾、夢と現実」において彼がニーチェの永遠回帰思想を批判するさいの論理とまったく同一なのである。つまり、『倫理学ノート』は同時にニーチェに対するサルトルの重大極まる対決を内蔵している書なのであり、その事情は『別れの儀式』におけるボーヴォワールの証言、サルトルは『倫理学ノート』の執筆時にたいへん見事な長編のニーチェ批判草稿を書いたという証言とも合致するのだ。[37]

参考文献

私が瞥見するかぎり、日本のサルトル研究書で『倫理学ノート』に関していくつかの引用を含めてかなり内容に踏み込んでの紹介をおこなっているものは、澤田直『〈呼びかけ〉の経験――サルトルのモラル論』（人文書院、二〇〇二年）の第一章、北見秀司『サルトルとマルクス』Ⅰ（春風社、二〇一〇年）における第二章の第五節・第六節・第七節の三節（いずれも『倫理学ノート』をテーマとする）、および拙著『〈受難した子供〉の眼差しとサルトル』（御茶の水書房、一九九六年）の第Ⅰ部、第Ⅱ部・第四章、第五章、また『実存と暴力』（御茶の水書房、二〇〇四年）終章、『サルトルの誕生――ニーチェの継承者にして対決者』（藤原書店、二〇一二年）の第Ⅱ部・第四章、第Ⅲ部、補論Ⅱである。

注

（1）サルトル「七〇歳の自画像」海老坂武訳、『シチュアシオンX』所収、人文書院、一九七七年、一六三―一六四頁。

（2）『サルトル――自身を語る』人文書院、一九七七年、七一頁。

（3）『倫理学ノート』ガリマール社、一九八三年、C. P. M., p. 484.

（4）『存在と無Ⅲ』松波信三郎訳、ちくま学芸文庫、四九〇―四九一頁。

（5）『存在と無Ⅰ』ちくま学芸文庫、一一八、一二三頁等。

（6）『存在と無Ⅲ』、四二一頁。参照、拙著『サルトルの誕生――ニーチェの継承者にして対決者』藤原書店、二〇一二年、第Ⅰ部第二章「実存的精神分析と『存在と無』」。

（7）『存在と無Ⅲ』、三七九、四九一頁。

（8）『存在と無Ⅲ』、三七九、四九一頁。

（9）参照、拙著『サルトルの誕生』、第Ⅰ部第二章「実存的精神分析と『存在と無』」。

（10）『存在と無Ⅲ』、三七九頁。

（11）参照、拙著『サルトルの誕生』第Ⅰ部第二章「実存的精神分析と『存在と無』」。

（12）『存在と無Ⅲ』、四六七―四六八頁。

（13）『倫理学ノート』、C. P. M., 396.

（14）筆者の読書歴の範囲でいえば、この問題を極めて印象的に最初に明示した日本での書物は真木裕介（見田宗介）の『人間解放の理論のために』（筑摩書房、一九七一年）であった。彼は「一般に実践における自己対象化の過程は、a自己の対象化による自己実現の過程でありうると同時に、b自己の対象化による自己喪失の過程でもありうる」と書き出し、この両義性を振り返って、前者は「人間の弁証法的な自己獲得の可能性」を、後者は「逆弁証法的な自己疎外の可能性」を示すと定義しなおしたうえで、こうした両義性の自覚は「思想史的には、かなり重要な意味をもっている。けだしこれまでの『疎外論』は多く、このような幻想的な『本来の人間性』の亡霊につきまとわれていたからである」と述べている（同書、一九九―二〇〇頁）。なお一言すれば、彼の『人間解放の理論のために』は一九七〇年代における日本でのサルトル哲学（後期も含めた）総体との最も真摯かつ生産的な対話の試みであった、というのが私の見解である。

（15）ベルナール＝アンリ・レヴィ『サルトルの世紀』石崎晴己監訳、藤原書店、二〇〇五年、三一七―三二六頁。

（16）『倫理学ノート』、C. P. M., 429.

（17）同前、p. 398.

（18）それは「実践」という自律的創造的契機と「惰性」という他律的事物的契機との両義的アマルガムであり、サルトル的疎外概念の代表例である。参照、北見秀司『サルトルとマルクス』。

（19）たとえば、ボーヴォワールの『或る戦後』に次の一節がある。「自己にさからって考える」、それはたしかにすばらしい〔…〕しかし、それが長く続くと、へとへとになってしまう。サルトルは頭の中で骨を砕くと同時に、神経も痛めつけてしまったのだ。」（下巻、紀伊國屋書店、一九六五年、一七九頁、傍点、清）

(20)『倫理学ノート』、C. P. M., 429.

(21) 同前、p. 424.

(22) 同前、p. 424.

(23) 同前、p. 424.

(24)『弁証法的理性批判I』、一七三頁。

(25) 参照、拙著『実存と暴力』、御茶の水書房、二〇〇四年、第三章「暴力論としての『弁証法的理性批判』」。

(26)『弁証法的理性批判Ⅲ』、一七六―一八〇頁。参照、拙著『実存と暴力』第三章・四「『他者思想』としての『人種差別思想』」

(27) 参照、拙著『実存と暴力』第三章・二「『弁証法的理性批判』における暴力論の中心的諸関節――『実践的惰性態』・『内面化』・『他性』」

(28)『弁証法的理性批判I』、一五二頁。参照、拙著『実存と暴力』第三章「暴力論としての『弁証法的理性批判』」・二「『弁証法的理性批判』における暴力論の中心的諸関節――『実践的惰性態』・『内面化』・『他性』」

(29)『文学とは何か』新装改訳版、加藤周一、海老坂武、臼井健三郎訳、人文書院、一九九八年、五五頁。

(30) 同前、六〇頁。参照、澤田直『〈呼びかけ〉の経験――サルトルのモラル論』人文書院、二〇〇二年。

(31)『倫理学ノート』、C. P. M., 293.

(32) 同前、p. 430.

(33) 同前、p. 361.

(34) 同前、p. 181.

(35) 参照、北見秀司『サルトルとマルクスI』、第二章第六節。拙著『実存と暴力』第三章・二「『弁証法的理性批判』における暴力論の中心的諸関節――『実践的惰性態』・『内面化』・『他性』」。

(36) 参照、拙著『サルトルの誕生』第II部・第五章「『根源的一者』の形而上学と《死への欲動》としての『力への意志』」、補論II「邦訳『家の馬鹿息子3』におけるニーチェ問題――フローベールの『否定的無限』の概念に寄せて」。

(37) ボーヴォワール『別れの儀式』朝吹三吉、二宮フサ、海老坂武訳、人文書院、一九八三年、二三二頁。

倫理と歴史の弁証法

――「第二の倫理学」をめぐって

水野浩二

はじめに

サルトルは、一九六五年頃に書いたとされるある断章のなかで、次のように述べている。「倫理（morale）とは――未来（avenir）が、惰性的規範の彼方で諸部分を統合する全体性としての無条件的可能性（possibilité inconditionnée）、と定義されるかぎり――、結局のところ、歴史の意味〔方向〕（sens de l'histoire）である」[1]。そして、この文章のすぐあとには次のような補足が付け加えられている。「実践（praxis）が実践的＝惰性態（pratico-inerte）から逃れることを人が欲するかぎりにおいて」。

これらの文章から読み取れるサルトル倫理学の基本的モチーフとは、以下のようなものであろう。すなわち、倫理とは、実践が実践的＝惰性態から脱することにより歴史に意味を与えようとするときに従わなければならない無条件的可能性としての未来のことである、と。いったい、無条件的可能性とは何か。

サルトルは生涯のなかで二回にわたって倫理学的考察をおこなった。一回目は一九四〇年代、すなわち、『存在と無』

（一九四三年）およびそれに続く時期（「第一の倫理学」）であり、二回目は一九六〇年代、すなわち、『弁証法的理性批判』第一巻（一九六〇年）およびそれに続く時期（「第二の倫理学」）である。(2)

ではいったい、この二つの時期のあいだにはいかなる思想的発展があったのであろうか。これこそが、サルトル研究における課題の一つである。(3) われわれには、さしあたり、次のような仮説を立てることが可能であるように思われる。すなわち、サルトル倫理学には、本来的自由に立脚した個人主義的倫理学（「第一の倫理学」）から、具体的歴史のなかで生きる全体的人間（homme total）を主題とした歴史的、社会的倫理学（「第二の倫理学」）への発展が見られる、と。(4) 換言すれば、人間を、孤立したもの、自己閉塞的なものと見なす立場から、自己と他者とのあいだの相互性を現実的に生きるものと見なす立場への発展があるように思われる、と。

本稿では、「第二の倫理学」を中心に取り上げ、具体的歴史のなかで生きる全体的人間とは何かを考察してゆきたい。それと同時に、サルトル倫理学の特徴を西洋倫理学の歴史のなかで位置づけてみたい。それが本稿の課題である。

1 「具体的倫理学」の構想

サルトルにとって、倫理学は歴史的、社会的なものであらねばならない。「倫理学は歴史的なものであらねばならない、つまり、〈歴史〉のなかに普遍を見出さねばならない、〈歴史〉のなかで普遍を捉えなおさねばならない」(CM, 14)。これは、「第一の倫理学」の時期に書かれた草稿の一部を集めて編集され死後に出版された『倫理学ノート』（一九八三年）のなかの文章である。歴史のなかの普遍とは、「具体的普遍（universel concret）」と呼ばれるもののことである。いったい、具体的普遍とは何か。それは、歴史という状況内で生きる人間の目的のことである。そして、そのような目的によって構成される倫理学を、サルトルは、「具体的倫理学（morale concrète）」と呼んだ。「1」では、この具体的倫理学の構想について確認しておこう。

サルトルにとって、普遍は具体的歴史のなかにある。サルトルは、カントのように普遍的に妥当する抽象的原理から出発するのではなく、具体的な歴史や社会の状況の変化のなかから出発しようとする。サルトルにとって、普遍的に妥当する倫理法則に従うこと、すなわち、理性にもとづく原理に根拠づけられた倫理法則に従うことは、本体的なものの自由といういわば他者の自由によって根拠づけられた倫理法則に従うことである。

そうなれば、私の自由の自律というものが制限されることになる。

一方、カントにとって、自由とは、普遍的に妥当する理性原理に従うことによって自由に行為することができる主体の能力のことである（「汝の意志の格率が普遍的なそれになるように行為せよ」）。[5] ところがサルトルにとって、自由とは、自律的投企という形で実践することである。「私は私の無条件的自由を実存する、私は自律としての私自身の投企である」（CM, 267）。「第二の倫理学」の言い回しを先取りするならば、自由とは、他者を乗り越えること、未来に向かって外的対象を乗り越えることである。すなわち、自由とは未来へ投企することである。そのとき、未来とは無条件的目的（fin inconditionnelle）のことである。結局、自由とは、無条件的未来（avenir inconditionné）へ向かって生きることなのである。

では、『倫理学ノート』において構想された、具体的普遍によって構成される具体的倫理学とは何か。当時のサルトルにとって、それは、社会主義革命という目的（＝具体的普遍）をもった歴史の主体（agent historique）が有効な手段を介してその目的を達成する、というものであった。「今日、倫理学は、革命的、社会主義的なものであらねばならない」（CM, 20. 強調はサルトル）。ところで、革命という目的すなわち具体的普遍は、現実の状況によって軌道修正を受けながら、達成されるものである。したがって、それはあくまでも状況内の無条件的目的であるにすぎない。

それにたいして、抽象的普遍（universel abstrait）は状況に左右されない。抽象的普遍はむしろ現実を超越しているものである。例を挙げるなら、「汝の隣人を愛せよ」という倫理的規範は、抽象的普遍に訴えるものである。すなわちそれは、最高善という哲学的、宗教的究極原理である神から与えられたものである。一方、具体的倫理学を構想するサルトルによれば、倫理的規範は与えられるものではなく、自らの選択によって選び取られるものである。[6]

たとえば、一九四〇年代当時のフランス人であれば、対独協力派につくか、それともレジスタンス運動に身を投じるか、といった具体的選択に迫られていた。そのとき、「カント主義は、そうした問題について、われわれに何も教えてくれない」（CM 14）と、サルトルは言う。サルトルにとって「選択」は、具体的倫理学を語る際において欠くことのできない概念として使用されているのである。

ところで、社会主義革命がめざす社会は、ただ単に、単独の個人が自らの高い尊厳を求めて生きる、といった社会ではない。むしろ、諸個人が互いを目的として扱い、互いの自由を承認し合うような社会、同等の人間同士によって作りだされる社会がめざされる（いわばカントの「目的の国（règne des fins, cité des fins)」)。「私の自由は相互承認（reconnaissance mutuelle）を含んでいる」（CM, 487）。この自由をめぐる相互承認論は、『存在と無』には見出されない新たな次元である、と言える。この相互承認論こそ、具体的倫理学を実質的に展開していくための理論上の転回点となるものであると思われる。

もっとも、この時代のサルトルには、社会主義革命という目的を明示した割には、歴史的、社会的次元での存在論が欠けていた。人間関係を、「まなざし」を差し向ける者と「まなざし」を差し向けられる者との相克関係として捉える『存在と無』の立場から脱却しないかぎり、新たな一歩を踏み出すことはできない。

たしかにサルトルは、『実存主義はヒューマニズムである』（一九四六年）において、「私の自由と同時に、他人の自由も望まないではいられなくなる」（EH, 83）場面に言及していたし、さらには『倫理学ノート』において、『存在と無』には見られない新たな次元として自由の相互承認論を登場させた。だが、それにもかかわらず、結局この時代のサルトルが捉える人間関係は、個人的意識相互の関係でしかない、つまりは、心理学的次元での相互承認でしかない。[7] 今や、心理学的次元から歴史的、社会的次元への移行が必要とされる。そのためには『弁証法的理性批判』第一巻の登場を待たねばならない。

さて、『弁証法的理性批判』第一巻において、サルトルは、基本的には、人間を物質的世界のなかで条件づける「物質性の一元論（monisme de la matérialité）」（CRD I, 291）の立場に立つ。もっとも、サルトルが語る人間は、物質的世界に条件づけられつつも、実践（praxis）をつうじて少しずつ物質的世界を開示してゆく。そのとき、人間（人間的有機体）と物質的世界すなわち歴史や社会との関係は弁証法的なものとなる。こうして、人間と物質的世界との相互作用や因果関係が問題となってくる。「個人は社会的関係によって条件づけられ、また、社会環境を条件づけるために、それに自らを振り向ける」（CRD I, 62）。結局、物質および人間相互にたいして作用している無数の実践が弁証法の源泉であるのであり、『弁証法的理性批判』第一巻の目的は、そのような実践を明らかにすること、つまりは、人間が歴史の主体であることを明らかにすることにあった。そして、それがとりもなおさず「第二の倫理学」のモティーフとなるのである。

2　主体性と歴史的実践

「2」およびそれ以下では、「1」において取り出された具体的倫理学のキーワード、すなわち、「選択」、「具体的普遍」、「相互承認」を、「第二の倫理学」の枠内で順次肉付けしてゆきたい。

さて、一九四〇年代の後半に構想された具体的倫理学は、『弁証法的理性批判』第一巻における歴史や社会に関する基礎的考察を経て、一九六〇年代に入り、講演という形式をとって公開されてゆく。一九六一年十二月にローマのグラムシ研究所でサルトルは、《マルクス主義と主体性（Marxisme et Subjectivité）》と題する講演（「一九六一年のローマ講演」）をおこなった[8]。この講演こそ、「第二の倫理学」の序論部分に相当するものといえる。サルトルはその講演のなかで、自らの関心が、「マルクス主義哲学の枠のなかにおける主体性の問題」（Rome 61, 11）にある、と明言している。サルトルは主体性を蔑にしているマルクス主義哲学者の例としてルカーチを挙げる。ルカーチによれば、プチブルジョアの階級意識は曖昧なままであり、その階級意識は真の階級意識になっていないのにたいして、プロレタリアートは、生産過程の最も深いところに組み込まれているので、自分の労働という客観的現実によって、完全なる階級的自覚へと導かれうる、という。このような立論にたいして、サルトルは次のように批判する。すなわち、そのような立論は、「客観主義を推し進めるあまりあらゆる主体性を破棄するに至り、それによってわれわれを観念論に陥らせるに至る」（Rome 61, 13）ところの「弁証法的観念論（idéalisme dialectique）」である、と。つまり、労働形態の違いが階級意識の濃淡を作りだすのではなく、むしろ各人の歴史や社会のなかでの生き方の違いが階級意識の強弱の違いとなって現われてくる、というわけである。要するに、各人が選択した生き方が階級意識を構成しているのである。

サルトルによれば、たとえば、アナルコ・サンディカリズム（プチブルジョアに起源をもつ労働運動）の活動家たちの存在は必要なものであった。彼らが自分たちの力を意識し、労働組合を作り、闘争の特殊な形態を創設していたからこそ、未熟練労働者が現われたとき、新たな闘争形態が出現しえたのである。「闘争の流れにおいて、客観的契機の内部における存在の仕方としての主体的契機は、社会的生および歴史的過程の弁証法的発展にとって、絶対に不可欠のものである」（Rome 61, 39）。このように、サルトルによれば、歴史における各人の主体的契機を蔑にすることはできない。

結局、生産の弁証法の総体を理解しなければならないとしたならば、われわれは生産の基底に立ち戻らねばならない。では生産の基底とは何かと問われるなら、それは人間、それも物質的有機体としての人間のことである。人間的有機体は、欲求（besoin）をもち、欲求を満たすために労働（travail）により生産し、そこから何ものかを享受（jouissance）する。そのとき、欲求、労働、享受からなる弁証法は、人間的有機体による外面的なものの内面化を記述することとなる。

「一九六一年のローマ講演」に引き続き、サルトルは、一九六四年五月に同じローマのグラムシ研究所で《倫理と社会（Morale et Histoire）》と題する講演をおこなった（「一九六四年のローマ講演」）。[9] その講演のなかでサルトルは、社会主義のための倫理学を構想し始める。サルトルにとって、スターリン主義者のように、人間というものを生産関係にもとづいて理解することは、「倫理学に休暇をとらせること」（Rome 64, 11）であるように見える。というのも、そのように理解することは、人間を自分で加工したものの産物にしてしまうことだからである。サルトルが構想する倫理学は、生産関係にもとづいた倫理学ではなく、人間にもとづいた倫理学なのである。

ではいったい、サルトルにとって倫理的規範とは何か。サルトルは、「規範（normes）の存在論的構造」（Rome 64, 11）の例として、「制度」（institutions）、「習俗」（mœurs）、「価値」（valeurs）の三つを挙げて分析している。「一九六四年のローマ講演」のなかでサルトルが取り上げる例を見てみよう。サルトルは、ベルギーのリエージュで、サリドマイドの使用によって奇形の子どもを産んだ母親たちがその子ども（嬰児）たちを殺した、という事件を取り上げる。リエージュの嬰児殺しの母親たちの倫理的葛藤はこうである。すなわち、母親たちは、「生それ自体の絶対的価値」を主張する規範と、「真に人間的に生きる機会のすべてを最初から奪われている生を引き延ばすことはできない」（cf. Rome 64, 15）という規範のどちらを選択すべきか、悩んだ。この場合、前者の規範は伝統的な倫理的規範であり、後者の規範は名誉と勇気を重んずる規範である。[10]

いったい、リエージュの母親たちの嬰児殺しという例を使ってサルトルは何を強調しようとしたのか。それは、リエージュの母親たちは二つの規範（価値）の対立を現実に生きたのであり、単に伝統的規範という他者によって支えられている惰性に従ったわけではない、ということである。すなわち、母親たちの行為は、普遍化可能なものでも、反復可能なものでもなく、むしろ特異なものであり、それは実践的＝惰性態と相対立する実践である。サルトルによれば、母親たちの言い分はこうである。「私は今日私の子どもを殺すがゆえに、いかなる母親も明日自分たちの子どもを殺さなくて済むであろう」（Rome 64, 16）。こうして、サルトルにとって倫理学とは、伝統的規範を反復する実践的＝惰性態と、新たな規範を作りだす創造的実践との闘争の謂いとなる（cf. Rome 64, 15）。規範を選択するとは、旧い規範を捨て、新しい規範を生み出すことである。

サルトルにとって、実践は、たとえ身体や社会といった過去や現在によって条件づけられるとしても、同時に、いまだ存在していない未来へと向かうものである。その未来には、実践によって作られたものとしての実践的＝惰性態が再び実践によって「修正（remaniement）」を受ける、「改良（perfectionnement）」される、否定される、という事態がつきまとう。そして、実践による修正・改良・否定の働きを主導するものはといえば、それは究極的目的としての無条件的未来である。リエージュの母親たちの行動は、限界状況のなかで、無条件的未来の名の下に、われわれの社会の生きにくさを告発した。換言すれば、リエージュの母親たちは、われわれの世界における非人間的条件にたいする抗議として、また、全面的に人間的な生活を送る可能性の名の下に、嬰児を殺した。

それにたいして、フランス社会の習俗（制度）を形成してきたものは、むしろ、ブルジョア社会やカトリック教会の、人間にたいする無理解の方であった。そのような習俗をあぶり出し、告発し、新たな習俗を生み出すのが歴史的実践（praxis historique）と呼ばれるものである。嬰児を殺すという罪を犯すことは、そうした罪を犯さざるをえなかった理由を除去すべきことを立法者に知らせるために必要であった、とサルトルは解釈する。

このように、サルトルにとって、規範に従うということは、カントのように主体的意志をして倫理法則を尊重するように強いるものとしての義務に服することではない。そうではなく、サルトルによれば、規範に従うことは、周囲の体制の圧力（外的諸決定）がいかなるものであれ、私が私自身を「内面性の主体（sujet d'intériorité）」（Rome 64, 12）にすることである。そもそも、行動主体は常に、他なる内面性（他人）によって決定されたもののなかで選択するしかない。主体性は、差し迫った任務を遂行しなければならないときにのみ生じてくる。このように、倫理的規範の普遍性を強調するカントとは反対に、サルトルは、規範性をもっぱら行動主体の内的主体性に連れ戻す。したがって、規範が私を行為の可能的主体として示すかぎり、規範は私の可能性として現われる。規範は私を自律として生み出す。サルトルにとって、規範とは無条件的未来（avenir inconditionné）の謂いである。

3　倫理的案出と無条件的未来

サルトルにとって、倫理的規範は命令の反復であると同時に、内的主体性による新たな規範の案出でもある。リエージュの母親たちの行動は、「倫理的案出（invention éthique）」の一例でもあった。「一九六一年のローマ講演」の後半でも案出が問題にされていた。

例として挙げられたのは、サルトルが創刊した雑誌『レ・タン・モデルヌ』の名前がまだ決まらないとき、友人のミシェル・レリスが「騒動（Le Grabuge）」という名前を提案した、というエピソードである。レリスが「騒動」という名前を提案した理由は二つある。一つは、彼がかつてシュルレアリストであったからである。というのも、シュルレアリストは「騒動」

を事とする人たちであるからである。シュルレアリストであった頃の記憶が蘇ったレリスは、過去の行動を反復したのである。一方で、レリスは、ブルジョア階級に属している。ブルジョアは大騒ぎして（「ドイツ万歳、フランスを倒せ！」と言ってみたりする）、できるだけ自分のブルジョア出身であるという事実に打撃を与えようとする。レリスは、そういった戦略にしがみついていたのである。すなわち、レリスは、大騒ぎを案出することによって、仲間内で自らの階級を貶めるという行動に出た。このように、「騒動」というタイトルは、「反復であると同時に案出である」（Rome 61, 34）と、サルトルは述べている。

次に、一九六五年の「コーネル大学講演[11]」の例を見ておこう。そこでは、不治の病に冒された妻をもつ夫が、「汝嘘をつくなかれ（真実を言わねばならない）」という伝統的規範に従いながらも、それに抗して、「人は人間らしく生きなければならない」という規範を案出する、という話が出てくる。すなわち、夫は、妻に真実を告知することは忍びがたいがゆえに、嘘をつく。結局、夫は「汝嘘をつくなかれ」という規範に逆らい、新たな規範を案出した（「人間らしい人生を送るべきである、希望をもって生きるべきである」）。この例に見られるような、伝統的規範を人間的なものにする（humaniser）ということは、決して決疑論（casuistique = 規範を特殊な事例に適用するための方法）を援用することではなく、実践を拡張し、深化させることである（cf. MH, 348）。それは規範的命令の特徴である反復的人間に代わる、実践の特徴である人間＝企図の登場を意味する。

サルトルにとって、案出は実践の根本的契機であり、例えば労働においても、案出的労働によって目的は実現可能なものとなる。「実践の根本的契機としての案出は、あらゆる労働を、実現されるべき目的にもとづいて、可能性の現在的諸条件を変容することによって、不可能なものを可能なものに変えることとして性格づける」（MH, 353）。

ではいったい、切迫した人生を生きる人間は、何にもとづいて案出するのか。そのとき基準になるものが具体的普遍であり、「第二の倫理学」の時期においては、無条件的未来と表現されるものである。そして、具体的普遍の内容は、「全体的人間（homme total）」と表現されるものである。リエージュの母親たちの行動もまさに、全体的人間を目的としたものであった[12]。

サルトルは、リエージュの母親たちの行動を、プチブルジョア出身の女性たちがブルジョアの倫理的規範（伝統的規範）に抗して、革命的倫理（morale révolutionnaire）を採用しようとした、と理解する。この革命的倫理を支えているのが具体的普遍、すなわち無条件的未来である。母親たちは、われわれの世界の非人間的な条件にたいする抗議として、また、全面的に人間的な生活を送る可能性の名の下に、嬰児を殺したのである。真の倫理とは、サルトルにとって、人間を作るという無条件的可能性の名の下に、伝統的倫理の反復を拒否する倫理である。すなわち、支配階級の倫理である疎外の倫理を否定する倫理である。そのとき、倫理と歴史的実践とが絡み合い、実践は、実践的＝惰性態に解消されながらも、未来や歴史の真の意味を構成する実践によって、全体的人間の未来を構築しようとする。

人間は、惰性（物質性）や他者に抗して、人間以下の（sous-humains）状態からの脱出という目的を立て、実践や活動をおこなう。そのときの目的が無条件的未来としての全体的人間であり、実践はそのような目的（規範）と一体化している。したがって、人間を作る（*faire l'homme*）という規範を掲げるかぎり、すなわち、人間は自らを作るべきものであるという規範を掲げるかぎり、規範とは「無条件的目的から出発しての実践の時間化である」[13]。つまり歴史における運動である。それは生き生きした人間がおのれの規範を生み出す瞬間でもある。この瞬間は、人類全体の人間的、倫理的目的の先取りでもある。

ところで、なぜ伝統的規範は歴史のなかで現実的に生きる人間を疎外するのだろうか。それは、規範のなかでもとりわけ伝統的な規範は他者による惰性に由来しているからである。倫理的規範の命令的側面は、倫理的規範が他者による実践の惰性的決定であることに由来する。「命令によって規定された真理は、常に、人間関係において、実践的＝惰性態の闖入である」(MH, 312)。これは、『弁証法的理性批判』第一巻において展開された、他者によって決定される事物による疎外に関する議論の再現でもある。命令は、物質の掟を実践に強いる。命令は、加工された製品、すなわち自分の労働の産物に支配されるという意味で、「結晶化され、冷却された実践である」[14]とサルトルは述べている。

ところが、加工された製品にとらわれた冷却された実践としての実践的＝惰性態を前にして、すなわち、実践を条件づけ、疎外する実践的＝惰性態を前にして、実践は抵抗し、反発する。それにたいして、カント的義務は、倫理法則にたいする尊敬の念以外の何ものでもない。しかも、その尊敬の念は私に絶対的に課されたものであり、私はそこから逃れることはできない。サルトルによれば、習俗における義務がもつ命令的構造は、原理上他者によって与えられた命令であり、したがって他律である。義務が主体の自律を制限するのである。ここに倫理学的逆説（paradoxe éthique）が現われる。

要するに、規範の内容が私に指図する（「汝嘘をつくなかれ」）一方で、規範の内容は、内面性が私の可能な行為の主体であるように仕向ける（不治の病に冒された妻に真実を告知せずに、人間らしく生きることの方を選択した夫）。したがって、規範は単なる命令としてのかぎり、他律的なものであるが、内面性が私を主体にするかぎり、自律的なものである。したがって、規範は、「自由の疎外であると同時に自由の高まりである」(IV, 56)。

サルトルにとって、規範は、無条件的に倫理法則を尊重するように強いる義務のような普遍性をもつものではない。かといって、経験にもとづく事実的な規範(実証主義的な科学の方法をもって扱われる事実命題によって検証されるもの)でもない[15]。サルトルにいわせれば、伝統的規範とは、「社会的役割あるいは文化的決定としての実践が、実践により形成される個人と結ぶ見かけ上の関係[16]」のことである。それにたいして、サルトルは、規範とは、人間らしい生き方をするための主体的な歴史的行為の可能性のことである、と述べる。ここに、カント倫理学にも、実証主義(新実証主義)の理論にも与しない、サルトル倫理学の特徴がある。

4 「歴史の倫理学」の構想

サルトル倫理学は歴史の倫理学である。本稿の最終章にあたり、改めてこのことについて論究して見よう。

「一九六四年のローマ講演」の後半でサルトルはアルジェリア独立運動におけるアルジェリア人の蜂起に言及している。すなわち、アルジェリアにおけるフランスの植民地主義と、そうした抑圧に抵抗するアルジェリア人の蜂起の話である。サルトルによれば、フランス革命の偉大な成果である「自由・平等・博愛」も、植民地主義のシステムのなかでは、搾取や抑圧の正当化に転用される。というのも、植民地主義者は、フランス共和国によって制度化された自由や平等を、自分たちの権利としては保持しながらも、アルジェリア人には認めず、むしろ極端に不平等な扱いを彼らに強いるからである。それは、植民地主義者が、全体的人間という真の倫理学の無条件的目的をアルジェリア人にたいしては認めないからである。したがって、アルジェリアの住民たちは、人間以下の人間(sous-homme)のままに留め置かれている。カントの有名な言葉を逆手に取れば、原地の住民を手段として扱い、決して目的として扱わないように行為せよ、ということになる。

このように植民地主義者と現地の住民との関係は、非人間的、非相互的なものである。それは主人と奴隷の関係にも似たものである。植民地主義者にとって、住民たちに自分たちと同じ権利を与えるということ、たとえば、普通選挙、給料の平等、社会保障等を認めるということは、植民地のシステムを崩壊させることである。植民地主義者の倫理もまた、「反復の倫理」、すなわち、結晶化された実践による命法なのである。結局、植民地主義者の倫理は、非人間的な疎外の倫理である。植民地主義の倫理は、相互承認論を真っ向から否定する。

それにたいして、住民たちは、植民地主義者によって課せられた非人間的身分から脱却しようとする、「抑えきれない力（force incompressible）」（Rome 64, 22）をもっている。それこそが人間以下の状態を終わらせることを要求する規範である。それこそが、換言すれば、それこそが「倫理学の真のルーツ」（cf. Rome 64, 22）であり、最も深い物質性の水準における倫理学の発現である。それはマルクスの「欲求」に比されるべきものである。欲求こそ「第一の規範的構造」（Rome 64, 22）である。人間として生きることの不可能性が人間として生きることの可能性に変わるのは、欲求あるいは労働によって実現されるべきものとしての人間による世界の支配によってである。その世界こそ目的の国、いわば自由の相互承認が成り立っている国である。

サルトルが理想とする社会は、生産関係や非人間的な疎外の倫理によって人間が生み出されるような社会ではなく、「共同体的決定（communal decisions）」[17]をとおして人間が自分自身を生み出すような社会である。そのとき原動力となるものが欲求である。人間的有機体は普遍的な人間的条件というものを共有しているかぎり、人間的有機体は皆同じ基本的欲求をもっているはずである。サルトルは単なる個人の自由にこだわる人間主義ではなく、普遍的な意味における自由に向かう人間主義を模索している。そこではある種の反人間主義が求められている。「どんな革命的立場も、歴史的であるかぎり、反人間主義（antihumanisme）である」（IV, 60）。

サルトルは極度の主意主義、すなわち、おのれの精神状態の普遍性についての思い上がった心の法則を意味しているかぎりでの人間主義を否定する。反対に、人間主義の普遍的使用を重視する。この新たな人間主義とは、「（単なる規範の実現に抗して）自らを対自としてたてる自由」（IV, 61）から、人間的共同体へと拡大された普遍的な意味における自由へと移行することを可能にした人間主義のことである。そのような人間主義のことを「価値（valeurs）」と呼んでいる。

単なる個人的意識のレヴェルでの自由から人間的共同体のレヴェルでの自由へと進展したサルトルの人間主義とは、結局、無条件的未来が実現されるときに拠りどころとなる全体的人間という価値のことである。サルトルにとって、無条件的に主張される規範がどれほど決定的なものであろうとも、実際に規範を実現可能にするのは歴史や社会であるがゆえに、規範は歴史や社会によって修正を受けざるを得ない。規範は歴史や社会にたいして妥協しなければならない。その際、規範の修正や妥協は、規範の特殊化ではなく、むしろ規範の普遍化といえる。なぜなら、歴史や社会によって修正を受けるということは、人が他人とコミュニケーションをとることであり、他人とコミュニケーションをとるということは、個別性に訴えることではなく、普遍性に訴えることだからである。

このように、規範が歴史や社会によって修正され、拒否され、否定されることにより、規範の無条件的可能性（普遍性）がもたらされる。この可能性は過去から出発して与えられるものではなく、未来に向かって案出すべきものである。そこにこそ、本稿の冒頭で掲げたサルトルの言葉――「倫理とは――未来が、惰性的規範の彼方で諸部分を統合する全体性としての無条件的可能性、と定義されるかぎり――、結局のところ、歴史の意味〔方向〕である」――の真意があると思われる。

サルトルにおいて、無条件的可能性として倫理が表わしているものは、歴史の意味〔方向〕である。それを、すでに本稿の「1」で示したように、カント流の「目的の国」と表現することも可能であろう。サルトルにとって、目的の国とは、各人が他人を自由な主権をもった主体として認める社会のことである。もっとも、社会や共同体において、各人が相互に自由を認め合うまでには至らないのが現実である。したがって、共同体は、惰性を解釈するさまざまな規範的様相によって異なった顔をもつ。規範的様相によって「倫理学の濃度（teneur de l'éthique）」(cf. IV, 66) が決まるのである。

たとえば、病気の妻に自由な決定の可能性をもたせようとして病名を明かさない夫は、妻の自由の確保のために心を砕く。あるいは、強制収容所でナチス・ドイツの拷問に耐えるレジスタンス運動の闘士は、おのれの自由を確保することに汲々としている。しかし、あくまで嘘をつきとおそうとしても、また、どんなに抑圧に抵抗しようとしても、限界がある。その時、新しい規範が案出される。「汝嘘をつくなかれ」という伝統的規範に逆らって、告知をためらう夫がすがる新たな規範も、同様に、白を切る（あるいは、「口を割ってはいけない」という上層部の指令に従っている）レジスタンスの闘士がすがる新たな規範も、いずれ修正を余儀なくされる。

人は規範を案出し続けなければならない。非人間的条件に置かれた人がその状態から脱しようとする際に従うべき規範、それが無条件的可能性（無条件的目的）である。もっとも、無条件的可能性といっても、それは永久不変のものではない。規範はしばしば修正を受ける。倫理（規範）は、歴史（社会）にたいして妥協する。一旦案出された倫理も、状況が変われば、新たな妥協を強いられる。サルトルは、倫理と歴史との矛盾をとおして、人間が歴史的、社会的状況を生きる姿を具体的に示そうとした。それがサルトルが構想した歴史の倫理学、つまりは倫理と歴史の弁証法にもとづく弁証法的倫理学（éthique dialectique）である。

おわりに

以上、サルトルの「第二の倫理学」について、一九六〇年代のサルトルの一連の講演のための草稿をもとにして見てきた。

その結果、サルトルが当時構想していた倫理学が歴史や社会のなかで生きる人間の具体的な倫理学であったことが、「主体性」、「歴史的実践」、「倫理的案出」、「無条件的未来」といったキーワードをとおして明らかとなった。

さらには、サルトルにとって、倫理的規範とは、カントにおけるような、無条件的に倫理法則を尊重するように強いる義務といった当為命題ではなく、また、実証主義者たちにおけるような、経験にもとづく事実命題でもなく、サルトルにとって、規範とは、人間が歴史や社会のなかで、他者との関係のなかで、他者に抗して自ら作り出すものである。その意味で、規範を生み出すのは歴史や社会である。

サルトルは、カント倫理学のあまりにも形式主義的すぎる性格を批判し、代わりに、実存主義的で、具体的な、社会的物質的条件を生きる人間のための倫理学を主張する。規範は、カントによれば、普遍的なもの、理性によって基礎づけられたものであり、倫理的命法と一致して、倫理的行動の統制者として働くものである。こうした抽象的、普遍主義的立場にたいして、サルトルは、「社会的総体が規範を生み、次いで規範が統合の指標として働く」（MH, 325）と確信し、具体的倫理学を発展させようとした。

ところで、サルトル自身、「第二の倫理学」のことを「弁証法的倫理学」と呼んでいた[18]。サルトル研究者たちもこれに倣っている。弁証法的倫理学とは、「現実主義的、唯物論的倫理学（realistic, materialistic morality）」[19]と呼ばれているものを発展させたものなのである。この弁証法的倫理学は、疎外や抑圧に抗する人間の実存や闘争についての思想であり、「具体的な歴史的‐社会的物質において実践が求める人間解放の思想」[20]である。ではいったい、メシア思想に論及している、最晩年に構想されたとされる「第三の倫理学」をどのように理解すればよいのだろうか。自由、選択、主体性、歴史的実践といったキーワードによって展開されてきたサルトル流の倫理学が新たな相貌を帯びることになるのだろうか[21]。

注

（1）Pierre Verstraeten, « Impératifs et Valeurs », in *Sur les écrits posthumes de Sartre*, Editions de l'Université de Bruxelles, prés. par P. Verstraeten, 1987, p. 66. この《命令と価値》と題された論文において、著者のヴェルストラーテンは、サルトルの断章から直接引用する場合には引用符（« »）を付し、イタリック体にしている。本稿ではそれを括弧（「」）に入れて表わすことにする。その際、« IV » と略記し、『サルトルの遺稿』のページ数を付記する。

（2）厳密に言えば、『弁証法的理性批判』第一巻の序論部分にあたる『方法の問題』が『レ・タン・モデルヌ』誌に発表された年である一九五七年以降の時期である。サルトルにおける倫理学的考察の展開の時期については、一九四三年と一九五七年を二つの時期のそれぞれの始まりの年とする研究者もいれば（Arno Münster, *Sartre et la morale*, L'Harmattan, 2007）、一九三九年〜一九五六年を第一の時期、一九五七年以降を第二の時期とする研究者もいる（Paul Crittenden, *Sartre in Search of an Ethics*, Cambridge Scholars Publishing, 2009）。ただし、両者のあいだの基本的立場に大きな違いはない、と言ってよい。

（3）　サルトルの倫理学的著作の大半は遺稿であり、また、それの公刊も遅れている。そのせいか、サルトル倫理学に関する研究状況は活発であるとは言い難い。とりわけ本国であるフランスにおいて低調であることが目につく。フランスでは、「本来性の倫理学」すなわち「第一の倫理学」に関する著作が二〇〇〇年に刊行された程度である（Yvan Salzmann, *Sartre et l'authenticité. Vers une éthique de la bienveillance réciproque*, Labor et Fides, 2000）。そこでわれわれは、Thomas C. Anderson や Linda A. Bell 等のアメリカの研究者によって鼓舞されてきた、というのが実情である（Thomas C. Anderson, *The Foundation and Structure of Sartrean Ethics*, The Regents Press of Kansas, 1979, *Sartre's two ethics*, Open Court, 1993; Linda A. Bell, *Sartre's ethics of authenticity*, The University of Alabama Press, 1989）。こうした状況のなかで、Arno Münster, *Sartre et la morale, op. cit.* は、「第一の倫理学」から「第二の倫理学」、さらには「第三の倫理学」（本稿の「おわりに」で触れることにする）にまで言及した、サルトル倫理学全体を見通すことのできる、しかもフランスで出版された研究書であるという点で、注目に値する。

（4）　拙著『サルトルの倫理思想——本来的人間から全体的人間へ』（法政大学出版局、二〇〇四年）を参照されたい。

（5）　カントによれば、人が自由を自らのうちに認識するのは、次のようなときのことである。すなわち、「あることをなすべきであるとかれが意識するがゆえに、そのことをなすことができる〔汝為すべきであるがゆえに為し能う〕」（Immanuel Kant, *Kritik der praktischen Vernunft*, Surkamp, 1974, S. 140〔『実践理性批判』、宇都宮芳明訳註、以文社、七六頁〕）と判断するとき、人は自由を自らのうちに認識する。

（6）　ボーヴォワールの言葉を借りるなら、「ただ選択から出発してのみ、現実は価値をまとう」Simone de Beauvoir, « Idéalisme moral et Réalisme politique », in *Les Temps Modernes*, 1945, nov., p. 264.

（7）　それは新約聖書の黄金律の反復でしかない、とも言える。「すべて自分にしてもらいたいことは、あなた方もそのように人々にせよ」（『新約聖書』マタイ福音書、7章23〔前田護郎訳、「世界の名著」13、中央公論社、三一一頁〕）。

（8）　Jean-Paul Sartre, « La Conférence de Rome, 1961, Marxisme et Subjectivité », in *Les Temps Modernes*, N° 560, 1993. 本稿では、「一九六一年のローマ講演」から引用する場合には、« Rome 61 » と略記し、『レ・タン・モデルヌ』誌のページ数を付記する。

（9）　「一九六四年のローマ講演」のテクストはいまだ公刊されていないので、本稿では、草稿を直接読んだ欧米の研究者が書いた論文を活用することにする。Robert Stone et Elisabeth Bowman, « Ethique dialectique, Un premier regard aux notes de la Conférence de Rome », 1964, in *Sur les écrits posthumes de Sartre, op. cit.* この論文において著者たちは、サルトルの草稿から直接引用する場合には括弧（« »）を付し、イタリック体にしている。本稿ではそれを括弧（「 」）に入れて引用することにする。その際、« Rome 64 » と略記し、『サルトルの遺稿』のページ数を付記する。

(10) Cf. Arno Münster, *op. cit.*, p. 86.

(11) 「コーネル大学講演」は、二〇〇五年に『レ・タン・モデルヌ』誌に《倫理と歴史》と題され、掲載された（« Morale et Histoire », in *Les Temps Modernes*, Nos 632-633-634, 2005）。本稿において「コーネル大学講演」から引用する場合には、« MH » と略記し、『レ・タン・モデルヌ』誌のページ数を付記する。

(12) リエージュの母親たちが抱いた目的とは、「自分自身において、また、他人にたいして、他人を通して、全体的人間（integral man）を実現する」（Thomas C. Anderson, *Sartre's two ethics*, *op. cit.*, p. 117）可能性としての人間的生、といったものである。

(13) Cf. Arno Münster, *op.cit.*, p. 93.『存在と無』においてサルトルは、「対自は時間化である」と述べている。そして、その意味を、「対自はある〔存在する〕のではなく、対自は《自己をつくる se fait》」という点に見ている（cf. EN, 636——強調はサルトル）。

(14) Cf. Arno Münster, *op. cit.*, p. 87.

(15) 当為命題の指示的（prescriptive）な性格と、事実命題の記述的（descriptive）な性格との相違の問題につながる。ところで、当為命題は事実命題によって検証されたり、反証されたりはしない。しかし、当為命題もまずは事実を踏まえる。そしてその事実を乗り越える「べき」何ものかを模索する。そこに「価値」や「可能性」が生み出される余地がある。

　サルトルは「第二の倫理学」の一連の講演において、しばしば、実証主義者、新実証主義者、構造主義者という総称を使って、彼らが歴史の弁証法的性格を知らない、といって批判する。すなわち、社会システムを生み出すのはあくまでも人間である、ということを彼らは理解していない、といって批判する（cf. Rome 64, 13）。

(16) Cf. M.Contat et M.Rybalka, *Les Ecrits de Sartre*, Gallimard, 1970, p. 742.

(17) Thomas C. Anderson, *op. cit.*, p. 126.

(18) Cf. M. Contat et M. Rybalka, *op. cit.*, p. 426.

(19) 「一九六四年のローマ講演」について考察したR・ストーンたちも、「おそらく六四年の初頭から六五年の中頃にかけて書かれたであろうサルトルの未刊の少なくとも三つの著作を指し示すために、弁証法的倫理学という表現を使う」（Rome 64, 9）旨を述べている。

(20) Arno Münster, *op. cit.*, pp. 10–11.

(21) 「第三の倫理学」には、「倫理学的観点から見て新しいものは何もない」（Paul Crittenden, *op.cit.*, p. 144）という評価がある一方で、ミュンスターは、「第三の倫理学」を、レヴィナス流の他者の現前の倫理学と「左翼の政治 - 倫理的原理とを接合する試み」（A. Münster, *op. cit.*, p. 149）と見る。

サルトルの著作からの引用は以下の略号によりページ数のみを本文中および注において記す。

CM: *Cahiers pour une morale*, Gallimard, 1983.
CRD I: *Critique de la raison dialectique*, Tome I, Gallimard, 1985.
EH: *L'Existentialisme est un humanisme*, Gallimard, 1970.
EN: *L'Etre et le Néant*, Gallimard, 1973.

サルトルの「応答」
――『弁証法的理性批判』における「集団」と「第三者」

竹本研史

1　サルトルとメルロ＝ポンティ

ジャン＝ポール・サルトルは、とくに戦後以降、権力に抵抗するために諸個人が集団化して闘う理論を模索してきた。彼にとって、集団とは、諸個人が自らの無力さを確認したときに、しばしば最後の方策として打ち立てられるべきものである。

彼は、「共産主義者と平和」（一九五二、一九五四年）において、「集合的主体（sujet collectif）」という概念を提示したが、そのとき彼の念頭にあったのは、社会心理学の成果を踏まえた群集論の系譜（ギュスターヴ・ル・ボン、ガブリエル・タルド、ジークムント・フロイト、ジョルジュ・ルフェーヴルなど）に連なるような、「集合的意識（conscience collective）」ではなく、「実践の主体（*sujet de la praxis*）」であった[1]。つまり、彼は集団化を唱えてはいたが、あくまで主体の実践に重きを置いていたことになるだろう。

彼によれば、この「集合的主体」とは次のような集団のことを指す。人々が情況に従って集められ、労働の分業によって差異化される。彼らはその後、自分たちが選んだ「指導者たち

（dirigeants）」によって組織化される。指導者たちは、自らの人格のうちに集団の固有の統一を見出す。こうして各人に拡散していた「主権（souveraineté）」は、「首領たち（chefs）」の人格のうちに凝縮する。各人は、「首領」に服従するかぎりで、「首領」を通じ、全体的な「主権」の保管者となる。[2] この段階でサルトルは、先述の群集論の先人たちと同様、集団内に「指導者たち」を前提においたうえで、各人は、その「指導者たち」に服従することによってはじめて「主権」を享受することができると考えていたのである。

サルトルのこの論文に対し、かつての盟友モーリス・メルロ＝ポンティは、『弁証法の冒険』（一九五五年）で強い批判を投げかけた。彼は、「共産主義者と平和」で外部から共産党を擁護するサルトルに対して、共産主義による実際の投企の歴史を踏まえずに、現在この瞬間に共産党の投企が将来において約束か脅威のどちらかをもたらすかを捉えるだけの「無作法者（huron）」に過ぎないと批判する。[3] メルロ＝ポンティはまた、澤田哲生が指摘するように、[4] サルトルにとって〈党〉が想像上の組織に過ぎず、彼が「魔術的ないし情緒的行動」によって、〈党〉、「活動家」、「プロレタリア」を峻別せずに同一視していることを問題視する。[5] メルロ＝ポンティは、こうした原因として、〈党〉や活動家による運動が「純粋活動」である点、ならびに「プロレタリアの党」が決して存在しないか、存在するとしても、「プロレタリアの非‐存在の標識」を示している点を挙げる。[6] サルトルの「純粋活動」とは、虚構のものに過ぎず、そこには図らずも、共産党との思想的一致ではなく、て政治的戦略によって一致を図ろうとした彼の「自己欺瞞」が垣間見えてくる。

こうした文脈を踏まえると、次のような仮説を立ててみたくなる——彼の共産党への接近と訣別[7]以降に執筆された、後期サルトルの主著『弁証法的理性批判』（第一巻一九六〇、第二巻一九八五年。以下『批判』と略記[8]）は、こうしたメルロ＝ポンティの批判への彼なりの応答だったとは言えないだろうか、と。

事実、サルトルの『批判』は、集団論として次のように変化を遂げている。まず「集合的意識」を排していた「共産主義者と平和」のころとは異なり、各「第三者（tiers）」が新しい統合へ向かって超克しようとする「集団意識（*conscience de groupe*）」を説明する必要性を説く（CRD, 514）。「第三者」とは、一言でいえば、集団内の各構成員同士の相互関係を全体化する者を指す。彼は、「集団意識」を論じるにあたり、諸個人の実践と個人の周辺の「物質性（matérialité）」との関係として現われる「稀少性（rareté）」という概念を提示している（CRD, 235）。「稀少性」とは、人口に対する「物質」の不足、つまり単純に「一つの量的事実の表現」を意味する（CRD, 239）。[9] 彼はこの「稀少性」を集団形成の萌芽として、「溶融集団（groupe en fusion）」、「誓約集団（groupe assermenté）」、「組織集団（groupe organisé）」、「制度集団（groupe institutionnalisé）」の順に、集団の変遷過程を描いていく。彼はこの変遷過程のなかでも、「溶融集団」に、個人と集団との幸福な関係を理想として見出した。ところが「集団」の下、「第三者」同士で誰もが対等な関係を結んでいた「溶融集団」から、最終段階の「制度集団」になると、各「第三者」の「職分（fonction）」が固定化され、「専任者（titulaire）」と呼ばれる支配者が誕生するのである。

これら『批判』における、「制度集団」、「専任者」、「第三者」の三者関係を、「共産主義者と平和」における、〈党〉、「活動家」、「プロレタリア」という三者関係にそのまま重ねてみれば、『批判』の集団論は、メルロ＝ポンティの批判を承けたサルトルが彼なりに導き出した理路だと言えるのではなかろうか。

サルトルは、「集団（groupe）」と「集合態（collectif）」[10]という、二つの「社会的実在（réalités sociales）」を弁別し、両者が循環構造をとっていると述べている（CRD, 452）。「集団」は、共同の欲求や危険をもとに構成され、これらの欲求や危険に対して共同の実践をおこなうための共同の目的によって規定される。この共同の実践とは、「惰性（inertie）」という、人間が、モノ化した状態を抹消しようとすることで純粋な実践を目指すという不断の統合運動のことを意味する。逆に「集合態」は、あらゆる実践が、単なる「状態（*exis*）」、すなわち「惰性」として構成されるものとして定義される（CRD, 363）。

サルトルの集団論の特徴として、《個人＝集団》という単なる二者関係ではなく、むしろ三者関係を基本構成としていて、「第三者」の存在意義を強調している点が挙げられる（CRD, 476）。ちなみに、「第三者」の役割については、ジャック・デリダが『友愛のポリティックス』において、特異なものである「友愛（amitié）」と、普遍的なものである《政治的なもの》という、二者の結節点である《三》という数字に着目することで興味深い示唆を与えてくれている。[11]デリダの「友愛」とは異なるものの、サルトルの「集団」においてもまた、「第三者」が重要な役割を果たすほか、「誓約集団」以降では「同胞性（fraternité）」が大きな鍵となってくる。ならば、「集団」の変遷過程のなかで、この「集団」と「第三者」の関係を精査すれば、サルトルの後期思想における《政治的なもの》に対しても、新たな光を投げかけてくれるのではないだろうか。

2　第三者と二者関係

まずは『批判』のなかで、「第三者」を中心にして、具体的に「集まり（rassemblement）」がどのように形成されていくか検討しよう。サルトルは「第三者」の役割を説明する際に、

「作業中の庭師と道路作業員の姿を窓から眺めているヴァカンス客の《私》」を例に挙げる（CRD, 213 *sqq.*）。この庭師と道路作業員とのあいだを塀が隔てており、彼らはお互いの存在に気付いていない。この二人を窓から眺める《私》は、彼ら労働者とは職業も階級も異にしているという点で「否定的」存在である。サルトルによれば、この否定は二重の性格をもつ。第一の性格とは、《私》が、自らを「ヴァカンス客」という《私があるところのもの》として投企したうえで、二人のそれぞれの行動の目的を目的として承認し、窓から彼ら二人を眺めるという目的を対置することによって、《私》本人も含めて、まったく無関係なはずの彼らの行動を綜合化していることである。第二の性格とは、労働者である彼らの各活動の産物は、知識人たる《私》の知覚によって把握される一方で、彼らの活動、すなわち彼らの実践そのものは彼ら自身の綜合化のうちにあるため、《私》の把握からは逃れ去るということである。その結果、彼らは《私》に対し、《私》が無知であるという事実を突きつける。ただし、この場合の無知は、《私》の無知だけにとどまらず、彼ら二人もまたお互いの活動に対して無知であることを含意している。

　しかし、「第三者」と他の二者との関係は相互的ではない。「第三者」は、自分自身の目的に向かい二者関係を超克しながら、この両者を「対象としての統一性」として開示できる。他の二者はそれに対して、お互いを承認することはできるが、二者関係は統一しなければバラバラの状態である。それゆえ、この二者関係が二者関係として顕現するのは、二者関係を構成する当人たちではなく、「第三者」が二者関係として規定する場合しかありえないのである（CRD, 231）。かりに、「第三者」以外の二者が、「第三者」をのちに排除しようとしても、まずは「第三者」が外部から全体化したものを「存在規定」として内在化しなければならない。「第三者」は、自身の実践によって、「実践的領野」という世界を統一することを通じて、その構成員たる各人を自らの世界のなかで関係づける。そのため「第三者」は、相互性をもたず、「綜合的な権能（pouvoir synthétique）」（CRD, 231）として特権的存在となるのである。

　この「第三者」は、《私》のみにあてはまるだけではない。潜在的に他の二者もまた、それぞれが実践によって世界を統一している。「第三者」たる《私》はゆえに、彼らによって潜在的に一個の〈他者〉として客観的に指定される。《私》は、この〈他者〉という指定を内在化し、彼ら二人の関係を実現するための客観的媒質としての役割を担う。つまり、せいぜい《私》が彼らによって「私があるところのもの」となるだけ、彼らは《私》によってお互いに無知であるというだけに過ぎないのだ。

　したがって、この三者関係を構成する三人は、各人がいずれも他の二者に対して、情況や文脈によって「第三者」となりうる。これはなにも、個人同士の関係にとどまらず、集団間の関係にも同様のメカニズムが適用される（CRD, 231）。三者がそれぞれ相互性をもつ以上、「第三者」としての〈他者〉によって、《私》の実践も含め「実践的領野」は統一化されてもいるのである。つまり、統一化しつつ統一化されるという、「複数の統一化」が、入れ子状になり成立していることになる（CRD, 217）。《私》は、実践という主観的契機において、一つの全体化であるがゆえに別の全体化から逃れてしまうような、人間関係の「否定的原基（rudiment négatif）」と呼ばれるものによって自らを客観的に特質づけられたものとして見出すことになるだろう。《私》が「第三者」として、二者関係に入るためには、《私》は〈他者〉を自らの対象とし、彼らは、その《私》をさらに彼らの対象とする必要がある。サルトルはここに、個人が主観的なものから客観的なものへと移行する転換点を読み取るのである（CRD, 218）。

　ところで、「複数の統一化」とは、複数のものの単一のものへの統一化を意味しない。それは、相互性を通じて、「第三者」

サルトル（1966 年，来日の折）

の実践が普遍性へと向かって綜合しつつも、別の〈他者〉たちの実践により、諸個人の特異性ならびに複数性の維持が担保されていることを意味している。もちろん、こうした複数性もまた、「第三者」たる《私》自身によって内在化されるが、ただ単に「第三者」の統一化が完全になされ、単一化した全体性がそこに成立しているわけではない。一方、諸個人の複数の相互関係が乱立しても、諸個人が相手を主観によって対象化するばかりで交流があるわけではない。複数性と統一性が両立しているからこそ、複雑ないくつもの人間関係が網の目のように織りなすことが可能であり、集団として、社会として存立することが可能となっている。

こうした「第三者」を通じた人間関係の複数性は、サルトルにあっては具体的な社会的文脈を前提にしており、実際の社会ではつねに社会的な諸技術や諸制度を通じて表現される（CRD, 232）。これらの諸技術や諸制度によって、人間関係の複数性はたえず更新されていく。だが彼によれば、各人が「第三者」としてそれぞれ相互に統一しあうことそれ自体だけでは、あらゆる地平で活動的集団や、階級、国家をつくる構造化された諸関係や、諸制度、社会を説明することはできない。むしろ、これまで「物質」が稀少であるために、人間たちが「物質」の共有や争奪を繰り返すことによって、歴史が運動として変転してきたと彼は説明するのである（CRD, 232-233）。

3　溶融集団と第三者

先述の通り、「集団」は、共同の欲求や危険を元に構成され、共同実践を決定する共同の目的によって規定される。彼の集団論が、フランス革命史の専門家G・ルフェーヴルに多くを負っていることは『批判』で彼の名前をしばしば参照していることから容易に見て取れるが、[12] サルトルは「集団」の変遷過程を描くにあたり、フランス革命開始直後の一七八九年七月を具体的な舞台として設定する（CRD, *455 sqq.*）。[13] 国王側から等しく「盗賊」として名指されたパリの反乱状態の群集は、「集合態」として一括りにされる。逆に群集の側は、自らと同じように「盗賊」とみなされている〈他者〉の存在を認識し、お互いが自らと同じ立場の〈他者〉の行為のなかに自分自身の行為を発見し、諸個人同士は結びついていく。その結果、群集は、〈他者〉を通じて「集列性」を乗り越えて自らの立場を内在化して、「共同的人格」という抽象的な「集まり」が、具体的で特異なかたちをとって露わとなる。一人では権力に対し無力だった諸個人が、群集となることで単純に数の力でもって権力側に対抗できるようになるのである。そのとき、各人は自らの生命を守ることであると同時に、パリの民衆として国王に対抗するという自由の二重性を持つことができる。

この具体的な「集まり」は、もはや「集合態」でなく、かつ、まだ構造化していないため「無定形（amorphe）」である。サルトルは、この「集まり」を「溶融集団」と名付け、アンドレ・マルローの小説『希望』で語られる「アポカリプス」に準えている（CRD, 461）。同作品で「アポカリプス」は、地上で最も感動的なものでありながら、滅多に出会えず瞬く間に消え去る「完全な自由の夢」であると謳われている。[14] つまり「溶融集団」は、「集合態」と完全に制度化されてしまった「集団」との狭間にある、サルトルの「完全な自由の夢」であり、儚く消え去るものとして、彼本人によって予告されているのである。

では、「溶融集団」において「第三者」はいかなる役割を担っているのだろうか。まず、外部にある権力側から一つの「集まり」が措定される。各人は、この「集まり」を統合する「第三者」であり、また「集まり」の一員たる〈他者〉でもある。「第三者」たる各人は、自らが権力側によってこの「集まり」の一員であるとみなされると、その規定を積極的に引き受けて組織化する。サルトルからすると、「第三者」が、この「集まり」を俯瞰的に眺めるのではなく、「集まり」の内部からその一員として捉えることが重要なのである。

フランス革命の例に戻ろう。ある段階で、「第三者」の一人たる《私》が「止まれ」と叫ぶ。すると、集団内の全員が止まる。また別の段階で、ある「第三者」が、「進め」、あるいは「左へ！ 右へ！ バスティーユへ！」と叫ぶと、《私》を含めた集団内の全員は、その「第三者」の指示に従って行動する。「第三者」は、集団内で「規制者」として立つ。そして、さらにまた、別の「第三者」が、全員に指示を与える（CRD, 481）。サルトルは、共同実践としての《私》の実践によって現実的に「集団」が統一化されるとき、そうした《私》のことを「規制者的第三者（*tiers régulateur*）」と呼んでいる（CRD, 507）。「第三者」は、自らの意志によって、他の人々に命令することも、他の誰かによる命令にも従うことも可能であり、各段階で、「第三者」は、この「集まり」を統率して共同実践を組織する「主権者（souverain）」となる。「溶融集団」では、誰もが「主権」を掌中にできるが、その役割は随所で変更されて固定化されないため、その権力を一定時間しかとどめることができない。それゆえ、誰もが「溶融集団」において「主権者」にも従属者にもなれるため、支配者も従属者も存在せず、「主権者」とは誰もがなりうると同時に誰でもないという性格が与えられるのである。

サルトルは、「溶融集団」への所属に関して、「第三者」の一人たる《私》が、「集団」内の自己と他者の類似的行動や相互的行動を一つに括ることで、「集団」の構成員の行動を自らの行動として同一化していると述べている（CRD, 475）。「集団」を構成する《私》は、集団内の「第三者」の一人に対し、他の「第三者」たちと同じように集団のなかへ統合するが、この「第三者」からも《私》は統合される。図式化すれば、《私》を統合する「第三者」を《私》が統合し、それを「第三者」がまた統合するという、第一節で見たような入れ子構造が示される。これを《私》の次元に限っていえば、《私》は、統合される《私》を含めた「第三者」を統合することになる。そのため《私》は、「第三者」を介し、統合を受けた対象として自分自身を見出すわけだ。これを承けてサルトルは、「溶融集団」では、「第三者」とは、内面化された《私》の対象性であると指摘する（CRD, 479）。したがって、「集団」内では、《私》と、《私》を統合しようとする別の「第三者」は、相手に対して相互に超越する関係にあり、相手の統合を内面化するような内在的関係でもあり、両者には差異が存在すると言える。

またサルトルは、「集団」の構成員はすべて「第三者」であり、「集団」を介して「第三者」同士が人間関係を構築すると同時に、各「第三者」を介して集団と他の「第三者」たちとが結びついていると語る（CRD, 476）。ここからわれわれは、「第三者」によるこの媒介の二重性と「第三者」同士の差異から、サルトルが「集団」とそれを構成する〈他者〉を完全には一致させていないと理解できる。このように、各「第三者」を介した「集団」とその他の「第三者」たちが結びつきは、「集団」内で各「第三者」にはそれぞれの特異性と多数性が維持され、それぞれ特異な「第三者」同士で結びつく相互関係もまた、特異なものにする。こうした影響を通じて、「第三者」たちを統合する「集団」それ自体も、各人が統合に統合を重ねることによって、運動として差異化を続けていくのである。

このとき、サルトルが、《私》に対する「第三者」を、完全に同化した「同一者（identique）」ではなく、差異を含んだ「同等者（même）」であると説明していることに注目しよう（CRD, 479）。[15] 同じ「集団」内にいる〈他者〉を自らの「同等者」とみなすということは、各「第三者」同士は、同質のものではなく、差異を孕みながら、「溶融集団」内で自己と〈他者〉が文字通り「溶融」してしまうということである。各「第三者」はこうして、統一化された「集まり」のなかで自他の区別がなくなり、自分自身の保全と他者たちの保全とをもはや区別しなくなる。その結果、「第三者」それぞれの目標は、「共同の目標」として生み出され、各人は《私たち》としてそれを引き受けるのである。

各「第三者」の実践は、共同実践へと転化されることによって、逆に「集団」が全体としておこなった実践が一人の「第三者」のうちで具現化される（CRD, 473–474）。抑圧および疎外を受けていた諸個人は、各人が実践をおこなうことで「溶融集団」の共同実践へと転化し、「集団」として得られた自由の果実は、その一構成員である各「第三者」自身のものになる。各

「第三者」のうちにあって、共同の危険に対抗して共同で立ち向かおうとする自由の性質は、〈他者〉を「同等者」として把握する。こうして、諸個人の自由は、個々の特異性によって集団の全体性を通じ、お互いに同等の自由として認識しあうのである。ここでは、《私》が、「第三者」の機能を介して、自らの特異性を確保しながら同時に、自らの「同等者」としての〈他者〉を把握するという「遍在性（ubiquité）」をも見出す自由の特性が確認できる（CRD, 502）。サルトルはこの状態を、「溶融集団」の本質的性格として、疎外された人間が失っていた「自由の突然の復活」であると宣言する（CRD, 502）。これこそが、「溶融集団」の核心となっているのである。

4　存続集団と専任者

さて、一つの目的のもとに結成された「集団」は、目的が達成されれば存在意義を失う。各人に対する「集団」の求心力は低下し、「集列性」の構造をとりはじめる。ところが、その達成したものが依然としてつねに脅かされる可能性があるため、「集団」は相変わらず維持され続けなければならない。「集団」はそのため、自らを解体しようと脅かす「集列性」に対して、「人工的惰性」を作り出すことで諸個人を結びつけて抵抗し、永続性を手に入れる。サルトルは、この「集団」を「存続集団（groupe survivant, groupe de survivance）」と呼ぶ。「存続集団」は、「誓約集団」、「組織集団」、「制度集団」と三つの段階を踏んで変容していく。

（A）誓約集団

「第三者」としての《私》は、自分自身ないし、「同等者」たる他の「第三者」たちのいずれかによって、「集団」が解体し、自らが孤立してしまうのを恐れている。そのため、「集団」を存続させるべく、自由が自己の「惰性」を自ら作り出して共同の実践とする。彼は、こうした「集団」の規約を「誓約」と呼び、「誓約」を通じて存続する「集団」を「誓約集団」と定義する（CRD, 518–519）。サルトルによれば、「誓約」とは実践と対立するものである（CRD, 524）。なぜならば、「集団」は、「誓約」を通じてその永続性を得ることと引き換えに、個人の実践の余地を失い、「惰性化」してしまうからである。

この「集団」内で諸個人は、同じ日に泥土から出てきた「同等者」としてみな「特異な種」であるとみなされ、自由であるかぎりで、「同胞性」[16]によって結合するという相互性をもつ（CRD, 535）。「同胞性」は、サルトルにより「暴力」の積極的な側面として与えられ、各人を通じた各人に対する相互的な全員の権利として、内在的に各人を結びつけている。というのも、「集団」内で、「第三者」としての《私》が、他の「第三者」たちと同等である以上、《私》が他のある「第三者」に与える担保は、各人によって保証されたものだからである。

　諸個人は、あくまで各人の自由な意志に基づいて、自らが他の「第三者」たちに対しておこなったこの「誓約」を全面的に引き受ける。「誓約」は、他の「第三者」たちとの相互性を考えるならば、「第三者」それぞれも同様におこなったわけであり、《私》一人だけに帰すことはできない。そのため、《私》から発した「誓約」が、「集団」内の他の「第三者」たちを経てふたたび《私》のもとに戻ってくると、「誓約」を述べる《私》と「誓約」を受ける《私》とのあいだに乖離が生じることになる。その結果、《私》は、自己の実践のなかに〈他者〉となった自己を再発見するのである（CRD, 523）。

　一方、「誓約集団」では、自由を得るために不可欠なものとして「誓約」をおこなったにもかかわらず、諸個人はその「誓約」によって「惰性化」され、等しく自由の制限を求められる。いったん「誓約」がなされると、「集団」は、その維持のために、自由の名において各人の生命を犠牲にしても、必然性に対して各人の自由を保証しなければならない。「誓約集団」は、「暴力」の負の側面も併せ持っているのである。[17] つまり、「同胞性」は、「テロル」と裏表の関係にあるのだ。「誓約集団」では、いったん「第三者」の誰かが「誓約」を破り、「集団」を裏切ろうとすると、否定的暴力である「テロル」が作動し、あくまで「同胞性」に基づいた「愛」として当該「第三者」を「リンチ」することで、他の「第三者」たちはお互いを結びつけ、「集団」内部の強化を図る。「誓約」は、《私》の自由な意志から発し、他の「第三者」たちを経て《私》本人へと回帰する。ならば「誓約」は、自己が自らの抹殺を要求するという、「テロル」の矛盾によって保証されていることになるだろう（CRD, 527 *sqq.*）。

（B）組織集団から制度集団へ

「組織集団」では、「集団」が、自らを盤石なものとするために、共同の目標を設け、「集団内」の各人に「職分」を割り当てる。「第三者」として諸個人は、「集団」内で与えられた「職分」について、「集団」と、それを構成する他の「第三者」たちによってさまざまな要求を受けながら、「集団」のために実践する。彼らは、実践を通じてはじめて「組織」に帰属し、めいめいが自らの役割を内在化させる。その結果、抽象的だった各「第三者」の「権力（pouvoir）」は、具体化・固定化され、各人は差異化されていく。「溶融集団」における差異と決定的に異なるのは、「組織集団」における差異は、諸個人の特異性によらず、「職分」によって定められている点にある。

　各「第三者」は、「集団」内で共同の目標を構想し意味づけを自らに与えることで、属する「集団」の組織化の意義を見出せる。ところが各人は、「集団」内で専門化や分業が進むことにより、他の「第三者」たちとの関係が希薄化し孤立するため、直接的に「集団」との結びつきが強まり、「集団」それ自体に自己同一化することになる（CRD, 632–633）。「第三者」はその結果、「共同的個人」として、共同目標の実現のため、「職分」としてそれに沿う個人的実践以外は否定される。彼らは、個人としての自らの実践を共同目標のために手段化し、自由への疎外を蒙ることになってしまう。

こうして、各「第三者」は、「組織集団」において、共同実践を通じ、一個人の「権力」を一〇倍にしても得られないほどの結果を得られる一方で、個人の役割は、「集団」内で固定化され、自己を失っていくことになる。つまり、《私たち》というかたちで多数性は維持されはするが、各人の特異性はしだいに抹消されていくのである。これにより、「組織集団」の段階では、次のように相反する現象が進んでいく。すなわち、「誓約」を通じて「集団」内の各構成員のあいだで統一がされつつ、《私》も含めた各「第三者」は、等しく「同等者」として扱われる。しかし他方では、各「第三者」への役割分担の開始が差異化を生み、各人が「集団」内で孤立化するのである。

「制度集団」は、「組織集団」からさらに一歩進んだ段階である。サルトルによれば、「制度」とは、集団の退化が決定的な瞬間に、解体の厳格な兆しとして現れるという（CRD, 691）。「制度集団」では、「組織集団」で差異化した各「第三者」の「職分」が固定化されるうえ、各「職分」に従って階層秩序が現れはじめる。これが『批判』における「制度」と呼ばれるものである。[18]

「制度」内では、一人の「規制者的第三者」が、組織化された「職分」として「集団」内の「誓約」によって認められ、その地位が固定化し、「専任者」となる。「専任者」は、自らの規制作用を強要する機能として、「集団」の内的な「暴力」を一身に集める。すると、一人の「第三者」が「主権者」として全員に対して「権威（autorité）」をもつことになる。

「溶融集団」では、「主権」は「第三者」同士で持ち回りが可能であり、誰もが瞬時に「規制者的第三者」に就くことができたが、「制度集団」の枠組みでは、「主権」が制度化され、「専任者」というたった一人の「第三者」に「主権」が固定化される。「専任者」の「権威」は、「制度」の所産でありながら、他のすべての「権力」および、他のあらゆる「第三者」に対する「権力」として、諸制度の体系によって制度的保証を与えられて確立している（CRD, 693）。したがって、「専任者」の「権威」は、統一化を推し進めようとする強制力によって、自らに保証を与えてくれる「集団」内の諸「制度」を自らのなかに取り込んでいるのだ（CRD, 693–694）。「専任者」は、こうした行為を通じて「集団」と共犯関係を結びながら、矛盾した性質を孕むことにで自己の「権威」を高めているのである。

一方、「専任者」以外の「第三者」が、自らの自由を「集団」の「テロル」によって否定することによって、他の「第三者」の「権力」は、固定化された「職分」を通じて規定され、自分自身を非本質的なものとしてみなすようになる（CRD, 686）。その結果、自分自身よりも自らの「職分」の方を優位におくことで、「組織集団」の段階よりも、いっそう他の「第三者」とその「職分」とのあいだに乖離が生じるため、「第三者」は「集団」内で疎外状態に陥ってしまうのである。

「制度集団」は、「集列性」と闘うため、「惰性化」と引き換えに永続性を得るが、「集団」内の各人は孤立し、各「第三者」は、自らの自由を犠牲にするよう迫られる。たとえ、この状態を憂慮した個人が、情況を改善すべく提言をおこなったとしても、彼は、「集団」内部で徒党を組んで「集団」を転覆させる危険人物として、「集団」から抹殺の対象となってしまう（CRD, 688）。さらに、「集団」が「惰性化」するため、交流がなくなり、孤立した各人は、〈他者〉と化した他の諸個人に対して不信を抱くようになり、連帯感は薄れることになる（CRD, 687）。果たして、諸個人はますますバラバラとなり、目的も意識を欠いた単なる一つの「集まり」に戻る。こうして、「集列性」に対抗するために結成されたはずの「集団」は、再び「集合態」へと回帰することになるのである。

おわりに

以上、本稿では、『弁証法的理性批判』の分析を通じて、「集団」の変遷と、それに伴う「第三者」の役割の変化を見てきた。サルトルが理想とした「溶融集団」において、「第三者」は、誰もが「同等者」として扱われ、「主権者」であり、かつ従属者であるため、そこには、支配関係が存在しなかった。ところが「集団」は、組織防衛のために、「誓約集団」、「組織集団」、「制度集団」と段階的に変質していく。「組織集団」では、「第三者」は、各自「職分」を与えられて差異化する。「制度集団」ではさらに、「職分」が固定化されることによって、「専任者」が誕生し、「第三者」のあいだで支配関係が顕在化する。サルトルは「溶融集団」を説明する際に、マルローの小説『希望』に登場する「アポカリプス」に準えたが、「集団」は、そこでサルトル本人が予告した通り、最終的には「集合態」へと回帰して瓦解することになった。

ここで、冒頭で触れた「共産主義と平和」に対するメルロ＝ポンティの批判を思い起こそう。サルトルは『批判』で、「集団」を「惰性化」した一定の総体として見るのではなく、革命直後は「集団」内で対等だったはずの「第三者」同士のあいだに支配関係が醸成されてしまうという図式を描いた。彼は、

「集団」をあたかも「第三者」を変数とした関数のような運動として捉えることで、かつての盟友の批判に応答したと言えるのかもしれない。

だが、われわれは、「制度集団」を論じている文脈で、あえてノイズを入れるかのように、サルトルが「主権」に関する理念を訴えている箇所に遭遇する。彼は、人間が、行為を通じて世界と密接なつながりを持ちながら、その世界を変えており、個人は、「主権」をいかなる制限もなく、「物質」の「稀少性」の乗り越えのみならず、自己も含めたあらゆる個人に及ぼしていると主張するのである（CRD, 695–696）。

その主張に、一見すると強固に思える「制度」という「惰性」であっても、個人の実践によって変革可能であるというサルトルの考えと、あらゆる個人は、「第三者」であるかぎりで、「主権」を行使し世界を変えていけるという彼の確信とが透けて見える。われわれは、この文言を単なるサルトルの原則論と見るべきではないだろう。「集団」に関するこの一連の循環構造において、「制度集団」が「集合態」へと回帰し、ふたたび諸個人の実践により「溶融集団」が形成されていくことを考慮すれば、彼が、この循環構造を司る諸個人の実践に「主権」の可能性を見出しているように思われるのである。

注

（1）本稿における強調は、すべて原著者による。

（2）Jean-Paul Sartre, *Situations, VI : Problèmes du marxisme, 1* [1964], Gallimard, 1984, pp. 372–373, n. 1.

（3）Maurice Merleau-Ponty, *Les Aventures de la dialectique* [1955], Gallimard, « Folio », 2000, p. 269.

（4）澤田哲生『メルロ＝ポンティと病理の現象学』、人文書院、二〇一二年、一六八頁以下。

（5）M. Merleau-Ponty, *Les Aventures de la dialectique, op. cit.*, pp. 210–211.

（6）*Ibid.*, pp. 152–153.

（7）サルトルと共産党との関係については、拙稿「ジャン＝ポール・サルトルと共産党――一九四六―一九五七」、『国際関係・比較文化研究』、静岡県立大学国際関係学部、第一二巻二号、二〇一四年を参照。

（8）Jean-Paul Sartre, *Critique de la raison dialectique: Précédé de Questions de méthode* [1960], Tome I, Gallimard, 1985 [CRD]. 同書より引用の際は、引用末尾に略号と頁数を記す。

（9）サルトルにおける「物質」の「稀少性」の問題に関しては、拙稿「稀少性と余計者――サルトルにおける『集列性』から『集団』へ」、『Résonances――東京大学総合文化研究科フランス語系学生論文集』、東京大学教養学部フランス語・イタリア語部会、第八号、二〇一四年や、澤田直「相互性と稀少性―サルトル『弁証法的理性批判』再読」、三浦信孝編『来るべき民主主義――反グローバリズムの政治哲学』、藤原書店、二〇〇三年などを参照。

（10）「集列体（série）」とも言う。またそれらの構造のことを、「集列性（sérialité）」と称する。

（11）デリダによれば、「第三者」の登場によって、「政治的友愛」は、「法的なもの」と「倫理的なもの」に区別される。「政治的友愛」は、平等性を要求する以上、二者関係の特権的「友愛」を破壊し、一つ一つの「声＝票（voix）」を各人に共通の尺度として均等性を与えるとされる。Jacques Derrida, *Politiques de l'amitié : suivi de « L'oreille de Heidegger »*, Galilée, 1994, pp. 230–231.「第三者」や「友愛」といったテーマをめぐるデリダとサルトルとの比較については他日を期する。

（12） G・ルフェーヴルは『革命的群衆』のなかで、「集合心性（mentalié collective）」を鍵概念にしながら、革命の「群集（foule）」を、「集合体（agrégat simple）」、「半意識的集合体（agrégat semi-volontaire）」、「結集体（rassemblement）」の三つのレヴェルに分け、構成員によって自覚されていない集まりである「集合体（agrégat）」から、意識化した集まりである「結集体（rassemblement）」への変容を描いている。「物質」の観点を度外視すれば、この図式は、サルトルが記述する「集合態」から「集団」への変遷と重なっているように思われる（Georges Lefebvre, *Études sur la Révolution française*, PUF, 1954）。

（13） 『エチュード・サルトリエンヌ』誌第一二号には、サルトルが一九五〇―一九五一年ごろに執筆したと思われる草稿が掲載されている（Jean-Paul Sartre, « Mai-juin 1789 : Manuscrit sur la naissance de l'Assemblée nationale », *Études sartriennes*, Bruxelles, Éditions OUSIA, nº 12, 2008）。解説のジャン・ブルゴーによれば、一九五〇年代、サルトルはフランス革命の歴史における特定の段階について研究していた。この草稿でサルトルは、一七八九年五月以降の流れを詳述することにより、唯物論と「惰性」に関する問いを深化しているという（Jean Bourgault, « Le Manuscrit Mai-juin 1789 », *Études sartriennes, op. cit.*）。

（14） André Malraux, *L'Espoir* [1937], Gallimard, coll. « Folio », 2004, pp. 138–140.

（15） 「溶融集団」における「同等者」概念から「複数の自律」を見出して独自の思索を展開しているものとして、北見秀司『サルトルとマルクスII——万人の複数の自律のために』、春風社、二〇一一年、六三頁以下がある。

（16） フランソワ・ヌーデルマンは、サルトルにおける「同胞性」に関して、「暴力」の積極的側面を踏まえつつも、「父なき兄弟」が彼の念頭に置かれていると指摘する（François Noudelmann, *Pour en finir avec la généalogie*, Clamency, Éditions Léo Scheer, pp. 75–94）。

（17） 『批判』の暴力論については、清眞人『実存と暴力——後期サルトル思想の復権』、御茶の水書房、二〇〇四年、第三章を参照。

（18） アディ・リズクは、サルトルにおける「制度」の独自性は、「制度」を「集団」の悪化と結びつけている点にあると指摘する（Hadi Rizk, *La Constitution de l'être social : Le statut ontologique du collectif dans* La Critique de la raison dialectique, Éditions Kimé, 1996, p. 158）。

第Ⅲ部　サルトルの問題構成

サルトルとマルクス、あるいは、もうひとつの個人主義、もうひとつの自由のあり方

——変革主体形成論の試み

北見秀司

世界があまねく新自由主義に席巻されて、三〇年余り経つ。新自由主義の提唱者によれば、規制緩和をし、多くを市場に任せ、自由競争を活性化し、経済的自由を追求することが、個人の自由を尊重することと等しい、とされた。資本主義こそ民主主義を可能にする、というのも個人の自由を尊重するというポジティヴな意味での個人主義こそ民主主義・自由主義の根底にあるが、この意味での個人主義は強制のない各自の自発的取引からなる市場においてこそ実現するからだ、と声高に主張されてきた。中国における改革開放路線、加えて八〇年代末から九〇年代初めにかけておこった東欧とソ連のいわゆる共産主義体制の崩壊もまた、このような傾向に拍車をかけた。

しかし、新自由主義的政策が実践されて三〇年間、何がおこっただろうか。第二次大戦後久しく見なかったバブルとその崩壊が頻発し、サブプライム危機と欧州財政危機に至った。経済格差が広がり、失業と不安定雇用が増え、それに伴い治安も悪化した。いずれの先進国も先の見えない状況に陥っている。このような事態を受けて、現体制は圧倒的多数の人々（九九パーセントの人々！）にとって不幸をもたらす体制ではないか、

という疑問の声も着実に増えている。

つまり、民主主義は未だ夢にとどまっている。啓蒙思想が構想した民主主義、当時の言葉で言う共和政ないし市民社会とは、すべての市民の生命と自由を保障する社会であった。しかしながらこのような意味での民主主義は、ソ連型共産主義によって実現しなかったし、資本主義によっても実現していない。

そこで、まさしくこの夢を二一世紀の課題とし、その夢を正夢にすることを切望しつつ、ここではマルクスとサルトルの思想に立ち戻りたい。

まず、ソ連型共産主義ではないマルクスの思想を取り上げる。とりわけ、マルクスの思想は徹頭徹尾、先に述べたポジティヴな意味での個人主義であったことに注目したい。しかしながら、新自由主義者とは異なり、マルクスによれば、資本主義は個人の自由を押しつぶすものであり、これを、「自由な人々の連合体」[1]よりなるコミュニズムを建設することで、乗り越える必要があった。個人主義としての、真の民主主義としてのコミュニズム、しかしこれはマルクス＝レーニン主義の党‐国家体制において圧殺されたものである。

この個人主義としてのマルクスの思想に光を当てたい。まず、どのようにして資本主義は個人の自由の実現を阻むのか、これに関するマルクスの分析を手短に紹介し、ついでマルクスのコミュニズムとはどのようなものであったかを紹介したい。そして後期サルトルがこれをどう継承したのかについて検討したい。

次に、サルトル哲学がマルクスおよびマルクス主義に付け加えたものとして、特に、革命の推進力としての「弁証法的倫理」と実存としての「人間」という観念を取り上げたい。そして、これらを踏まえて、時にはサルトルが明示的には述べていない点にまで大胆に踏み込み、革命あるいは変革主体形成論を試みたい。

ところで、これから始める考察はすべて、ポスト構造主義の後に位置するものであることを予め断っておこう。紙面の制約上その論証はここではできないが、サルトルにおける「人間」「疎外」「弁証法」といった観念は構造主義やポスト構造主義によるこれらの観念の批判によって崩れるものではおよそない。それどころか、ポスト構造主義にとってはアポリアとも言うべき「来たるべき民主主義」を論じるには、この思潮が捨て去った「人間」「疎外」「弁証法」といった観念をもう一度真剣に取り上げる必要があることを、本稿で明らかにしたい。したがって、ここで取り上げるサルトルはフーコー・ドゥルーズ・デリダによって乗りこえられたと一般に信じられているサルトルではなく、彼らの後に来るサルトルである。[2]

1　マルクスにおける、個人の自由を否定するものとしての資本主義

資本主義はどのようにして個人の自由を実質的に否定し、民主主義を形骸化したか、この点に関するマルクスの考えを知るには、彼の疎外‐物象化論を見る必要がある。

マルクスは、まず、商品の分析を通じて、市場という社会関係の特殊性に注目する。そこでは人間関係が商品と商品の関係つまり物と物との関係に媒介され、置き換えられている。このように人間関係が物と物との関係に置き換えられていることを、マルクスは社会関係の「物象化」と名づけている。これによって社会関係が非人間的なものになる。

ついで、このような人間関係の「物象化」が社会関係の「疎外」を生む。「疎外（Entfremdung）」とは、マルクスにおいて、生産物が生産者から離れ、独立し、よそよそしく（fremd）なることを意味するが、まさしくこのような事態が市場においておこるのである。というのも市場では需給関係で商品の価値が決定されるが、このメカニズムは万人の意思から逃れる独立した動きを示しているからである。こうして市場においては万人にとって「他なる（＝疎遠な）力 fremde Macht」[3]が猛威を振るっており、人々はこの力に従うしかない。この「疎外」によって、社会は人間の生産物であるにも関わらず、両者の関係が転倒し、人間は自らの生産物の生産物に、社会の奴隷になる。

加えて労働者は更に別種の疎外を被る。労働者は生産手段を所有しておらず、自分ならびに自分の家族を養うために必要な生活手段がないため、自分の労働力を商品として、生産手段を所有している資本家に売ることを余儀なくされるからである。それゆえ、資本家と労働者は法的には互いに対等な立場で「自由に」雇用契約を結ぶが、実は経済的な必要から、労働者の資本家への従属・疎外が生じる。すなわち、彼自身が作り出した物はもはや彼の物でなく、資本‐企業の物であり、彼にとってよそよそしいものになり（生産物からの疎外）、さらには彼の働き方自身もまた、自分自身で自由に決められず、資本が決定するため、自分にとってよそよそしいものになる（生産からの疎外）。他方、資本の側は、このような経済的支配関係を利用して、労働者に彼の給与に値する労働以上の労働をさせること、すなわち搾取をすることが可能になる。かくして企業の利益が多くなろうとも従業員は貧しくなり、社会全体では、経済成長をしても庶民の生活は豊かにならない、といったことがおこる。生産手段の有無に発する資本と労働の支配・被支配関係が富の分配に影響を与え、豊かさの中に貧しさを生じさせるのである。

さらにこのような傾向は、マルクスが「利潤率の傾向的低下の法則」と呼んだものによって助長される。

そもそも利潤は、ある商品の市場価格とその商品の生産費用

との差から生まれる。そこで、たとえば、ある企業がより利潤を増やすため、ある新しい生産方法を導入し、生産費用を軽減し、その商品の市場価格との差をより大きくすることに成功したとしよう。こうしてこの企業は利潤を増加させるが、しかし、この利潤の増加分は、生産費用の削減を実現したこの新しい生産方法が一般化し、その結果、件の商品の市場価格を下げてしまうと、なくなってしまう。これが「利潤率の傾向的低下の法則」の下でおこっていることであるが、このような傾向は資本同士の競争を引き起こし、彼らに絶えず、他社に先駆けて新たな生産方法を、この新たな生産方法が商品の市場価格を下げてしまう前に導入することを、強いる。それは、別の角度から見れば、旧来型の生産手段は減価し続けることを意味する。たとえまだ消耗しきっていない機械であろうと、それによって生産された商品がその生産費用よりも安い価格でしか市場で売ることができなければ、それはもはや使用できない。それゆえ、それぞれの企業は絶えず破産の危険に晒されており、存亡を賭けた競争をするようになる。

各資本は、この競争により、以下のような対策を強いられる。

(1)技術、設備など生産方法の改良による生産費用の削減。

(2)軍隊モデルの普及。競争市場とは一種の戦場であり、そこで打ち勝つには軍隊のような効率性が要求される。従業員は絶えざる監視により、「軍隊的な規律[4]」に則り訓練されなければならない。「工場の中に詰め込まれる労働者の群は、兵隊と同じように組織される。彼らは産業兵卒として、下士官や士官の完全な職階制組織の監視の下におかれる。[5]」ハイエクは、資本主義体制は個人の自由を保障する民主主義であり、ファシズムや社会主義のような軍隊的組織に対立すると主張しているが[6]、マルクスは、反対に、資本主義体制においては、企業組織のような日常的場面で軍隊的組織が展開してきたこと、このような非民主的な組織によって、労働者の自由すなわち自己決定権が実質的に奪われてきたことを指摘しているのである。

(3)利潤率の低下を利潤量の増加で補おうとする。その結果、資本の集中がおき、たとえば株式会社が発展する。大資本だけがこの措置をとることができ、利潤率の低下は小資本や直接生産者を市場からはじき出してしまう。(1)の技術革新についても同様である。つまり、市場の持つ「他なる力」は、資本が労働を搾取するのみならず、「資本家による資本家からの収奪[7]」、すなわち大資本が中小資本を収奪することをも可能にしているのである。

(4)生産費用を削減するための労働の搾取の強化、賃金の低下、解雇、不安定雇用の推進。

(5)市場の拡張や新製品の生産による新たな市場の開拓。

ところで(4)と(5)は矛盾する。というのも、賃金の低下、解雇、不安定雇用の増加は労働者の購買力を低下させ、市場を小さくするが、（5）の実現に背馳するからである。

この矛盾は、商品を作っても売れない、すなわち過剰生産とそれに引き続く不況や恐慌という形で現れる。この不況は資本主義の本性に基づいている。というのも資本‐労働の支配・被支配関係があるからこそ（4）の行為が可能になるが（たとえば家族経営であれば解雇できないだろう）、これが（5）と抵触する矛盾を引き起こしているからである。

もっとも、この矛盾の現れ方は時代によって異なることを、付言しておこう。たとえば、第二次大戦後から一九七〇年代まで、先進国においては、労働運動がこの二世紀間で最も昂揚した時期であり、その結果、資本は労働組合と団体交渉で賃金等を決定し、安定雇用を約束した。また社会保障を充実させ、ある程度の生活保障も確保した。日本では、大企業が従業員に終身雇用と年功序列と企業内福利厚生を約束した。その結果、（4）の行為が比較的抑えられ、資本主義の矛盾が弱められていたのである。そして、皮肉にも、このような資本主義的矛盾が歴史上もっとも抑えられた時期に資本主義は最大の繁栄を享受した。しかし、新自由主義的政策により規制緩和が進められ、労働のフレキシブル化の名の下、不安定雇用と失業が増え、格差が広がり、先進国のいずれもが構造的不況と経済危機に見舞われ、先に挙げた矛盾は再び極めて深刻になっている。

マルクスの理論に戻ろう。彼が明らかにしたのは、資本主義が「隷属の道」であることだった。民主主義が人々の自治を意味するならば、そのような自治は日常生活の大半を占める企業の中には存在しない。資本家と労働者はなるほど法的には両者とも「自由」で「対等」であるが、生産手段の有無という格差が原因で、労働者は資本家に従属している。そして資本同士の関係では、中小資本は大資本に直接・間接に従属している。こうして社会は経済的階層序列を作り、物象化された世界の中で圧倒的多数の人間は労働力‐商品の資格で物扱いを受けている。人の数ほど価値観は多様であるはずだが、社会は利潤という唯一の基準に従属することを強いていく。加えて資本主義は持続可能な社会ではない。その構造的矛盾から構造不況に陥るよう余儀なくされているのである。

とすれば、より実質的な民主主義はいかにして可能であろうか。マルクスは以下のような提案をする。まず生産手段を社会化たとえば国有化する。大資本は多くの人によって運営され、すでに社会的なものであるにもかかわらず、私有財産であることで運営上の決定権が一部の人に独占されている、それゆえ、この矛盾を解消し、皆のものにしなければならない。しかし国有化されても中央集権的な官僚機構によってそれが運営されるとすれば、未だ民主的とは言えない。そこで、公務員・警察官などは市民に身近な市町村（コミューン）の公務員とし、コミューンの議員と同様、普通選挙で選ばれ、選挙人に責任を負い、選挙人の意図に背いた場合、即座に解任できるようにする。かくして民衆に近い政治組織が政治の実質的活動を担うようにし、民衆の自治に沿うようにする。生産は協同組合をモデルとし、生産者の自治によって運営されるようにする。全国レベルにおいてはこの協同組合の連合体が全国の生産を調整するようにする。(8)

つまりマルクスの理想とする社会は、一言で言えば、生産者の自治とコミュニティに基づく民主主義であり、これが彼の意味するコミュニズムであった。また、多くの権限を中央集権的な官僚機構からコミューンに委譲することで、マルクスのコミュニズムは極めて地方分権的なものになる可能性を秘めていた。

2　サルトルによる継承：疎外‐物象化論、直接民主主義

サルトルはマルクスから上記のような疎外‐物象化論を受け継いだ。

まず、サルトルにとって「自由」とは「選択の自由」「選択の自律(9)」を意味する、すなわち、自分の行動の目的を自分自身で選ぶことができる、ということを意味する。自己決定能力と言い換えてもいい。そして「選択の自由」と言う時、そこで行なわれる選択は、すでにあるいくつかの目的の中から何かを選ぶということには限られない。今まで存在しなかったような目的を生み出すこともありうる。このように選ばれたあるいは創られた目的の実現に向けて世界に働きかけ、同時に自分自身を創っていく。それゆえ、サルトルの自由とは、絶えざる世界創造と自己創造の過程を意味している。

また、このような自由観は、人間においては、「実存が本質に先立つ(10)」すなわち、人間は自由であるため、不変な本質は存在しない、一切の本質規定から逃れるように人間は存在する、ということを意味する。

では、「疎外」とは何を意味するか。それは、市場のような万人にとっての〈他者〉、その支配による自由の喪失、すなわち実質的な自己決定権の喪失を意味している。それゆえサルトルの疎外論は、アルチュセールを初め疎外論批判論者が言うような、人間の本性という観念を全く前提していない。

さて、サルトルにとってもまた、このような意味における疎外が資本主義社会に蔓延していた。たとえば労働市場における契約は、以下の例が示すように、およそ自由な同意によるものではありえない。

根源的暴力とは抑圧のことをさすのではない。〔…〕それは内面化された抑圧、心の中での相克として、自分自身の半

分がもう半分に対して加える強制として、生きられている抑圧のことを指すのだ。労働者が、自らを労働者となす限りにおいて、最初の暴力を自分自身に加えるのだ。［…］ある雇主がタイピストを一人募集する。［…］同じ能力、同じ資格免許状を持った三〇名が応募する。雇主は彼女等を一度に召集し、彼女等が望む報酬を彼に知らせるよう、ただ頼めばいい。そうすれば恐ろしい逆ぜりがおこるだろう。雇主は――うわべは――需要と供給の法則が働くようにしただけだ。がタイピストは皆、最も安い賃金を望むことで、他人にそして自分自身にもまた暴力をふるい、屈辱の中で労働者階級の生活レベルをより引き下げることに貢献する。結局、〔…〕最低生活費より少ない報酬を求める者が、即ち自分自身と皆に対して破壊的影響を及ぼす者が雇われることになるだろう。しかも雇主はそのような破壊的行為を彼自身が振るうことはしないように努めているのである。(11)(傍点、サルトル。傍線、引用者)

このように法的には契約は「自由」であるが、実際には競争がおこり、万人が万人の「他者」になり、自分自身にとってさえ「他者」になる。暴力を振るっているのは、万人がそれであり、同時に誰もそれでないところの〈他者〉である。この特定できない〈他者〉に自らなることで、自分自身の命を押し殺し、自由を沈黙させる。私の発する言葉さえもが〈他者〉となり、命と自由にとってよそよそしいものとなる。しかし法的には、私が「自由」にこのような選択をしたのだ、私の自己責任なのだ、ということになる。このように「自由」に自ら進んで自己破壊を行うことで、私は「労働者」という社会的存在を得る。

以上のように、サルトルにとってもまた、資本主義体制は、民衆にとって「隷属の道」だった。ただ法的には「自由」な市場を媒介することで、誰に隷属しているのか分かりにくい、そのため往々にして自己責任に帰せられる、見えない〈他者〉による抑圧の体制であった。

では、どうすればこのような疎外‐物象化を終わらせることができるだろうか。

もう一つの社会関係を創ることによってである。先のタイピストの例で言えば、彼女らの被る疎外は、彼女らの間には絆がなく、互いに孤立したまま、労働市場に投げ込まれていることからおこる。しかし、この孤立状態から来る競争をやめ、互いに直接つながり、皆の合意の下に最低賃金の保証を雇い主に要求していけば、あのような自己破壊はやむであろう。そしてこの新たな社会関係がしっかりしてくれれば、自分の命、自発的意識に沿った言葉を発することもできるようになるだろう。

しかしサルトルがここで考えている新たな社会関係は単なる

賃上げ闘争のための集団ではない。そうではなく、生きることを不可能にする「疎外」と「物象化」を否定し、皆の生命と自由を実質的に肯定する社会関係、そのために人々の自由の自由な相互承認・相互了解に基づく合意の下にできあがった社会関係、まさしく「自由な人々の連合体」に他ならない自治社会を創りあげることであった。サルトルは、物象化と疎外は、人間が互いに分離しており、ただ生産物だけで人々が結びついている社会関係（市場はその典型だが、それ以外にも、たとえば、人々が互いに知らず単に制度だけを媒介に結びついている場合もこれにあたる）においておこる、と考える。このようなただ生産物だけで人々が結びついている関係をサルトルは「集列体 série」と呼び、その〈他者〉性を「集列性 sérialité」と呼んでいる。この社会関係が課す疎外から逃れるには、人々が直接出会い、自由な相互了解に基づく合意に支えられた社会関係（サルトルの言葉で言う「集団 groupe」）を構築しなければならない。そのためには少なくとも社会の底辺で、全員参加で自治を行える直接民主政が存在する必要がある。「直接民主主義、システムに対して闘う民衆の民主主義、人を物に変えてしまう集列性に対抗する具体的人間の民主主義[12]」。ここでこそ人は初めて社会の真の主体になることができる。この社会の絆があって初めて、人は自分の命と自由を肯定することができる。人は分離・孤立しているのではなく、共に生きることで初めて自分自身になることができる。

このような日常に根ざした地域の自治に重きを置くコミュニズムは必然的に地方分権的なものになる。サルトルの求めていたのはソ連型共産主義のような「中央集権的社会主義[13]」ではなく、「もうひとつの社会主義、地方分権的で具体的な社会主義[14]」だった。このように、サルトルのコミュニズム観はマルクスのそれに極めて近かったことが、確認できる。

3　革命自体が孕む疎外と、「万人の複数の自律」の倫理

ところで、サルトルの疎外‐物象化論の対象は単に資本主義にとどまらない。サルトルは革命自体が孕む疎外についても指摘しており、この指摘がソ連型共産主義の批判ともなっている。

まず、『弁証法的理性批判』の記述から、疎外を引き起こす原因として、マルクスの指摘する市場と生産手段の私的所有の他に、戦争が挙げられること、このことが、明言はされていないが、読み取れる。事実、『批判』における革命集団の記述において常に背景にあるのは一種の戦争状態である。敵に囲まれているため、集団を解体できないが、しかし人々の自由な合意による疎外の解消もかなわない。そこで緊急事態として命令権を集中させ、中央集権体制が成立する。このように、人々を解放するはずの集団が疎外する集団に転化する過程が戦争との関

連で説明されている。

さらに、『弁証法的理性批判』の後、一九六四年五月二三日ローマで行った講演の際執筆された、倫理に関する未刊の草稿（以後これを「ローマ草稿」と呼ぶことにする）[15]では、革命自体に疎外を引き起こす傾向、「人が自ら飼いならされる auto-domestication de l'homme」傾向がある、と指摘されている。「実践の純粋性を維持できるなどと信じてはならない。実践はシステムに結晶する傾向がある。」革命とは人々の解放と自由のためにおこしたものだが、しかし革命後、このような目的のために作った組織を守ることが必要になり、そのために人々が働くようになる事態が発生する。しかも革命を阻止しようと狙っている勢力が強ければ強いほど、革命組織に奉仕する必要性も強くなる。すると、まるで組織のために人間が存在するかのような事態が訪れ、転倒がおこり、疎外が形を変えて、戻ってくる。とすれば、革命はある権力を別の権力に変えたのにすぎないのであろうか。この悪循環から脱するためには、闘いは二面で繰り広げられねばならない。すなわち、〈他者〉によって維持されている抑圧的なシステムに対する闘いと、革命が生み出した、疎外を引き起こしかねないシステムに対する闘い、言いかえれば、敵に対する闘いと自分自身に対する闘い、この両方が必要であろう。「永久運動。〔…〕人は革命組織を生産するが、その組織の生産物すなわち彼の生産物の生産物になってしまう。彼は抵抗する。」

ところで、人がこのように抵抗し、二重の闘いを行うことができるためには、ある倫理が必要である、とサルトルは主張する。ある倫理とは「自律した人々の統一としての人類」を究極目標に置く倫理である。ところで、サルトルは個々人を超え包み込むような巨大な主体を決して前提しないので、ここで言う「人類」は諸個人の絶対的複数性において考えられなければならない。それゆえここでは、この倫理を「万人の複数の自律」の倫理と呼ぶことにしたい。まさしくこのような倫理が、革命が革命であり続けるために必要不可欠である、とサルトルは強調する。なぜなら、このような倫理を極めて意識的に追求することで初めて、今ある組織が何のためにあるかを絶えず確認し、場合によっては手直ししつつ、組織が疎外する組織になることを防ぐことができるからである。反対に、もしこのような倫理が存在しなければ、支配権力に対する革命や抵抗は新たな型の権力に変じてしまう。それゆえ「万人の複数の自律」の倫理は、決して上部構造ではなく、真の民主主義としてのコミュニズムを生み出す革命の土台、根本の原動力であることを、サルトルは強調した。

しかしながら、そのような倫理はソ連型共産主義には存在しなかった、とサルトルは考える。このような倫理が存在しなかった理由として、サルトルは、マルクス主義の倫理に対する一般的観念、すなわち、倫理は上部構造に属するものであるという考えを挙げている。

このような倫理が存在しなかったため、ソ連においては革命の孕む疎外の力に歯止めがかからず、革命組織が新たな疎外‐物象化を引き起こし、権力装置になるのを妨げることができなかった。「道徳の不在は〔…〕、結果として、人間が彼の生産物の生産物であり、物象化が〔…〕おこり続けている歴史的時期を、別の形で維持することになる。」ここから、もうひとつの道徳、すなわち「疎外された道徳」とサルトルが名づけたものの威力が際限なく吹き荒れることになる。疎外は事実の領域のみならず、道徳の領域まで侵入していった。

この「疎外された道徳」はソ連型共産主義においては「党」への忠誠という形をとったが、これにより、下からの反抗が実質的に倫理的正当性を欠くものとなった。「党」への忠誠心という「疎外された道徳」がある限り、人はどんなに苦しもうとも反抗するとは限らない。自己検閲し、みずから反抗を抑圧してしまうということがありうるからである。その極端な例を、サルトルは、一九五〇年代のチェコスロバキアにおける多くの知識人や共産党員達に見られた「熱狂的自己破壊者」[16]に見出していた。サルトルによれば、「党」への忠誠心に由来するこのような自己破壊の欲望を前提せずには、この時期に行われた裁判における多くの自白を理解することはできない。その内容からすれば全く理不尽きわまりない納得できないことを彼らは自白したが、それは単に権力側の行使した暴力だけでは説明できない、と彼は主張する。

確かに、それら〔＝自白〕は、自己破壊の過程が極限にまで至らなければ、なされなかった。〔…〕チェコスロバキア人はもう随分前から自白する準備ができていたのだ。彼は指導者や隣人や自分自身にとってさえ本質的に疑わしい存在だった。ただ原子化された存在であるということだけで否応なく分離主義者であった。最良の場合でも潜在的に罪のある、最悪の場合は、自分が何の罪を犯したのか分からない罪人だった。しかしそれでもなお、彼は自分を押し潰す「党」に献身的だった。そのような彼にとって、自白は、課されさえすれば、自分の耐えられない不安を終わらせてくれるものに思われた。非難されるような罪など犯していないという確信が内心あるとしても、彼は自分を罰するために自白するだろう。丁度、不安神経症にかかった人たちの中に、原因の分からない罪悪感に苛まれ、捕まえられるために盗みを働き、監獄で心の安らぎを見出す、そのような人たちがいるように。〔…〕ゴルトシュテュッカーは語っている、釈放された後、自分はある精神分析家の著作を読んだ、この分析家は自白に「攻撃者との同一視」を見出していた、自分の個人的体験によればこの解釈は真実からそう遠くはない、と。攻撃者とは「党」であり、それが彼の生きる理由だった。[17]

したがって、反抗するには権力が強いる苦しみに積極的な価値を与えなければならない。そのためには巨大な価値転換が必要不可欠であり、これは「万人の複数の自律」の倫理によって担われるべきものだ、とサルトルは主張する。

4 革命主体の変容――「プロレタリア」から実存としての「人間」へ

ところで、このような倫理の導入はマルクス主義に、革命主体に関する考えの変容を迫る。すなわち、「プロレタリア」ではなく、実存としての「人間」こそが革命ないし根本的な変革の主体となるという考えを導入する。

マルクスは「人間」概念を抽象的・非歴史的な観念であると見なして批判し[18]、「人間」を、彼にとっては、より具体的かつ歴史的な存在と思われる「階級」、「プロレタリア」に置き換えた。加えて、レーニン以降、プロレタリアの存在と意識にはズレがあり（プロレタリアであるにもかかわらず、考え方は資本主義や帝国主義・植民地主義に染まっている人々が多く見られる）、このズレを是正するようなプロレタリア意識は「外」すなわち「党」からしか到来しないと見なされ、階級存在よりも階級意識の方が重要性を持つようになり、階級意識を発信する「党」への忠誠がボリシェヴィキ型共産主義の道徳となり、下からの反抗が実質的に倫理的正当性を欠くものになった。こうして革命が権威に転化していったのだが、この傾向に抗して革命が革命であり続けるためには「万人の複数の自律」の倫理が導入されなければならない、というサルトルの主張には、マルクス主義の伝統が忘れていた「人間」という観念の（再）導入が含まれている。

もちろん、ここで導入されるべき「人間」の観念とは、特殊具体的な状況から遊離した非歴史的な「人間の本質」「本性」ではなく、歴史の特殊具体的な状況に位置づけられた実存としての「人間」、生命がそうであるところの「自由」「自律」「自己決定能力」としての「人間」である。もはやプロレタリア（その本質規定は党が決めることができる）でなく実存としての「人間」こそが、革命が権威になることを妨げる永遠の変革主体として考えられ、提案されている。

ところで、このような変革主体の見直しは、単に旧ソ連にとってのみ当てはまるような事柄であろうか。資本主義社会における変革主体についても、同様のことが言えないだろうか。

いうまでもなく、マルクスにとって革命の主体はプロレタリアである。しかし、これはサルトルがはっきり述べていることではないが、サルトルの視点からは、もしプロレタリアがラディカルな変革運動を起こすとすれば、それはプロレタリアであることをやめ、実存としての「人間」になった時である、と言っていいように思われる。

先のタイピストの例を思い出してもらいたい。彼女は「労働者」になるために己の自由を殺した。この状況下で、もし根本的な変革をおこすとすれば、その主体は、「労働者」になるために彼女が抑圧した部分、いわば彼女の中の「労働者」になれない部分である。ここにこそ、サルトルの言う実存としての「人間」がある、すなわち自由としか呼びようのない無規定な、尊い存在がある。

しかし、もし彼女が、あるいは一般に労働者が自己を「労働者」という分業でのみ規定しているときは、その分業と共に、先に述べたような「疎外された道徳」が彼／彼女の中に入り込み、この尊い部分を卑しめるだろう。「労働者」としての役割を勤められない時も、その勤められない自分はこの道徳に断罪され、自分で自分を尊重できなくなるだろう。彼／彼女は自分のおかれた劣悪な労働条件に苦しんでいるが、労働条件を責めるのではなくむしろそれに苦しむ自分を責める。その結果、決して反抗できない。したがって反抗するには、その反抗を社会的に正当化する倫理すなわち「万人の複数の自律」の倫理が必要なのである。そしてこの倫理において肯定されるのは、「労働者」の中にあって「労働者」になりきれない部分であり、これこそが実存としての「人間」、無規定な、したがって自由な人間である。これを肯定して初めて、人は抑圧的な制度に根本的に反抗することが可能になる。

それゆえ、マルクスに抗して、資本主義体制における革命主体はプロレタリアではない、そうではなく、プロレタリアの中にあるプロレタリアにならない部分、実存としての人間が革命主体になる、と言わねばならないだろう。

そして、このような実存としての人間が集まり、サルトルの用語でいう「集団」を創り、自治を行い始めると、次の報告にあるように、一切の差別は消えてしまう。この報告はジャンという、一九六八年にコントレクセヴィルの工場に「定着した」マオ派の若者のインタヴューからとられたものである。

〔集団がまだ形成されていない時〕フランス世論研究所（I.F.O.P.）やフランス世論調査会社（S.O.F.R.E.S.）が、この地の労働者にアンケートをとりでもしたら、きっと次のようなイデオロギーに影響された回答を多く受け取ったことだろう。すなわち、人種差別（移民労働者とは何にもできねえ）、周囲の人々への不信（ヴォージュの奴らは百姓だ、奴らには俺たちのことは分からない）、女性蔑視（女は馬鹿すぎる）などといったイデオロギーに影響された多くの回答を。

> 〔…〕しかし、ある外的な変化が生産に起こり、ある点に関する現在の生産条件を露わにし、労働者が、ある日、具体的な事柄について拒否する時、集列性は集団に変わる。そしてその行動は――多くの場合、言葉で明言されることはないとしても――搾取の徹底的拒否を表している。はじめのうちは、集列的思考が実践的な統一に対立している、分散と集列性が集団の形成に対立するように。集列的思考を議論で反駁しても無駄だろう、というのも、そのような思考は集列的組織から生まれ、それを完璧に表現しているからだ。しかし具体的な行動が統一を要求するや否や、――たとえそれがつかの間のものだろうと――集列的思考はもう現れない、なぜなら集団は集列的に考えることも行動することもできないからだ。ジャンははっきりと示している、人種差別、女性蔑視は行動が始まるや否や消えていくことを。それは、言葉で指摘され、名指され、告発されたからではない、そうした観念が、もはや必要のない分離主義的観念だからである。[19]

なぜ、集列的組織が集団に移行するとき、差別意識は消えてしまうのか。

ここで「実存は本質に先立つ」という命題に戻ろう。自由な実存としての人間は何よりもまず実践・「投企 projet」によって規定される。このような実践は動くものであり、意味生成が絶えず、固定された意味で捉えることができない、したがって人間には不変の本性・アイデンティティがない。このことはすでに確認しておいた。

ということは、実存としての人間においては、人種主義は存在しない、ということを意味する。なぜなら、およそ人種主義というものは、不変の人種的本性・アイデンティティなるものを前提しているからである（「黒人っていうのは、そもそも（その本性からして）de par sa nature 怠け者なんだよ」というように）。職業差別やジェンダー差別についても同様のことが言えるだろう（「百姓っていうのは……」「移民っていうのは……」「女は……」）。

では、どこから人種主義はやってくるのか。疎外された社会関係からやってくる、とサルトルは考える。サルトルにとって人種差別は「集列的思考」の一種に他ならない。たとえば植民地体制においては、人は自由な個人である前に、原住民か植民者か、「アラブ人」か「フランス人」であるしかない。人種差別はこのような社会構造から生まれたものである。[20] そしてフランス国内においても、移民とそうでない労働者が互いに分離し、単に労働市場だけで結びつけられ、疎外・「集列化」しており、競争状態にある場合、このような人種差別は浸透しうる。

ジェンダーに関しても同様である。制度と化したジェンダー体制の下では、これに抵抗する異質な社会関係を創らない限り、人は自由な実存としての人間である前に、「男」であるか「女」であるしかない。

ところが、このような疎外を逃れ、このような社会的規定に抑圧されていた自由な実存としての個人が、互いにその自由な実存・実践において認め合い、その動きを止めることなく了解し合い、かくして共同の自由な実践において、その生成変化の状態のまま互いに結びつくとき、固定したアイデンティティは崩壊し、したがって一切の差別意識が消えてしまう。

かくして自由な実践の「集団」は人種・民族・国籍・ジェンダー横断的な社会関係を生み出していく。自由を圧殺する疎外と支配に抗し、自由を求める自由な実践だけが人々の絆になる。以上が、サルトルが先の例で示そうとしたことであると解釈される。

しかしながら、このような状態はなかなか持続しない。やがて組織ができ、分業が始まり、それが固定してくると、実存としての「人間」は見失われがちになる。

まさしくそうであるからこそ、歴史の弁証法的運動の認識に基づき、「万人の複数の自律」を目指す「弁証法的倫理」が、その絶えざる反省的介入が必要だ、サルトルは私たちにこう呼びかけているように思われる。

何よりもまず、リーマンショックあるいは二〇一一年三月一一日以降、いよいよ明らかになってきた、命を愚弄する社会に抵抗するために。そして、自由が自由であり、誰もが自分自身であることができる社会を建設するために。

注

（1） Karl Marx, ; „Das Kapital", in Marx-Engels Gesamtausgabe, Zweite Abteilung, Band 10（以下 MEGA II-10 と略す）, Berlin : Dietz, 1991, S. 77.

（2） この問題に限らず、ここで扱う様々なテーマは、紙数の制約上、極めて凝縮した形で論じざるを得なかった。より詳しい説明を求められる読者は拙著『サルトルとマルクス』（春風社、第一巻、二〇一〇年、第二巻、二〇一一年）を参照されたい。特に、ポスト構造主義における民主主義の問題については同書第一巻第一部第一章で、前期サルトルにおける非人間中心主義的哲学については第一部第二章、『弁証法的理性批判』を中心とする後期サルトルにおけるそれについては第二巻第二部第二章、マルクスについては第一巻第二部第一章で論じている。マルクスの疎外論、物象化論、および両者の関連／非関連については様々な解釈があるが、これに対する私の立場もここで論じている。「利潤率の傾向的低下の法則」の解釈についても同様である。ソ連に関しては第二巻第三部第一章を、「ローマ草稿」については第二巻一七一ページ以下を、変革主体形成論については同巻二一四ページ以下を参照されたい。また、サルトルにおいてもまたマルクスにおいても、目指すべきコミュニズムの内容は漠然としたものにとどまっており、これをより具体的に考える必要があるが、これについては第二巻二七四ページ以下ならびに第三部第三章を参照されたい。

(3) Marx-Engels, „Die Deutsche Ideologie", in Marx-Engels-Jahrbuch 2003, Berlin : Dietz, 2004, S. 20.

(4) MEGA II-10, SS. 382–383.

(5) Marx-Engels, „Manifest der Kommunistischen Partei", in Marx-Engels Werke, Band 4, Berlin : Dietz, 1959, S. 469.

(6) ハイエク『隷属への道』西山千明訳、春秋社、新装版二〇〇八年、一六三頁以下。

(7) MEGA II-10, S. 561.

(8) Marx, „The Civil war in France", in MEGA I-22, S. 139ff.

(9) Jean-Paul Sartre, *L'Être et le Néant*, Gallimard, Coll. « Idées », 1966 (1ère éd., 1943), p. 540.

(10) Sartre, *L'Existentialisme est un humanisme*, Nagel, 1970 (1re éd., 1946), p. 17.

(11) Sartre, « Les Communistes et la Paix », *Situations, VI*, Gallimard, 1964, pp. 148–149.

(12) Id., « Elections, piège à cons », *Situations, X*, Gallimard, 1972, p. 87.

(13) Id., « Le Procès de Burgos », *Situations, X, op. cit.*, p. 14.

(14) *Ibid.*, p. 35.

(15) エリザベス・ボウマンとボブ・ストーンによれば、この草稿は題名のない手書原稿一六五頁とタイプ原稿一三九頁より成るそうである (Bob Stone et Elisabeth Bowman, « Éthique dialectique : un premier regard aux notes de la conférence de Rome 1964 inédite de Sartre », in Gilbert Hottois (éd.), *Sur les Écrits posthumes de Sartre*, Bruxelles : Ed. de l'Université de Bruxelles, 1987, p. 9)。この内タイプ原稿の方だけ拝見する機会を得た。この原稿を拝見させて下さったミッシェル・コンタ、ジュリエット・シモン両氏、また、この原稿の論文での引用を許可して下さったアルレット・エルカイム－サルトル氏に、この場を借りて深く御礼申し上げたい。

(16) Sartre, « Le Socialisme qui venait du froid », *Situations, IX*, Gallimard, 1972, p. 248.

(17) *Ibid.*, pp. 249–250.

(18) z.B. Marx-Engels, „Manifest der Kommunistischen Partei", *op. cit.*, S. 486.

(19) Sartre, « Les Maos en France », *Situations, X, op. cit.*, pp. 42–44.

(20) Id., *Critique de la raison dialectique*, tome I, nouvelle éd., Gallimard, 1985 (1ère éd., 1960), p.406 sq. note 1 et p. 794 sq.

エピステモロジーとしてのサルトル哲学

――『弁証法的理性批判』に潜むもうひとつの次元

生方淳子

序論

エピステモロジー épistémologie ないし科学認識論[1]という分類は、一見いかにもサルトル哲学に相応しくない。サルトル哲学は、もっぱら存在論、現象学、倫理学、歴史哲学の枠組みの中で語られ、この帰属自体は問い直されていない。エピステモロジーという用語は、これらの枠組みとは対照的に、サルトル以降の知の風景を塗り替えたミシェル・フーコーの概念エピステーメとそれに基づく独自のエピステモロジーを連想させよう。また、科学認識論という括りは、サルトルが継承するドイツ観念論から現象学へと続く流れと一線を画する別の思潮、A・コントに遡り、メイエルソン、バシュラール、コイレ、カヴァイエス、カンギレムへと続く系譜に対応する。さらには、英米系の科学哲学との関連も喚起されよう。いずれにしても、これらの語には実にサルトルらしからぬ響きがある。

二〇世紀フランス哲学について、観念論・現象学の系譜とエピステモロジーないし科学認識論の系譜を自明のように色分けして考えることに私たちは慣れきっている。その原型は、ジャン・ヴァール[2]やフランソワ・シャトレ[3]らによる哲学史の代表的な文献に見出される。前者が、キリスト教的実存主義と無神論的実存主義を区別したことは有名だが、実は、もうひとつ大きな仕切りを設定しており、それがフッサール、ハイデガーの流れを汲む哲学者たちとバシュラール、カンギレムらの科学認識論を隔てている[4]。以来、ドイツ観念論と現象学の流れを汲むサルトルやメルロ゠ポンティらは、マルクス主義や構造主義などの系譜と関連付けて論じられこそすれ、エピステモロジーの系譜との関係で語られることは皆無ではないとしても稀だった[5]。

だがそもそも、フランスにおけるエピステモロジーの系譜とは何か。それは、英米系の分析哲学やドイツ系の現象学に比べて「はっきりした中心も境界も持たない、混成的で不均質な多様性に与えられた名称でしかない[6]」。つまり、明確な同定性を持たないことこそがその同定性なのだ。まさにその曖昧な境界に位置するフーコーは、最晩年の論文の中で師カンギレムとS・バシュラールに依拠しつつ、「エピステモロジーとは、あらゆる科学と有り得べきあらゆる科学的言明についての一般理論なのではない。それは、多様な科学的営為に内在する規範性の探求なのだ[7]」と述べた上で、フランス二〇世紀思想にエピステモロジーがもたらした生命倫理上の意義を指摘する。また、フランスの科学認識論は、フーコーによれば、知と信仰、科学と宗教という対立軸を通して「啓蒙」という問題を論じ、科学の歴史は合理的思考の発展および社会や権力への合理性導入の歴史と重ねて語られたという。そうした見解から、フーコーはサルトルとメルロ゠ポンティの「経験、意味、主体の哲学」を科学認識論から峻然と区別している[8]。確かに、実存主義の流行に支配された戦後フランスの知の風景の陰で、現代科学に対して規範的・倫理的な問いを地道に投げかけ続けたエピステモローグ達の功績は特筆に値する。二つの系譜の間に一定の線を引くことは、それぞれの功績を認めることでこそあれ、いずれか一方を否定することではない。

ただ、二つの系譜に共通するものが一切ないかというと、そうとは言い切れまい。サルトル哲学の中にエピステモロジーの次元を探ること、それも附属的なものとしてではなく、サルトル哲学の根幹をなすものとして見出すことは可能ではないか。特に『弁証法的理性批判』では、このテーマは歴史哲学ないしマルクス主義との対話に勝るとも劣らない比重を占めると言えるのではないか。

この仮説に基づき、この章では存在論、現象学、歴史哲学の背後に横たわるサルトル哲学のもう一つの次元を探索し、それがエピステモロジーの次元と言えるのか、言えるとしたらどのような意味においてか、そしてそれがフーコー的エピステモロジーとどう違うか、あるいは共通する部分があるか、これらを検証していきたい。手順は以下のようになる。まず、「エピステモロジー」および「科学認識論」という用語の意味を確認し、それらを使用することの正当性を確保しなければならない。続いて、サルトルの哲学的著作から認識論やエピステモロジーに関する言及を取り出し、基本的な姿勢を把握する。その上で、主に『批判』の何処にどのような意味でエピステモロジーないし科学認識論があるのかを調査していく。そして最後に、その次元がサルトル哲学全体にとって、さらには現代にとっていかなる意義を帯びうるかを考察したい。

1　エピステモロジーの再定義

認識論は周知のように、存在論と並ぶ伝統的な哲学の下位区分のひとつである。それは、人がいかに物事を認識し、誤認し、看過ごすか、ということを問う。プラトンのイデア論からフランシス・ベーコンのイドラ、デカルトの懐疑、現象学におけるエポケーを経て今も日々、書物や教室やサイバー空間や日常の中で紡がれる言説に至るまで、西洋思想の流れにはその問いが遍在している。

しかし、科学認識論となると、意味は全く異なる。類語として、科学哲学、知識の科学、エピステモロジー、グノゼオロジー、等々の用語が見出されるが、それらの厳密な定義と区別は広く共有されているとは言い難い。むしろ、使用されるケースにより互いに重なり合いながら差異を含んでいる。こうした定義の曖昧さが一つの大きな問題であり、それを乗り越えねばならない。

二つ目の問題は、科学という語である。科学という日本語は、単独で用いられた場合、ほぼ例外なく自然科学を意味する。言うまでもなくフランス語、およびそこから派生した英語の science の訳語として用いられているが、その由来であるラテン語 scientia には、知識という意味しかなかった。それがヨーロッパにおいて学的知識、学問という意味になり、特に自然科学に限定されて使われるようになったのは、一七世紀の科学革命を経た後とされる。[9] しかし、その後も西洋思想においてこの語は絶えず語源へと回帰することをやめていない。

一方、日本では、近代教育制度の普及とともに科学という語がもっぱら自然に関する西欧近代の厳密な学、という意味で流布するようになった。この語は、もともと「科挙の学」を意味する漢語で、それが明治時代に個別学問の意味で借用されたとされる。[10] この漢語が、science の訳語として、語源の知識の意味で使われることも、ヨーロッパ一九世紀哲学のように語源回帰的な学的知識の意味で使われることもなく、一足飛びに自然科学の意味で使われるようになってしまったのである。そこから、日本語の科学認識論という用語に制約が生じた。人文・社会科学についての研究とこの語の間に溝が生じてしまったのである。

人文・社会科学が科学であるならば、その学問的認識の方法や根拠を問い直す作業も科学認識論と呼ばれてよいはずだが、日本語として違和感を生ずるため、当てはめにくい。しかし、人文・社会科学が一九世紀以来、自然科学をモデルに発達したとするなら、これらの領域にも科学認識論の視線は向けられてよいはずである。

第一の問題に戻るならば、エピステモロジーという語については、特にグノゼオロジー gnoséologie との区別を明確化する必要がある。この区別は、認識を問うとき少なくとも二つのレベルが設定できることに由来する。一つは、広く人間の知的営為の仕組みと根拠と正当性を問うもので、学問的認識の基底にある一般的な知的操作を対象とする。先に触れたプラトンのイデア論、ベーコンのイドラ論、デカルトの方法的懐疑、フッサールのエポケーはいずれも、学問以前のこうした一般的な認識を問題にしている。それに対して、学問的営為の根拠と正当性を問うものがある。前者のような人間の一般的な知的営為を前提として、その上に現れる一定の領域での特殊な学問的知を問うもので、アリストテレスによる諸学の分類、規定と序列化に始まると言ってよいだろう。ここでは、この二つのレベル分けの観点から、前者をグノゼオロジー、後者をエピステモロジーとして区別したい。

因みに、エピステモロジーを語る際に忘れてならない存在として、ジャン・ピアジェがいるが、彼の発生的認識論 épistémologie génétique は、まさにこれら双方にまたがり、「科学認識論と精神発生の分野における同一の問題」(11)を提起する研究である。彼は、人間の認知発達についての個体発生的研究は人類の知的発達を系統発生的に見る科学史と関連付けなければならないと考えた。そこから、幼児の知的発達の過程を段階的に検証することをとおして、アリストテレスから二〇世紀に至る西欧の学の発展との間に平行関係を捉えようとする壮大な企てが始まった訳だが、それは個による認識能力の発達と人類の進化の過程における学問の発展との間にアナロジーを探る発想に支えられているという意味で、グノゼオロジーとエピステモロジーを結ぶ研究と言える。

以上を踏まえて、ここでは、グノゼオロジーを前提とし、日本語の「科学認識論」にまつわる限定性を越えて広く人文・社会科学を含む学問的認識を批判的に検証する作業という意味で、エピステモロジーという語を用いることとしたい。以下、サルトルにそれが見出されるか否かを探っていく。

2 『存在と無』と『弁証法的理性批判』における認識論の問い直し

『存在と無』の中で自己意識の在り方を記述するとき、サルトル哲学は存在論以外の何物でもない。しかし、「超越」と題された第二部第三章において、対自存在と即自存在の関係が認識 connaissance として語られ始めるとき、サルトル哲学は認識論の領域に足を踏み入れる。対自が即自との間に結ぶ「外的否定」négation externe の存在関係は、認識論的関係として提示される。認識とは、「…への現前」présence à… として記述される「在り方」type d'être である、とサルトルは言う。[12]「私に対して、私でないものが現前する。この『でない』はあらゆる認識の理論にアプリオリに含まれている」。[13]「認識とは、存在の対自への現前以外の何物でもない」。[14] 認識とは認識する者 le connaissant が認識されるもの le connu の現前によって、それと異なるものとして自己を無化する在り方であり、「在りよう」mode d'être であり、「純粋な否定性」négativité pure であるとされる。[15] 主体による対象の認識と見なされてきたものはサルトルにとって認識する者とされるものとの否定的存在関係として捉え直されるのである。

『存在と無』の根底には、自己と自己との関係、他者との関係、事物との関係、さらには過去・現在・未来という時間との関係をどこまで「存る／存らぬ・である／でない」で結ばれる存在関係として、「エートルの絆」lien d'être で捉えられるかを追求し、その限界にまで挑もうとする姿勢があるが、認識という問題を存在論の内部で捉えようとするこの試みもその一つの表れに他ならない。「認識論哲学 philosophie épistémologique は未だあまりに前論理性が残っている」[16] と批判するとき、具体的に誰を念頭に置いていたかを特定するのはこの文脈のみでは困難だが、乗り越えようとしているのが認識を対象の取り込みと消化として捉える考え方であり、それに対してサルトルがここでも認識対象との関係をどこまで存在関係として捉えられるかを探っていることは伺える。別の箇所では、「観念論の立場の根本的な転倒によって認識は存在の中に吸収される」[17] という断言までなされている。とは言え、認識を徹頭徹尾、エートルという動詞の絆で捉えるには限界がある。認識するとは「存在論的かつ認識論的な二重の意味で実現する／実感する réaliser ことである」[18] という言明は、その限界に突き当たって他の動詞に頼った結果であると解釈できよう。

このように、『存在と無』において、サルトルは認識関係を存在関係に置き換え、認識論を存在論の中に包摂しようとした。しかし、その極限で、再びエートル以外の動詞、すなわち行為を示す「する」faire に出会う。「実現する／実感する」もまた、このフェールのひとつの変型である。存在論が自らの射程を越えるものとして最後に残した課題が行動の規範たる道徳論であることはこのことと無関係ではあるまい。

このように見ると、『存在と無』が新たな存在論的認識論の提示に全面的に成功したとは言い難いが、そこには別の意味で留意すべきものがある。すなわち、存在を認識へと同化するのは過ちであり認識論的楽観主義だ、とするヘーゲル批判の展開である。サルトルによれば、ヘーゲルは『精神現象学』においてあらゆる存在を包摂して発展する絶対的な知を想定したがゆえに、この知による認識がすべての存在を支配することになり、存在を認識の中に解消してしまった。「絶対的観念論において、存在と認識は同一である」(19)。この立場は、認識論を存在論の中に包摂しようとする『存在と無』と正反対の方向を向いている。そこでサルトルは、第三部の他者論において、主人と奴隷の弁証法を取り上げ、二者の関係が存在関係ではなく認識の関係として提示されているがゆえに、相互承認という誤った楽観論が導かれたのだと主張する。

『存在と無』におけるこのヘーゲル批判は、『弁証法的理性批判』での新たな問い直しへとつながっていく。『倫理学ノート』に見出されるコジェーヴを通したヘーゲル再読を経てなお、この後期サルトル哲学の代表的著作には、存在の認識への同化に対する違和感の表明があり、それを乗り越えようとする企てがある。しかし、ここではもはや存在論と認識論のどちらがどちらを包摂するかは問題にならない。そうではなく、「存在を知に還元することなく、いかに両者の運動を捉えるか」(20)、いかに「存在と認識の二元論を克服するか」(21)が問題となる。

こうした文脈から『批判』の導入部では、ヘーゲルの乗り越えを通じて新たな認識論が展開される。ここでは、エピステモロジーという語こそ数えるほどしか登場しないが、様々な言い方で認識論的立場表明がなされている。その主旨を以下、五項目に整理しつつ、意味と背景を探ってみよう。

第一に、存在と知は連動している、という大前提がある。「〔存在〕形式と知が相互作用によって共に変化するとき、〔…〕知の発展の中に〔永続的変化の〕必然性が認められるためには、存在の中でその必然性が被られなければならない」(22)。それには、一方に存在があり他方に認識主体があって、後者が一方的に前者を捉える、ないし前者が後者の知の届かないところにある、といった、両者の間に溝を見る考え方を克服しなければならない。噛み砕いて言うなら、それは、在ること、生きることが同時に認識することであるような人間の存在と知の相互関連を見出すことである。また別の言い方をするなら、在り、生きる以上、人は自己と自己を取り巻く人間社会の事象を認識しながら生きるのだから、自己ないし事象が変われば認識も変わるように、認識が変わったなら自己ないし事象も変わったはずだ、ということである。しかし、それは決して単なる関数にはならない。双方が常に変数であって、どちらか一方を固定するなら他方は不確定となるのである。

この第一の点は、明らかに『存在と無』における認識論の試みの帰着点を出発点としている。認識論を存在論の中に包摂しようとする試みは限界に突き当たった。それを受け、今度は、包摂でも吸収でもない別の論理で存在論と認識論の絶えざる相互運動を捉えようとしているのである。

その未知の論理として模索されるのが、独自の新たな弁証法だ。これが第二の点である。認識論が弁証法でなければならないという要請を、サルトルは「われわれは人間科学の普遍的方法、普遍的法則としての弁証法を築かねばならない必然性へと差し向けられる」[23]と表現している。存在と知の二元論を解消するため、ヘーゲルは一方を他方に還元する弁証法を用いたが、そうではなく、両者を同等に関連付ける人間の行動の論理そのものとしての弁証法が必要なのである。それはヘーゲル弁証法のように全存在を巻き込んで自らを発展させていく絶対的な認識主体のあり方の論理であってはならず、個々の認識主体に当てはまる論理でなければならない。このことをサルトルは以下のように言い表している。「われわれは弁証法が天から授けられた法則へと、形而上学的宿命へと後戻りしてしまうことを望まない。それは、個々人を越えた何らかの集合態からやって来るのではなく、個々人からやって来るのでなければならない」[24]。

この第二点の姿勢は、『存在と無』以降、ヘーゲルの読み直しを通して獲得されたもので、『倫理学ノート』において、『精神現象学』のいわばリメイクを試みることによって練られていったものである。[25] また、ここにおいて、サルトルの求める新たな認識論が先に定義したグノゼオロジーの次元からエピステモロジーの次元へと広がったことに気づかねばならない。それは、「人間科学」anthropologie という語の登場に端的に見てとれる。[26]『存在と無』で問われていた認識とは、対自による世界の認識であって、取り分けて学問的認識ではなかった。しかし、『批判』では個々人による世界の認識とともに、そうした個々人と彼らが織りなす社会・歴史についての学的認識もが問われるのである。

第三に挙げられるのは、認識の主体が特権的立場にあってはならない、ということである。絶対精神はもちろんのこと、哲学者や科学者や専門家であってもならず、任意の個人でなければならない。したがって、この存在と知の統合は万人の自己意識から出発せねばならない。「認識論の出発点は、常に自己（についての）必当然的確実性としての、そしてこれこれの対象についての意識でなければならない」[27]。サルトルは、世界の中で生き、その生きる自己を認識しつつ世界を認識する人間の活動を批判的経験と呼び、それがすべての人に可能であると以下のように主張する。「批判的経験は誰でもよい誰かの反省的経験でありうるし、そうでなければならない」[28]。絶対精神のような「全体化の大いなる主体はいない」[29]、否、不要である。

「誰でもよい誰か」には、例えば第一部の冒頭まもなく現れる道路工夫や庭師がいる。[30] しかし、南国のホテルの窓から彼らを眺めるバカンス旅行中のプチブル知識人もまた同様に「誰でもよい誰か」に過ぎない。一人称で語るこの知識人はいかにもサルトルの分身のように映るが、著者としてのサルトルはこの話者を決して特権的な場に置いていない。『精神現象学』の著者がその主人公である絶対精神と一体化して無数の個人を睥睨するとしたら、『批判』の著者は無数の登場人物たちの中に彼らとまったく対等の立場で著者の分身たる話者をひそかに紛れ込ませ、根本的に対等な位置でそれぞれに異なる経験をさせている訳である。

続いて第四に指摘できるのは、真の認識をサルトルが「可知性」intelligibilité への到達と捉えていることである。「理解」**compréhension** が行為主体の明確な実践 *praxis* に対する合理的把握と定義されるのに対して、可知性の追求は、一見主体なしに生起しているかに見える事象をも合理的かつ総合的に明らかにする「知解」intellection と規定される。[31] 理解は、ある実践をその主体の意図に帰する場合、仮にその意図が主体自身にとって不明瞭であったとしても可能である。同様に、多数の個人の合理的行動が彼らの意図に反した非合理的な作用を生み出すこともあるが、知解は、そうした非合理性をも含めてすべての現実を主体たちの実践から生じたものとして合理的に把握することで可知性の獲得を目指す。

可知性という概念には、初期の哲学小説『アルメニア人エル』の中でプラトン的イデアの世界とキリスト教的な彼岸、そしてカントの叡知天を重ね合わせて舞台を設定した際に登場し、以来、変転を経てサルトル哲学の重要なキー概念のひとつとなった経緯がある。[32] プラトンとカントの双方に見出される、人間にとって到達不可能な超越的領域は、それぞれヌーメナの世界、物自体の世界と呼ばれ、可知性ないし叡知はそこに属する。若きサルトルはこの小説において、主人公にその世界を旅させることを通してその虚妄をあばき、到達不可能なものとしての可知性の概念を破棄していた。以降、戦中日記『奇妙な戦争』や『倫理学ノート』を経て、見事に逆転した形で『批判』に再登場したのがこの語である。その意味で、人間的事象が人間の理性にとって根本的に理解可能であるという確信は、観念論的伝統を取り入れつつ乗り越えるというサルトルの基本姿勢の中に位置づけられると言えよう。

最後に、自然科学の知と人間に関する知を明確に区別し、弁証法的な認識論の対象を後者のみに限定するという選択[33]について触れねばならない。サルトルにとって、自然とは外部の領域、必然性の領域であって、人間に対するような理解は不可能であり、可知性も成立しない。この意味でサルトルは、論敵に「私は仮説を立てない」と答えたニュートンに同意する。「計算と経験は重力の事実上の存在を明らかにすることを可能にしたが、ニュートンは、その存在を正当なものとして根拠づけること、なぜなのか説明すること、より一般的な何らかの原理に帰着させることを拒んだ。〔…〕実際、科学はそれが発見する事実に理由づけをする義務はない[34]」。自然の事実はあるがままに示すことがすべてで、エンゲルスのように自然の事象に弁証法を見るのは大いなる過ちと考えるのである。

これに対し、第四点で既述したとおり、人間についての知である人文・社会科学には、それが発見した事実に理由づけをし、説明する義務があるとするのがサルトルの立場である。人間的事象、すなわち意識が介入する事象については、なぜそうなのかを絶えず問うべきであり、納得しうる答は見つかる、と考える。それこそが可知性を追求する精神である。人間についての学は分析的理性と帰納法に支えられたその方法論を自然科学に学んでいるが、かといって、ニュートン流の「仮説」の回避を自己に許容してはならない。人間的事象が個々人の意識に発している以上、それらの総合や変容も含めて、そうなった理由の解明は可能であり、納得できるまでそれを追求するのが人間科学に含まれた使命である。サルトルは人間科学にいわば認識論的説明責任を強く要求していると言える。

以上、『弁証法的理性批判』の序論で打ち出された新たなエピステモロジーの構築に向けた姿勢は、①存在論と認識論とを連動させること、②その連動を捉えうる新たな弁証法の模索、③認識主体の非特権化、④可知性を基準とした説明責任概念の導入、⑤対象の人間的事象への限定、という五項目にまとめられる。これを基に、次の章では、具体的に何を対象にどのような作業が展開されているのかを見て行きたい。

3 エピステモロジーとしての『弁証法的理性批判』

初期以来、サルトルが心理学や歴史学などの人文・社会科学と対話を行なってきたこと、それが『批判』においても続行し、フランス革命研究や人類学や経済学などが対話者となっていることは、かつて拙著で触れたとおりである[35]。ところで、それらの対話は、サルトルが自らの主張を展開するための材料、ないし理論を正当化するための叩き台として使われたのみだろうか。あるいは、そこには真に科学認識論的な視線があると言えるのだろうか。その点を改めて検証してみたい。

『批判』の中で今まで最も注目されてきた集団論は、ジョルジュ・ルフェーブルのフランス革命史研究[36]を下敷きとしているが、サルトルはそのほかにも、同時代の幾多の人文科学研究を引き合いに出し、批判的検討を重ねている。その中から、ここでは二つのケースを取り上げ、サルトルがどのような視線でこれらと向き合っているかを見て行こう。

第一に、有名な論争の引き金となったレヴィ＝ストロースへの批判に目を向けたい。第二部「集団から歴史へ」の中で、溶融集団から誓約という媒介された相互性を経て、集団が組織化されるまでを辿った後に現れる「構造」structures を扱った部分である。サルトルはレヴィ＝ストロースの『親族の基本構造』に言及し、構造という「奇妙な内的現実」の研究に重要な貢献をなしたとして賞賛する。[37] 未開社会の婚姻制度に見られる規則、二つの集団の間における女性の交換の中に相互性を見出し、相互性の観点から平行イトコ婚は禁止され、交叉イトコ婚が許可されるという規則をレヴィ＝ストロースが記述している[38]ことに着目し、集団における相互性を明らかにしたとして以下のように評価する。「提示されたこの図式の面白さは、〔…〕債権と負債との複雑な相互性としての構造を示してくれることである。こうした債権と負債は、確かに二分法の上に成り立っている。二つの集団を結びつけるのは相互性なのだ[39]」。

しかし、賞賛はここにとどまる。サルトルによれば、レヴィ＝ストロースは二つの集団の関係や交叉イトコと平行イトコの関係を記号で表し、数式化する。特定の集団の調査から帰納的に法則を導き出し、それを他の集団に当てはめて演繹的に推論するという数学的手法を用いている。しかし。その手法は人間的事象に適用された場合、疎外的になるとサルトルは考える。レヴィ＝ストロースは数式化しえない人間的事象を数式化しているのである。婚姻関係の構造として集団に数理的に課されたかのように示されたものは、サルトル的科学認識論からすると人間たちの自由な実践の結果として構成されたものに他ならない。錯綜した議論を分りやすく整理してみるならば、以下のようになろう。すなわち、まず二つの集団を構成する人々の中には、どちらかの集団が子孫を増やし続けて繁栄し、もう一方が子孫を得られず消滅するようであってはならない、という共通の認識がある。子孫を増やすために必要な女性という存在は稀少的価値を帯びる。そこで集団は、互いの存続を確保するために互いの利益を尊重し合い、平等な交換を行うことを決める。いわば集団における「誓約」serment である。結婚する当事者たちは、状況を理解した上でそれを自由に引き受ける。そこには人間行動の論理としての弁証法的理性が働いているのであり、そうした数々の自由な実践の結果が図式的に表現可能な制度として映ったにしても、それは自然界の仕組みのように人間たちに外部から宛がわれた構造ではない。この婚姻制度とは、「ある意味で、（共通の誓約の名における）要請の自由意志に対する具体的な関係であって、この自由意志は、拒むことに関して自由でないことを自由に引き受けて自らを作ったのである[40]」。

サルトルの批判は、この人類学者が、未開民族の婚姻制度をあたかも外部から与えられた掟であるかのように捉え、それが実は個々の人間の集団的制約の自由な引き受けによる実践の結果であることを理解しなかったという点に向けられる。すなわち、彼は未開社会か文明社会かを問わず、個々人が弁証法的理性にもとづいて自由に行動することを見ず、それゆえ、なぜそのような制度があるのかという疑問に可知的に答えることもできないと指摘するのである。サルトル的エピステモロジーからすると、レヴィ＝ストロースの研究は人間科学として重大な欠陥を抱えていることになる。サルトルの記述自体は、今述べたほど明示的ではないし、より多くの要素が含まれているが、それによってこの人類学の研究を弁証法的に読み換えていく様は実に巧妙である。[41]

『野生の思考』の最終章においてレヴィ＝ストロースが展開した手厳しいサルトル批判は、この巧妙な批判に対する、容赦ない反撃と言える。サルトルとレヴィ＝ストロースの論争は、もっぱら「ヨーロッパ中心主義」をめぐる論争として紹介されてきたが、根本的な相違ははるかそれ以前の地点にある。つまりエピステモロジーの次元での根本的な見解の相違が存在するのであり、論争はそれを視野に入れて考察し直す必要があるだろう。しかし、それはまた稿を改めて試みたい。

では次に、二つ目のケースとしてフェルナン・ブローデルによる歴史学の大著『フェリーペ二世時代の地中海と地中海世界』[42]を扱った箇所に注目したい。この研究は、人間たちの実践がいかにその目的に反する結果を招きうるかを解明するため、「反実践」*antipraxis* という概念を提示する論述の過程ですぐれた研究の例として登場する。サルトルは、この研究を讃えつつ援用して、「以下の説明はこのすばらしい著作についての注釈でしかない」[43]と述べているが、これを果たして字義通りに受け取ってよいだろうか。

黄金の世紀と呼ばれるスペイン一六世紀、ペルーで発見された金鉱から金銀が大量に流入することによって、フェリーペ二世時代のスペインは急速に豊かになり、未曽有の好景気に沸いた。それを背景としたこの時代の美術、音楽、文学の作品が不朽の文化遺産として伝えられていることは周知のとおりである。しかし、経済の活況はまもなく激しいインフレを招き、賃金は上がらず購買力は低下し、貧困が蔓延する。かくして、スペインと地中海世界の繁栄は終りを告げることになる。サルトルが問うのは、豊かさが没落を招くこの逆説をどのように説明するかである。「肯定の肯定がどのようにして否定を生み出しうるのだろうか」[44]。

まずサルトルは、金鉱を発掘し、採取された貴金属を運搬し、精錬し鋳造するという一連の作業を実践の概念で捉える。実践は人間の自由から発するものだが、物質に受動的に刻まれて「惰性的総合」synthèse inerte となる。それは「人間的なものの物質化」matérialisation de l'humain である。[45]すると、自由な実践は裏目に出、反実践となって悪さをする。貴金属の大量流入は、通貨の価値の下落を引き起こし、物価が上昇する。それは、どこからか降りかかった災いなどではなく、人間自身が生み出した、いわば人災なのだ。「個人にとって、新たな量の貨幣の獲得はことごとく彼の富を増大させるが、同時に国家共同体の中では単価を下落させる。すると、商人なり製造業者なりの手の中で個人財産は連続的な価値の低下を被るのだが、彼自身の富裕化が部分的にはその原因となっている」[46]。

近代経済学が数式化、グラフ化された理論によって説明する価格決定のメカニズムやインフレ発生の仕組みをサルトルはこのような言葉で説明する。非学問的な素人芸、と苦笑してはなるまい。後で見るように、サルトルはマクロ経済学を知らないわけではない。そうではなく、ブローデルにヒントを得て「黄金の世紀」の経済的矛盾を探りつつ、どこまで法則や数式を避けて語れるかに挑んでいるのだ。

スペインに持ち込まれた金銀が、不法に国外に流出し、地中海全域にインフレをもたらしたことについても同様である。不正を行うのは個々人や個々の集団であるが、全体的に見るとあたかも金が他なる力によって逃げていくような現象を引き起こすとサルトルは指摘する。需要の高い国外への売却は大きな利益をもたらすが、多くの他者がそれを利用することにより、貨幣価値は下がり、インフレが発生する。「他者によるこの流出が、物質の他なるものとしての自発的な動きとなる」[47]。このように、各人の利益の追求に基づく自由な実践は、全体として矛盾を引き起こし、あたかも物質が人間に逆らっているかのように各人に不利益をもたらす。これこそが「反実践」である。不可解な現象として一六世紀地中海世界が蒙った不運は、そこに生きた人間たちの自由な実践の裏返された姿として合理的に解明される訳である。

このように、経済現象をサルトルは徹頭徹尾、弁証法の発想で説明しようとする。サルトルがブローデルを高く評価するのは、この歴史家がその著作の至る所で、まさにこのような弁証法的思考を用い、複数の相対立する要因が総合的に一定の現象を生み出す様を硬い理論の言葉ではなく、印象的な喩えに満ちた文章表現によってしなやかに語っている点である。「この大量の銀は税関に守られた保護主義の国に流し込まれる。スペインからは、貴金属の出入りを執拗に監視する疑り深い政府の承諾なしには何も流出せず、何も入らない。原則として、アメリカの巨大な富は閉ざされた壺の中に溜まるはずだ。ところが、仕切りは完璧ではない。〔…〕実際、貴金属はスペインの金庫から流出し世界を駆け巡ることをやめない。流出の度に即座に価値が高まればなおさらのことだ」[48]。

保護主義政策によって守られたはずのスペイン経済が実際には「給水塔」のように周辺の国々に貴金属を流出させ、インフレを地中海地域全体に拡大させる。その矛盾がどこから来るかを語るブローデルに、サルトルは人文・社会科学による可知性の追求のモデルを見出していると言える。

ところで、サルトルは、やはりブローデルが紹介した「貨幣数量説」théorie quantitative[49]を取り上げ、独自の考察を展開している。「幾多の物理的法則が、二つの量の間に、一方が増えれば他方が減るような関数的な関係を打ち立てる。それにより、後に自由主義時代の金属学説〔*sic*〕は、価値低下の現象を商品としての貨幣と貨幣でない商品といった二つの変数の間の関係という形で提示できることになった。流通する貨幣の量が増えると物価が上昇する、といった具合である[50]」。

貨幣数量説は、一六世紀地中海世界の激しいインフレを説明する理論としてすでに世紀後半に提出されたとブローデルは指摘する[51]が、その後、古典経済学、ケンブリッジ学派に引き継がれ、マーシャル、フィッシャー、フリードマンらによって洗練され、現在の物価政策にも用いられている。「自由主義時代の金属学説〔*sic*〕[52]」と呼ばれるものは具体的に誰の学説なのか明示されないが、不正確ながらこれら経済学者の理論を指していると推測できる。

サルトルのエピステモロジー的視線は、今度は彼らに向けられる。彼らの「関数」をサルトルは決して否定する訳ではないが、そのようなメカニズムは外面的な連関に過ぎないとし、より深い内的な絆を見出そうとする。一六世紀の商人には貨幣数量説のメカニズムは不可解かも知れないが、「彼が非常によく分るのは、物価の上昇が続くであろうことである。なぜなら、物価上昇それ自体が彼の中に進行中のプロセスとしてそうした類推を生み出し、それが彼を通して彼自身の未来を投げかけるからである[53]」。こうした無数の商人たち、職人たち、消費者たちにより、上昇は上昇を招く。まさにバブル発生をもたらす心理である。いかなる数式にも表せないこの心理、それこそサルトルは重要だと考える。黄金の世紀を生きる一人のスペイン商人が、彼の時代社会の経済状況を認識し、自分の理解の中で自分の経済行動を決定する。そうした無数の人々の実践が集まって、全体的に経済の動向が決定され、それがまた人々に降りかかる。こうした可知的で誰にも理解可能な弁証法的思考によって歴史の中の一つの人間的事象を見ること、それは前述した科学認識論的態度表明とまさに合致するものではないだろうか。

ブローデル的歴史学への賛同と注釈は、近代経済学への根本的な批判へと発展する。サルトルは近代経済学を無視したどころではない。逆に、注視した上で、そこに個々人の自由という視点が欠落していることを批判しているのである。

結論　サルトルのエピステモロジーの現代的意義

以上の検証から垣間見られたように、サルトル哲学の中には紛れもなくエピステモロジーの次元が含まれている。『存在と無』で探られた現象学的存在論におけるグノゼオロジーを基盤として、『弁証法的理性批判』では人文・社会科学との対話をとおしたエピステモロジーが展開されていく。そこにはピアジェとは異なった意味で、やはりグノゼオロジーとエピステモロジーを繋ぐ思考がある。とは言え、ここで論じたのはサルトルのエピステモロジーのごく一部に過ぎない。この側面は、今後さらに解明される必要があろう。

フーコーが言うように、フランスの科学認識論が知と信仰、科学と宗教という対立軸を通して啓蒙という問題を論じ、科学の歴史が合理的思考の発展および社会や権力への合理性導入の歴史と重ねて語られたとするなら、逆に、サルトルは科学の合理性と見えるものの背後に潜む非可知性を告発する。外的な法則という合理性によって覆い隠されてしまう主体たちの弁証法的思考に支えられた自由な自己決定性、コギトの絶対性を突きつける。フーコーが語る二〇世紀フランスのエピステモロジーがもっぱら合理性を追求したとするなら、サルトル的エピステモロジーは合理性の罠の追求を最大の目的とすると言っていい。

また、サルトルのエピステモロジーは、認識論的説明責任を人文社会科学に求めるにしてもフーコーの語るような科学の規範性の探求を行っている訳ではない。そうではなく、可知性を探求しているのである。道徳論において規範性を求めなかったのと同様、サルトルはエピステモロジーにおいても規範性を求めなかった。とは言え、人間的事象を常に一個人の意識に立ち返って捉えようとする姿勢は、何と深く倫理的なのだろう。

最後に、近代経済学に向けて発された、個人の心理に立ち入って経済行動を理解する必要性について、一言触れよう。実は、現代の経済学は様々な形でそれを実行している。例えば、ハイエクはその自生的秩序の理論によって、経済構造を作るのが諸個人の主観的な自律であることを指摘している[54]し、行動経済学と呼ばれる分野はその探求を主要目的としている。サルトルの「教え」は同時代の人間科学に聞き入れられなかったかに見えて、いつの間にか処々に取り入れられている。そこにサルトルの直接の刻印が見出せないとしても、それは決して嘆くべきことではあるまい。

注

（1）この小論では、「エピステモロジー」と「科学認識論」という二つの語を同義で用いることとする。主に前者を用いるが、これに統一せずその訳語としての後者も使用するのは、「科学」の要素と「認識論」の要素、そしてこの日本語が与えるニュアンスを考慮に入れるためである。

（2）Jean Wahl, *Tableau de la philosophie française*, idées/Gallimard,1962, pp. 147–178

（3）François Châtelet, *La philosophie au XX e siècle*, Hachette, 1973.

（4）Jean Wahl, *op. cit.*, pp. 163–170.

（5）フランス現象学とエピステモロジーとの関連を探る最近

の興味深い論文としては、以下のものがある。中村大介「数学のエピステモロジーと現象学――カヴァイエス以降の一系譜」、金森修編著『エピステモロジー、二〇世紀のフランス科学思想史』所収、慶應義塾大学出版会、二〇一三年、一八三～二四〇頁。

（6）米虫正巳「交錯するエピステモロジー」、金森修編著前掲書所収、二四三頁。

（7）Michel Foucault, *Dits et écrits II. 1976–1988*, Quatro Gallimard, 2001, p. 1590（『ミシェル・フーコー思考集成　X』、筑摩書房、二九九頁参照）

（8）*Ibid.*, pp. 1583–1587.（二九〇―二九五頁）

（9）佐々木力『科学論入門』、岩波新書、一九九六年、五頁、五五頁。

（10）前掲書、二一四頁。

（11）Jean Piaget et Rolando Garcia, *Psychogenèse et Histoire des sciences*, Flammarion, 1983, p. 18 ; ジャン・ピアジェ、ロランド・ガルシア著、藤野邦夫、松原望訳『精神発生と科学史』、新評論、一九九六年、二二頁。

（12）*L'être et le néant*, coll. « Tel », Gallimard, 1943, p. 209. 以下、EN と略記する。

（13）EN, 210.

（14）EN, 253.

（15）EN, 209–215.

（16）EN, 223.

（17）EN, 253.

（18）EN, 216.

（19）EN, 277.

（20）*Critique de la raison dialectique*, tome I, Gallimard, 1960, p. 142. 以下、CRD と略記する。

（21）CRD, 153

（22）CRD, 142

（23）CRD, 138

（24）CRD, 154

（25）生方淳子「サルトルにおける哲学の書き換え」、国士舘大学『教養論集』第四五号、一九九七年、一九～三一頁参照。

（26）すでに指摘されているように、anthropologie という語はサルトルにおいて人類学という特定の分野ではなく、広く人間についての学問を意味するため、ここでも人間科学という訳語を用いる。海老坂武訳『人間科学について』、『シチュアシオンIX』所収、人文書院、一九六五年、七八頁。

（27）CRD, 167.

（28）CRD, 165.

（29）CRD, 179.

（30）CRD, 213.

（31）CRD, 188–190.

（32）生方淳子「『アルメニア人エル』とサルトルのカント批判」、青山学院大学フランス文学会『青山フランス文学論集』第五号、一九九六年、七三―八七頁参照。

（33）CRD, p. 157.

（34）CRD, p. 150.

（35）生方淳子「サルトルにおける可知性の追求――『絶対精神』でもなく『ビッグブラザー』でもなく」、青山学院大学総合文化政策学会『青山総合文化政策学』第四巻第二号、二〇一二年、七一―九八頁参照。

（36）Georges Lefebvre, *Les Foules Révolutionnaires*, 1934, in *La Grande peur de 1789*. ジョルジュ・ルフェーブル著、二宮宏之訳

『革命的群衆』、岩波文庫。
(37) CRD, 575–577.
(38) Claude Lévi-Strauss, *Les structures élémentaires de la parenté*, 1947 ; rééd. Mouton & Co, 1967, pp. 151–153. レヴィ＝ストロース著、福井和美訳『親族の基本構造』、青弓社、二〇〇〇年。
(39) CRD, 577.
(40) CRD, 578.
(41) CRD., 577–583.
(42) Fernand Braudel, *La Méditerranée et le monde méditerranéen à l'époque de Philippe II*, Armand Colin, 1949. ブローデル著、浜名優美訳『地中海』全五巻、藤原書店、一九九一―一九九五年。
(43) CRD, 278.
(44) CRD, 277.
(45) CRD, 274.
(46) CRD, 284.
(47) CRD, 283.
(48) Braudel, *op. cit.*, p. 433. サルトルによる引用はこの一部。CRD, 278.
(49) Braudel, *op. cit.*, p. 473. サルトルによる考察は、CRD, 284–285.
(50) CRD, 284.
(51) Braudel, *op. cit.*, p. 473.
(52) « métallistes (sic.) de l'époque libérale » とあるが、文脈から見て正しくは « monétaristes » マネタリストと思われる。
(53) CRD, 285.
(54) 山﨑弘之『ハイエク・自生的秩序の研究――経済と哲学の接点』、成文堂、二〇〇七年。

サルトルの知識人論と日本社会
——サルトルを乗り越えるということ

永野　潤

1　知識人の擁護

サルトルとその思想は、日本の知識人たちに対して、かつては非常に大きな影響力を持っていたと言われるが、晩年以降はむしろ否定的にとらえられることが極めて多くなっていった。サルトルの思想は、執拗に否定されたり、過小評価されたりした。こうした現象は「サルトル・フォビア」とも呼ばれる。私は、一九八八年に大学の卒論のテーマとしてサルトルを選んだが、当時「なぜ今どきサルトルなんかを読むのか？」といったようなことを言われた経験は、一度や二度ではない。

サルトルの晩年以降、日本の「知識人」たちの世界では、構造主義、ポスト構造主義、などのフランス発祥の「新しい」思想が「現代思想」として盛んに紹介されたが、それらは、ことごとく「サルトル的な実存主義」を乗り越えているとされた。サルトルの哲学は、「主体主義」、「人間主義」、「歴史主義」の哲学だ、などとされて批判された。しかし、「サルトル」は、「新しい」思想家やその紹介者たちにとってのいわば格好の「敵役」として都合よく呼び出される一方で、サルトルの思想そのものが検討されることはほとんどなかった[1]。

たとえば、「サルトル的ヒューマニズム」はしばしば批判の対象となるが、そのとき、一九四五年にパリで行った講演『実存主義はヒューマニズムである』において、サルトルが、人間を「作るべきもの à faire」と考える「実存主義的ヒューマニズム」を肯定しつつも、他方で、人間を「目的 fin」と考えるような「古典的ヒューマニズム」を批判している[2]、ということはほとんど考慮されない。

こうした事情は、サルトルの「知識人論」についても同じである。「サルトル的知識人の終焉」などということがしばしば語られるが、その際、当のサルトルが「知識人」についてどのように考えていたか、ということが検討されることは少ない。サルトルが「知識人」についてまとまった形で論じたのは、上述のパリでの講演の二一年後、一九六六年に日本で行われた連続講演『知識人の擁護』においてである。さらに、一九六八年の「五月革命」の大きな影響を受け、サルトルの「知識人論」はより「ラディカル」なものに変化した。

本論では、まず、現在あまり取り上げられることのないサルトルの知識人論がどのようなものであったかを確認し、さらにその知識人論と現代日本社会との関係について考察したい。その際、「サルトル・フォビア」という現象自体の持つ意味も明らかになるだろう。

2 知識人とは何か

サルトルが日本で行った連続講演『知識人の擁護』[3]は、東京と京都で、九月二〇日から二十七日にかけて三回行われた。第一講演、第二講演、第三講演の題は、それぞれ、「知識人の位置」、「知識人の機能」、「作家と政治参加」であった。ここでは、連続した内容をもつ第一講演と第二講演について見ていく。

サルトルはまず、フランスでも日本でも、第二次大戦後「知識人」がさまざまな理由で非難されてきた、ということを指摘する。知識人は「文化を保存し伝達するための人間」であり保守的な存在であるはずが、批判的・否定的存在となり「自分の国の歴史に悪しか見てとらなかった」とされる。つまり民衆をあざむく有害な存在だと非難される。そうかと思えば、専門を離れた知識人の言うことなど誰も聞かないのであり、彼らは無力だ、と非難されたりする[4]。このように、知識人が非難される理由は矛盾していることも多いが、いずれにせよ、人々が知識人を非難する根本的な理由とは、彼らが「自分と関係のないこと」に口を出し、社会や既成の権力に「異議申立て」を行う人間だということである。例えば、核兵器のために核分裂を研究している「学者 savant」たちが「知識人 intellectuel」と呼ばれることはないが、彼らが、自分が作っている兵器の破壊力に脅威をおぼえて核兵器使用反対の宣言に署名すると、そのとき彼らは「知識人」と呼ばれ、非難される。(5) このことからもわかるように、本来「学者」や「研究者」は、特定の立場に偏らず、学問的中立性を重視しつつ、「専門」の研究に専念すべきもの、などとされている。だがサルトルは、「専門」から逸脱し特定の政治的立場にコミットしたとして非難され「知識人」と呼ばれるようになった者をこそ、「擁護」しようとする。

サルトルは、「知識人」がその中から生まれる「知 savoir」の専門家たちを、「実践的知の技術者 technicien du savoir pratique」と呼ぶ。それは、具体的には、科学者、エンジニア、医者、法律家、教授、などであるが、彼らは、それ自体では「知識人」ではまだない。サルトルがここで「知」を「実践的知」と呼ぶのは、あらゆる実践がその「契機」として「知」を持っている、ということを強調するためである。行動は、現に「存在するもの」(変革すべき状況)を部分的に「否定」し、まだ「存在しないもの」(到達すべき目的)に近づこうとする。だが、この否定は(まだ「存在しない」ものから出発して)現に「存在するもの」の真理を「開示する」という契機を持っている。例えば、現に存在する建材に必要とされる強度は、その建材に将来加わるであろう圧力を考慮することで「開示」される。そうした実践的知にかかわっているという意味で、すべての人間は「学者 savant」であり「研究者 chercheur」であり「異議申立人 contestateur」である。(6)

近代社会においてブルジョワジーが発達し、労働の分化が進むとともに、個人的実践においては独立していないこの「開示」の契機が独立し、それを担う「実践的知の技術者」が生まれた。彼らは、それ以前の時期に「知」を担っていた聖職者が教会のイデオロギー(すなわちキリスト教)の番人であるのと違って、もともとはイデオロギーとは無縁な存在であった。しかし結局、彼らの中から、貴族階級に対抗してブルジョワジーのためのイデオロギーを形成する任務を引き受けるものが現れた。一八世紀の「哲学者」(啓蒙思想家)がそれであるが、彼らは、法律家(モンテスキュー)、文学者(ヴォルテール、ディドロ、ルソー)、数学者(ダランベール)、徴税請負人(エルヴェシウス)、といった、実践的知の技術者たちであった。彼らは「ヒューマニズム」を唱えたが、それは、一つのイデオロギー、貴族階級に抗して階級として自己を主張しようとしていた上昇期のブルジョワジーにとってのイデオロギーだったのである。たとえば、「思想の自由」の主張は、商業に対する封建的束縛の廃棄、自由競争の要求と一致していたし、「普遍性」の主張は、生まれや血統によって特殊な存在であろうとした貴族階級に対抗するものとなった。ようするに、「啓蒙思想家」たちは、実践的知の技術者でありながら、ブルジョワジーという特定の勢力のために、イデオロギーの形成という仕事、つまりまさに「専門外」の仕事を行っていたのである。

3　知識人の矛盾

では、現代の「実践的知の技術者」たちはどうだろうか。彼らは一見、「普遍的なもの」を追及する、イデオロギーからは「中立」の存在であるかのように見える。だが彼らは、実際はむしろ「特殊的なもの」に規定されている。したがって、現代の実践的知の専門家は矛盾の中で生きざるをえない。

まず、彼らの存在そのものに関わる矛盾がある。実践的知の技術者は、幼いころから「ヒューマニスト」として育てられ、人間の「平等」を信じこまされているが、支配階級であるブルジョワジーによって、その利害に応じて、そして不当な「選別」によって、採用されている。その意味で、彼らの存在自身が、「人間の条件の不平等さの証拠[7]」なのである。彼らは「知」に由来する社会的権力を持っているが、その「知」は、実際は、ブルジョワの家庭に生まれた彼らが生まれつき相続したものである。また、彼が労働者階級の出身だとしても、彼が成功したのは、不当な選別システムが他の大多数の労働者階級の人間を排除した結果でしかない。いずれにせよ、彼は「正当な裏づけのない特権の保持者」であり[8]、むしろ彼自身がその特権自体なのである。

また、彼らは教育の中で、支配階級にとって好都合なイデオロギーを植えつけられるが、そのイデオロギーは、「ヒューマニズム」という「にせの普遍性」の見せかけをとりながら、実際は「特殊主義的」イデオロギーである。

> 子供のころから、彼ら「実践的知識の技術者」には、少数者による大多数の者の搾取という現実が、にせの普遍性 fausse universalité によっておおいかくされています。ヒューマニズムの名のもとに、労働者や農民のほんとうの状況や、階級闘争がかくされています。いつわりの平等主義によって、帝国主義、植民地主義、そしてその実践のイデオロギーである人種差別がかくされています。彼らが高等教育をうけはじめるころには、大部分のものには、子供のころ以来の、女性の劣等性という考えが染み付いています[9]。

「平和」「進歩」「友愛」などの一見「普遍的」な概念も同様である。そうしたものは、帝国主義戦争やアメリカの武力によるヴェトナム侵略と共存している。

ところが、他方で、彼ら実践的知の技術者は「研究者」としては、「厳密性」や「普遍性」を特色とする方法を要求される。また、研究を進歩させるものである限りにおいて「異議申立て」の精神を奨励される。

さらに、彼らの実践の目的に関わる矛盾もある。どのような研究も「有用性」を目的としているが、その有用性は、本来特定の誰かにとって役に立つ、ということではないはずである。たとえば、ある医師が癌を治すための研究を行なうとき、彼の研究は富裕者を治さなければならないなどと明確にうたうわけではない。しかし、医師は、「稀少性」や「利益」に応じて支配階級によって定められるさまざまな関係の体系のなかに投げこまれている。予算や初診料といったものによって制限されている彼の研究は、事実上、富裕者だけを治すためのものになってしまう。その意味で、支配階層は、研究者から「社会的有用性を盗みとり、多数を犠牲にして少数者のための有用性に変えてしまう」のである。[10]

実践的知の技術者が自らのうちにこれらの矛盾を認識したとき、二つの可能性が生まれる。一つは、支配的イデオロギーを容認し、あるいはそれに適応する場合である。サルトルはそうした「学者」、「研究者」たちを、「にせの知識人 faux intellectuel」、または、ポール・ニザンにならって「番犬 chien de garde」と呼ぶ。[11] 彼らは、ある場合には「非政治的人間」、「不可知論者」などになり、自分のもっている異議申立ての力をみずから放棄する。あるいはまた、自分の技術的知識を利用しながら「イデオロギー的特殊主義の代行者」[12]としてふるまい、支配階級のイデオロギーにすぎないものを普遍的科学的法則のように見せかける「研究」を行う。それは例えば、アフリカ人の「劣等性」を証明するために、脳髄の解剖学や生理学に基づいた自称「厳密な」研究を行った精神科医たちである。

> それによって、彼らはブルジョワヒューマニズムの維持に貢献しました。あらゆる人間は平等である、ただし見かけ上人間に見えるだけの植民地のものたちを除いて、というわけです。ほかの研究は、同じような仕方で、女性の劣等性を証明しました。人類とは、白人のブルジョワの男性からなっていたのです。[13]

もう一つは、彼が自分を形成したイデオロギーを疑い、支配者の手下となることを拒否する場合である。彼は、ブルジョワジーという「特殊なもの」に奉仕することを拒否し、「普遍性」を求めるがゆえに、特権を持った自己自身を批判し、また見かけ上の「学問の中立性」などを越えて、一見学問とは「無関係」な事柄に関わっていく。このときこそ、彼は「知識人」となる。

> そのとき、実践的知の代行者は、怪物、つまり知識人になるのです。彼は自分に関係があることに口出しする（外面的には、自分の生を導く原理、内面的には、社会において生きられた彼の場所）のですが、それについて、他人は、自分に

関係がないことに口出しする、と言うのです。[14]

4　知識人のラディカリズム

このように、サルトルによると、「知識人」とは、自己に関わる矛盾を自覚した存在だが、それゆえに彼は、にせの普遍性で隠蔽された特殊主義的イデオロギーを否定し、「普遍性」を「徹底的（ラディカル）に」求めることになる。サルトルは「ラディカリズムと知識人の企てとは一体をなす」[15]と言うが、ここでの「ラディカリズム」は、単なる「急進主義」、「過激主義」ということではなく、普遍性を「徹底的に」研究する、という実践的知の技術者の本来のあり方に繋がるものである。[16]

ただし、知識人は、徹底的に普遍性を追求するがゆえに、普遍性をあくまで「作るべきもの à faire」としてとらえる。知識人は「出来合いの普遍性など存在しないということ、それはたえまなく作るべきものであるということを自覚する普遍性の技術者」[17]である。そのため彼は、特殊的・具体的な状況の中にある自己自身、矛盾の中におかれている自己自身、つまり「独自的普遍性 universalité singulière」としての自己自身にたえず立ち帰っていくことになる。例えば、にせの知識人が、自分はすでに人種差別から脱却したつもりで、人種差別反対の普遍的言説を弄するのとは違って、知識人は、幼少期から植えつけられてきた自己の内なる差別意識を、具体的な日常の実践の中でたえず抉り出し、たえまなく自己批判を続けることになる。[18]

知識人は、特殊的・具体的事柄に関わらない口先だけのモラリスト・理想主義者として批判されるが、だがサルトルによると、そうした批判がおこるのは「にせの知識人」がいるからである。サルトルは、一見支配階層に対して「異議申立て」を行っているように見えながらも、ラディカリズムを拒否し、「改良主義」「穏健主義」的な批判に甘んじるにせの知識人を辛らつに批判する。彼らの「異議申立て」は、支配的イデオロギーのある側面が「あらゆる異議申立てにもたえうる」ということを示すことによって、支配的イデオロギーを補完する、「まやかしの異議申立て」でしかない。[19] サルトルは、インドシナ戦争やアルジェリア戦争の際に、フランスの植民地政策を批判しながらも、同時に植民地の人々による反抗にも反対し「たとえどこから来るものであろうといっさいの暴力に反対だ」などと言うにせの知識人を批判する。そうした「擬似‐普遍主義的立場」は、抑圧者側にとって都合のいいものでしかなく、結局は、植民地体制のもとで被抑圧者に加えられている慢性的暴力を肯定し、被抑圧者による反抗的暴力を否定することに帰着する。しかし、真の「知識人」が追求する「普遍的」な立場は、「中立的」な立場とはまったく違うし、知識人はモラリストでも理想主義者でもない。

今日すでに普遍的視点に立っているすべての者は、人を安心させます。普遍性とは、にせの知識人たちでできているのです。真の知識人——すなわち、居心地の悪さの中で自らを怪物としてとらえる者——は、人を不安にさせます。人間的普遍性は、作るべきものなのです。[20]

サルトルは、当時激化していたヴェトナム戦争についても、「双方を批判するべきだ」と主張するようなにせの知識人を批判し、はっきりとヴェトナム人民の側に立つべきだ、と言う。[21]

このように、知識人は、支配的イデオロギーに対して、そして自己自身に対して批判的態度をとり「異議申立て」をするとしても、それはどこにもない、抽象的な「中立的視点」などからではありえない。「状況によって完全に条件づけられている歴史的因子」としての知識人が批判的立場に立つためには、「上空飛翔的な意識」をもって「観念的に社会の外に身をおく」のではなく、「その存在そのものがこのイデオロギー的総体を否定する人びと」、すなわち、「もっとも恵まれない人々」の視点に立つ必要がある、とサルトルは言う。

サルトルは、知識人は、もっとも恵まれない人々のために、人民階級の内部に不断に再生するイデオロギーと闘う、などの「仕事」を持っている、と言うが、[22]ただしそうしたからと言って、彼が支配階級であるブルジョワジーの側の人間でなくなるわけではない。サルトルは、知識人が「自分はもはやプチブルではない」と言ったり、プロレタリアを自称したりすることを戒めている。彼はただ、「たえまない自己批判」によって、自己の思考の「プチブル的規制」を一歩一歩拒絶していくことができるだけである。[23]またサルトルは、知識人は、もっとも恵まれない人々のプラクシス（実践）に参加するべきだと言うが、その場合でも彼がすべきことは、行動を「指揮する」ことでも、行動を企てるように促すことでもなく、「行動によって滲透され、運ばれるがままになること」なのである。[24]

したがって、知識人は、民衆の行動の完全に内側に入りこむこともできなければ、完全に外側にとどまることもできない。知識人は「誰からも委任状を受けていない n'avoir de mandat de personne」とサルトルは繰り返し強調する。[25]彼は、出身階級の外に出たとしても、恵まれない階級からも嫌疑をかけられ、裏切り者と映る他はない。その意味で、「孤独」な存在なのである。この孤独から脱出しようとするとき、知識人は知識人でなくなってしまう。

5　知識人の抹消

サルトルが日本で知識人についての講演を行ってから二年足

らず後の一九六八年五月に、「五月革命」が生じる。サルトルは五月革命を強く支持したが、これをきっかけに彼の「知識人論」は変化している。一九六六年の『知識人の擁護』において、サルトルは「現在では、全世界における知識人の試金石がヴェトナム戦争です。それに反対する人間が知識人なのです」[26]と言っていた。しかし、一九七〇年に行われた知識人に関するインタビュー[27]では、サルトルは、ヴェトナム戦争に反対した「知識人」たち（たとえば、枯葉剤の危険性を示す化学者、アメリカ政府の主張の無根拠性を示す国際法の専門家や歴史学者）を、「古典的知識人」と呼び、批判している。「古典的知識人」たちは、たしかに「番犬」であることを拒否し、支配層に奉仕することを部分的にでも止めたかもしれない。しかし彼らは今度は、自分たちが批判的知識人として「有用」であると考え、その「役割を好んでいる」のであり、その意味で彼は自己の存在そのものの内にある矛盾から眼をそらしている。

とりわけサルトルは、「古典的知識人」として体制を批判しながら、「選別」システムに加担しつづける「教授たち」の矛盾を厳しく指摘する。一九七〇年のインタビューでサルトルはこう言う。

> 〔教授たちの〕あるものはアルジェリア戦争の最中非常に勇気ある行動をして、アパートにプラスティック爆弾をしかけられたりしました。ところでこの連中は、教授としては、選別主義者であり続けたのです。それゆえ、彼らは完全に特殊性の地平にいました。〔…〕彼らは選別主義者であり続け、大学が望む計画にしたがって講義をしていました。この連中には、知識人であるかぎりの自分に異議申立てをするという考えが一度もおとずれなかったのです。[28]

サルトルは、「知識人」とは、あくまで過渡的な「契機」でしかなく、彼らは、ラディカルな変化を経て、「知識人としての自己の抹消」[29]にまで向かわないかぎり、結局は権力に「回収」されてしまう、と考える。そして、五月革命の時期に、そうしたラディカルな変化への実践に踏み出したのは、すでに実践的知の技術者として生計を立てている教授たちなどではなく、「見習い知識人」である学生たちであった。一方、五月革命が自分たちの存在を否定するものであることを悟った「古典的知識人」の中には、なんとしても「五月」を否定しようという動きが生まれた。

> というのも、それまで知識人は、他人を援助し、自分を他人に委ね、理論や思想を与える者と自分を考えていたのに、突然彼らは、「運動」が知識人としての彼らに異議申立てをしていると感じたからです。[30]

そして、この時期のサルトルは、労働者の中に入り込んだブルジョワ・イデオロギー（それは彼らを分断し無力化する）を乗り越える労働者自身の実践をあくまで重視する。一九七二年の「フランスにおけるマオ派」において、サルトルは、フランス北東部ヴォージュ地方のある工場に「定着」し働きながら活動していたジャンというマオ派の活動家の報告を紹介している。[31]十年以上ストライキがなかったその工場では、労働者たちの中に、人種差別（移民労働者はどうしようもない）、周囲への不信（ヴォージュ人は農民だからおれたちのことを理解できはしないだろう）、女性蔑視（女は余りにも愚かだ）といったさまざまなイデオロギーが見られる。しかし、そうした「集列的思考」[32]は、行動の中で否定される。ストライキの中で、ばらばらだった労働者が「集団」を形成するようになると、それまで見られた労働者の差別意識は自然と消滅する、という。サルトルは、労働者たちが、差別意識を言葉で指摘されたり、論駁されたりしたことによって考えを変えたのではないことを強調する。それは、集列的思考に覆い隠されていた労働者自身の「もっと深い別な思考」が、行動の中で自然発生的に現れるようになった、ということなのである。ここでサルトルは、「思考」と（思考を欠いた）「実践」を、それぞれ「知識人」と「肉体労働者」の専門領域である、とするようなレーニン主義を批判する。

サルトルによると、ラディカルな「知」はあくまで労働者の実践の中に現れるものなのである。そしてサルトルは、古典的知識人とは違う新しい知識人（たとえばジャンのような工場定着者）の役割として、「具体的な行動を提案すること」、「大衆に耳を傾け」「大衆とともにいること」をあげる。それは「大衆を指導すること」では決してない。[33]その意味で、「知識人が労働者と農民に教えるものは何もない」[34]のである。

したがって、この時期、サルトルは古典的知識人がするような「言論」による批判的行動の意味をほとんど認めなくなっている。一九七二年の講演「司法と国家」で、サルトルは、古典的知識人が、「ブルジョワの言語」を語る限り、たとえ異議申立てをしようと、結局はブルジョワ側に「回収」される、と言う。知識人の役割は、ブルジョワの言語（人民「について」語る言語）で語るのをやめ、人民の言語（人民「が」人民「に」語る言語）を聞き取り、人民の闘争に合流することなのである。

もし一人の知識人が人民を選んだならば、彼は、署名や声明や、穏健な抗議集会や、「改良主義的」新聞に発表される記事の執筆などの時期が終わったことを知らねばなりません。彼は発言するべきなのではなく、むしろ、自分が使えるさまざまな手段によって、人民に発言させるようにつとめるべきなのです。[35]

では、当時六〇歳代後半だったサルトル自身はどうなのか？　サルトルは、ブルジョワジーに異議を申立ててきたとはいえ、自分の作品がブルジョワの言語で書かれてブルジョワジーに語りかけているということ、また「少なくとも最も古いもののなかにはエリート主義の要素が見出せる」ことを認める。さらに、サルトルはこのとき、『家の馬鹿息子』の執筆に没頭していたが、労働者の興味を引くとはとても思えないその作品の執筆を放棄するつもりはないと言う。[36]一方でサルトルは、古典的知識人としての自分自身に異議を申立てている自分が、「一九六八年以後、もはやブルジョワジーと対話することを望まない知識人」のひとりだと認める。彼は自分のそうした状況を、「きわめて特殊な矛盾」と呼び、この矛盾を体制側につきつけることが自らの役割だと考える。[37]サルトルは発禁となっていたマオ派の新聞の編集長を自ら引き受けた。政府はサルトルを逮捕するが、「有名人」の彼はすぐに釈放される。そのこと自体によって、体制側の矛盾が暴かれるのだ、とサルトルは考えたのである。

6　知識人と日本社会

以上見てきたように、サルトルの知識人論において、「知識人」とは、矛盾を自覚した実践的知の技術者である。そして、最終的にサルトルは、知識人の役割を、自己批判を通じて「知識人としての自己を抹消」することと考えていた。しかし、そうしたサルトルの知識人論が省みられることは現在ではほとんどない。代わりに目立つのは、本論冒頭で述べた「サルトル・フォビア」の形をとった、「サルトル的知識人の終焉」という言説である。それによると、「サルトル的知識人」とは、「普遍的知」の番人を自称し、被抑圧者の代表者を僭称し、そのことによって知識人の世界に覇権を打ち立てた、ということになる。たとえばそれは、このようなものである。

『シチュアシオン』の著者〔サルトル〕にとっての知識人の倫理とは、教養と理念を併せ持った聡明な存在として一般大衆を代表し、現実に働きかけ、不正に抗議せねばならぬとする知的エリートの義務感といったものであった。こうした知識人の優越コンプレックスに対して、フーコーは生理的な嫌悪感を抱いていたように思われる。〔…〕「真理と正義の大家としての知識人」像などもはや古臭い幻影でしかないと彼〔フーコー〕は感じていた。[38]

ここでは、フーコーの知識人論を援用しながら、[39]サルトル的知識人とは、「普遍的なもの」の名のもとに大衆を代表する

「知的エリート」であり、そのようなものは「古臭い幻影」でしかない、とされている。しかし、われわれがすでに見てきたように、ここで「サルトル的知識人」とされているものは、サルトルの言う「知識人」（すなわち、作るべきものとしての普遍性をラディカルに追及するもの）とは何の関係もないものであり、むしろ、まさしくサルトルが「にせの知識人」と呼んで激しく批判していたものにほかならない。このように、サルトル・フォビアにおけるサルトル批判の内実は、実際はいわば「にせのサルトル」批判、と言ったものでしかないことがほとんどである。

さて、サルトルが日本で知識人についての講演を行ってから半世紀近くの時を経て、サルトル哲学が「乗り越え」られ、サルトル的知識人が「時代遅れ」となったとされる現代日本とは、はたしてどのような時代なのだろうか。サルトルはブルジョワ・ヒューマニズムを、帝国主義、新植民地主義、人種差別、女性差別、侵略戦争などを隠蔽する、にせの普遍性に基づく特殊主義的イデオロギーだ、と言っていた。だが、これはまさしく「戦後民主主義」にもあてはまる。「平和」や「民主主義」といいながら、戦後日本は、侵略戦争と植民地支配の反省もなく、米軍基地を沖縄に集中させ、朝鮮戦争やヴェトナム戦争といったアメリカの帝国主義戦争に加担し、まやかしの「平和」の中で「経済発展」をとげた。また、在日朝鮮人差別、アイヌ差別、部落差別、女性差別、等々をまかり通してきた。それは今日でもまったく変わらず、日本は、「テロとの戦い」という名目のもとにアフガニスタンやイラクへの侵略戦争を遂行したアメリカを一貫して支持し、自衛隊を派兵した。また、過去の侵略戦争と植民地支配に対する日本の責任を問うことを「自虐史観」「反日」などと非難する声はますます高まっている。

では、今日では消滅したとされる「サルトル的知識人」の代わりに「残ったもの」、とは何か。それは、「サルトル的普遍的知識人は終焉した」とうそぶきながら、異議申立ての力を自ら放棄し、「非政治的人間」「不可知論者」に居直って「研究」（その中には「サルトル研究」も含まれる）[40]にいそしむ、「知の技術者」たちである。またそれは、支配層の奉仕者の役割を自ら買って出、自分の技術的知識を駆使して、未曾有の原発事故の被害を過小評価しようとする「番犬」たちである。さらにはそれは、にせの普遍性の観点から「テロにも戦争にも反対」「いかなる国のナショナリズムにも反対」などという（支配権力にとって）無害な「にせの異議申立て」を行う、「にせの知識人」である。

その意味で、今日まで続く「サルトル・フォビア」とは、不安を抱えた今日の「（にせの）知識人」たちが示す症候の一つではないのだろうか。彼らは、「にせのサルトル」を作り出して否定してみせることで、自分たちを否認するものと感じられる「サルトル」をやっかい祓いし、安心しようとするのである。彼らが言う「サルトルの乗り越え」とは、実際は「サルトルからの後退」でしかない(41)。したがって、今日必要とされているのは、本当の意味でサルトルを「乗り越える」ことである。サルトル・フォビアは、サルトルが提起した問題がまだ消滅していないことを証明している。その限りで、サルトルもまた、いまだに消滅しえない。サルトルを、実践において本当の意味で「乗り越える」ことをめざすこと、それが、今日われわれがサルトルを読むことの唯一の意味である。

注

（1）一九八六年に浩瀚なサルトル伝『伝記サルトル』を出版したアニー・コーエン＝ソラルによると、こうした状況はフランスでも同じであるという（Annie Cohen-Solal, *Jean-Paul Sartre*, « Que sais-je? », PUF, 2005, pp. 5–10.〔『サルトル』、石崎晴己訳、白水社、二〇〇六年、九頁—一七頁〕）。ただし、コーエン＝ソラルは、こうしたサルトル・フォビアはフランスに特有なものであり、アジア、アフリカ、ラテン・アメリカなどその他の地域では、サルトルはいまだに熱心に語られ、称賛の対象となっている、と言う。彼女はそこに日本も含まれると考えるようだが、われわれの考えではそれは誤認である。

（2）Jean-Paul Sartre, *L'Existentialisme est un humanisme*, coll. « Folio », Gallimard, 1996, p. 75.〔『実存主義とは何か——実存主義はヒューマニズムである』〔新装版〕、伊吹武彦訳、人文書院、一九九六年、七九—八〇頁〕。

（3）講演「知識人の擁護」は、一九七二年に出版された『シチュアシオン　八』に収録された。その翻訳も人文書院の「サルトル全集」の一部として一九七四年に出版されている（Jean-Paul Sartre, « Plaidoyer pour les intellectuals », dans *Situations, VIII*, Gallimard, 1972 [S VIII]）〔「知識人の擁護」、岩崎力・平岡篤頼・古屋健三訳、『シチュアシオン　八』、人文書院、一九七四年〕。しかし、それに先立つ一九六八年に、人文書院からは、講演の原稿と録音テープを参照して訳出したものが、単行本版の邦訳として出版されている（『知識人の擁護』、佐藤朔、岩崎力、松浪信三郎、平岡篤頼、古屋健三訳、人文書院、一九六七年（以後『擁護』と略））。全集版と単行本版邦訳にはかなり異同がある。実際に講演された内容により近いのは後者の単行本版邦訳（『擁護』）であると考えられるが、本稿での引用文は、基本的には前者の全集版を用いた。対応する箇所がはっきりしている場合は、『擁護』のページ数も付した。

（4）S VIII, 376.〔二七六頁〕『擁護』九頁。

（5）S VIII, 378.〔二七八頁〕『擁護』一二—十三頁。

（6）S VIII, 380.〔二七九頁〕『擁護』一五頁。

（7）S VIII, 391.〔二八七頁〕。

（8）*Ibid.*, 391.〔二八八頁〕。

（9）S VIII, 393.〔二八九頁〕『擁護』三二—三三頁。

（10）S VIII, 395.〔二九〇頁〕。

（11）S VIII, 408.〔三〇〇頁〕『擁護』二八頁。エコール・ノルマルでサルトルの同級生だったポール・ニザンは、一九三二年に出版された『番犬たち』において、当時のフランスのアカデミズムの「哲学者」たちを激しく批判した。Paul Nizan, *Les chiens de garde*, Rieder, 1932.〔『番犬たち——ポール・ニザン著作集2』、海老坂武訳、晶文社、一九六七年〕。
(12) S VIII, 389.〔二八六頁〕『擁護』二七頁。
(13) S VIII, 389.〔二八六—二八七頁〕『擁護』二八頁。cf. Frantz Fanon, *Les damnés de la terre*, La Découverte & Syros, 2002, pp. 289–291.〔『地に呪われたる者』、鈴木道彦、浦野衣子訳、みすず書房、みすずライブラリー、一九九六年、二九八—三〇〇頁〕。
(14) S VIII, 397.〔二九二頁〕『擁護』三九頁。エドワード・W・サイードは、一九九三年に知識人についての講演を行ったが、そこでのサイードの「知識人とは亡命者にして周辺的存在であり、またアマチュアである」といった主張と、サルトルの知識人論との共通性を見て取ることは容易である(Edward W. Said, *Representations of the Intellectual*, Vintage, 1996, p. xvi.〔『知識人とは何か』、大橋洋一訳、平凡社ライブラリー、一九九八年、二〇頁〕)。
(15) S VIII, 409.〔三〇一頁〕『擁護』六四頁。
(16)「知識人の『徹底主義』は、真理の徹底主義なのです」(『擁護』六五頁)。
(17) S VIII, 404.〔二九八頁〕。
(18) *Ibid.*, 404.〔二九七頁〕『擁護』六一頁。
(19) S VIII, 408.〔三〇〇頁〕『擁護』六二頁。
(20) S VIII, 410.〔三〇二頁〕『擁護』六五頁。
(21) S VIII, 411.〔三〇八頁〕『擁護』六七頁。
(22) S VIII, 423.〔三一一頁〕。後述するように、五月革命以後のサルトルは知識人が持つこうした「役割」自体を否定することになる。
(23) S VIII, 421.〔三一〇頁〕『擁護』八一頁。
(24) S VIII, 422.〔三一〇頁〕『擁護』八二頁。
(25) S VIII, 400. et al.〔二九五頁他〕『擁護』四九頁他。
(26)『擁護』六三頁。この文は全集版では削除されている。
(27) Jean-Paul Sartre, « L'ami du peuple », in *Situations, VIII*, 1972, Gallimard, 1972.〔「人民の友」、鈴木道彦訳、『シチュアシオン 八』人文書院、一九七四年〕。
(28) S VIII, 460-461.〔三三九頁〕。
(29) S VIII, 467.〔三四四頁〕。
(30) S VIII, 461.〔三三九頁〕。
(31) Jean-Paul Sartre, « Les maos en france » (1972), in *Situations, X*, Gallimard, 1976 [S X] pp. 42–45.〔「フランスにおけるマオ派」、鈴木道彦訳、『シチュアシオン 十』、人文書院、一九七七年、三八頁—四一頁〕。このエピソードは一九七二年の「司法と国家」、一九七三年の「間抜け狩り選挙」(ともに『シチュアシオン 十』所収)においても参照されている。
(32) S X, 42.〔三九頁〕。
(33) S X, 44.〔四〇—四一頁〕。
(34) S X, 46.〔四二頁〕。
(35) Jean-Paul Sartre, « Justice et état » (1972), in *Situations, X*, 1976, Gallimard, 1976, pp. 55–56.〔「司法と国家」、鈴木道彦訳、『シチュアシオン 十』、人文書院、一九七七年、五一頁〕。
(36) サルトルはその理由を、ドイッチャーに由来する「イデオロギー的利害」という概念で説明している。
(37) S X, 61–62.〔五六—五八頁〕。鈴木道彦は、当時のサルトルが、この矛盾を「楽々と矛盾のままで乗り越え」ていたこと、すなわち「一方でおそまきながら『五月』の精神を認めて『古典的知識人』のラディカルな否定を宣言するとともに、他方では否定さるべき当の『古典的知識人』として営々とフローベール論を執筆」していたことは、「きわどい綱渡り」「危険な芸当」だった、と回想している（鈴木道彦『異郷の季節』〔新装版〕、みすず書房、二〇〇七年、二二八頁）。ただし、自らは矛盾に直面しようとすらせず、「危険」を冒すこともない安全地帯にいる現代のにせの知識人たちに、こうしたサルトルの矛盾をあげつらう資格はないだろう。

(38)『ミシェル・フーコー思考集成』第六巻巻末の、松浦寿輝による「日本語版編者解説」（蓮實重彦・渡辺守章 監修／小林康夫・石田英敬・松浦寿輝 編『ミシェル・フーコー思考集成』第六巻、筑摩書房、二〇〇〇年、六〇〇頁）。

(39)「知識人の政治的機能」（一九七六年のインタビューの抜粋）« La fonction politique de l'intellectuel », dans *Dits et écrits: 1954-1988, tome III*, Gallimard, 1994, pp. 109–114.〔「知識人の政治的機能」、石岡良治訳、『ミシェル・フーコー思考集成』第六巻、筑摩書房、二〇〇〇年、一四五―一五一頁〕。

(40) これに関して、サルトル来日中の一九六六年一〇月に、サルトル、ボーヴォワール、平井啓之、鈴木道彦、海老坂武、白井浩司が参加して行われた座談会「私の文学と思想」（『文芸』一九六六年一二月号に掲載された）において、鈴木道彦はこう発言している。「ご承知のようにサルトルさんの日本における影響は大きく、読者も多ければ研究家を自称する者も少なくありません。しかしおよそサルトルさんの方向と異なって、体制内存在に陥っている者の多いのが私には残念です。〔…〕サルトルさんの作品は、日本と世界の将来の変革や平和のことを真剣に考える者のためにあるのであって、のうのうと消費の文学に固執したり、政治など糞くらえといった態度を示す者のためにある作品ではないと信じています。これは絶対に、闘っている者のためにある作品です。」（日高六郎、平井啓之他『サルトルとの対話』、人文書院、一九六七年、六七頁）。

(41) サルトル来日直後、一九六六年一〇月一二日と一三日の朝日新聞夕刊に掲載された清水幾太郎によるサルトル批判「知識人の機能――サルトル氏の発言によせて」は、現在まで続くサルトル・フォビアのパターンをすでに典型的な形で示している。清水は、高度経済成長期以降、科学技術の進展によって労働者階級の生活の一定の向上があったにもかかわらず、マルクス主義的階級対立の構図に「いまだに」依拠し、科学者や技術者を「番犬」とか「偽のインテリ」とか呼んで敵視するサルトルの知識人論は時代遅れだ、と言う。清水はかつて「サルトルの最も忠実な読者の一人」であったと言うが、だからこそ、サルトルに対して「苦しいいら立たしさ」を感じるとか、サルトルが「気の毒になってくる」と言う。これに対し、一〇月三一日の朝日新聞夕刊に掲載された市井三郎の「逆立ちした知識人論――清水幾太郎の発言によせて」は、清水の文章を「情緒的な反応」として批判した。市井による清水批判は、現在の日本の知識人の状況に照らしても、非常に示唆的なものである。

挫折・ナルシシスム・人間的条件

――サルトルの伝記的批評における詩的倫理

根木昭英

導入

サルトルは、晩年のインタヴューにおいて、自らの知的活動を回顧しつつ、次のように述べている。「私が書いたものすべては、同時に哲学であり文学だ〔…〕。〔そのなかでも〕『聖ジュネ』と『家の馬鹿息子』は、私が探し求めていたもの〔…〕を、完全に表現しているように私には見える」(1)。じっさい、この二著作を中心とする一連の伝記的批評――『ボードレール』(一九四七)、『聖ジュネ』(一九五二)、フローベール論『家の馬鹿息子』(一九七一、七二)、草稿『マラルメ』(一九八六)、そして『シチュアシオン』の諸評論をそこに含めることも可能であろう(2)――は、サルトルの残した膨大な作品のなかでも、哲学と文学という彼の二重の関心を、もっとも直接に反映した著作であると言える。すなわち一方でこれらの著作は、『存在と無』(一九四三)末尾で提唱された実存的精神分析の実践、あるいは、より時代を下れば「方法の問題」(一九五七)の続編(『家の馬鹿息子』)としての性格を持っており、そこでサルトルは、哲学的考察によって得られた彼自身の学的方法(現象学的存在論・マルクス主義的イデオロギー分析・精神分析的手法など）を個別の実存的生に適用することで「こんにち、一人の人間について何を知りうるか」[3]という問いへの全面的回答を試みている。また他方で、これらの批評の対象とされた人物のほとんどが文学者であることから明らかなように、そこで跡付けられているのは、なによりも、それぞれの生が芸術作品へと昇華してゆくその様態であり、そこに『想像的なもの』（一九四〇）や『文学とは何か』（一九四七）で示された美学や文学論を見いだすことは容易である。これまでの研究において、これらの著作が、特定の個人の生を叙述する単なる評伝としてだけでなく、哲学者であり作家であったサルトル独自の方法論が、包括的な仕方で適用された書物として考察されてきたのは、そのためであった[4]。

本稿の関心は、伝記的批評で用いられた方法をめぐるこうした解釈について、あらたな考察を重ねることとは別のところにある。むしろ問題としたいのは、これら著作群の分析にさいしてしばしば共有されているように見える前提、すなわち伝記的批評は、基本的には既成の理論が個別事例へと応用される場であり、そこにサルトル思想の大きな展開が見られるわけではないという点である。先述のように、これらの著作において『存在と無』や『文学とは何か』といった著作で提示された哲学および文学理論が見出されることはもちろん事実である。しかし他方でサルトルは、そこで、諸作家の営為に仮託するいわば側面的な形で、他の著作では十分に展開されることのなかった思想についても語っているように思われる。それは一言でいえば、「ポエジー（poésie）」という語を軸として展開された詩的倫理の思索であり、既成の理論著作にはかならずしも還元されないこの一連の思索は、「詩」のみならず、サルトルにおける文学全体の位置づけに関わる体系を形成しているように思われる。

このような観点のもと、われわれは本稿において、とりわけ『聖ジュネ』を中心にこの概念を考察し、そこに見られる詩的倫理の一端を明らかにするべく試みたい。結論を先取りしつつ述べるならば、〔一〕挫折を選択することで欺瞞的に「自己原因」たらんと試み、〔二〕そうした実存様態を、読者を瞞着するナルシシスムを通じて作品へと昇華させる詩的態度が、〔三〕矛盾した人間的条件を先鋭化し顕示するという倫理性と結び付けられていること、これらの点を示すことが本稿の目的である。

1 「挫折の態度」としてのポエジー

それではさっそく、伝記的批評に見られる「ポエジー」の概念を検討してゆこう。この語は、哲学的著作で厳密に定義される諸概念とは異なって明確な定義なしに用いられ、一定の曖昧さを伴ってはいるものの、それは文学作品としての詩のみならず「生存の一様態」[5]、つまり一つの実存的態度を指す語として用いられている点に特徴がある。そしてサルトルによれば、この実存様態としてのポエジーとは、なによりも「挫折の態度」[6]である。一例をあげるならば、泥棒作家ジュネは、挫折を選択することによって自らが罪を犯す世界を次のような仕方で開示するとサルトルは言う。

諸事物は、その「逆行率」を失った。彼が王子でもあるかのように、他のものたちは彼の階段に上り、彼がそこを下るのを手伝うだろう。車は外で彼を待っているだろう。〔…〕裁判官たちは彼のためにわざわざやってきて、彼が自分の生涯を語るのを聞くことだけに心を傾けるだろう。そして最後には、朝早くに彼のために玉座が設けられるだろう。(SG, 118)

ここに見られるのは、一言でいえば、あらたな目的秩序による世界の開示である。サルトルが『存在と無』で示したように、行為において世界の諸事物は一定の「逆行率」とともに、すなわち行為の目的に対して有用であったり邪魔であったりする道具の連鎖として現れる。[7] うえの例であれば、車が待っているのはジュネを裁判所へと護送するためであり、裁判が開かれるのは彼に判決を下すためであり、それはさらに……といった具合である。ところがここで世界は、ジュネが「王子」として「玉座」へ導かれるという異質な目的秩序に従っており、その結果、特定の目的へ到達するために有効に配列された手段の連鎖は効力を失ったように見える(「逆行率を失った」)。ジュネの態度が「挫折」と呼ばれるのは、ひとまずそうした意味に解しうる。そして、この新しい秩序が、「目的なき目的性」[8]と言いかえられていることから、それが審美的秩序であることは明らかであろう。それでは「挫折の態度」とは、『想像的なもの』で提示された想像的態度、すなわち、現実の措定である「知覚」とは共存不可能であるとされた非現実的世界の開示なのであろうか。話はそれほど単純ではない。というのも、容易に理解できるように、上記の例において車が待っているのは、じっさいには罪人のジュネを護送するためであり、裁判官たちが彼の話に耳を傾けるのも、じっさいには彼に判決を下すためだという事情は変わってはいないのであって、じつのところ、そこで有効性の秩序は失われていないからである。したがってここに見られるのは、想像するように知覚し、現実的なものを非現実的なものとして把握する態度である。サルトルによれば、こうした二重性こそがこの詩的な態度を特徴づけるのである。[9]

さきに述べたように、現実と非現実とはそもそも両立不可能なのであるから、この態度は明らかに撞着的である。だがこの点を検討する前に、まずはこうした態度が持つ哲学的含意を考察しておこう。導入で触れたように、伝記的批評はそもそも「実存的精神分析」の実践としての側面を持っており、このサルトル独自の精神分析の目的は、個々の人間的現実が示す嗜好や振る舞いからこの人間の根源的投企、すなわち「考察されている被験者の存在そのもの」(10)に対する態度へと遡ることにあった。想像と現実とを生きる詩的態度は、そうした観点からはどのように位置づけられるだろうか。サルトルは述べている。

〔…〕ジュネは、自己原因たるという至高の投企を〔…〕現実化する。〔…〕すなわち盗みによって、ジュネは自らに対して彼の本性を再創造し、同時にこれを聖別するのだ。(11)

次のように説明することができるだろう。まず「挫折の態度」の想像としての側面に着目するならば、サルトルは『想像的なもの』において、想像的意識が、自らの自発性のみによって無から非現実的対象を生み出す「創造的な（créatrice）」(12)存在であることを示していた。ジュネの非現実的自己である「王子」の存在が、それを夢見る彼の意識のみに依存していることを考えれば、サルトルのこうした論理を理解することができるだろう。想像とは、非現実的創造なのである。だが他方で、この態度は知覚としての側面も持っている。すなわち「王子」たるジュネは、単なる想像の産物ではなく、車や裁判官と有効性の関係を保った現実的存在でもあり続けているのであった。したがって、この二つの側面を考え合わせるならば、次のように言わねばならないだろう。すなわちジュネはこの詩的態度において、彼の自己を自らが夢見るままに、しかも現実に作り上げようとしている、と。うえの引用において、彼が自らの「本性」を「再創造」すると言われるのはそのためである。そして、ここで問題になっているのは言うまでもなく、「王子」としてのジュネ自身、つまり彼の存在である。その意味で、実存精神分析が明らかにする挫折の態度の存在論的含意とは、自己自身の存在を作り出しこれを根拠づける存在、つまりは「自己原因」なのである。(13)

しかし、ここでさきの問いへと立ち返るならば、想像と現実との混淆は明白な矛盾を孕んでいた。くわえてそもそも、サルトルは「〔…〕自己原因的存在は不可能であり、その概念は〔…〕矛盾を内包している」(14)ことを示したのではなかったろうか。つまり、挫折の態度は維持不可能な態度だと言わなければならないのである。サルトルが「〔…〕彼〔ジュネ〕は生きることの不可能性を生きることを決意した〔…〕」(15)と述べるのはおそらくそのためであるが、それにしても不可能とは文字通り不可能であるとすれば、「不可能性を生きる」とは何を意味するのだろうか。サルトル独自の弁証法である「回転装置（tourniquet）」の概念を参照することで、次のように説明することができるだろう。一般に知られているヘーゲル的弁証法においては、対立する二項が第三項へと止揚されることで弁証法運動が成立する。ところが、挫折の態度において作動する回転装置は、「対立する二つの価値体系を参照し、どちらかを選ぶことを拒否する」（SG, 368）ことによって形成されるため、その対立項は第三項への移行なしに維持されるとサルトルは言う。矛盾が矛盾のままに留まるのであるから、その帰結は、たとえば次のような二項間の揺れ動きでしかありえないであろう。すなわち、「【定立】ジュネが王子であるのは、彼自身の想像においてである。よって彼は王子たる自己の創造者である。【反定立】しかし裁判官たちは、じっさいにジュネの話に耳を傾ける。よってこの王子は現実的存在だ。【定立への復帰】とはいってもそれを想像したのはジュネなのであるから、それは彼の生み出した存在だ。【反定立への復帰】いやそれでも、……」といった具合である。むろん、ここには単なる循環しか存在しない以上、二項の総合（現実的存在としての王子）が生み出されることはけっしてない。しかしサルトルによれば、ジュネはこの往復運動を維持し続けることによって「偽の統一」[16]、つまり現実と非現実とが両立しているかのような見かけを生み出すことができるのだという。論理的観点からすれば、挫折の態度という不可能が生きられるのは、こうしたいわば詭弁的な仕方によってである。

以上の考察より、実存様態としての「ポエジー」とは、挫折を選択することで審美的秩序と有効性の秩序を共存させ、最終的には自己原因たらんとする企てだと言うことができるだろう。そして、この不可能な企ては、回転装置の弁証法を通じて、瞞着的に生きられるのである。

2　挫折の態度と詩的作品――ナルシシスムによる客体化

次に、作品成立の観点から、挫折を選択する詩的態度を検討しよう。ここまで考察してきたように挫折の態度とは、自己原因たらんとする企てに収斂する欺瞞的な実存様態であった。しかしそもそも、こうした態度が、ほんらい言語作品の一形態であるはずの「詩」に結び付けられるのはなぜであろうか。さしあたりの結論から述べてしまうならば、それは言語に対する詩人の態度とそこから生まれる詩的作品が、サルトルによれば次のようなものだからである。

彼〔詩人〕はきっぱりと、語を記号としてではなく事物として見つめる詩的態度を選んだ。〔…〕〔詩句が与える〕奇異さは、それを見つめるために、われわれが人間的条件とは別の側、すなわち神の側に身を置くということに由来する。[17]

〔…〕それ〔詩的作品〕は、葛藤を現実化されたい状態で提示するのである。実存は、解決なき葛藤を維持するのに疲れ果てる。詩は〔…〕まさにこの葛藤であるが、それは休息状態にあり、存在の静けさに書き込まれた葛藤である。[18]

第一の引用が意味するのは、詩人の態度が、言語を有効性の原理に従った伝達の道具（「記号」）として用いることを拒否し、審美的秩序に従った「事物」、すなわち音響や視覚的形態を備えた物質的対象として扱う態度だということである。有効性の秩序を相対化する「挫折の態度」との平行性は、明白に見てとれよう。そしてそこから第二の引用にある、詩的態度と詩的作品との関係が導かれる。すなわち、詩的態度は言語に対して挫折を選択する態度であり、かつ詩人にとって詩とは事物であるゆえに、それは欺瞞によってしか維持されえない不可能な挫折の選択（「葛藤」）に、事物の客体性（「存在の静けさ」）を与えることができるというのである。両者の関係は、ひとまずこうした理路によって説明できる。[19]

こうした主張の背景にあるのは、言うまでもなく『文学とは何か』における詩と散文の二元論である。すなわち、そこで詩人の態度は、上記のように伝達を拒否するナルシシスムとして、他方で散文家の態度は、言語を通じた読者の自由への呼びかけとして提示されたのであった。しかしながら、詩的実存の客体化をめぐる伝記的批評の議論は、以上の二元論にすべてが還元されるほど単純ではないように思われる。というのもそこで、この二元的構図は、完全に否定されるわけではないにせよ、明らかな動揺を来たしているからである。[20] すでに『ボードレール』においてサルトルは、詩句が「小石」や「テーブル」といった単なる事物ではなく、存在を無化する詩人の主体性を帯びていることを指摘していた。また『聖ジュネ』では、ジュネが真実には詩人である散文家とされる。[21] 一言でいえば、そこで詩的作品は、詩的であると同時に散文的でもある両義的存在と捉えなおされる傾向が顕著となるのである。[22]

このことは、伝達とは無関係であったはずの詩的作品の成立が、「読者」との関係において再把握されねばならなくなることを意味する。というのも、語が単なる事物ではなく、多少とも作者の主体性を反映した散文的存在でもあるとすれば、『文学とは何か』で散文について言われたように、[23] これに決定的な客体性を与えることができるのは読者でしかありえないからである。サルトルが「彼〔ジュネ〕は〔…〕〈他者〉に助けを求めるであろう。というのも、〔…〕言葉に真の客体性を与えるのは他者であるからだ」（SG, 509）と述べるのは、その意味においてである。そして、作品成立のこうした様相変化は、詩的作品の作者と作品の関係について重大な帰結をもたらすだろう。なぜなら、作品の成立が読者に依存するとすれば、そのとき生み出される作品の意味は、もはや作者のものではないからである。つまり作者の語った「語が〔…〕それだけでひとつの意味を持ち、それが彼〔ジュネ＝作者〕を逃れる」（SG, 313）という事態が生じるのである。言語の位相の捉えなおしの結果として、伝記的批評において表面化するのは、したがって、詩的作品の作者が直面する次のようなアポリアである。すなわち、一方で詩的実存の現実化は読者を必要とするが、他方まさにそのことによって、作品は作者のものではなくなってしまうのである。

　読者の眼差しによる疎外とも言うべきこの事態に対して詩的作品の作者が与える回答は、ここでもやはり、伝達における挫折の態度、すなわち「偽りのコミュニケーション」（SG, 316）を行うことである。ごく単純な例を挙げよう。サルトルは、『花のノートルダム』における男娼ディヴィーヌの描写を引用しつつ、ジュネが自らの詩的実存である男色をいかにして現実化するかを説明している。「『ディヴィーヌは澄み切った水だった〔…〕彼女は小さな黒繻子の財布からいく枚か硬貨を取り出し、それを音もなく大理石のテーブルに置いた…』。〔ジュネがこのように描写する〕この魅力的な蓮っ葉女に心を動かされないものがあろうか。ただし、そうなのだ、この女は男なのだ。われわれは語の力によって男色家となり、一瞬の間、想像において男を抱き、抱かれる禁じられた快楽を味わう〔…〕」（SG, 555–556）。つまり、ここでジュネは、異性愛（「魅力的な蓮っ葉娘」）を偽装することで読者の欲望を喚起し、それによって自己が望む意味である男色を客体化させてしまうのである。この例に典型的に見られるように、自らの望む意味と読者が与える意味との相克に直面した作者は、読者を瞞着する「偽りのコミュニケーション」によって、両者の一致を現実化させる。言いかえれば、前節で見た回転装置の運動によって、解決不可能な矛盾（作者の望む意味／読者の客体化する意味）を「偽の総合」へともたらしているのであるが、その詭弁性は、今回は他者へと向けられているのである。したがって、詩的作品における作者と読者との関係を定式化するなら、次のようなものとなるだろう。

　詩人は〔…〕彼が承認しはしない公衆によって承認されることを要求する。〔…〕言語と詩人との間において自らを消去し、詩の純粋な運搬者となる傾向があるのは読者である。彼〔読者〕の役割は、言葉を客体化することで、詩人に彼の創造的主観性を聖なる力の形で反映することである。[24]

　このように、たとえ詩的作品の成立に「読者」の契機が介在するのは事実であるにしても、それはあくまでも、作者に瞞着される「手段」（SG, 467 ; 510 ; 645）としてに過ぎないのであって、そこに散文的な他者への呼びかけは成立していない。その意味でこの客体化過程の背景にあるのは、やはり伝達を拒否し、言語における挫折を選ぶ詩人のナルシシスムである。伝記的批評において、言語の二元的構図が揺らぐにもかかわらず、挫折を選択する態度が詩的なものと結び付けられるのはそのためなのである。したがって詩的態度と作品との関係とは、次のようなものになるだろう。——詩人の態度は言語に対する挫折の選択（ナルシシスム）であるゆえに、その作品は自己原因たらんとする不可能な態度の客体化となる。伝記的批評においては、こうした図式に「読者」の契機が加わるが、そこに見られるのもまたナルシシスムであり、そのかぎりでやはり、詩的作品は挫折の現実化としての意味を持つことになるのである。

3　ポエジーと倫理——詩的作品による人間的条件の証言

最後に、以上の考察がサルトル思想において占める意義について検討しよう。ここまで「ポエジー」の語を軸として取り出されたのは、自己原因たらんとする不可能な投企を瞞着によって現実化しようとする態度であった。こうした営為は、あくまで伝記的批評における一つの実存様態として描かれているだけであるから、もちろん、これをすぐにサルトルの思想と同一視するのは性急であろう。しかしじっさいには、ポエジーをめぐるこの思索は、彼自身の倫理論に関わる思想的射程を有しているように思われる。というのもサルトルは、『聖ジュネ』全体を通して、ジュネの詩的態度に対する称賛的態度を明確に示しているだけでなく、あるインタヴューにおいては「マラルメとジュネ、〔…〕私は彼らに全面的に共感しています。彼らは二人とも、意識的にアンガジェしています[25]」と述べ、両者と自己の標榜した文学的立場とを重ね合わせつつ、これにはっきりと肯定的評価を与えているからである。こうした発言は、『文学とは何か』で示されたサルトルの立場を考えるならば、明らかに逆説的である。なぜなら彼はそこで、人間を歴史変革の企てとして提示する実践性や、読者の自由へと呼びかける高邁さに作家の倫理性を見たのであって[26]、ポエジーを特徴づける瞞着性やナルシシスムは、そのほとんど対極に位置するように見えるからである。とすれば、サルトルのこうした姿勢をいかに理解すべきであろうか。結論から述べるならば、それは、矛盾を偽の総合へもたらそうとする詩的態度こそが「実存する」こと、つまりは人間的現実として存在することの徹底化だからである。サルトルは次のように述べている。

> ジュネは矛盾を解決しない。彼はそれを生きる。もしも彼のなかで、矛盾が何らかの総合へと自らを超出するようなことがあれば、ジャン・ジュネは消失するであろう。両項をと

もに、スピードによって維持することが問題なのである。もし彼が止まるならば、彼は失われる。ようするに、彼は実存する。[27]

これまでの考察と、「人間の条件」をめぐるサルトルの哲学を重ね合わせつつ、二つの側面から説明することができるだろう。第一に、サルトルによれば、人間的意識の存在は、自己との同一性に至りえぬ「対自存在」であった。この存在の欠如を即自存在の充実によって埋め、しかも自己を根拠づける対自でもあり続けることこそ、人間的意識の存在論的理想だったのであり、『存在と無』において「人間とは根本的に神たらんとする欲求である」(EN, 654)と言われたのは、即自と対自とのこの不可能な総合が、自らを根拠づける即自存在、つまりは「自己原因」に他ならなかったためである。この点を踏まえて第一節の考察に立ち戻るなら、詩的態度とは、まさしくこの自己原因たらんとする不可能な試みであった。したがってポエジーは、それが回転装置の詭弁を通じて自己原因たらんとする不可能な試みであるまさにそのことによって、即かつ対自の追求たる人間的現実の存在様態の徹底化という意味を帯びることになる。

第二にサルトルによれば、人間的現実は「対他存在」としても存在するのであった。他者の眼差しによって人間的意識に到来するこのあらたな存在次元は、存在欠如たる対自に即自の客体性を付与するが、他方でそれは他者に由来するものであるゆえに、当の対自には到達不可能に留まるという両義性を持っている。[28] 人間的現実において、対自的にそれである主体性と、対他的にそれである客体性とが総合不可能な矛盾を来たすという事態はそこから出来するのであり、『存在と無』において「他人との具体的諸関係」がすべて挫折にいたるとされたのは、そのためであった。こうした観点から前節を振り返るならば、詩的作品をめぐるアポリアとは、まさしくこの対他存在の矛盾であったことが分かる。というのもそれは、作者が客体化を求める意味(対自的主体性)と、読者がそこに与える意味(対他的客体性)との齟齬に他ならなかったからである。その意味では、読者への欺瞞を通じ、両者を「偽の総合」へもたらそうとする詩のナルシシスムは、まさにそのかぎりにおいて、対自的主体性と対他的客体性との矛盾を極限まで先鋭化することへとその意味を転じるのである。

以上に共通して見出されるのは、人間の条件である解決不可能な矛盾(対自/即自、対自/対他)を拒否し、これを「偽の総合」へともたらそうとするポエジーが、矛盾の両項を維持しようとする努力そのものを通じて、当の矛盾した人間的条件の徹底化に転ずるという逆説的反転の構造である。そして、事情がこのようであるとすれば、そこから生まれる詩的作品の持つ意味もまた逆転せずにはいないだろう。サルトルは講演「知識人の擁護」（一九六五）において、他ならぬジュネの文章を例として挙げつつ、次のように述べている。

〔…〕作家〔自らを散文家と宣言する詩人〕は、根本的には、言うべきことを何も持たない。〔…〕しかしながら、彼はコミュニケートする。それが意味するのは、彼が、その根底的な水準において捉えられた人間的条件（世界‐内‐存在）を、一つの対象（作品）の形において把握させるということである。[29]

つまり、ナルシシスムの産物である詩的作品は何も言うべきことを持たないが、こうした「偽りのコミュニケーション」そのものが、矛盾した人間的条件の先鋭化であるために、それは作者が拒否したはずの人間的条件の徹底した顕示へと転じるのである。そこにこそ、ポエジーとサルトルの倫理論との接合点がある。すなわち詩的作品は、何も伝達しないゆえに「人間的条件を〔…〕証言し」[30]、それによって、人間的現実にその姿を映し返す自己意識的・批判的「鏡」[31]としての位置づけを得るにいたるのである。サルトルが、ジュネのポエジーに対しはっきりと肯定的な評価を与えたのはそうした論理によってであると考えられる。[31] したがってここまでの考察を要約して、次のように結論づけることができよう。伝記的批評に見出されるポエジーは、それが人間的条件の不可能な拒否を徹底するゆえに、逆転の論理によって、人間的条件の先鋭化へと転ずる。そこから詩的作品の倫理的位相、すなわち人間的条件を人間自身に対して証言するという役割が導かれる、と。

結論

以上に、かなり急ぎ足ではあるが確認されたのは、欺瞞的に人間的条件を拒否するポエジーが、当の人間的条件の証言としての倫理的位相を持つにいたるという逆転の詩的倫理であった。本稿でこの点が確認されたのはおもに『聖ジュネ』においてのみであり、こうした思索の包括的提示には、年代的変遷や、完全に放棄されるわけではない散文と詩の区別をも考慮した、より詳細な検証が必要ではあろう。しかしいずれにせよ、伝記的批評に、理論的著作にはかならずしも還元されない思索が見られるという事実を確認することはできたように思われる。最後に、ここまでのわれわれの取り組みそのものを通じて浮かび上がってきた伝記的批評群の特質について一言を述べることで、本稿の結びとしよう。

あらためて考えてみるならば、これまで検討してきた伝記的批評は、なによりも、個別の文学者たちを対象とした批評的著作であった。それらはあくまで、それぞれが特異な作品を残した彼らの特異な生を辿る、評伝であったのである。だが、そこから取り出されたのが、こうしてサルトル自身の思想とも呼びうる詩的倫理であったとすれば、結局サルトルにとってこれらの文学者は、理論的著作にときおり顔を出す「ピエール」のような無名的存在、つまり彼自身の理論について語るための口実に過ぎなかったと言わなければならないのだろうか。(32) ――かならずしもそうではなかった、と答えることができるだろう。というのも、もし事情がそのようであったならば、これらの著作が、サルトル自身の思想から見ればそれほど大きな分析価値を持っているとは見えない瑣末な評伝的事実の集積（ダンディスム、男色、背の高さ、等々）によって、現在残されているほどの頁数にまで増殖することはなかったはずだからである。言いかえれば、「ポエジー」をめぐる第二の『文学とは何か』のような書物が残されず、各人の生における特異な出来事に分析が捧げられたという事実そのものが、サルトルの「人々を了解することへの情熱」(SG, 158) の証左になっていると考えられるのである。

そしてこうした態度の背景には、やはり彼の「実存」概念がある。すなわち、講演「実存主義はユマニスムである」（一九四六）で示されたように、人間的実存とは、その投企が了解可能な普遍である一方で、普遍的本質に先立つ特異でもある二重の存在だったのであり、(33) 彼のこのような実存理解は、『弁証法的理性批判』（一九六〇）を経た講演「特異的普遍」（一九六四）においても、なんら変わってはいなかったのである。膨大な伝記的批評に見出されるのは、この普遍化されない特異な実存、およびそこから生まれた、理論への還元を逃れる文学作品の記述である。ポエジーをめぐる思索の定式化を試みた本稿の考察は、こうした観点からすれば、伝記的批評の普遍的側面のみに着目した解釈と言えるのであって、これらの著作をまったく異なった角度、すなわちジュネやフローベールの実存や文学が示す還元不可能な特異性の観点から読み解くことも、また可能であろう。このように普遍と特異――哲学理論と文学作品との対比は、少なからぬ場合において、両者のそれと重なる――という二つの観点からの重層的読解を可能にするという意味においても、伝記的批評は、哲学と文学とが分かちがたく交差するすぐれてサルトル的な著作だと言えるのである。

注

* 本稿は「ポエジー」の観点から伝記的批評の位置づけを再考する試みであり、とくに第一、第三節については、発表済みの拙稿「詩人と「不可能なもの」――ジャン＝ポール・サルトルにおけるポエジーの思想」、『関東支部論集』第一七号、日本フランス語フランス文学会、二〇〇九年、一九九―二一四頁と重複する箇所があることをお断りさせていただく。

** 外国語文献について、邦訳が存在するものに関してはこれを参照させていただいたが、引用はすべて筆者の訳出により行った。また、煩雑さを避けるため指示は原典のみに留めた。

（1）　Michel Sicard, *Essais sur Sartre, Entretiens avec Sartre* (*1975–1979*), Galilée, 1989, p. 380.

（2）　このように伝記的批評は、厳格な形式的定義によって分類される著作群ではない。このことは、個別的実存に関わるエクリチュールが多少とも伝記的となることを考えれば当然とも言え、そうした観点からすれば、Robert Harvey, « Panbiographisme chez Sartre », in *Revue Philosophique de la France et de l'Étranger*, t. 186, n° 3, juillet-septembre 1996, pp. 369–382 が行っているように、サルトルのほとんどのテクストに伝記的傾向を指摘することさえ可能であろう。

（3）　J.-P. Sartre, *L'Idiot de la Famille*, t. I (nouvelle édition revue et complétée), Gallimard, 1988 [1971] [IF I], p. 7.

（4）　こうした観点からの研究として、Douglas Collins, *Sartre as Biographer*, Cambridge (Mass.), Harvard University Press, 1980 およびMichael Scriven, *Sartre's existential Biographies*, London, Macmillan, 1984 を参照。

（5）　J.-P. Sartre, *Saint Genet, Comédien et Martyr*, Gallimard, 2004 [1952] [SG], p. 337.

（6）　SG, 141. 他に「挫折の刺すような享受」（SG, 410）など。

（7）　Cf. J.-P. Sartre, *L'Être et le Néant*, Gallimard, coll. « Bibliothèque des Idées », 1960 [1943][EN], pp. 389 ; pp. 248 et sqq.

（8）　SG, 115 ; 323. 言うまでもなく、これはカントにおける美の規定である（『判断力批判』「趣味判断の第三様式」）。

（9）　Cf. SG, 391 ; 415.

（10）　EN, 651. 強調サルトル。

（11）　SG, 85. 強調引用者。SG, 543 ; 690 も参照。

（12）　J.-P. Sartre, *L'Imaginaire*, Gallimard, 1967 [1940], p. 26.

（13）　詩的実存と自己原因とのこうした関係については、Jean-François Louette, « L'usage littéraire du langage selon Jean-Paul Sartre », in *Revue de l'enseignement philosophique*, t. XXXII, n° 5, juin-juillet 1982, pp. 49–50 を参照。

（14）　EN, 717. 強調サルトル。J.-P. Sartre, *Cahiers pour une Morale*, Gallimard, 1983 [1983], pp. 158 et sqq. ; 456 ; 531 et sqq. も参照。

（15）　SG, 162. SG, 98 ; 132 も参照。

（16）　SG, 78. SG, 280 ; 371 も参照。

（17）　［…］を挟んで順にJ.-P. Sartre, *Situations, II*, Gallimard, 1999 [1948] [S II], pp. 62 ; 66.

（18）　SG, 307. 強調サルトル。

（19）　このように、詩的作品を作者の実存様態が客体化されたものと考えるサルトルの立場が、構造主義を経た現在、多少とも教条的な印象を与えることは事実であろう。しかしながら、サルトルにおける実存と作品との関係は、かならずしも前者から後者が導出されるような一方的関係ではない点には、注意が必要である。というのもこれから見るように、実存の作品への客体化過程は、それ自体、作者が自己の実存を他者との関係において決定してゆく過程でもあり、その意味で両者の関係は、循環的に一方が他方を作り出してゆく相互的関係とも捉えうるからである。この点についてはFrançois Noudelmann, *Sartre : l'Incarnation imaginaire*, L'Harmattan, 1996, p. 171 et sqq. を参照。

（20）　散文と詩をめぐるサルトル思想の振幅についてより詳細には、以下を参照。J.-F. Louette, *Sartre : la Littérature, herméneutique du Silence*, Thèse de Doctorat, Université de Paris III, U.F.R. de Langue et Littérature française, 1988, Chap. III ; Jens

Bonnemann, *Der Spielraum des Imaginären : Sartres Theorie der Imagination und ihre Bedeutung für seine phänomenologische Ontologie, Ästhetik und Intersubjektivitätskonzeption*, Hamburg, Felix Meiner Verlag, 2007, pp. 235–239.

（21）Cf. J.-P. Sartre, *Baudelaire*, Gallimard, coll. « Les Essais », 1980 [1947], pp. 219–20 ; SG, 473.

（22）これは逆に言えば、詩が特定の作品分野ではなく文学言語一般の構成契機として捉えなおされるということである。「すべての言語は、いくらかの程度詩的である」（SG, 612）。その意味で「ポエジー」の問題は、文学全体に関わることになるのであり、じっさい『家の馬鹿息子』においては、ギュスターヴの小説家への変貌が、語の物質性をめぐる考察を通じて分析される（cf. « Scripta manent », IF I, 907 et sqq.）。われわれが「導入」において、ポエジーが文学全体の位置づけに関わると述べたのは、そのためである。

（23）Cf. S II, 87 et sqq.

（24）SG, 611–612. 強調サルトル。

（25）J.-P. Sartre, *Situations, IX*, Gallimard, 1987 [1972] [S IX], p. 14. ボードレールとフローベールについては注32を参照。

（26）順にS II, 247 ; 91–92 を参照。

（27）SG, 211. 強調サルトル。SG, 75 ; 309 ; 565 も参照。

（28）Cf. EN, 429 ; 610–611.

（29）J.-P. Sartre, *Situations, VIII*, Gallimard, 2008 [1972], p. 444. 強調サルトル。

（30）J.-P. Sartre, *Mallarmé : la lucidité et sa face d'ombre*, Gallimard, 1986 [1986], p. 67. なお、サルトルがとりわけ「証言する（témoigner）」という語を用いるのは、ポエジーが表現する人間的条件が、（それを欺瞞的に拒否するという仕方で）作者自身によって生きられたものであることを強調するためであろう。

（31）Cf. SG, 662 ; S IX, 31.

（32）もちろんここで、しばしば詩そのものへの無理解とされた、ボードレールに対するサルトルの批判的評価をいかに位置づけるかという問題が生じうる（cf. Georges Bataille, « Baudelaire », dans *La Littérature et le Mal*, Gallimard, 1957 ; André Guyaux, « L'intellectuel contre le poète : Sartre et Baudelaire », in *Mesure*, n° 2, 1989, pp. 41–46）。この点に答えるには、ある程度年代的視点を導入する必要があろう。すなわち、ボードレール論は伝記的批評のなかではもっとも早く執筆された著作であり、この時期には、ポエジーと倫理をめぐるサルトルの思索は、まだ十分に形を成していなかったと考えられるのである。このことは、そこで詩的態度が、一つの作品に収斂するものとしてはほとんど考察されていないことからも明らかであり、その後のサルトルが、ボードレールを一九世紀の「もっとも偉大な詩人の一人」（J.-P. Sartre, *L'Idiot de la Famille*, t. II (nouvelle édition revue et complétée), Gallimard, 1988 [1971], p. 2000）と呼びつつ、この著作を「たいへん不十分」（S IX, 113）だと述べるようになるのもそのためだと考えられる。こうした点についてはJ.-F. Louette, « Sartre lecteur de Baudelaire », dans *Silences de Sartre*, Toulouse, Presses universitaires du Mirail, 2002, pp. 379–384 を参照。

他方、注22で述べたようにポエジーが文学一般に関わるものである以上、こうした倫理的問題はとうぜん作家フローベールについても提起される。彼に対するサルトルの態度は、個人的反発を示しつつ、作家としての重要性を指摘する（cf. IF I, 8 ; S IX, 115 et sqq.）という両義的なものであり、かつ、こうした評価の根拠がそれほど明確に示されているわけではない。しかしながらそこに、ここまでに見た、人間的条件の徹底的拒否を通じたその逆説的顕示の構造（およびそこに付与された証言としての一定の論理性）、言いかえれば「激越なデザンガージュマン」の「裏面」としての「全面的アンガージュマン」(cf. J.-P. Sartre, *Les Écrits de Sartre*, éd. par M. Contat et M. Rybalka, Gallimard, 1980, p. 429) の構造を見いだすことは、十分に可能であるように思われる。というのも『家の馬鹿息子』で跡付けられているのは、結局のところ、詩的態度をとるフローベールの生み出した芸術作品が、一定の偏差を孕みつつも、一九世紀の歴史における彼の人間的条件を証言するにいたるその過程に他ならないからである（したがって、ここで「人間的条件」は、対自・即自・対他といった存在論の問題から、それらを包括する〈歴史〉のそれへと拡大解釈されているわけであるが、〈歴史〉内存在が世界内存在の延長に位置することは明白である以上、そこに断絶を見る必要はないであろう）。

ポエジーに関するサルトルの思索は、その構造的理解（人間的条件の拒否）が比較的不変であるのに対し、そこに付与される論理的位置づけには、このように一定の振幅があるのは事実である。よって詩的倫理の包括的提示のためには、年代的観点からのより詳細な考察が必要であろう。

(33) Claude Mouchard, « Un roman vrai ? », in *Critique*, n° 295, 1971, pp. 1029-49；Leon S. Roudiez, « Flaubert, for Instance ? », in *The French Review*, t. 55, n° 7, 1982, pp. 68–78 などが、こうした立場に立っている。このような主張の背景には、サルトルが伝記的批評を「真実の小説」(S IX, 123) と呼んだという事情も与っているが、この「小説」という呼称を恣意的な虚構という意味で捉えるべきではないように思われる。というのも、彼自身がのちにこの点に立ち返り、伝記的批評の根底には、（特殊な形においてではあれ）あくまで真実性への志向があったことを強調しているからである (M. Sicard, *op. cit.*, p. 148)。じっさい以下の論文は、恣意的虚構だとされた『家の馬鹿息子』の一節が、現実には客観的事実に基づいていた事例を指摘している (Traugott König, « Von Neurose zur Absoluten Kunst », *Sartres Flaubert lesen*, éd. par T. König, Reinbek bei Hamburg, Rowolts, 1980, pp. 9–27)。

(34) Cf. J.-P. Sartre, *L'Existentialisme est un Humanisme*, Genève, Nagel, coll. « Pensées », 1970 [1946], pp. 70 ; 17 et sqq.

芸術は道徳に寄与するのか
——中期サルトルにおける芸術論と道徳論との関係

森　功次

序

サルトルと芸術といえば何を思い出すだろうか。個々の芸術家については、サルトルは多数の文章を残している。ジャコメッティやカルダーの彫刻、ティントレットやヴォルスの絵画、さらには文学にまで幅を広げれば、ジュネやフローベールの作品について、サルトルは批評・評論と呼ぶのは憚られるほどの大著作を残している。

では、これら個々の作家・作品についてではなく、芸術そのものについてサルトルはどのように考えていたのだろうか。こう問うと、サルトルに詳しい人は初期の想像力論を思い出すかもしれない。『想像力の問題』（一九四〇）の末尾では「芸術作品」と題された一節が設けられ、観賞対象は「想像的なもの l'imaginaire」だという有名な主張が打ち出されている。想像力という点から芸術を考察するこの姿勢は、中期のジャコメッティ論、ジュネ論のみならず、晩年のフローベール論にまで一貫して保持された。

芸術にかかわるこれらの論考は、サルトル自身の哲学思想から切っても切り離せない関係にある。サルトルの芸術観を考察するにあたって「自由」「アンガージュマン」「無」といった用語は欠かせないし、また、彼の書く小説や戯曲自体が、〈哲学的主張を行う芸術作品〉の典型例としてしばしば挙げられるのである。

だがサルトルは、自身の作品や批評文の中で哲学用語を駆使するだけでなく、哲学的著作のなかでもしばしば、芸術について考察している。そこには、小説や戯曲のうちに見られるのとはまた違うかたちで、サルトルの芸術観を読み取ることができる。本稿ではその一例として、中期サルトルの道徳論の中に見られる、芸術論と道徳思想との関係を考察してみたい。とりわけわたしが着目したいのは、第二次大戦後の道徳思想を練り上げていく中で、サルトルが、芸術作品を介した作者‐観賞者間の関係を道徳的他者関係のひとつのモデルとしている、という点である。本稿では、この時期の道徳論とその放棄の理由を分析し、この時期の芸術観が道徳論の発展をうけつつ次第に変化していることを示す。

第一節　一九四〇年代半ばまでの、芸術論と道徳論との関係

一―一　戦前のサルトルにおける、芸術論と道徳論との関係

まずは第二次大戦中から戦後にかけて、サルトルの芸術論と道徳論との変遷をざっと見ていこう。戦前のサルトルは、文学評論を除いては、芸術についてあまり主題的に多くを語っていない。『想像力の問題』の末尾では、想像力と芸術との関係について一節を割いて論じているものの、じつはそれすらも他人からのアドバイスをうけて付け足したものにすぎない[1]。

芸術論と道徳論との関係にかんしてわれわれが着目すべきポイントは、『想像力の問題』ではサルトルが芸術（美的経験[2]）と道徳とを切り離そうとしている、という点である。

美とは、想像的なものにしか決して当てはめることができないであろう一つの価値であり、その本質的構造のうちに世界の無化を備えた一つの価値である。だからこそ、道徳的なものと美的なものとを混同することは、馬鹿げたことなのだ。〈善〉という価値は、世界内存在を前提としている。善という価値は、現実における振る舞いを目指し、そしてまず、存在の本質的不条理に従っているのだ。人生の前で審美的態度を「取る」ということは、現実と想像的なものを不断に混同することである（I, 371／二七〇）。

〈美〉は想像的な領域に存するのであり、それは、現実世界の側に現れる〈善〉とは別領域の価値だというのである[3]。

だが『存在と無』（一九四三）で価値論を深化させると、サ

ルトルはしだいに芸術の意義について述べるようになる。『存在と無』の図式によれば、価値とは、人間による世界把握をつうじて見出されるものであり、人間と無関係に存在するものではない。価値は、われわれの世界把握、状況把握と結びつきつつ、意識に依存的に現れてくるものなのだ。この図式のもとで、芸術は、価値を伴う世界把握の一方法として語られる（EN, 631, 635）。

一―二　『存在と無』の道徳的弱点と、『文学とは何か』における「呼びかけ」と「気前のよさ」

だが『存在と無』ではその一方で、人間存在は、自らのパースペクティブのうちに、他者を事物化して把握する存在として語られていた。そこから帰結してくるのは、眼差しによって他者を事物化＝固定化しあう、相克に満ちた他者関係である。これは存在論的な考察から導かれた帰結であり、道徳論はこの時期まだサルトルの主題に上ってはいなかったとはいえ、やはりこのような図式では道徳的関係について何かを解明的に語ることはむずかしいし、ここからは、われわれが他者とどのような関係を取り結ぶべきかについての規範的主張も出てこない。『存在と無』は道徳論としては不完全なのである。サルトル自身このことをはっきり自覚しており、『存在と無』の末尾では、次なる著作として道徳論が予告されていた。

こうした背景を踏まえると、戦後に発表された『文学とは何か』（一九四七）は、一見文学論の体裁をとっているが、『存在と無』の問題を乗り越えようとして書かれた道徳論的著作として読むこともできる。[4]「呼びかけ appel」「気前のよさ générosité」といった概念に着目して読めば、サルトルがこの著作で、眼差し関係の問題を乗り越えるべく、他者の自由を認め合う関係を論じていることは明らかだ。文学創作は、気前のよい態度からなされる呼びかけの一種である。作者は自己の人格を帯びさせた作品を呼びかけとして読者に提示し、一方読者は、その呼びかけを行った作者の自由を尊重しつつみずからの意識を作品に委ねる、というわけだ。ここにはたしかに『存在と無』の頃にはなかった、新たな道徳的志向を読み取ることが出来る。

さらに『文学とは何か』には、こうした以前に見られなかった主張だけでなく、初期サルトルとはっきり対立する主張すら見いだすことができる。そのひとつは、美的感情のなかに道徳的要請が暗に含まれている、という主張だろう。[5]ここでは、『想像力の問題』で見られたような、美と道徳とを切り離す立場は消え去り、むしろ両者の相互作用を道徳的社会の構築に活かそうという目論見さえ読み取れる。[6]

一―三　『倫理学ノート』における芸術の位置づけ

だがサルトルの記述の中に見られるこのような倫理的色合い

の深まりを、よろこばしき理論的発展として受け止めるべきかというと、ことはそう単純ではない。序に述べたように、サルトルはその後、この時期の道徳論を自ら放棄するのである。多くの研究者はこの放棄の理由を解明するために、まずはこの時期の構想ノートである『倫理学ノート』（一九四七―八、以下『ノート』と表記）と『真理と実存』（一九四八）を読み解こうとする。この時期の道徳論を細かく検討することは本稿の主眼ではないが、[7]「芸術論と道徳論との関係を考察する」という本論の目論見から重要と思われる点にかぎって、ざっとこの道徳論の特徴を素描してみよう（以下の四点は、相互に関係しており、必ずしも論理的な前提‐帰結関係にあるわけではない）。

一、〈欠如を抱えた人間存在が、「即自対自」という無欠如の絶対的存在を目指す〉という図式は背景に退き、「本来的な自由」が道徳的価値の重要なファクターと見なされるようになった。

二、本来的自由は歴史的・個別具体的に把握されるべきものであり、アプリオリな原理に基づいて語られるべきものではない、という考えを受けて、「歴史」という概念がいっそう重視されるようになった（「歴史化 historialisation」という概念はこの頃から導入される）。

三、〈自由とは一人で達成されるものではなく、人間関係の中で達成されるものである〉という考えを踏まえ、サルトルは、他者関係についての詳細な考察に進んでいる。とりわけ戦後のサルトルは、疎外 aliénation、抑圧 oppression といった問題に注目するようになった。重要なのは、『存在と無』では、即自化・事物化といった個人の存在様態のみから特徴づけられる問題が論じられていたが、『ノート』になると、〈他人よりも自由の度合いが少ないこと〉といういわば社会的・対人的問題へとサルトルの関心が移行している、という点である。疎外・抑圧とは、他者との比較から現れてくることなのだ。[8] このように他人との比較によって生まれる価値的問題について考察し出した点は、『存在と無』と『ノート』との大きな違いである。

四、人間の自由を発揮する行為である「案出 invention」「創造 création」などが、道徳構築のための重要な要素とみなされるようになる。

『ノート』にかんしてわれわれが着目すべきは、サルトルが、道徳的な他者関係を構築する上では芸術をひとつのモデルとしなければならない、とはっきり述べている点である。[9] 次節ではこの主張の内実をより明らかにしていくが、先にいくつか注意をしておこう。サルトルがここで提示しているのは、芸術を利用して道徳をつくる、という短絡的な倫理観ではない。これに先立つ『文学とは何か』ではすでに、芸術が道徳構築の直接的手段となりえないいくつかの理由が述べられていた（美的観想の無力さ[10]、文学以外の芸術は正確な伝達をすることができない点（シュルレアリスム批判もこの文脈でなされる）など）。また『ノート』で詳細な分析がなされたとはいえ、「呼びかけ」という行為を重視すること自体は、『文学とは何か』で言われていたことと特に変わりはない。

とはいえ『ノート』の分析をつうじて、「呼びかけ」概念のポイントがより鮮明に見えてくることは確かである。次節ではこの「呼びかけ」の分析をつうじて、この時期サルトルが理想としていた他者関係を明らかにしていこう。

第二節　『ノート』における「気前のよさ」概念の深化

二-二　懇願、要請との比較から

『ノート』においてサルトルは、他者への要求 demande をいくつかの形式に分けて分析している。この分析において、自由はもはや、保持か消去かのオール・オア・ナッシングでは考えられていない。他者関係を事物化しあう関係として捉えていた『存在と無』の時期と違って、サルトルは自由を程度問題として考えることで、人間関係について、より繊細で日常に即した考察を行なっている。本節では「懇願」「強制的要請」[11]「呼びかけ」の三つの関係を取り上げよう。「呼びかけ」を他の二つと比較することで、その重要な特徴が明らかになる。

「懇願」：サルトルは、神に救いを求める懇願 prière（こちらのケースは「祈り」と訳したほうが適切かもしれない）、主権者に減刑を請う懇願など、さまざまな例をもちいて懇願という行為を分析している。ここではもうひとつの例として「人妻に浮気を懇願するケース」をとりあげよう。

ある資本家が、夫や子供のいる保守的な人妻を口説こうとする。資本家はその人妻にさんざんアプローチをかけるのだが、世間体やしがらみを理由に断られ、うまくいかない。そこで最終手段として資本家は、相手に性的関係を懇願するのである。

この懇願において資本家は相手に選択を委ねている、とサルトルはいう。資本家は、もはや懇願すること以外の自由を放棄し、自らの意志でもって相手の下に自分を投げ出すのである[12]。資本家は相手の自由に、より具体的にいえば、相手の価値観に従属する。懇願とは、自由な者が自らの自由を相手に差し出す行為なのだ。ここでの目標（性的関係）は、懇願する者自らが自由に措定したものではあるが、それは結局のところ相手からしてみれば、自由に拒否できるものでしかない。

懇願は相手に自由をなかば強制的に与えることで、相手をある種の全能的な存在にする、とサルトルはいう。それは相手を瞬間的に、無条件的存在にすることになるのだが、そのため懇願は、その瞬間 instant の中で、相手を具体的状況から（擬似的に）逸らせてしまい、自己欺瞞へと陥らせることになる

（じっさいのところ、浮気の社会的責任を免除されるなどということはまったくないのだが、懇願されたその人妻は、その一瞬だけ、無条件的自由の感覚をもつのである）。

懇願する者が望んでいるのは、懇願していることがら（性的関係）を、相手が自由な選択として選びとってくれることだけである（こちらが懇願するとおりにそのまま相手が行動してくれることがわかりきっているのであれば、そもそもそれは懇願とは言わないだろう）。懇願する者は相手を自由な存在として承認している。

だが人妻側からしてみれば、その懇願を受諾することは、もはや相手の実存を承認することではない。サルトルは、結果だけを求める場合と、結果にプラスして懇願者自身の自由（価値観）の承認も求める場合とを、はっきり区別して考えている。口説いていた最初の頃に「よろしい、あなたを慰めてあげましょう。あなたには全く魅力を感じないけれど、セックスしましょう」と返事されていたらどうだろうか、とサルトルは問い、その場合、恐れから拒否していただろう、というのである（CM, 242）。懇願にいたる前、つまり口説いている初期の時期は、資本家はこちらの自由を認めてくれることも望んでいた。だがいまとなっては、懇願者はもはや、自らの自由を認めてくれることまで求めてはいない。望んでいるのはただひとつ、性的関係という結果だけなのである。自由を差し出した懇願者は、もはや、自身の自由の承認を求めない。懇願された相手からしてみれば、このような懇願は、哀れみ pitié と共に受け入れるものなのである（「しょうがないわね」「かわいそうに」と）。

この関係には明らかなヒエラルキーがある。しかも、わたしの自由と彼女の自由に上下関係があるだけでなく、その上下関係をお互いが認識している。なるほど懇願を受け入れる態度そのもののうちには、いくらか気前のよさ《ジェネロジテ》の契機があるだろう。だが結局のところ、その気前のよさは、上から下に対してなされる態度でしかない。この気前のよさは、もはや無条件に善い態度とはいえないのである。

「強制的要請」：つぎに強制的要請について見よう。この種の要請は、懇願とは逆に、相手を強制的に自分の価値観のなかに入れ込むことになる。要請された者は、目標を自由に変更することはできない。もちろん要請される者は事物とは違い人間であるのだから、その要請を受け入れ行動するだけの自由は保持しているのだが、それ以外の自由はほぼ消去される。その意味で、要請はたんなる目的の示唆とははっきり異なる。

要請についてもサルトルはいくつか例をあげて分析している。そのひとつは、法の制定である。「抑圧の社会において、法とは、抑圧する者が抑圧される者に向けて作成する要請である」（CM, 152）。ここで言われるように、要請とは、相手の自由を減弱させるという意味で、まさに抑圧なのだ。この要請という関係にも、はっきりとした自由のヒエラルキーがある。

この種の強制的な要請は、相手を具体的世界から切り離すことになる。無茶な要請とは、相手の個別性や能力、具体的な現状などを把握しないまま行われる要求なのだ。また形式的な義務・命令は、こんどは要請する者の個別性を失わせることになり、空虚な命法に還元されてしまう。この意味でも、強制的要請は、相互に自由な存在のあいだで結ばれる関係とは言いがたいのである。(13)

「呼びかけ」：以上述べたように、懇願にも強制的要請にも、似たような問題があった。いずれかの自由が抑圧され両者間に自由のヒエラルキーができている点、そして、各人の個別性が見失われたり各人が具体的状況から切り離されたりしている点、である。

「呼びかけ」は、そうした問題を回避した理想的な要求関係だとされる。それは自分にも相手にも互いに自由の要素を残しつつ、かつ、自らの自由を相手の価値観のもとに差し出す、気前のよい行為なのだ。

「呼びかけ」の例として、すでにバスに乗っている客が遅れて走ってきた客を引っ張り上げるケースがあげられている(CM297)。乗客が手を差し出すというこの援助の瞬間、ふたつの自由が重なる。手を伸ばすという援助の顕示は、たんに援助を象徴的に提示するだけでなく、その場の必要にしたがってアジャストされた現実の行動である。ここでは、行動それ自体に、具体的状況についての判断が含まれており、他者の具体性・個別性の認知がある。(14)

さらに呼びかけは、個々の自由の多様性を承認することだとも言われる。「呼びかけ」とその受諾は、どちらかの価値観に相手を従属させることでも、個々の意識を統一化・一体化させることでもない。そこでは自らの自由は歪小化されていないし、相手の具体個別性が互いに承認されている。

この「呼びかけ」関係は、何かしらの具体的なものを媒介にしてなされるとサルトルは考えている。なぜこのような具体的なものの媒介が必要かというと、われわれが意識同士を直接的に結びつけたり統合させたりできない以上、他者関係は、このような物質的存在を媒介に構築されるしかないからである。たとえば先の乗客を引っ張り上げる例では、その状況において差し出された手が、ふたつの自由をむすびつける媒介項になっている。これはたんなる抽象的な思考の提示ではない。どのような姿勢で、どのようなスピードで手を差し出すかは、互いの能力と具体的状況をふまえて決められることであるし、じっさいにその提示は、物理的個物をつうじた具体的な提示である。「呼びかけ関係」においてサルトルが重視しているのは、一方で、呼びかける側が（受諾者側を信頼しつつ）物質的存在に自分を（できるだけ全的に）投入させること、そしてもう一方で、呼びかけを受諾する側がその存在をつうじて相手の自由を認識すること、である。

呼びかけられる側からすれば、この呼びかけに応えるかどうかは任意である。当のバスに乗りたいのであれば相手の呼びかけに答えて手を握るだろうし、走ってまで乗りたくなかったり、知らない人の手を握るのが嫌だったりしたら、「けっこうです」とバスを追うのをやめるだろう。先の要請や懇願とくらべて、この関係においてはヒエラルキー関係がほぼ無くなっており、それぞれの個別性・具体性が互いに認められている。(15)

本稿が着目したいのは、サルトルが、（ある種の）芸術作品を媒介にした関係を、このような道徳的関係の理想的ケースとして捉えている点である。(16) サルトルは、芸術創作をする作者と、その作品を観る観賞者の、気前のよい態度に道徳の理想を見ているのである。先に述べたようにここにあるメインの主張そのものは、『文学とは何か』で述べられていたのと同様のものであるが、『ノート』の分析を踏まえて芸術的関係を捉え直すことで、新たにいくつかのことが見えてくる。

第一に、芸術の関係には哀れみは伴わない。(17) 第二に、提示された作品を観賞するかどうかは、拒否可能なことである。観賞は、脅迫的要請を受諾するようなケースとは違い、観賞者の自由な態度からなされるのだ。そして第三に、〈言語を媒介にしたとしても他人への完璧な意志疎通は不可能だ〉という認識のもと、サルトルは、対人関係において媒介項となる作品＝仕事の役割・存在論的地位などについて、より深い考察へと進んでいる。われわれは意識を提示するのではなく、作品＝仕事を提示する。この意味で、提示する者は、何かしらの形で自らを対象化、物質化する必要があるし、見る者は気前のよい態度からその提示に応答してあげる必要がある。(18)

戦後のサルトル思想における大きな変化は、この「見られること」がかなり肯定的に語られだした、という点にある。『存在と無』においては、事物化されることは自由の失墜として語られていた。一方、『ノート』においては、人の事物化それ自体はもはや、否定的には語られない。なぜならここで語られているのは、他者の眼差しによって事物化されることではなく、まずは自らが、気前のよい姿勢によって自らを事物化することだからだ。そしてここでは、呼びかける者も、差し出された事物をつうじて自らの自由が他者から再認されることを信じているのである。サルトルはこの提示‐観賞の関係によって、提示者に新たな意味が付与され、それは提示者を豊かにすることにつながる、という。(19)

たしかに媒介物として提示されるのは単なる事物である。だが、このように気前のよい態度で見られるとき、その提示される物はもはや、たんなる事物として見られるわけではない、という点は強調しておくべきだろう。サルトルは、芸術作品を見る態度が自然物を見る態度とはまったく異なる、という点をはっきり理解している。観賞者は、人による仕事として、もしくはその仕事をつうじて制作された産物として、そしてとりわけ芸術の場合、作者を源とする新しい意味 signification を見いだすべき素材として、その提示物を見るのである（サルトルは œuvre という語に、仕事の産物と、仕事それ自体の二つの意味をこめて使っている）。もちろん、仕事を提示する、仕事を見いだすというこうした行為は、ことさら芸術の領域に限られることではない。サルトルがここで語っているのが、芸術のみに見られる事象ではない、という点は忘れてはならない。だが、ヒエラルキーの少なさ、人格の個別性の保持、新しさの看取、といった点に着目するならば、芸術と関わる場面で典型的に現れる態度を、社会的・道徳的態度のお手本とするという方針は、あながち間違ったものではない。

二-二　道徳理論構築にあたっての、「気前のよさ」概念の限界

以上見たように、この時期のサルトルは、「呼びかけ」と「気前のよさ」を要素とする他者関係を理想にして道徳論を構想しており、芸術をめぐる関係をその典型例と考えていた。だがこの道徳論は、その後結局放棄されることになる。

この放棄の理由については諸説あり、いまだコンセンサスは確立されていない。同時期にボーヴォワールによって『両義性のモラル』が出版されたことをその一因に挙げる者もいれば[20]、サルトルの思想は終始一貫しており、放棄されるべき理由は特になかったと主張する者もいる[21]。また北見秀司は、「道徳を永遠から解き放ち、歴史化させること」をもくろみとしていたこの時期の道徳論は「歴史における疎外の圧倒的な力」を前にして挫折した、と論じている[22]。

サルトル自身はこの時期の道徳論について「まやかし」「観念論的だった」などと様々な釈明をしているが、なかでも重要な発言は、来日時のインタビューでの次の発言である。

> 私は二千ページの覚書を作っていましたが、それを放棄し、紛失してしまいました。惜しいとは思いません。なぜなら、そこには価値のある記述もあったかもしれませんが、全体としてはまったく度しがたい観念論に汚されており、とりわけ倫理学《モラル》が可能であるという観念に汚されていたと思いますから。これにたいして現在では、唯一の可能な道徳とは闘争だと考えているわけですね。（『サルトルとの対話』九九頁）

ポイントは、道徳論の欠陥を踏まえて、「闘争」という言葉が

出されている点である。ここから、サルトルは理論的基礎づけよりも社会変革の実効力を重視するようになった、と考えることもできよう。

このような姿勢へとサルトルを導くきっかけは、『ノート』の中にすでに現れている。注目すべきは、サルトルがモースの『贈与論』を参照しつつ、贈与について考察している箇所である（CM, 382–）。「贈与は、私がそれを受諾しない自由をもっていないときには、従属を引き起こすことになる」（CM, 384）。〈贈与が新たなヒエラルキーを生む〉というモースの主張をうけ、サルトルは、贈与による自由化は贈与する者とされる者との平等的関係がないところでは成立しない、と考えるようになったのである。[23] 気前のよさをモデルとする道徳論は、理想的過ぎたのだ。

だが注意しよう。以上のように解釈するならば、この道徳論は、道徳的な価値をうまく説明できていない、という理論的な誤りから放棄されたものではない。〈呼びかけを元に築かれる人間関係には、道徳的な善さがある〉という考えそれ自体には、そうあからさまな瑕疵があるわけではないのだ。問題は、この理想的関係を結ぶための前提となる平等な社会がまだできていない、という点なのである。だとすればこの道徳論は、このような理想的関係を詳細に描いても抑圧が蔓延している今の社会においてさしたる意味はない、という意義・実効性の観点から放棄されたということになる。

ちょうどこの時期からサルトルの政治的関与はいっそう強まることになるが、本論の提示する仮説は、このような姿勢変更をうまく説明できる（サルトルが実践 praxis という語を多用しだすのもこの頃からであった）。一九五〇年頃以降、サルトルの活動が帰結主義・成果主義的な姿勢を強めていったのは、『ノート』時の考察の反省を踏まえてのことだと見ることもできる[24]（もちろんこれと並行して、朝鮮戦争の勃発など、現実の世情が大きな影響を与えたのは言うまでもないが）。

ではこのような思考の変化は、芸術論にどのような影響を与えただろうか。『ノート』では、科学技術とならんで芸術についてもサルトルはこう述べている。「抑圧の社会においては、画家も学者も技師も、その政治的・社会的態度にかかわらず、抑圧者である。なぜなら彼らは抑圧者の世界を豊かにするかぎりにおいて、被抑圧者の世界をより小さくしているからだ」（CM, 347）。美は実践には役に立たないという点では、一見似たような指摘が『文学とは何か』のなかにもあった（QL, 272）が、実はここには考えの進展を見てとれる。サルトルは〈美を見せても道徳を構築できない〉という考えから〈美を見せることそれ自体が抑圧になりかねない〉という考えへと進んでいるのである。

『ノート』の時点でサルトルが、完全に平等な社会というものが将来的にありうる（よって目指すべき）と考えていたのか、そのような平等社会は原理的にありえないと考えていたのか、その判断はここでは控えておく（すくなくとも五〇年代以降のサルトルは、「無理かもしれないがそれを目指して努力しつづけるのは大事」という穏当な立場をとるようになったと思われる）[25]。本論としては、サルトルは『ノート』での考察をふまえて〈不平等が残っている現代社会においては、芸術モデルの道徳論は意味が無い〉と考えるようになった、と指摘するにとどめておこう。サルトルは、〈皆が気前のよい態度をとれば、いつかヒエラルキーを消去させることができる〉といった単純な理想論を掲げたわけではない[26]。『ノート』からわれわれが抽出できる結論とは、気前のよさを核にした道徳論を成立させるためには、まず先に、抑圧のない社会を作らねばならない、という規範的な主張である。

結論と展望　芸術観の変化――「呼びかけ」から「訴え」へ

以上の議論をまとめておこう。サルトルは〈個々人がそのまま自由として尊重される関係（これは『存在と無』では提示できなかった）〉の構築を目指し、戦後、〈気前のよさから生まれる呼びかけ関係〉に着目するようになったが、『ノート』での考察を踏まえ、まずは自由が失われている現代の抑圧的・疎外的状況を打破せねばならない、という考えへと進んだ。これが本論の結論である。

とはいえサルトルは、芸術が道徳構築にまったく利用できないと考えるようになったのではない。上の結論のポイントは、芸術をモデルとする「気前のよさ」の思想では実効的な道徳構築ができない、という点にあるのであって、これは、芸術と道徳との間にはまったく関係がない、ということではないのだ。サルトルが、想像的な領域と道徳的領域を切り離したのは初期の『想像力の問題』においてのみであり、戦後以降のサルトルは、芸術と道徳をけっして切り離しはしない。

たとえば一九五二年の『聖ジュネ』では芸術創作と道徳的主張がはっきりと結びつけられているし、その末尾では、ジュネの作品がもつ道徳的価値すら主張されている。ジュネの作品を経験するなかで、われわれは、自らの道徳観をつきつけられることになる。不道徳作品の経験は、自らの道徳観を再認識することにつながる（そして表現技法がもたらす美的効果は、その認識に説得力を与える）のである。『聖ジュネ』末尾の、「ジュネは私たちに鏡を差し出している」という一文は、まさにそのことを意味している[27]。

最後に、道徳論放棄後の芸術論がどう変化したのかについて、簡単に素描しつつ、今後の研究の道筋を示しておくことにしよう（論文としてはやや尻切れトンボのような提示になるが、

『読本』という本書の性質に鑑みれば、このように今後求められる作業領域を示しておくのも意義のあることだと思う）。

一つの変化は、『文学とは何か』で語られていた、作家の役割としての状況開示・伝達という要素が、五〇年代以降あまり語られなくなるという点である。(28) 作家の重要な役割は、自己を全面的に作品に投入させることだと言われるようになり、(29) それと並行して、文学以外の芸術形式についても改めて肯定的に評価されるようになる。たとえば詩や音楽は、正確な伝達ができないという理由から『文学とは何か』ではプラクシスに向かない芸術形式として語られていたが、五〇年代以降は、これらの芸術形式にもアンガージュマンの要素が認められるようになる。(30) 第二に、この時期以降サルトルは、何かしらの点で世間の多数派から逸脱している芸術家を多く取り上げるようになる。サルトルが評価するのは、疎外され、抑圧された側からの「訴え」のような作品なのだ。こうした芸術論の変化と、同時期の政治的態度の強まりはどのような関係にあったのか。この点を検討していくことが、今後の課題であろう（こうした視点は、なぜ小説執筆はやめたのに戯曲は作り続けたのか、また、他の作家の伝記に膨大な労力を捧げたのか、といったことを考える上で重要な示唆を与えてくれるだろう）。

二十世紀の偉大な哲学者であったサルトルが、ノーベル賞級の一流の創作者でもあった点を忘れてはならない。この偉大なる知の巨人が、芸術、哲学、政治など様々な問題に取り組むなかで、それぞれの思考をどのように組み合わせていったのか。二十一世紀のサルトル研究は、このような複合的な視点から進めていかねばならない。サルトル「美学」の解明は、この複合的理解を促す上で重要な寄与を果すのである。

＊サルトルの著作の参照については、以下の略号を用いるとともに、邦訳の該当箇所を漢数字で示した。〔〕内の数字は初版年。参考にさせていただいた邦訳は〔〕内に記したが、訳文は適宜改変してある。

I : *L'Imaginaire*, Gallimard, 2003 [1940]〔『想像力の問題』改訂版、サルトル全集第十二巻、平井啓之訳、人文書院、一九七六年〕.

EN : *L'Être et le Néant*, Gallimard, 1948 [1943]〔『存在と無』サルトル全集一八―二〇巻、松浪信三郎訳、一九五六―六〇年〕.

QL : *Qu'est ce que la Littérature*, Paris, Gallimard, 1985 [1948]〔『文学とは何か』改訳新装版、加藤周一、白井健三郎、海老坂武訳、人文書院、一九九八年〕.

S, IV : *Situations, IV*, Gallimard, 1964.

CRD : *Critique de la Raison dialectique, Tome I, Théorie des ensembles pratiques*, Gallimard, 1985 [1960]〔『弁証法的理性批判』サルトル全集二六―七巻、竹内芳郎、矢内原伊作訳、一九六二―一九六五年〕.

CM : *Cahier pour une morale*, Paris Gallimard, 1983.

注

（1）『サルトル――自身を語る』六二頁。

(2) サルトルは芸術の定義に関して特定の立場をはっきり打ち出しているわけではないが、少なくとも初期のサルトルは〈美しいこと、美的経験を与えてくれること〉を芸術の必要条件とみなしていると思われる。

(3) 初期の想像力論にみられる芸術と想像との関係については、拙稿「初期サルトルの芸術論における想像と現実」『美学』二三五号、二〇〇九年を参照。

(4) このような、いうなれば『文学とは何か』の道徳志向的な読解は、現代ではすでにおなじみのものですらある。とりわけ『倫理学ノート』刊行以降、いっそうそのような向きでの読解が進んだ。日本語で読める文献として、澤田直『〈呼びかけ〉の経験——サルトルのモラル論』人文書院、二〇〇二年は必読。

(5) 「美的感情 le sentiment esthétique のうちに知らぬままに含まれている道徳的要請」「読者が美的直観のなかで一挙に措定した目的の国は、長い歴史の進展の果てではじめてわれわれが近づくであろうところのひとつの理想でしかない」「われわれは読者の善意を〈ここにあるこの世界を特定の手段によって変え、目的とする具体的社会が未来に到来すべく寄与しよう〉という具体的で実質的な意志に、変形せねばならない」(QL, 273/二五九—二六〇)。

(6) 一方芸術論・文学論として見ると、『文学とは何か』の時期は、サルトルが言語による伝達可能性について極端に楽観的な立場をとっていた時期だといえる。『文学とは何か』では、文学者の責務は、読者の現実的反応を期待しつつ現代の状況を正確に描写すること、だとされた。たしかに、提示された作品を読者が自由に読むという点をくみとれば、ここで念頭に置かれているのはたんなる無謬的伝達ではないのだが、状況を言語でありのまま描写することができると考えている点で、この時期のサルトルは言葉の透明性をやや過信していた。後にサルトルは、この時期の言語観を後悔をもって振り返っている(『サルトルとの対話』八二—八三頁)。

(7) サルトルの道徳論全般については、水野浩二『サルトルの倫理思想』法政大学出版局、二〇〇四年がまとまった概観をあたえてくれる。

(8) 「疎外という語でわれわれが意味するのは、ひとが自分自身、他人、世界と結び、かつ、そこでは〈他者〉に存在論的優位性があたえられているという、特定の関係である」(CM, 396)。
また、『弁証法的理性批判』ではこうも言われる。「抑圧はといえば、これはむしろ〈他者〉を一個の動物 *animal* としてあつかうところに存する」(CRD, 222)。

(9) 「例えば芸術作品は、具体的な観賞者の自由によって、その内容において物質的に承認されることを要請する。それは贈与 don であり、同時に要請 exigence である。芸術作品が要請するのは、それが与えるかぎりにおいてのことである。芸術作品は、それに賛同することを、純粋な自由に要求するのではなく、作品によって変化をこうむった気前のよい感情のうちに拘束された自由に要求する[…]。もし人間が相互に自由な存在として実存しようと欲するならば、人間関係はこのようなモデルにしたがわなければならない。つまり、一、作品=仕事 œuvre(それには技術的、美的、政治的などのものがある)の仲介によって。二、常に贈り物として考えられる作品=仕事。[…]作品は、人格の個別性 particularité de la personne であり、その世界を通じて送り返されるその人格のイメージであるのだから、あなたがたが私の自我 Moi を自由として扱うのは、作品をひとつの具体的自由によって住まわれたものとして扱うことにおいてなのだ」(CM, 149)。

(10) 「美についての観想 contemplation は人間を目的としてあつかうという純粋に形式的な意図をわれわれのうちに生じさせるかもしれないが、しかしこの意図は、われわれの社会の根本的構造がまだ抑圧的であるがゆえに、実践には役に立たないことが明らかになるであろう」(QL, 272/二五九)。

(11) わたしの見るところ『ノート』での exigence という語の使用法には曖昧なところがある。サルトルは以下に述べる「強制的要請」のような意味で exigence の語を用いることもあれば、要求関係一般を指す、よりニュートラルな意味でこの語を使うときもある(この場合、この語は要求 demande と交換可能である)。とはいえ、事柄そのものははっきり分類可能である。本論では議論をわかりやすくするために「強制的要請」という事象を取り出して論じる。またサルトルは暴力の問題とからめつつ脅迫 menace についても詳しく論じているが、これについては本稿では紙幅の関係上あつかうことはできなかった。

(12) 浮気のケースでは、この懇願の中に策略 ruse が含まれているともいわれる。わたしは相手に最終的な判断を委ねつつも、「この懇願を拒否するというのは、社会的な価値観に縛られることなのですよ」「それはある意味で自由を失う選択なのですよ」と、懇願を受け入れるように仕向けているのだ。この策略というファクターがある点で、浮気懇願のケースと神への祈りのケースは異なる。神への祈りでは自己が真摯に差し出されており、そこに策略の契機はない。

(13) さらに脅迫的要請は、要請する者、される者、どちらにとっても暴力 violence の契機をはらむとされる。この要請にすでに相手の自由を抑圧することが含意されているのだが、それに加えてこの種の要請は、暴力を背景にした脅迫的な要請に容易に移行するのである。一方、要請される者からしてみても、その要請を甘んじて受け入れるのでなければ、もはやそのヒエラルキー構造を根底から覆すしかない。要請は、要請される側を、実行的暴力に走らせる契機になるのである(この要請と暴力との関係は論理的な含意関係ではないのだが、四〇年代当時の歴史的状況をふまえると、それなりにもっともな主張ともいえる)。

(14) 「呼びかけはまず第一に、他者の抽象的認知ではなく、具体的な認知である。私が認識しているのはあらゆるすべての状況のうえにたつ無条件的な自由ではない」(CM, 294)。

(15) 「呼びかけの本質的な性格は、〔他の〕自由に声をかけ、提案することである。そしてそこで提案されるのは、内容によって他の自由を誘惑するような目的というよりは、その状況にふさわしいしかたで他の自由を助けることであり、それは諸自由に共有される他律(要請)や作品=仕事 œuvre によって統一を実現するためではなく、多様性を承認し、この承認そのものによって多様性を結びつけるためのものなのである。ここで実現=実感 réalisé されねばならないのは、多様性の柔軟で流動的な統一である。この統一は、超越的に与えられるものでは決してない。むしろ、統一しようとし、その存在において自らを問題化する志向的な意識である。結局のところ、呼びかけとは両義性 l'ambiguïté を承認することなのだ。なぜなら、呼びかけは、他者の自由の状況における存在と、その目的の条件づけられた性格、そして、その自由の無条件性とを同時に承認するからである。かくして、呼びかけとは、その出現の瞬間から、それ自身が相互性 *réciprocité* なのである」(CM, 297)。

(16) じつのところ、芸術創作に「創造性」というファクターが含まれているという点も、ここで芸術がモデルとされる重要な理由なのであるが。本稿では紙幅の関係上、道徳と創造性との関係を論じる余裕はない。『ノート』では、技師の創造と芸術家の創造が対比されつつ、創造について考察されている（CM, 552–）。そこでは芸術家は、〈存在〉を創造するのではなく、新しい意味を創造する者として語られる。芸術家は、〈存在〉から距離をとるという、人間の自由を典型的に体現する存在なのである。

(17) 本論ではやや単純化してまとめてしまったが、サルトルは要求の受諾と拒否（そしてそこに関わる無知や抑圧）について、そして、哀れみが含意する要請の力についても、かなりの分量を割いて考察している。哀れみについてはこう言われる。「哀れみに呼びかけることは、失墜 déchéance を意図的に提示することであり、それによってひとは、個々の企てをこえて、人間的な企て一般への呼びかけをすることになるのである」(CM, 244)。

(18) 「平等な人のあいだで相互的疎外なしに贈与がなされるとき、その贈与の受諾は、贈与それ自体と同じく、自由で、利害なしで、動機づけもない。受諾は、贈与と同じく、［相手を］自由化するのだ。発達した文明において芸術作品を観賞者に与えるようなケースが、まさにそれである」(CM, 384)。

(19) 「他者によって私は〈存在〉の次元に存在し始め、〈他者〉によって私は対象となる。しかしそのことそれ自体は、堕落 déchéance でも危険 péril でもまったくない。堕落・危険となるのは、〈他者〉が私のうちに自由を見ることをも拒否するときである。反対に、他者が私を、〈対象としての存在〉だけでなく、実存している自由としても存在させるなら、また、他者が、私が絶えず乗り越えている偶然性を、自律的かつ主題化された契機 moment として存在させるなら、他者は、世界と私自身を豊かにする。つまり他者は、私の実存に、私自身が与えている主観的な意味に加えて、あるひとつの意味を与えるのである〔…〕」(CM, 515)。

(20) Alain Renaut, *Sartre, le dernier philosophe*, Paris, Bernard Grasset, 1993, p. 206〔『サルトル、最後の哲学者』水野浩二訳、法政大学出版局、一九九五年、二〇四頁〕。

(21) Tatajana Schönwälder-Kuntze, "Sartrean Authenticity: The epistemological and ontological bases of Sartrean ethics," *Sartre Studies International* 17, pp. 60–80.

(22) 『サルトルとマルクスⅠ』春風社、二〇一〇年、二二九頁。中期までの道徳論については、Fabrizio Scanzio が丁寧な分析を行なっている（*Sartre et la morale. La réflexion sartrienne sur la morale de 1939 à 1952*. Napoli, Vivarium, 2000）。本稿の議論もこの著作に負うところが大きい。

(23) 『存在と無』でもすでにポトラッチへの言及はあるが、そこではポトラッチは「自己の財産を与えること」という観点からのみ論じられていた（したがって、ポトラッチの気前のよさは、我有化を含意する態度として語られることになる）(EN, 640–1)。ジェネロジテの態度に〈自己の対象化を受け入れる〉という要素が見いだされるようになったのは、戦後からである。

(24) とはいえ『サルトル――自身を語る』では、六五六八年の間にもういちど道徳的姿勢の転換があったことが示唆されている（一〇八―一一一頁）。晩年のサルトルは、実効性を追求する立場から、再度「政治の中の道徳性」を見つめなおす立場へと転換する。

(25)『ノート』ではこう述べられている。「目的の国とは、まさに目的の国を準備することのうちにある」(CM, 487)。

(26)「純粋な反省」「本来性」といった『ノート』で主題的に語られだしたファクターは、たしかにこの時期の道徳論の根幹を成しているのだが、これらのファクターをあまり神聖視すべきではない。これらによって、すぐさま道徳論が完成するわけではないし、後のサルトルが述べるように「人間というものは、不純な、共犯的な反省から〔…〕一挙に純粋な反省に移りうるものではなく、それは生涯にわたる不断の仕事」なのだ（『サルトルとの対話』九八―九九頁）。

(27) 詳細は拙稿「サルトル『聖ジュネ』における不道徳作品の「善用」」『美学』二四〇号、二〇一二年を参照。

(28)「私が文学に、何の不安もなく、現実開示の機能を与えていたという意味で、言語についてほんとうに心に問うてみたことのなかった私は、やはり観念主義者でした。なぜなら、たしかに文学は現実開示を果すべきものですが、しかも文学は、言語にたいするきわめて困難な闘いを通して開示せねばならないのです。」（『サルトルとの対話』九七頁）

(29)「アンガージュマン」とは本来はこの意味であって、政治参加や社会参加はそこから出てくるひとつの帰結にすぎない。

(30)「芸術家と彼の意識」、S, IV。

第Ⅳ部　サルトルと同時代1

サルトルとボーヴォワール
――『第二の性』の場合

井上たか子

ジャン＝ポール・サルトルとシモーヌ・ド・ボーヴォワールがお互いの著作について、出版前の原稿を読み、批判し合ったことはよく知られている。『第二の性』の場合も、サルトルが少なからぬ影響を与えたことは想像に難くない。本論では、それが具体的にどのようなものであったかを検証することで、『第二の性』そのものの読解を深めることを目指している。第一章では『第二の性』の執筆過程におけるサルトルの影響、第二章では「歴史」、第三章では「自由」という概念に焦点を当てながら、それぞれクロード・レヴィ＝ストロース、モーリス・メルロ＝ポンティという第三項との関連も含めて考察し、『第二の性』のもつ両義性の哲学としての側面を明らかにしたい。

1・自伝～「女の神話」～『第二の性』

ボーヴォワールが後に『第二の性』になる作品に取り掛かったのは一九四六年六月である。[1]『両義性のモラル』を書き終えたボーヴォワールは、次の仕事について考え始め、一種の告白録を書くことを思いつく。彼女は友人でもあったミシェル・

レリスの『成熟の年齢 *L'Âge d'homme*』が好きで、そんな作品を書きたいと考えた。ところが、準備を始めた彼女は、「自分にとって女であることはどういう意味をもっていたのか」という問題に突き当たる。もっとも、彼女がこの問題に気づいたのは、これが最初ではない。『戦中日記』には、七年前の一九三九年一一月三日の日付で、「昨晩サルトルと、まさに私が私のうちで興味を抱いている点について、長い間話し合った。それは私の「女性性」、どんなふうに女性であり、どんなふうにそうではないかである〔…〕それはまた、一般的に私が自分の人生、自分の思考に何を求めるか、世界の中にどういう位置を占めるか、ということでもあるだろう[2]」と記している。

とはいえ、ボーヴォワールはそれまで女であることで劣等感をもったり苦しんだ経験がなかったこともあり[3]、「最初は、簡単に片付くと思っていた」らしい。再考をうながしたのは、サルトルの「とはいっても、男の子と同じように育てられたわけではない。そこをもっとよく検討する必要があるのではないか」という助言だった。それはボーヴォワールをひとつの事実の発見へと導く。この世界は「男の世界」であり、彼女の幼年時代も男のでっちあげた数々の神話によって培われていたという事実である。シモーヌ自身、「女らしさの神話」と無縁ではなかったのだ。こうして、彼女は個人的な告白録を書く計画を中断し、全般的な女の状況を検討し始める。

ボーヴォワールがこの作品の執筆を開始したのは「一九四六年一〇月で、一九四九年六月に完成したが、その間一九四七年には四ヵ月アメリカに滞在し、さらに、その報告『アメリカその日その日』を書くために六ヵ月を費やしている[4]。」アメリカ旅行のために中断されていた「女性論」の執筆が本格的に再開されるのは、一九四七年一一月末から四八年一月にかけてサルトルとともに滞在したラ・プエーズにおいてで[5]、一九四八年一月二日付のネルソン・オルグレン宛の手紙[6]には、アメリカ旅行記がほぼ完成し、女性論に取りかかったとある。「私は女であることで苦しんだことは一度もないし、ときには誇りにさえ思います。でも、私のまわりにいる女性を見ると、女性特有の問題をかかえていることに気づかされます。そうした問題をその特殊性において分析してみる価値があると思うのです。山のような読書が必要になるでしょう。精神分析、社会学、法学、歴史など……。でも、心配はしてません。知識を身につけ、学んだことについて考えるために、学生時代のように図書館に通うことを思うと楽しい。パリに戻ったら、すぐに始めるつもりです。」

パリに戻ったボーヴォワールは、毎朝四時間、国立図書館で、午後はサルトルの書斎で執筆という生活を続ける。一月二〇日付のオルグレン宛の手紙には、民族学の研究書を読むためにトロカデロの図書館に行ったこと、「啞然とするような発見をした」ことが記されている。また、二月二三日付の手紙にも「図書館で、あなたたち卑劣な男たちがいかにさまざまなやり方で私たち哀れな女たちを抑圧してきたかを学んでいます」とある。この時期に書き上げられたものは、「女と神話」と題して、一九四八年五月から三回に分けて『現代』誌（vol. III, nº 32–nº 34）に掲載されている。

この「女と神話」が『第二の性』へと発展する契機になったのもまた、一九四八年四月にサルトルと南仏のラマチュエルに滞在していたときにかわした議論である。ボーヴォワールは、「女と神話」で示した「男性は自らを主体として立て、女性を客体、他者と見なしている」という主張は明らかに歴史的状況によって説明されると考えていたが、サルトルはさらに生理学的基盤についても示すべきであると助言する。「私は迷った。そんなに膨大な作品を書くつもりはなかったからだ。しかし実際、女の神話についての私の研究は、もしそれらの神話がどんな現実を覆い隠しているのかが分からなければ、宙に浮いたものになってしまうだろう。そこで私は生理学と歴史の書物に読みふけった。[7]」

この後、ボーヴォワールは五月中旬から七月中旬にかけてオルグレンとともにシンシナティからオハイオ川、ミシシッピー河を船で下り、ニューオーリンズからユカタン、グアテマラ、メキシコをめぐる旅に出ているが、パリに戻るとすぐに「女性論」を読み直して、生物学についての調査に取りかかる。オルグレン宛の七月二六日付の手紙には「おとなしくパリに留まって、一日中、国立図書館で、生物学と生理学の分厚い本を調べました」とある。回想録では、「私は単に例を集めるだけでは満足しなかった。学者たちさえも、男女を問わず、男性の偏見に染まっていたから、彼らの解釈の背後にある正確な事実を再確認しなければならなかった[8]」と、学問自体に含まれているジェンダーバイヤスにも言及している。

『現代』誌に掲載された「女と神話」を読んだクロード・レヴィ＝ストロースが原始社会に関する記述に不正確なところがあると非難しているのを知り、彼が完成しつつあった論文『親族の基本構造』の原稿を参照させてもらったのはこの時期である。

『第二の性』の第I巻は一九四八年一二月始めに完成し、オルグレン宛の一二月二一日付の手紙には、表題を『第二の性』に決めたことが報告されている。[9]

『第二の性』へのサルトルの影響として、最も重要なのは、この本が実存主義をバックボーンとして書かれていることである。ボーヴォワールは、まず「序文」で、「どんな問題でも、人間の問題を中立の立場で論じるのは不可能だろう」と記し、この本を書くにあたって採用する観点は、「実存主義のモラルの観点である」と明言している。すなわち、「すべての主体は、さまざまな投企《プロジェ》を通して具体的に自分を超越として立てる。すべての主体は、新たな自由に向かってたえず自分を乗りこえることによってはじめて、自由を実現する。果てしなく開かれた未来へ向けての発展こそが、現に生きている実存を正当なものにするのだ。超越が内在に陥るとき、実存は『即自』に、自由は事実性へと堕落する。この転落は、もし主体が同意したものなら、倫理的な過ちである。無理に押しつけられたものなら、欲求不満や抑圧のかたちをとる。どちらにしてもそれは絶対的な悪である」[10]というのである。

しかし、注意しなければならないのは、このすぐ後に次のように記している点である。「ところが、女の状況は特殊なやり方で規定されている。女は、人間として自律した自由な存在であるにもかかわらず、男たちから自分を〈他者〉として受け入れるように強いられている世界のなかで自分を発見し選択しなければならない。」

このように、ボーヴォワールが『第二の性』で提示したのは、単に「女性も、男性と同じ人間であり、男性と同じように自由である」ということではなく、「歴史が遡れるかぎり昔から、女性は〈主体〉である男性に対する〈他者〉とされてきた」という事実でもあった。「女のドラマとは、つねに自分を本質的なものとして主張しようとする主体の基本的な要求と、女を非本質的なものにしようとする状況の要請とのあいだで繰り広げられる葛藤なのだ。」[11]『第二の性』の主題は、まさにこの矛盾した女の条件を明らかにし、それを乗り越える可能性を探る点にある。

ところが『第二の性』は、しばしばこの矛盾の両極端に与するものと解釈され、二重の誤解にさらされてきた。日本の例をあげると、一方は、「ボーヴォワールの女性論は、徹底した男女平等化要求・性差無化要求としての女の男並み化解放論である」[12]といった批判であり、他方は「女は男に対して普遍的に従属的地位を持つという前提に立つ女性論」の代表である[13]という批判である。『第二の性』の矛盾に言及している論者も、それを「女の条件」そのものの矛盾ではなく、ボーヴォワールの論証の矛盾に帰している。たとえば、高良留美子は、「『第二の性』においては、民族学、歴史および女性の生物学的条件と、女性の自由とのあいだの関係は、二律背反的である」と述べ、とりわけ「歴史」の原始時代の部分は「レヴィ＝ストロースの見解をつよく反映したものとなっている」[14]と結論している。

2・「歴史」をめぐって
ボーヴォワール〜レヴィ＝ストロース〜サルトル

『第二の性』へのレヴィ＝ストロースの影響に言及したの

は、日本では村上益子が最初であると思われる。彼女によれば、「原始共産主義の社会においても女性は男性に隷属していた〔…〕というボーヴォワールの見解はレヴィ＝ストロースの原始社会に関する研究によっている。[15]」

いったい『第二の性』はどの程度、レヴィ＝ストロースの影響を受けているのだろうか。この疑問を解明するためには、『現代』誌に発表された「女と神話」におけるボーヴォワールの見解と『第二の性』におけるそれを比較する必要がある。そこで二つのテクストの比較を試みたところ[16]、結論として、「原始時代の部分はレヴィ＝ストロースの見解をつよく反映している」というのは間違った推測であり、根拠のないものであることが分かった。むしろ逆に、前章でも記したように、『第二の性』では実存主義の観点がより前面に出ていると言える。

まず、「女性の男性への隷属」という見解についての記述を比較すると、「女と神話」でも冒頭から次のように記されている。「どんなに歴史をさかのぼってみても、考古学や民族誌学が教えているところによれば、この世界はいつも男のものだったと思われる。[17]」

この一節は、『第二の性』では「歴史」第一章の冒頭に移動し、次のようになっている。「この世界はいつも男のものだった。これまでいろいろな理由が示されたが、私たちにはどれも十分とは思えなかった。実存主義の光のもとで先史学や民族史学の資料を再検討してみてはじめて、男女の序列がどのように確立したのか理解できるだろう。[18]」

両者の違いは、「女と神話」では婉曲な口調が用いられているのに対して、『第二の性』では断定的になっていることと実存主義の観点が明示されていることである。いずれにしても、「女はつねに他者であり、男女間に相互性の関係が存在したことはなかった」という見解は、すでに「女と神話」において示されていたことが確認できる。

確かに、『第二の性』の「歴史」第二章には『親族の基本構造』からの引用が六箇所加わっており、一見、レヴィ＝ストロースの影響をうかがわせる。しかし、どのような文脈で引用されているかを見ると、うち四箇所[19]は、ボーヴォワールが自分の、「女はつねに男に従属していた」という見解を裏付けるためになされたものであり、内容的に新たな要素が加わったわけではない。

レヴィ＝ストロースからの引用の残る二箇所[20]は、外婚制に関するもので、本文ではなく脚注のなかにある。ボーヴォワールは、まず本文で、外婚制についての自説を展開する。すなわち、外婚制とは、男が外の世界に向かって超越しようとし、「自分が根を下ろしていた過去とは違う未来を拓こうとする」意志のあらわれである。「近親婚の禁止がもつ意味は原始時代から現在に至るまで同じである。つまり、男が所有したいと望むのは、自分がそうであるものではないものなのだ。彼は自分にとって自分とは別の〈他者〉と思われるものに結びつく。それゆえ、妻は夫のマナに参与していてはならず、妻は夫にとって外部のもの、つまり夫の氏族《クラン》の外のものでなければならないのだ。[21]」

こう記した上で、ボーヴォワールは注のかたちで、この考えについての「少し違ったかたちでの確証」としてレヴィ＝ストロースの考えを紹介する。彼の研究によれば、「近親相姦を禁止するために外婚制が生じたのではない。そうではなくて、外婚制への積極的な意志を近親相姦の禁制が消極的なかたちで反映しているのである。〔…〕女が贈与の品の一部になることで、各氏族が閉鎖的にならず、他の氏族との相互関係を築くことができれば社会的に有用である。[22]」そして、それに続けて『親族の基本構造』から次のように引用している。「外婚制が同族結婚を禁止しているのは〔…〕血族結婚が生物学的な危険をともなうからではなくて、族外結婚が社会的な利益をもたらすからである。」

『親族の基本構造』においてレヴィ＝ストロースは、外婚制＝近親婚の禁止は互酬性の規則であり、「交換」という社会的人間にとって基本的な関係を保証するためのものであることを示した。言い換えれば、外婚制は部族間の平和を維持するための規則である。これに対して、ボーヴォワールは、外婚制が男の超越への欲求を実現する手段であるとしている。彼女はレヴィ＝ストロースの論理を実存主義に引き付けて解釈しているのであり、『第二の性』の原始時代についての記述にレヴィ＝ストロースの影響を認めることは難しい。

「女はつねに他者であった」という、一見、同じように見える二人の見解が実は根本的に異なるものであることは、男性支配の起源に関する記述において最も顕著にあらわれる。それは「構造」と「歴史」の対立であり、『第二の性』の「序文」にあるレヴィ＝ストロースからのもう一つの引用を検討することで明確になるだろう。[23]「〈自然〉の状態から〈文化〉の状態への移行は、人間が生物学的関係をさまざまな対立体系のかたち、すなわち二元性、交互性、対立、左右対称などのかたちで考える能力をもつことによって、定義される。こうした対立は、明確なかたちで現われようとあいまいなかたちで現われようと、説明すべき現象というよりは、社会的現実の基本的かつ直接的な与件である。[24]」

この引用部分は『親族の基本構造』では次のようになっており、かなり異なっている。「もし確かに――私たちがここで証明しようとしているように――自然の状態から文化の状態への移行は、人間が生物学的関係をさまざまな対立体系のかたち、すなわち所有者としての男と被所有者としての女の対立、また、後者のなかでの、獲得された女としての妻と譲渡される女としての姉妹や娘との対立〔…〕などのかたちで考える能力をもうことによって、定義されるとしたら、〔…〕二元性、交互性、対立、左右対称は、明確なかたちで現われようとあいまいなかたちで現われようと、説明すべき現象というよりは、精神的・社会的現実の基本的かつ直接的な与件であることを認めねばならないだろう。[25]」

つまり、レヴィ＝ストロースにおいては、「所有者としての男と被所有者としての女の対立」の起源はまさに人間が自然の状態から文化の状態に移行するときであったということになる。しかも彼は、男女間の関係はけっして対称的ではなく、「女を交換するのは男であり、その逆ではない」ということは、人間社会の基本的事実であるとまで言っている。[26]

一方、ボーヴォワールは上の引用を、「意識そのもののなかに他のすべての意識に対する敵意を見出す」というヘーゲルにならって、主体と他者の対立の問題として説明する。「対立関係」は直接的体験としての「生物的関係」を主体と他者という対立項として定立する意識の働きによってはじめて成立する。男性支配は男性が女性を他者として定立したときに始まり、ボーヴォワールの考えでは、それは「遊牧民が土地に定住し農耕民になったとき」である。先に「女と神話」における記述を見ると、「男が絶対であり、女は他者であるという状況は直接的に生じたと考えるべきではない（p. 1923）。」確かに動物社会では、雌は生殖機能に隷属し、雄の支配下にある。しかし、人間社会は動物社会と同じではなく、「反自然 anti-physis である。意識的、かつ自由である人間は、自分たちの責任で自然を引き受ける（p. 1923）。」原初的な社会においては、「男女の不平等を認めるような制度はなかった。女は身体的弱点を直接的にこうむっていたが、そう<ruby>と定立されてはいなかった</ruby>（p. 1924）。」「遊牧民が農耕民となり、土地に定住するようになってはじめて社会生活が組織され〔…〕、性的差異が共同体の構造の中に反映される（p. 1924）。」「しかし、もし、人間の本源的な傾向として、他者に対して自分を主体として確立し、支配したいという欲求がなければ、青銅器の発見が女の隷属をもたらすということもなかったであろう（p. 1934）。」ボーヴォワールはさらにエンゲルスも参照し[27]、「女の運命と私有財産制は結びついているという点で、エンゲルスの主張は正しい（p. 1936）」が、その根底には存在論的要求があることを忘れてはならないとしている。[28]

以上の見解は『第二の性』にもひき継がれ、実存主義の観点に照らすことの重要性が強調される。特に、エンゲルスに関する記述は「歴史」第二章と、新たに立てた「運命」第三章「史的唯物論の見解」に引き継がれているが、ボーヴォワールはそこで「（エンゲルスにおいては）最も重要な問題がすどおりされている」と評して、「たとえば、個別的所有という観念そのものが意味をなすのは、それが実存者の本源的な条件に由来しているからに他ならない」[29]と主張する。「人間は超越であり野心をいだく存在であるからこそ、新たな道具を手にすると必ず新たな要求を企てるのである。」[30]つまり、史的唯物論のいう「下部構造」の根底に、さらにもう一つの下部構造、「実存的下部構造」があるというのである。こうして、農耕民としての定住、石器から青銅器への移行による土地の征服、私有財産の誕生といった段階を経て女の従属は制度化されていく。男は自然から解放されるとき、不気味な自然の神秘を体現する女の支配からも解放される。「超越が内在に〔…〕打ち勝ったのだ。女の価値の低下は、人類の歴史における必然的な一段階（強調は井上）」[31]をなしている。

レヴィ゠ストロースにおいては、未開社会に見出される「男＝交換するもの、女＝交換されるもの」という対立構造は「精神的・社会的現実の基本的かつ直接的な与件」であり、文明社会においても不変のモデルである。彼にとって重要なのは、女の交換という互酬性の「構造」であり、その起源を問うことではない。これに対してボーヴォワールは、人間社会の変動する「状況」に着目し、女の男への従属という状況は「歴史」の進展とともに進化すると考えている。「自然も歴史的現実と同じで、不変の事実ではない。女がけっして本質的なものへと反転することのない非本質的なものに見えるのは、女自身がこの反転を行わないからである。」[32]原始時代に少しずつ男は直接的経験を間接化し、男女の差異は差別として制度化された。こうしてつくられた女の従属という「状況」は、人間がその中に生まれるという意味では避けられないものであるが、同時に、実存者としてそれを生きるという意味では変えていくことが可能なものでもある。言い換えれば、女の状況は歴史とともに変化するものである。実際、現在では女はもう「交換の対象」ではない。[33]誰と結婚してもよいし、結婚しなくてもよい。

要するに、レヴィ゠ストロースが「女と神話」に関して非難したのは「不正確な点」というよりも、実は原始社会についての、あるいは「歴史」についてのもっと根本的な見解の相違であったのではないだろうか。

サルトルは「歴史」についてどう考えていたのだろうか。サルトルもまた、一九六〇年に刊行した『弁証法的理性批判』でレヴィ゠ストロースを参照しており、重要な位置を与えている。十箇所にわたる引用はすべて『親族の基本構造』からで、数ページの長いものもある。澤田直は、この背景に「ボーヴォワールからの示唆があったことはまちがいない」が、「それだけでなく、réciprocité（相互性、互酬）の問題が懸案だったサルトルにとって、『親族の基本構造』第五章「互酬原理」などが自説を補強するためにも必要であった」[34]と推論し、サルトルが具体的にどんな文脈でレヴィ゠ストロースを参照したかを検証している。それによれば、サルトルがレヴィ＝ストロースの「構造」に注目するのは、最終的に「歴史」を優位に置くためであって、「極論すれば、実践的＝惰性態と構造（主義）はいわば同列として扱われている。[35]」澤田は、「一見表面的な賛辞に満ちた『弁証法的理性批判』はいわば褒め殺しとでもいうべきやり方でレヴィ＝ストロースの諸説を歪曲していると言わざるをえまい」と手厳しい。

澤田はさらに、レヴィ＝ストロースの『野生の思考』の最終章「歴史と弁証法」を検証し、人間了解と歴史理解をめぐる問題についてのサルトルとの懸隔を次のようにまとめている。「サルトルからすれば、歴史には、歴史が人間を作る面と人間が歴史を作る面の二つがあって、前者の場合のみ〔…〕に構造主義は有効であり、後者の場合、つまり歴史を変化させていく主体としての人間を扱うことはできないが、じつは、それこそが哲学が扱うべきことである〔…〕。レヴィ＝ストロースの側からすれば、人間の普遍的な精神構造を歴史の余白に、明晰な自己意識としてのコギトの外に見いだすことが重要なのだということになる。[36]」

サルトルとボーヴォワールにとっての「歴史」とは、「人間社会の根底にある普遍的な構造」のさらに根底にある「他者を支配し自分を主体として確立しようとする人間の本源的な傾向」に基づくものである。その意味で「歴史を変化させていくのは人間」であり、「構造」そのものよりも社会制度の起源や変遷を重視するという点で、二人の考えは近いところにあることが確認できる。

3・「自由」について

ボーヴォワール〜メルロ＝ポンティ〜サルトル

第一章の終りにも記したように、ボーヴォワールは単に「女性も、男性と同じ人間であり、男性と同じように自由である」と主張したわけではない。有名な「人は女に生まれるのではない。女になるのだ」という表現も、すぐ後に続けて、「社会において人間の雌がとっている形態を定めているのは、生理的宿命、心理的宿命、経済的宿命のどれでもない。文明全体が〔…〕女と呼ばれるものをつくりあげるのだ[37]」とある。女には女の本質とか運命といったものはない、しかし、人は社会によって女に「つくられる」と言うのである。現在の用語で言えば、女は「ジェンダー」によって、つまり、社会的、文化的につくられた性によって規定されている。[38] 同じことを第Ⅰ巻の「序文」では、「であるとは、なったということ、つまり現にあるようにつくられたということである[39]」と表現している。

この点は、『存在と無』で、「人間存在にとって『である』は『なす』に帰着する〔…〕。『なす』は、所与を無化することを

サルトルとボーヴォワール（1966 年，奈良にて）.

前提とする」[40]と記しているサルトルとはかなり異なっている。
こうした相違は、すでに一九四〇年頃から見られるが、[41]『存在と無』が出版された四三年にもボーヴォワールは、純粋な「対自」の絶対的自由を強調するサルトルに対して、[42]「私は自由の二つの面を区別した」と記している。[43]つまり、存在論的には、サルトルの「人間は自由の刑に処せられており、自由をやめることについては自由でない」という考えを認めながら、現実的には、「人々の状況のあいだには序列がある」と考えたのである。

このように、状況のあいだには序列があり、「自由」が制限される場合があることを重視したボーヴォワールに対して、サルトルが「抑圧」の状況を認めたのは第二次大戦後のことである。『別れの儀式』に収録されている「対話」によれば、彼が、「人が自由ではありえない状況が実際に存在する」と考えるようになったのは一九四五年から一九五〇年にかけてで、当時、大きなノートに道徳的・哲学的・政治的考察を書きとめていたという。[44]一九八三年に死後出版された『倫理学ノート』はその一部分であるが、確かにそこでは『存在と無』には見られなかった「抑圧」の概念についての考察にかなりのページが割かれており、抑圧のタイプの一つとして「女性性 féminité」もあげられている。[45]

ボーヴォワールが示す「女であること」は両義的である。女は主体であると同時に他者であり、女の自由は制限されている。

女は「歴史のはじめから他者とされてきた」が、女はまた、生まれたときからの教育によって他者であるべく条件づけられている。「青年期の男女をへだてる深淵は、子ども時代のごく初期の頃から周到に準備され、うがたれてきた。後になって、女がつくられたとおりのものにならないように試みてももう遅い。女はいつも背後にこの過去をひきずっている。[46]」『第二の性』の「結論」のなかにあるこの一節は、メルロ＝ポンティの『知覚の現象学』の一節を思い出させる。「私が二十年ものあいだ満足して浸ってきた劣等感を、今直ちに棄て去ることはあまりありそうなことではない。要するに、私は劣等感のなかに自分を拘束し、すでにそこに住居を選んだのである。したがってこの過去は、宿命ではないにせよ少なくとも特殊の重みをもっている。[47]」

メルロ＝ポンティはエコール・ノルマル在学中からの友人で、ボーヴォワールの自伝『娘時代』にもプラデルという仮名で登場している。また、『或る戦後』によれば、一九四五年に創刊された『現代』誌での仕事を通じて、当時、彼女が最もひんぱんに会っていた友人の一人だった。『現代』誌の第二号、一九四五年一一月号には、『知覚の現象学』の書評をボーヴォワールが書いている。ちなみに、彼女が『第二の性』の執筆準備を始めたのは、この翌年、一九四六年六月頃のことである。

彼女はこの書評の冒頭で、「教育の主要目的は子どもに自分がこの世界に現存することの意味を忘れさせることにあり、道徳は子どもに他者に対して自分が主体であると主張する特権をあきらめさせる。〔…〕しかし、それにもかかわらず、すべての人間は自分というユニークな実存に不思議な親密観をおぼえている[48]」という両面性を取り上げて、主体と客体はたがいの関係を保ってはじめて価値があると主張している。そして、「サルトルが『存在と無』において、何よりも対自と即自の対立、存在に対する精神の無化能力、そしてその絶対的自由を強調しているのに対して、メルロ＝ポンティはこれとは逆に、主体の具体的な性質を描写しようと努めている。彼によれば、主体はけっして純粋な対自ではない。私たちの実存はけっして裸のまま捉えられるのではなく、私たちの身体によって表現されたかぎりにおいて捉えられる。この身体は瞬間のなかに閉じ込められているのではなく、ひとつの歴史全体を、さらには前史すらも内包している[49]」と記して、両面性を重視するメルロ＝ポンティの考えに共感している。「私の意識は純粋な対自ではなく、あるいはサルトルが用いたヘーゲルの言葉によるところの存在の穴でもない。それはむしろ、形成されては、また解体することもありうる一つの窪み、一つの襞なのである。[50]」

自由と状況の関係が人によって違っているように、異なる身体をもつ男と女の経験が同じであるということはありえない。ボーヴォワールはしばしば、男女の差異を否定したという誤解にさらされてきたが、実際にはそのような主張はしておらず、

『第二の性』第I巻の冒頭に近いページにも、自分の性を否定するのは自己欺瞞であると明記されている。「もちろん女も男と同じ人間である。けれどもこうした主張は抽象的だ。すべての具体的な人間はつねに一人ひとり個別の状態におかれているのが事実だ。〔…〕どんな女も、自分の性を無視して自分を位置づけようとすれば、自己欺瞞に陥るのは明らかだ。[51]」

ボーヴォワールはさらに「生物学的条件」の章で次のように、人間の「自由」は「身体」による経験によってあらかじめ条件づけられていると記している。「世界のなかに現存するということは、この世界にある一つの物であると同時に世界を見る一つの視点でもある身体、そうした身体の位置を絶対的に想定している。[52]」しかも、身体のもつ意味は性によって異なっている。「女も男と同じように、自分の身体である*。しかし、女の身体は女自身とは別のモノなのである。[53]」

これらの記述はいずれもメルロ＝ポンティの『知覚の現象学』を参照しており、*印には次の引用が原注として付されている。「したがって私は、少なくとも私がある既得物をもっているという限りにおいて、私の身体である。また逆に、私の身体は自然的な主体のようなもの、私の全的存在の暫定的な素描のようなものである。[54]」メルロ＝ポンティへの言及は他にも「生物学的条件」の章に一箇所、[55]「精神分析」の章に二箇所あり、[56]その影響がうかがわれる。[57]

しかし私たちはここで、ボーヴォワールに男女の条件の違い、過去や身体がもつ重みについて気づかせたのは実はサルトルであったという事実を思い出さないわけにはいかない。第一章で記したように、「生物学的条件」について書き加える決心をさせたのも、サルトルである。実際、『第二の性』におけるサルトルへの言及を見ると、メルロ＝ポンティと列記されている箇所が二箇所あり、[58]両者の考えを対立的には取り上げていない。たとえば、「人間とは与えられた存在ではなく、みずから現にあるところのものになる存在である。〔…〕とはいえ、私が採用する観点――ハイデガー、サルトル、メルロ＝ポンティの観点――からすると、身体は物ではないとしても、一つの状況である、と言えるだろう。すなわち、身体は世界への私たちの働きかけの手がかりであり、私たちの計画の素描である[59]」においては、ボーヴォワール、サルトル、メルロ＝ポンティの観点は共通するものとして提示されており、内容的にも上に見た原注（cf. 注54）と共通している。この引用のすぐ後には、「人類は反自然である、と言われてきた。この表現は完全に正確とは言えない。なぜなら、人間はあらかじめ与えられている条件を否定することはできないからだ。しかし人間は、その条件をどう引き受けるかによって、そこから現実を作り上げる[60]」と記されている。

こうした三者の類似をどう理解するべきだろうか。ここでは詳しく展開する紙数が残されていないが、筆者にはボーヴォワールが自らの「両義性の哲学」とサルトルの実存主義を近づけようとしているかのように見える。彼女はすでに『両義性のモラル』のなかで、実存主義を「両義性の哲学」と呼び、「実存主義は、はじめから一つの両義性の哲学として自己を規定した。〔…〕サルトルが『存在と無』のなかで人間を規定しているのも、両義性によってである。〔…〕世界への現前としてしか自己を実現しないこの主体性、この拘束された自由、他者に対して直接与えられるこの対自の出現、それが人間である(61)」と記しているのである。

もう一つの根拠として、ボーヴォワールが一九五五年に『現代』誌六・七月合併号に発表した「メルロ＝ポンティと擬似サルトル主義」に触れておきたい。これは、一九五二年と五四年に、『現代』誌（n° 81, n° 84–85 と n° 101）に掲載されたサルトルの「共産主義者と平和」に対するメルロ＝ポンティのサルトル批判、「サルトルとウルトラ・ボルシェヴィズム」（『弁証法の冒険』の第V章）への、ボーヴォワールによる反論である。この反論で印象的なのは、その激しい口調にもかかわらず、彼女がサルトルとメルロ＝ポンティの考えの対立点を明らかにしようとするよりも、むしろ、二人の考えが同じであることを論証しようとしているように見えることである。彼女は、メルロ＝ポンティのサルトル批判が、彼の作り上げた虚像のサルトル、「疑似サルトル主義」に基づいたものにすぎないこと、メルロ＝ポンティが主張していることはすでにサルトルが言っていることの繰り返しにすぎないことを、サルトルからの引用を積みかさねて論証する。一つだけ例をあげると、ボーヴォワールはサルトルが『存在と無』で次のように書いていると強調している。「私の世界のなかには、私によって生み出されたものではないものとして、私に与えられる諸々の客観的な意味が存在する。諸々の意味は私によって事物に到来させられるはずであるのに、その私が、すでに意味をになった一つの世界のなかに拘束されているのである。この世界は、私がそこに置いたのではない意味を、私に向かって反射する(62)。」

ボーヴォワールはまた、回想録『或る戦後』で、この「メルロ＝ポンティと擬似サルトル主義」における自らの反論に言及して、「それはサルトルが反論すべきことだと言う人がいた。彼がそうしなければならない理由は何もない。それに反して、サルトル哲学の信奉者ならだれでもすでに自らの哲学でもある哲学を擁護する権利をもっている(63)」と記して、『存在と無』における人間が、抽象的な視点ではなく、肉体をもった現前であることが実にしばしば忘れられている」と嘆いている。

要するにボーヴォワールは、サルトルの哲学を「両義性の哲学」として捉え、その限りにおいて、彼に共感していると言える。

注

（1） Simone de Beauvoir, *La Force des choses*, Gallimard, 1963, pp. 108–109.

（2） Simone de Beauvoir, *Journal de guerre*, Gallimard, 1990, p. 126. これは、当時、召集されていたサルトルの駐留地、アルザス地方のブリュマットに面会に行ったときのことで、回想録にもほぼ同じことが記されている。cf. Simone de Beauvoir, *La Force de l'âge*, Gallimard, 1960, p. 431.

（3） ルーアンの高校教師時代（一九三二年―三六年）の同僚コレット・オードリーは、当時のボーヴォワールは女性問題に無関心で、「女性でも、聡明で自分が何を欲しているか知っていれば、切り抜けられる」と言っていたと証言している。*Simone de Beauvoir, un film de Josée Dyan et Malka Ribowska*, Gallimard, 1979, pp. 42–43.

（4） *La Force des choses, op. cit.*, p. 204.

（5） 回想録には、サルトルとともに共通の友人モレル夫人（回想録ではルメール夫人）の家に滞在して、「女性に関する試論を書き続けた」とある。*Ibid.*, p. 159.

（6） Simone de Beauvoir, *Lettres à Nelson Algren, Un amour transatlantique 1947–1964*, Gallimard, 1997, p. 141. ボーヴォワールは一九四七年一月―五月のアメリカ講演旅行の際に、小説家ネルソン・オルグレンと知り合い、恋に落ちた。この書簡集にはボーヴォワールがオルグレンに当てた三〇四通の手紙が収められている。彼らの恋の破局は一九五〇年夏にオルグレンからもたらされる。しかし、その後もボーヴォワールは折に触れて手紙を送っている。最後の日付は一九六四年一一月。残念ながら、版権の問題で、オルグレンの手紙は出版されていない。

（7） *La Force des choses, op. cit.*, p. 203.

（8） *Ibid.*, p. 203.

（9） ボーヴォワールは引き続き第Ⅱ巻を書き始めるが、一九四九年三月に南仏のカーニュに滞在したときには、最後の数章を残してほぼ完成し、すでに次の作品『レ・マンダラン』の構想を練ったり、ノートを取ったりし始めている。五月の初めにはオルグレンがフランスに来て、夏には一緒にローマ、ナポリ、チュニス、アルジェなどを旅しているので、実質的には五月中に完成していたと考えられる。こうして、第Ⅰ巻「事実と神話」は一九四九年五月に、第Ⅱ巻「体験」は一〇月に刊行された。短期間にこれほどの大著を書き上げたことには驚嘆するしかない。

（10） Simone de Beauvoir, *Le deuxième sexe, I*（以下 DS, I と略記）, Gallimard, 1949 (renouvelé en 1976), p. 31／『第二の性』Ⅰ、新潮文庫、二〇〇一年、三七頁。

（11） *Ibid.*, p. 31／同書、三八頁。

（12） 金井淑子『ポストモダン・フェミニズム』、勁草書房、一九八九年、一三八頁。

（13） 青木やよひ『フェミニズムとエコロジー』、新評論、一九八六年、二一〇頁。

（14） 高良留美子『高群逸枝とボーヴォワール』、亜紀書房、一九七六年、一六三頁。

（15） 村上益子『ボーヴォワールの哲学』、啓隆閣、一九七二年、四二頁。

（16） 詳しくは、井上たか子「『第二の性』の成立過程について」（1）～（4）を参照されたい。『フランス文化研究』二二～二五号、獨協大学、一九九一―一九九四年。

（17） Simone de Beauvoir, « La femme et les mythes », *Les Temps modernes*, nº 32, 1948, p. 1921.

(18) DS, I, 107／『第二の性』I、一三二頁。
(19)『親族の基本構造』については、Claud Lévi-Strauss, *Les structures élémentaires de la parenté*（以下SEPと略記）, 2e éd., Mouton, 1967（1er éd., 1947）による。引用箇所を、DS, I／『第二の性』I／SEPの順に記すと、①p. 120／一四八頁／p. 136. ただし、SEPでは「publique 公的権威」ではなく「politique 政治的権威」となっている。②p. 120／一四九頁／p. 135 ③p. 121／一四九頁／p. 136. ただし、*SEP*では「frère 兄弟」ではなく「beau-frère 義理の兄弟」、邦訳は「義理の兄弟（＝女の夫）」としている。④p. 121／一五〇頁／p. 136.
(20) ⑤DS, I, 124／五三一頁／SEP, 551、⑥DS, I, 124–125／五三一頁／SEP, 133.
(21) DS, I, p. 124／『第二の性』I、一五四頁。
なお、ボーヴォワールは『現代』誌の一九四九年一一月号に『親族の基本構造』の書評を掲載しており、そこでも次のように記している。「それ（＝外婚性）は内在性の拒否であり、超越の欲求である。結婚の諸制度が人間に保証するのは、交流と交換によって、男がそれに向かって自己を投企することを可能にするような地平線である。」cf. Simone de Beauvoir, « Les structures élémentaires de la parenté, par Claude Lévi-Strauss (Ed. des Presses Universitaires de France) », *Les Temps modernes*, novembre 1949, p. 949.
(22) DS, I, 124／『第二の性』I、五三〇—五三一頁。
(23) この引用についての詳しい分析は、前掲、井上たか子「『第二の性』の成立過程について（3）」を参照されたい。
(24) DS, I, 16／『第二の性』I、一六頁。
(25) SEP, 157–158.
(26) *Ibid.*, p. 134.
(27) ボーヴォワールが参照しているのは、『家族・私有財産・国家の起源』である。なお、エンゲルスに関する「女と神話」と『第二の性』での評価の違いについて、詳しくは、前出、井上たか子「『第二の性』の成立過程について（4）」を参照されたい。
(28)「女と神話」では、ボーヴォワールはまだ「実存主義的」という表現を使っておらず、「存在論的 ontologique」という表現を用いている。
(29) DS, I, 99／『第二の性』I、一二二—一二三頁。
(30) DS, I, 100／『第二の性』I、一二五頁。
(31) DS, I, 125／『第二の性』I、一五四—一五五頁。この箇所を、『第二の性』を「女は男に対して普遍的に従属的地位を持つという前提に立つ女性論」の代表として批判した青木やよひ(cf. 注13)は「人類史の必然である」と誤って引用している。cf. 前掲、『フェミニズムとエコロジー』、二一六頁。
(32) DS, I, 16／『第二の性』I、一八頁。
(33) レヴィ＝ストロース自身、後に、『親族の基本構造』では、婚姻交換の無意識的起源の探究を強調しすぎた」と告白し、「集団のプラクシス（実践）の中に現われ、自然発生的でかつ絶対性をもつ交換そのものと、集団—ないしはその集団の識者—が交換を法制化し規制するために用いる意識的な規則とを、もっとはっきり区別すべきであった」と記している。レヴィ＝ストロース『野生の思考』、大橋保夫訳、みすず書房、一九七六年、三〇二頁。
(34) 澤田直「人間と歴史を巡って——レヴィ＝ストロースとサルトル」、『思想』第一〇一六号、二〇〇八年、七五頁。
(35) 同上、七八—七九頁。
(36) 同上、八六頁。

(37) DS, II, 13／『第二の性』II（上）、一二頁。

(38) ボーヴォワールは後に、「人は男に生まれるのではない、男になるのだ」と補足する必要があると記している。Simone de Beauvoir, *Tout compte fait*, Gallimard, 1972, p. 497.

(39) DS, I, 25／『第二の性』I、二九頁。

(40) Jean-Paul Sartre, *L'Être et le Néant*, Gallimard, 1943, p. 555.

(41) 「私たちは状況と自由の問題について議論した。私は、サルトルの定義する自由――つまり、ストイックな諦めの境地ではなく、所与の積極的な超越――という観点から見ると、諸々の状況は同等ではない、と主張した。たとえば、ハレムに閉じ込められた女にとって、どんな超越が可能だろうか。サルトルは、たとえそのような幽閉においても、それを生きる様々な方法がある、と言った。私はいつまでも自分の意見に固執し、口先で妥協しただけだった。」*La Force de l'âge, op.cit.*, p. 448.

(42) 「対自が、他の状況におけるよりもいっそう自由であるような状況は、そもそも存在しない。〔…〕奴隷は鎖につながれていても、その主人と同様、自由である。」*L'Être et le Néant, op.cit.*, p. 634.

(43) *La Force de l'âge, op.cit.*, pp. 562–563.

(44) Simone de Beauvoir, *La Cérémonie des adieux*, suivi de *Entretiens avec Jean-Paul Sartre* août-septembre 1974, Gallimard, coll. « Folio », 1987, pp. 505–507.

(45) Jean-Paul Sartre, *Cahiers pour une morale*, Gallimard, 1983, p. 338.

(46) DS, II, 570／『第二の性』II（下）、四六五―四六六頁。

(47) Maurice Merleau-Ponty, *Phénoménologie de la perception*（以下、PP), Gallimard, 1945, p. 505.

(48) Simone de Beauvoir, « Phénoménologie de la perception de Maurice Merleau-Ponty », *Les Temps modernes*, novembre 1945, p. 363.

(49) *Ibid.*, p. 366.

(50) *Ibid.*, p. 367.

(51) DS, I, 12–13／『第二の性』I、一一―一二頁。

(52) ① DS, I, 40／『第二の性』I、四八頁。cf. PP, 198–199.

(53) DS, I, 66／『第二の性』I、八一頁。

(54) ② DS, I, 66／『第二の性』I、五二四―五二五頁。cf. PP, 231.

(55) ③ DS, I, 72／『第二の性』I、八八頁。

(56) ④ DS, I, 78／『第二の性』I、九五頁、⑤ DS, I, p. 88／『第二の性』I、一〇八頁。

(57) メルロ＝ポンティからの引用についての詳しい分析は、井上たか子「『第二の性』における〝自由〟の概念をめぐって」、石崎晴己・澤田直編『サルトルの遺産（文学・哲学・政治）「国際シンポジウム：20世紀の総括」記念論文集』、日本サルトル学会、二〇〇一を参照されたい。

(58) 注55③と注56④。サルトルの名をあげて引用しているのは他に三箇所で意外に少ない。① DS, I, 40／『第二の性』I、四八頁、② DS, I, p. 86／『第二の性』I、一〇六頁、③ DS, I, 216／『第二の性』I、五三五頁。

(59) cf. 注55③。

(60) DS, I, 73／『第二の性』I、八九―九〇頁。

(61) Simone de Beauvoir, *Pour une morale de l'ambiguïté*, Gallimard, 1947, p. 15.

(62) Simone de Beauvoir, « Merleau-Ponty et le pseudo-sartrisme », in *Privilèges*, Gallimard, 1979, p. 210. cf. *L'être et le néant, op.cit.*, p. 592.

(63) *La Force des choses, op.cit.*, p. 341.

身体と肉

――サルトルとメルロ＝ポンティの身体論再考

加國尚志

はじめに

サルトルの現象学的な著作を読むとき、私たちはそこにその後の哲学者たちに十分に取り上げられることのなかった多くの豊かな概念と記述が埋もれたままになっていることに気づくだろう。たとえばドゥルーズ＝ガタリが『哲学とは何か』で取り上げた『自我の超越』での「非人称的な超越論的領野」という概念などがそうであって、彫琢されないまま提出された概念や記述が潜在的に示していた問題構成の射程の広さを測る作業はまだまだ行なわれていない。わたしたちは、サルトルの現象学的哲学を一つの正統な歴史の視点から教科書的なテーゼや学説の形に取りまとめて、それを標本化して批判する前に、一人の哲学者の生みだした概念や記述の持つ潜在的な生産性や独創性に注意を向けるべきであろう。サルトルがあまりに著名で、その著作が通俗的な理解にさらされることが多かっただけに、これからはいくらか創造的な読解がゆるされてもよいはずである。『想像力の問題』から『存在と無』へ、そして『弁証法的理性批判』へとつづくサルトルの哲学的著作の膨大な記述は、単純化や要約に抵抗する縁から発する不確定な線を備えていて、すべての偉大な哲学書がそうであるように、謎めいていたり、理解不可能であったり、その著作そのものや著者自身にさえ逆らっているように見えるさまざまな点で、読者に再読と再考を要求しつづけているのである。

メルロ＝ポンティがサルトルの哲学に対して一貫して批判を加えつづけたことはよく知られているし、一九五〇年代のマルクス主義をめぐる政治状況のなかで両者が決定的に決裂してしまったこともよく知られている。それは単に両者の政治的な態度表明をめぐるものではなく、両者の哲学の根本的な存在論的問題構成の相違として理解されねばならないことも、今日ではよく知られている。少なくともメルロ＝ポンティはそのような観点からサルトルの思想を批判し、議論を挑んでいた。しかし、メルロ＝ポンティによる批判や彼の著述を注意深く読むなら、根本的で全面的であるように見えるその批判においてさえ、サルトルの現象学的記述のなかで彼が認めることのできるものについて明確に留保していることがわかるのであって、両者を単に論争的に対立させるだけでは、批判者であるメルロ＝ポンティの思想まで単純化してしまうことになるように思われる。

この両者の哲学上の見解の相違について、どれほどの論点を列挙すれば足りるのだろうか。意識の自発性について、主体の自由について、状況や歴史について、他者について、身体について、想像力について、現象学の理論的歴史の中で解決済みの問題など一つもありはしないし、そのすべてを再構成することはここではできない。他の現象学者達やその後のフランスの現象学の展開との連関を示すことも、紙幅の都合上、ここではできない。全体を見渡して便利な指標を与えたりするかわりに、ここではサルトルの哲学の批判者であったメルロ＝ポンティがサルトルの哲学の中に認めたもののなかで典型的なものだけを取り上げて、そこからサルトルの現象学的哲学の中に含まれていた身体の存在論の可能性と、メルロ＝ポンティによるその批判的摂取の意義を提示することにしたい。それは「肉」(la chair) の概念をめぐるものである。後期メルロ＝ポンティが展開した「肉」の哲学のテーマは、デリダの指摘を待つまでもなく、フランス現象学の中心的なテーマをなしている。たいていの場合見過ごされてしまっているが、「肉」の概念をいち早く提出したのはサルトルであり——もちろんガブリエル・マルセルによる「受肉」の概念があったとはいえ——、メルロ＝ポンティはそのことを十分に意識していたのである。

1　サルトルの想像力論

サルトルがフッサールの現象学を受容した際に典拠となったのは『イデーン』第一巻であり、サルトルはそこからもっぱら

「志向性」(Intentionalität) の概念を取り出し、「作用」(Akt) としての志向的意識の自発性と、外界の対象(超越としての対象)を思念するという特徴とを際立たせている。サルトルが『想像力』で強調したのは、知覚と想像、物と意識を混同する従来の哲学に対して、フッサールの志向性理論が意識の自発性を取り出し、意識と意識の対象の相関領域を物と意識の混同から救い出した点にある。

このようなサルトルの解釈は、形態と質料を区別し、受動的な知覚的意識に対して、自発的で、「無」において志向的相関者としてのノエマを定立する想像的意識が「虚構」(fiction) としてのイメージをその相関とすることを強調する解釈であると言える。サルトルはフッサールの志向性理論から、非実在的で虚構的な対象と相関する意識の可能性を取り出したのである。

こうした点から、サルトルは現象学における「受動的綜合」の理論よりも「能動的綜合」の理論に自らの現象学の立脚点を見出している。すべての虚構は「能動的綜合」であり、「われわれの自由な自発性の産物」であって、他方で知覚は「純粋に受動的な綜合」なのである。その点で、虚構としてのイメージと知覚との相違は、「志向的な諸綜合の根本的な構造」から来るものである。

したがって、一般的にサルトルにおいて「二元論」が認められると言われるとしても、それは当初は現象学的には知覚的な意識作用と想像的な意識作用の構造的な相違によるものであり、「能動的綜合」と「受動的綜合」の構成形式とそれに相関する対象の相違によるものであることをまず認めておかねばならない。

しかし、議論は綜合形式の相違にはとどまらない。サルトルは「知覚の印象的質料」が「虚構としてのイメージの志向的様相」と両立しえないことを主張する。すでに与えられた実在的な対象を志向した知覚の再生としての想起におけるイメージ、つまり「受動的綜合」としての「再現前化」である「想起」の相関者としての「イメージ(像)」と、非実在的な対象を目指す虚構的意識の相関者としてのイメージ(「虚構としてのイメージ」)とは異なっている。そこでは諸々の志向性の相違があるだけではなく、その「質料」も相違していることをサルトルは強調している。

そこからサルトルが挙げる想像的意識の相関者としての「質料」についての考察が必然的に要請されることになる。サルトルは『想像力』の結末で、「心的イメージ」と絵画や写真などの「物質的イメージ」の関係、そして「イメージについての意識」と「記号についての意識」の関係、最後に「心的イメージに固有の質料(ヒュレー)」の研究の必要性を挙げている。前二者については、『想像力の問題』において取り上げられることになる。

3　メルロ＝ポンティによるサルトル批判

メルロ＝ポンティは、サルトル『想像力』の出版直後にその書評を担当し、そこでサルトルのイメージ論における「質料と形相の区別」が厳しすぎることを指摘している。サルトルはフッサールにおけるヒュレー（質料）とモルフェー（形態）の区別にあまりに簡単に同意してしまっている、とメルロ＝ポンティは批判する。メルロ＝ポンティによるサルトルへの最初の批判的言及は、一つの原型のようにして、その後のメルロ＝ポンティのサルトル読解に及んでいるように思われる。

『知覚の現象学』以降たびたび繰り返されたメルロ＝ポンティによるサルトルへの批判は、端的に述べるなら、サルトルが意識の自発性を強調するあまり、彼の哲学から意識を動機づける受動的綜合の構造が欠落し、主体の決意に先立つ「社会」や「歴史」の重みが見落とされている、ということから、その思想的基盤としての一種の二元論（「意識」か「物」か、「対自」か「即自」か、「無」か「存在」かなど）が批判される、というものであることが定説となっている。

このように整理することは何もまちがっているわけではない。メルロ＝ポンティが行動や知覚や身体を論じる際に、従来の二元論的な哲学への批判が意図されていたことは明らかである。現象学という立場に立つとは言っても、もっぱら「静態的現象学」と呼ばれる時期の『イデーン』第一巻に依拠したサルトルと、「動機づけ」や「受動的綜合（連合）」の問題を重視した『イデーン』第二巻以降、いわゆる「発生的現象学」を唱える後期フッサールの著作に依拠したメルロ＝ポンティでは、現象学についての理解そのものが異なっていたことはまちがいがない。サルトルにとって現象学が言わば意識を物質から解放するものであったのに対して、メルロ＝ポンティにとっては、二元論的な存在論の枠ではとらえられない知覚や身体の経験の記述を可能にするものだったのである。

サルトルが「志向性」を「意識はなにものかについての意識である」として、もっぱら「作用志向性」としてとらえるのに対して、メルロ＝ポンティはそうした作用志向性の根底で世界へ向かう「作動する志向性」があることを強調する。メルロ＝ポンティにとって、それは世界へと向かっていく身体の志向性に他ならない。サルトルが志向性としての構造の相違から知覚と想像を区別したのに対して、メルロ＝ポンティの場合には作用志向性としての意識の根底で働く身体の志向性が問題となっていたのである。

4　「ねばねばしたもの」

しかし、それではサルトルの哲学には、メルロ＝ポンティが

「作動する志向性」と呼んだような、意識が志向性として対象と相関的関係を取り持つ以前に働いているような志向性についての観点が欠落していると結論づけることができるかというと、話はそれほど単純ではない。むしろ、サルトルの現象学のなかに、「意識」と「物」、「対自」と「即自」、「想像」と「知覚」の二元論的区別を問題とするような記述があることを、メルロ＝ポンティ自身が指摘していることに注意する必要がある。サルトルが立てた存在論的な原理（「即自は、それがあるところのものである」「対自は、それがあるところのものではなく、あらぬところのものである」）に収まりきらない記述が、サルトルの哲学に立体的な陰影を与えているのであって、そのようにして浮かぶサルトルの哲学は、メルロ＝ポンティの哲学とも近い相貌を呈するのである。

たとえば、メルロ＝ポンティは『弁証法の冒険』で、サルトルのマルクス主義観を主観主義として厳しく斥けているが、よく知られるように、そこでは、サルトルの著作の中に、メルロ＝ポンティが弁証法のうちに見ようとしていた主観と客観の対立を超える視点があることが指摘されていたのである。

しかしながら、サルトルは革命や、したがってあらゆるマルクス主義的政治がそこに身を置く歴史的領野をしらないわけではない。彼の著作に顕著な逆説とは、物として見積もられ、意識を魅惑するような、意識と物の間の媒介——たとえば『嘔吐』のマロニエの根、『存在と無』における「ねばねばしたもの」あるいは「状況」、ここでは社会的世界——を記述することによって、彼の著作は彼を有名にしたのだが、それにもかかわらず、彼の思想はこの媒介に対する反逆であり、それをやり過ごすことへの、このつかのまの世界のすべてを無から再開することへの誘いである、ということなのだ。(AD, 185)

メルロ＝ポンティは、サルトルが「ルフォールに答える」で示した激越な調子に対抗するように強い調子でサルトルを批判しているため、この一節は全体の批判的調子の中に埋もれてしまうように見える。メルロ＝ポンティがサルトルに妥協しているわけではないこともまちがいない。しかしそれでも、メルロ＝ポンティはサルトルの『嘔吐』や『存在と無』には、意識と物の「媒介」が記述されている、と指摘しているのである。

あるいは『見えるものと見えないもの』で、サルトルにおける「即自」と「対自」、存在と無、肯定と否定の原理的な二元的対立が批判され、「否定」の真の機能が見落とされている、と批判される際にも、メルロ＝ポンティはサルトルの哲学のなかにそうした原理的対立に収まらないものが含まれていることを指摘している。

サルトルは、対自が必然的に、想像的な‐即自‐対自にとりつかれている、と言って、そのことを表現していた。わたしたちは、ただ即自‐対自は、一つの想像的なもの以上のものだ、とだけ言うことにしよう。(VI, 115)

サルトルの即自‐対自の真理は、純粋な存在の直観であり、無の否定直観である。反対に、彼は神話の堅固さ、つまりわたしたちの制度の一部となっており、存在そのものの定義に不可欠である、作動する想像的なものを認めねばならないようにわたしたちには思われる。このことを除けば、それはわたしたちが語っているのとたしかに同じものであり、サルトル自身が存在と無の間に介在するものを指で示していたのである。(VI, 115)

メルロ＝ポンティがサルトルの哲学のなかに認められるべきとした「作動する想像的なもの」(un imaginaire opérant)とはいったいどのようなものなのか。それは「制度」や「存在」という、後期のメルロ＝ポンティの哲学における重要な概念とも関わっているようであるが、メルロ＝ポンティはそれ以上論じていない。メルロ＝ポンティは、『存在と無』に、「即自‐対自」としての「想像的なもの」をどのように読み取っていたのだろうか。

4 「ねばねばしたもの」と「変身」

『存在と無』において、即自と対自の綜合の可能性が検討されるのは、あの膨大な著作の最後においてである。そこでは、対自が即自を「所有」によって「吸収する」可能性と、即自が対自を「充満」によって「吸収する」可能性が検討されている。『存在と無』の原理としての即自と対自の綜合不可能性とは別に、「即自‐対自」が語られうる場面があるとしたら、それはどのようなものなのだろうか。この「即自‐対自」を表しているのは、メルロ＝ポンティが正しく指摘しているように、『存在と無』においては「ねばねばしたもの」(visqueux)である。

サルトルがこの「ねばねばしもの」について述べる際に、バシュラールの「物質的想像力」の概念が参照されている。サルトルは『想像力』で、作用志向性の構造の相違から知覚と想像を区別し、その区別は『存在と無』でも基本的に維持されており、それはバシュラールへの留保からも明らかであるが、この「ねばねばしたもの」についての叙述において、単に作用志向性の構造の相違に基づく知覚と想像の区別では解決しない領域をサルトルが見ていたことは明らかである。

この「ねばねばしたもの」についての議論において、サルトルは「幼児」を例にとっている。「即自‐対自」の綜合を表現する「ねばねばしたもの」は、性的な欲望も含めた形で「幼児」を取り上げるところに見られるのである。

サルトルは、精神分析における幼児の「穴」への執着、いわゆる肛門性欲について、実存的精神分析の観点から解釈を与えている。精神分析家は幼児の肛門性欲について論じるが、幼児が自分の肛門を客観的に「開口部」などと認識しているわけではない。幼児は、母親などから肛門が穴であることを教わるのであり、肛門が一つの穴であることの認識は外界から来るのである。

そこからサルトルは、幼児において「穴」が、「実存的精神分析」が解明すべき「存在様態の象徴」であることを指摘する。幼児にとって「穴」は、「私自身の肉」(ma propre chair)によってふさがれるべき「無」として思い浮かべられるのである。

> 幼児が穴をふさぐのは彼の肉によってであり、穴は、いかなる性的な種別化にも先立って、わいせつな期待、肉を求めることなのである。(EN, 705)

メルロ＝ポンティが言及した「ねばねばしたもの」もこの文脈において再び登場する。「ねばねばしたもの」は即自に飲み込まれる対自の象徴的表現であるが、サルトルが想定しているのは、何かを食べるときに口の中でそれが溶けていく状態であり、味覚が消化や所有であるような経験である。そこでは即自である物が解体されて対自に吸収されていくが、対自も即自の物質性としての粘り気に吸収されていくことになる。そこには対自から即自への、そして即自から対自への「変身」(métamorphose)(EN, 707)の可能性が示唆されているのである。もっとも、『存在と無』では、これらの記述は唐突に終了してしまい、再び即自と対自の合一不可能性の主張と確認で文章は締めくくられている。果たしてこの「変身」の可能性がさらに探究されていれば、サルトルの哲学はどのようなことを語ることになっていたのだろうか。

5　サルトルにおける「肉」の哲学

サルトルが「即自‐対自」の可能性として幼児における「穴」への執着を取り上げた際に「肉」という言葉が使われたことに気づかれたであろう。メルロ＝ポンティの後期存在論において重要となるこの概念を、わたしたちは『存在と無』の中に見出すことができる。それは他者との関係において、性的欲望が問題となる箇所においてである。サルトルは、「身体」(le corps)と「肉(肉体)」(la chair)を区別して使用している。

私が他者の身体を性的欲望において目指すとき、それは「肉」という相を帯びて現れる。対自が他者の身体を目指すときに、そこには「情動的把握」が存在する。私は他者の身体を、その他者の感じる快感や満足そのものとともに所有しようと欲望する。そのとき、他者の身体は「肉」として現れる。ここでは、身体は、意味づけられた「状況」のうちに現れる場合に身体と呼ばれるが、それが「純粋な偶然性」において出会われる場合に「肉（肉体）」と呼ばれるのである。

しかし、そこには相互性がある。私は、「他者の肉」を自分のものにするために「他者の面前」で「私を肉にする」。「身体」の水準では、対自身体と対他身体の区別は厳密であるが、「肉」の水準では、対自と対他の間には、他者の肉体を自分のものにしようとするがゆえに自らが肉体となる、という相互性が存在するのである。欲望は、他者の身体を「純粋な肉体」として存在させようとする試みであり、「他者の身体の受肉の試み」である、とサルトルは述べている。

サルトルがそこで重視するのは「愛撫」である。愛撫は「他者」を私にとって、また他者自身にとって「肉体」として生み出す、とサルトルは述べている。愛撫には、私と他者を同時に肉体にするという相互性が認められる。

愛撫は、快感によって、他者の身体を他者に、そして私自身に生まれさせるのであって、それは、私の身体が他者の身体にその固有の受動性によって触れるために肉体となることに基づいた受動性、つまり他者の身体を愛撫するというよりも、他者の身体に愛撫されることによって基づけられた受動性として、生まれさせるのである。（EN, 460）

私は欲望によって他者を愛撫すると同時に愛撫されている。そこにサルトルは「受肉」（incarnation）の構造を見ている。私が他者の身体を「肉（肉体）」として明らかにするのは、私の身体を「肉（肉体）」にすることによってであり、愛撫は、他者の身体を肉（肉体）にすることによって、同時に私の身体を肉（肉体）にする。そこには「相互的な受肉の二重の過程」があることになる。

こうした受肉の二重過程が存在するのは、「欲望の世界」においてである。この欲望の世界に内属しながら、私は「欲望的知覚」において「対象の肉」（la chair des objets）のような何ものかを発見する、とサルトルは述べている。サルトルの言う「肉（肉体）」（la chair）はもっぱら人間の身体について言われるので、「肉体」と訳されることに異論はないが、それでも、サルトルが「対象の肉」という言い方をしていることには注意が必要であろう。欲望を備えた知覚や愛撫において、ただ身体が「肉体」として現れるというだけではなく、「物」「対象」がまた、その「肉」を知覚されるようなしかたで開示されるのである。サルトルにおいて、志向的関係と無化作用を通じて開示される世界のさらに根底に、「欲望の世界」が想定されていることは無視されるべきではないだろう。

> この欲望とは、他者との関係の原初的様相であり、それは欲望の世界を地として他者を、欲望される肉体として構成するのである。(EN, 462)

こうして、サルトルにおいて、性的欲望の志向性が、他者との身体的関係の原初的次元に想定されていることが見てとれる。おそらくはマックス・シェーラーやフロイトらからの影響を介して、サルトルは後期フッサールが「欲動志向性」(Triebsintentionalität)と呼んでいたものに近いものを見出してさえいたのである。

対自と即自、対自と対他の原理的な対立と交換不可能性に対して、欲望の次元においては、サルトルはそれらの「合一」(communion)の可能性すら語っている。そこでは、「まなざし」の相克、ヘーゲルの「主と僕」の弁証法にもなぞらえられた意識の闘争ではなく、各々の意識の交流の可能性さえ開かれているのである。それは、ほとんど感覚の再帰性と呼びうる事態ですらある。

> それぞれの愛撫によって、私は、私自身の肉を通じて、私自身の肉と他者の肉を感じる、そして私がそれであり、私の肉によって私を所有するところのこの肉は、他者によって感じられた肉である。(EN, 466)

この交差配列と可逆性の構造を見落とすべきではないだろう。サルトルは『イデーン』第二巻を読んではいなかったが、私と他者の間にありうる能動と受動の関係は、愛撫において可逆的なものとして叙述されている。

> この場合に、愛撫の快感は愛撫されることの快感に変形されており、対自が求めていることは、自分の身体が愛撫において吐気となるまで消滅することを感じることである。(EN, 467)

ここで「吐気」(nausée)を呼ばれているのは、サルトルの小説『嘔吐』のタイトルでもあるが、『存在と無』においては、対自身体における一種の全身感覚として、顕在的な意識に表れない状態を指している。「まなざし」における対自と対他の相克とは異なって、愛撫においては、愛撫することと愛撫されること、触れることと触れられることの間には明らかに相互変形的な構造が見られており、そこでは身体の物体的対象性は快感の全身感覚へと消滅してしまっている。サルトルにおいて、「肉」の概念は、また「吐気」と結びつきうるものだったのである。

6 受肉の挫折

しかし、サルトルは欲望における合一の挫折についても論じている。この肉の合一は、突如として失敗に終わることがある。たとえばマゾヒズムにおいては、受肉の相互性における身体は、他者にとって対象であるような身体へと自らの「肉」を貶めることになる。そしてサディズムにおいては、「受肉」の相互性は断ち切られ、他者の身体は、意識の受肉した肉であることをやめて、対象へと転落する。それに応じて、私の身体も、愛撫の相互性における快感であることをやめて、状況における身体、すなわち、状況全体の意味連関において対象として意味づけられる身体へと変貌する。

サルトルは愛撫における欲望の相互性の挫折の可能性を冷静にとらえている。他者が感じる快感を直接的に感じようとする試みは失敗してしまうのであり、他者を「所有」しようとする欲望は、他者の自由を他者の自由としてそのまま認めることはできずに、他者の受肉を否定し、その「恩寵」を破壊することになる。欲望の失敗は、サディズムへの道を開いており、サディズムはマゾヒズムと相互的であることになるだろう。一般的に言って、サディズムは他者の身体からその「恩寵」をはぎ取り、道具として出現させることにより、暴力や苦痛を通じて他者を支配しようとする。この支配は「力への意志」(volonté de puissance)である。

しかし、サルトルは、サディストがもともと目指していたのは、やはり道具としての他者の身体ではなく、受肉した他者の肉(快感を感じる身体)であり、「他者の自由」であると指摘している。「肉」は「恩寵」においては「近づきえない他者」であるが、まさしくサディストが所有しようと望んでいるのは、自らが否定しているはずのこの肉において現れる、近づきえない他者の自由そのものなのである。

したがって、「サディズムは欲望の挫折であり、欲望はサディズムの挫折である」。欲望と受肉の相互性の挫折、そしてサディズムの挫折を経て、どのような相互性が探究されるべきなのかが、後のサルトルの哲学の大きな主題となっていくのである。(こうしたサルトルのサディズムについての叙述は、『存在と無』執筆当時の状況を考えると、ナチスによる拷問についての分析ととらえることも可能であろう。)

このようにしてみてくると、サルトルにおける「肉」の概念は、即自‐対自の綜合、対自‐対他の相互性について、サルトルの身体論と欲望の理論そのものにおいて肯定的に語られうることを示す記述を与えてくれている、と言うことができる。たしかに、サルトルは欲望の挫折を語っており、したがって即自‐対自の綜合や対自‐対他の相互性は、挫折し、中断されてしまうものと考えられている。サルトルは、「他者の自由」の所有不可能性を常に意識しており、快感としての身体の記述は、この「他者の自由」の所有不可能性の前に躓くことになるのである。

しかしそれでも、サルトルが行なった「肉体（肉）」の叙述は、即自と対自の綜合という存在論的な課題を明らかにしており、メルロ＝ポンティはそこに注目していたのである。

7　メルロ＝ポンティにおける「肉」の哲学

メルロ＝ポンティの草稿を綿密に研究しているエマニュエル・ド・サントベールによると、メルロ＝ポンティはサルトルの「欲望」と「肉」の概念を批判しながら、自らの「肉」の概念の構想を少しずつ明確にしていったのだという。彼も指摘している通り、メルロ＝ポンティは『知覚の現象学』でちらっとサルトルによる愛撫の叙述を参照しているが、メルロ＝ポンティが一九四九年にメキシコで行なった講演の準備草稿にサルトルの欲望概念への批判が見られることをサントベールは報告している。メルロ＝ポンティが『知覚の現象学』の時期とそのすぐ後に、サルトルの「肉」と「欲望」の概念を意識しており、その批判を試みようとしていた、という点は重要であろう。後期のメルロ＝ポンティの存在論的概念として提出される「肉」は、サルトルによる「肉」の叙述への批判的対決から始まる長い前史をもっていたわけである。

今までのわたしたちの論述でも明らかなように、「肉」や「欲望」あるいは「ねばねばしたもの」をめぐるサルトルの叙述は、メルロ＝ポンティの「肉」の哲学に通じている。それはサルトルが存在論的な原理として打ち立てた「即自」と「対自」、存在と無、物と意識、対他と対自、受動と能動の区別に対して、そこにそれらの原理的対立を和らげる一種の事実的な「相互性」の可能性をかいま見させるものであって、メルロ＝ポンティが後に、サルトルやヘーゲルの弁証法に対抗して「またぎ越し」「交差配列」「可逆性」「蝶番」といった概念で語ろうとしたことは、決して『存在と無』におけるサルトルの叙述に欠けていたわけではないのである。それは、幼児における口や肛門といった開口部としての穴への執着への着目や、物質性と想像的なものの絡み合った感覚（たとえば味覚）や知覚（欲望的知覚）への着目、そして愛撫のように「触れる」ものと「触れられる」ものが相互的に受肉するような快感の経験や欲望への着目などであり、サルトルにおけるこうした受動的な感性的経験への着目は、フッサールにおける幼児期からの歴史性を持つ発生論的現象学や生命的実在の構成、「感受感覚」(Empfindnis)(とりわけ『イデーン』第二巻に見られる)や「欲動志向性」についての現象学的考察などにそれと知らずに近づいており、幼児期の受動性、快感や欲望への着目が、その後のサルトルの「実存的精神分析」に反映されているとするなら、フローベールの幼児期についての分析の中にも、すでに発生論的現象学の記述と見なされうるものも含まれていたことになろう。「開こうとする肉である子供」と「みずからも肉となる女」(母親)との関係の混乱の原点への遡行こそが、フローベールの受動的性格の了解には必要である、とサルトルは『家の馬鹿息子』で書いている。能動的な「身体」とは区別される受動的な「肉体」となることを欲するフローベールは、疎外体験を自己の身体への他者による性的価値づけとして内面化しようとするのである。

おそらく、メルロ＝ポンティとサルトルを区別するものがあるとしたら、サルトルが「即自」と「対自」、「対他」と「対自」の綜合や相互性が必ずや挫折に終わると考えていたのに対して、メルロ＝ポンティは、むしろ「即自‐対自」の可逆性に存在論的な根本経験を見ているという点であろう。サルトルは「肉」や「ねばねばしたもの」や「欲望」または「快感」における「即自」と「対自」、「対他」と「対自」の相互性よりも、最終的には(『存在と無』の時期には)両者の原理的な乗り越え不可能性による挫折を根本的かつ原理的なものと考えている。「ねばねばしたもの」や「受肉」の経験は、原理的なものではなく、偶然的なものと考えられるのである。それは、結局は主体の企ての自発性を純粋なものとする二元論的な原理の回帰であるとも言われえようし、逆に言えば、相互性を認めつつも、そこに完結することのない全体性を見る、未完結性への強い動機を見ることも可能であろう。それはまた「とらえることのできない他者」の「自由」の超越的性格とも関わっており、そこから存在論ではなく倫理が開かれていくのであるが、他方で、「実存的精神分析」においては、この存在論において挫折すると考えられたことがらが、人格形成を理解する上で重要なものとなっていくのである。

8 「肉」と精神分析

サルトルの「肉」や「欲望」についての記述においてフロイトをはじめとする精神分析の理論が一顧だにされないのに対して、メルロ＝ポンティは「肉」の概念をフロイトやメラニー・クラインの、あるいはポール・シルダーの身体図式論を踏まえた、感性論的な間身体性論として展開しようとしていたと思われる。それはとりわけ、一九五九―一九六〇年講義「自然とロゴス」に見られるものである。

そこでメルロ＝ポンティは「自己の身体」が「触れられる」と同時に「自らに触れる」ものであるとしつつ、他方で、「他者たち」には触れることができないが、「その唯一の資格を持つ者」（つまり自己）には触れることのできる面を持つ、としながら、「見えないものの見えるもの」としての「肉の哲学」を提案している。

一見、サルトルの愛撫についての記述と共通しているようだが、ほんのわずかな、しかし見逃せない相違がある。それはサルトルにおいては能動と受動の区別は明確にされており、私が肉であるのは他者によって触れられる（愛撫される）からであり、他者が肉であるのは私によって触れられる（愛撫される）からであって、「肉」はあくまで受動性の相でのみ成り立っている。メルロ＝ポンティはサルトルに能動と受動の可逆性（サルトルの言葉では相互性）を理解させようとしていたのではないだろうか。メルロ＝ポンティが「想像的なもの」について述べた遺稿は、サルトルがバシュラールなどから着想しつつ、「肉」の概念とともに即自と対自が結びつくヒュレー的なものの現象学に近づきながら、存在論的にはあくまで「対象」の概念を導入していたことへの批判として読むことができる。

> サルトルにとって存在と想像的なものは〈対象〉であり、〈存在者〉である。
> 私にとってはそれらは（バシュラールの意味での）〈エレメント〉であり、つまり対象ではなく領野であり、やわらかく、非定立的で、存在以前の存在である〔…〕（VI, 314）

しかし、メルロ＝ポンティにしても、可逆性の或る種の「挫折」、そして「挫折の中の成功」を考えていたのではないだろうか。互いに触れ合う私の右手と左手は、決して「合致」（coïncidence）には到達しない（VI, 191）。この可逆性は、「いつも切迫しており」「事実上は決して実現されない」のである。サルトルにおける「欲望」の次元での「肉体」の「合一」と相互性の可能性が、所有不可能な「他者の自由」の超越性を前に最終的に挫折し、弁証法とも呼びうる展開によって倫理や集団的行動などの別の次元での相互性の可能性を展望することになるのに対して、メルロ＝ポンティの「肉」の可逆性は、「合致」の挫折の否定性をむしろ前提として組み込みつつ、対立する二項が「蝶番」の概念によって、存在論的な「エレメント」としての「肉」が次の次元へと否定的に展開されて行く際にも、否定としての「無」の「穴」ではなく、「襞」としてその基盤となっているような構造を示していると言えよう。

その場合、メルロ＝ポンティにおいて「肉」の次なる次元は「シンボル」の次元である。言語と「肉」あるいは身体との関わりにおいて、メルロ＝ポンティは「感性的な理念」による一種の啓示的経験――プルーストの「ヴァントイユのソナタ」の「音楽的理念」が例として取り上げられる――を「見えないもの」の経験として挙げている。メルロ＝ポンティにおいて感性的な「肉」と言語の「理念性」は相互に照応しあうのである。

他方、サルトルにおいて、欲望としての「肉体」の次元と「言語」あるいは「シンボル」との関わりはいかなるものとして現れるであろうか。ジュネやフローベールについてサルトルの残した「実存的精神分析」と「人格形成」分析における「言語」の問題――それは常に、作家になる人間にとって言語とは何か、その言語はどのような対人関係の現象学を秘めているか、という点に焦点があてられている――に関する膨大な記述は、メルロ＝ポンティにおける「肉」と「理念」あるいは「言語」との関わりと比較しうる、現象学的な言語論――作家にとっての言語の「制度化」論――の可能性をまた開いたままにしているように思われる。

サルトルとメルロ＝ポンティ、この両者の批判的関係を基礎とする友情は、あまりに正面から見てしまうと現象学の一般的な通史において敵対的にとらえられるような相貌を呈するが、彼らが哲学者として取り組んでいた叙述の深みまで下りてみれば、その表面的な敵対関係の向こうに、彼らだけに許されていたような対話と意見交換の可能性の場が留保されていたことがわかる。メルロ＝ポンティがサルトルに秘かに認め、その重要性を示唆していたこの「欲望」と「言語」とによる「肉」の問題構成は、すぐにその近さが見て取れるバシュラールやラカンの問題構成だけではなく、また多くの（とりわけフランスの）現象学者たち（レヴィナス、アンリ、デリダ、マリオン、フランクら）の思想とも接触している。現象学が、現象の感性的かつ身体的な次元と言語の理念的な次元との接触と分離の平面を思考しづけるかぎり、「肉」の問題構成は一つの乗り越え不可能な次元として現れてくる。初期の現象学的著作に限定されるのではなく、『弁証法的理性批判』や『家の馬鹿息子』にも見出されるサルトル独自の現象学の再読を開始する必要があるのは、まさにこうしたことからなのである。

参考文献

Jean-Paul Sartre :

L'Imagination, PUF, 1936.（「想像力」平井啓之訳、『哲学論文集』人文書院、一九五七年）

L'Imaginaire, Gallimard, 1940.（『想像力の問題』平井啓之訳、人文書院、一九五五年）

L'Être et le Néant, Gallimard, 1943.（『存在と無』松浪信三郎訳、ちくま学芸文庫、二〇〇七年）（文中略号 EN）

Maurice Merleau-Ponty :

Phénoménologie de la perception, Gallimard, 1945.（『知覚の現象学』

竹内芳郎他訳、みすず書房、一九七四年）

Le Visible et l'invisible, Gallimard, 1964.（『見えるものと見えないもの』木田元・滝浦静雄訳、みすず書房、一九八九年）（文中略号 VI）

L'Œil et l'Esprit, Gallimrad, 1964.（『眼と精神』木田元・滝浦静雄訳、みすず書房、一九六六年）

La nature, Seuil, 1995.

Parcours 1935–1951, Verdier, 1997.

L'Institution, la passivité, Belin, 2003.

Le Monde sensible et le monde de l'expression, MetisPresses, 2011.

Emmanuel de Saint Aubert, *Du lien des êtres aux éléments de l'être, Merleau-Ponty au tournant des années 1945–1951*, Vrin, 2004.

Renaud Barbaras (Co), *Sartre. Désir et liberté*, PUF, 2005.

Renaud Barbaras, « Le corps et la chair dans la trosième partie de *L'Etre et le Néant* », in *Sartre et la phénomenologie*, textes réunis par Jean-Marc Mouillie, ENS Editions, 2000.

Fabrice Colonna, « Merelau-Ponty penseur de l'imaginaire », in *Chiasmi International 5, Merelau-Ponty Le réel et l'imaginaire*, Vrin. etc, 2003.

Alexandra Renault, « Phénoménologie de l'imaginaire et imaginaire de la phénoménologie: Merleau-Ponty lecteur de Sartre et Freud », in *Chiasmi International 5, Merelau-Ponty Le réel et l'imaginaire*, Vrin. etc, 2003.

Etienne Bimbnet, *Aprés Merleau-Ponty, Études sur la fécondité d'une pensée*, Vrin, 2011.

Annabelle Dufourcq, *Merleau-Ponty : Une Ontologie de l'imaginaire*, Springer, 2012.

エコロジストという実存主義者
——アンドレ・ゴルツ

鈴木正道

サルトルの思想の影響は様々な方面に及ぶ。エコロジーもその一つである、と述べると意外な印象を与えるかもしれない。サルトル自身がエコロジーの理論や運動を何らかの形で展開したわけではない。彼の考え方を糧とした人間がエコロジーという考え方、生き方を展開するに至ったというべきかもしれない。『現代』誌の編集委員を務め、『ヌーヴェル・オプセルヴァトゥール』誌の創刊者の一人であったアンドレ・ゴルツ（一九二三―二〇〇七）は政治的エコロジーの先駆者とされる。ゴルツは二〇〇六年に『ヌーヴェル・オプセルヴァトゥール』のインタヴューで、[1]自分は、イギリスではサルトルおよびアドルノやマルクーゼなどフランクフルト派の後継者とみなされているが、フランスではイリッチの弟子だとされていると述べている。他方セルジュ・ラトゥシュは二〇〇八年のセミナーで、ゴルツはイリッチからカストリアディスへと中継する者だと言う[2]。

現在、汚染や地球温暖化、異常気象、原子力発電など、環境に関する様々な問題が人々の不安をかき立てている。科学者あるいは科学そのものに対する不信が高まる。「科学的」でなければならない環境問題に関してゴルツは、「政治的な」エコロジーをサルトルの思想を土台にして主張した。本来自由であるはずの人間が現実には疎外されている。人間が自由を取り戻すには社会を変えなくてはならない。環境を破壊してまで無駄な消費に駆り立てる経済の仕組みを変える必要がある。

本稿は、世界の経済、社会、自然環境が危機的な状況にある現在、政治的エコロジーの先駆者であるアンドレ・ゴルツの思想をたどることを目的とする。同時に彼がサルトルの思想をいかに受け継ぎ発展させていったかを検証し、「二〇世紀最後の知識人」の領野の広さを考える。

1　サルトルとゴルツ

ゴルツは一九四六年六月一日、ローザンヌで「実存主義とは何か」の題目で講演したサルトルに出会う[3]。彼は前年に当地の大学を出て化学技師の資格を取っていたが、現象学や文学に関心を持ち、サルトルの著作にも親しんでいた。サルトルの思想の形成にとって大きな柱となったのは精神分析とマルクス主義である。サルトルはフロイトの言う無意識という概念には大きな反発を示しつつも、人間が幼児期にする「根源的な選択(choix originel)」を解き明かすことをめざす「実存主義的精神分析」を提唱した。他方マルクス主義について彼は「我々の時代の乗り越えがたい哲学だ」と述べている[4]。

ゴルツにとってもこの二つの思想は柱を成す。彼は一九五八年に『裏切り者』という自伝的なエッセイを出しており[5]、サルトルが序文を書いている[6]。このエッセイでゴルツはマルクス主義と精神分析に一節ずつ充てている。マルクスは、人間は疎外されているが自由であるべきだという倫理的な観点から現実を捉えていること、また「なす」という倫理に立つマルクス主義による人間理解には限界があること、リビドーではなく「根源的選択」の解明に主人公Gは関心を抱いていることが述べられる[7]。以下、これらの思想がいかにゴルツのエコロジー思想の源を形成することになるかを検討したい。

1・1　ゴルツの根源的選択

ゴルツはユダヤ人の父親とカトリックの母親の間に生まれた。ナチズムが台頭するオーストリアにあって、彼は二股の状況に置かれ、どちらにも属することができない。これはいわゆる「私生児(bâtard)」の状況であり、きわめてサルトル的な主題である。ブルジョワ出身の革命家志望で仲間に溶け込めない『汚れた手』(一九四八年)のユゴー、貴族の母親と名の知れない父親から生まれた『悪魔と神』(一九五一年)の主人公ゲッツなどサルトルは「私生児状況」にあるさまざまな主人公を生み出してきた[8]。また『裏切り者』の序文でもGの「私生児状況」

を指摘している（T, 46）。

アーリア人になれず、またユダヤ人から胡散臭い目で見られるGは、カトリシズムやナチズムという絶対的な価値にすがろうとする。既成の規則にただ従うことで、彼はこれらの価値に同化し、他者の視線に対して防御し、自分の状況を忘れることができるのであった。これはマゾシズムであり、これこそ彼の根源的選択であった。

彼は疎開先のスイスで新たなる価値を見出す。アーリア人の価値を主張するドイツに対して、普遍性を標榜するフランスである。彼は家族も祖国も母語も否認して、フランス人になることに決める（T, 69）。結局は根源的な選択としてのマゾシズムであることに変わらないフランスへの帰依（T, 222）は、自己欺瞞なのか。サルトルは序文において、Gが自由であることを認める。「過去、現在、未来、客観と主観、存在と実存、道具立てと自由の間の変化する関係を全体化することができるような弁証法な動き」を生み出すことが彼の目標となる（T, 46–47）。マゾシスティックな服従をテクストとして提示すること、『裏切り者』を書くことがゴルツにとって根源的選択から自由になるという行為である。[9]

1・2　マルクス主義

ゴルツはマルクス主義を倫理的な側面から考える。リシャール・ソベルが指摘するように、レーモン・アロンは『空想マルクス主義——ある聖家族からもう一つの聖家族へ』[10]において、マルクスの解釈に関して構造主義的な読み方と現象学的な読み方があるとしている。前者にはルイ・アルチュセールとその一派、後者にはサルトル、メルロ＝ポンティ、リクールなどが含まれる。ソベルは前者を「生産・客観的」、後者を「創造・主観的」側面による解釈と特徴づけ、ゴルツは後者に属するとしている。構造主義的な読み方によると、マルクスの思想には、哲学的また一般人類学的な前科学的時期と生産様式や資本に関する科学的な時期との間に断絶がある。疎外論は前科学的な考えとされる。[11]自由の疎外という考え方に立つサルトルやゴルツは、構造主義的な立場から見ると「前科学的」解釈をしていることになる。

一九六七年の『困難な革命』[12]においてゴルツは、マルクス主義者たちがサルトルに向けた批判に対する反論を行なっている。ゴルツによると、『弁証法理性批判』におけるサルトルの企図は、「個人」が歴史において疎外されているということを捉えた上で、このような歴史的な過程を弁証法的にいかに説明できるかを見ることである。しかし「［マルクス主義者たち］」は、サルトルが、疎外、希少性、暴力、官僚制、国家が廃止され得るということを証明しないと言って非難する。彼らはこうしてマルクス主義的『科学』を隠れ蓑にして科学に背を向け、まずは歴史を理解することをあきらめるのである（SD, 243–244）。」ゴルツは社会主義を「科学的な」合理的統合を目指すシステムとみなすことを批判する。個人の生きた経験や自律への希求を無視することになるからである[13]。

ゴルツは人間の活動を「自律的な（autonome）」ものと「他律的な（hétéronome）」ものとに分ける。自律的な活動はそれ自体が目的である活動であり、サルトルの言う自由な活動である。他律的な活動は、外から強いられて行なう全体が摑めない活動である。サルトルの言う「他者」の支配する、疎外された活動である。ゴルツの思想はこの概念を軸に発展する。自律／他律という概念は、直接はイリッチから受け継いでいる。しかしこれはマルクスの思想と交わる。

リシャール・ソベルとフランスワーズ・ゴランはそれぞれ、一九八八年の『労働のメタモルフォーズ』[14]でゴルツが行なっている『資本論』第三巻および『経済学批判要綱』の分析に着目している。これらの著作においてマルクスは、人間は自然とのやりとりから生じる「必要性」および経済的合理性という外部の要因から解放されたときに自由になると述べている。ゴルツはマルクスの自由／必要性の対立を自律／他律という概念で捉え直している[15]。自律はゴルツがイリッチ、サルトル、マルクスを糧として発展させる考えで、彼のエコロジー思想の要となる。

その意味で一九七〇代初めから『現代』がベニー・レヴィらマオ派の傾向を帯びるようになったことに対して、ゴルツが批判的であったのは当然だとも考えられる[16]。サルトルが一九八〇年に亡くなると、彼はこれらのマオ派とは縁を切った。同年に発表された『さらばプロレタリアート』[17]において彼は「マオ派の原始主義的な神話的プロレタリア崇拝」や「マオが中国の農民のために考え出した土地の奪取という戦略を工業化され都市化された国で行なおうという彼らの主張」を厳しく批判した[18]。

2　ゴルツにとってのエコロジー

2・1　反資本主義としてのエコロジー

ゴルツは二〇〇五年のインタヴューで述べている。彼にとって、エコロジーは環境問題に関して必要に迫られて何かを行なうということを意味しない。資本主義が本来自由であるはずの主体を疎外しており、それを解放する上で、エコロジーの問題が要となる。我々は、労働ばかりでなく欲求や欲望、思想に関してまで、資本主義が押し付ける豊かな消費モデルによって気づかぬうちに支配されている。これを批判することから彼はエコロジストとなった。資本主義を批判する以上、彼のエコロジーは政治的にならざるをえない。主体を解放するという倫理的な要求は、資本主義の理論的および実践的な批判を含んでおり、政治的なエコロジーは中心的な役割を果たすことになる

(ECA, 13–15)。

もし単なる環境の保全や回復を目的としたエコロジー運動ならば、それは「徹底した反資本主義にも行き着けば、緑のペタン主義、エコファシズム、自然主義的な共同体主義にも行き着く」(ECA, 15)。すなわちゴルツの目指す方向にも、全く逆の方向にも進みうる。資本主義批判に根差す以上、彼はいわゆる「エコビジネス」に対しても批判的である。[19] こうしたビジネスは最大限の収益を求めて、最大限の商品流通を目指すことで他のビジネスと変わりがない (CSE, 109)。

ゴルツのエコロジーの根本的な考え方は、「より少なく生産し、また消費し、それによってよりよい生き方、別の生き方をする」ということである。[20] 資本主義は、得られた利益をさらに投資することで常に成長することを原理とする。しかし物質的な資源は無限ではないし、消費者の購買力や消費力にも限りがある。しかしというよりもそれだからこそ資本主義は使える資源を使い尽くしては新たな資源を探し、消費者の購買欲を駆り立てようと工夫する。ゴルツによるとそれがゆえに、資本主義は制度的に行き詰まり、個人の主体を疎外し、エコロジーを破綻に至らしめるのである。

ゴルツは述べる。エコロジーを選択することは、資本主義の合理性とは両立しない。しかし資本主義は、資本の蓄積が構造的にできなくなると戦争などの犠牲を払ってでも生き延びるようなしぶとさを備えている。またエコロジーは独裁的な社会主義とも両立しない。しかし絶対自由主義的もしくは自主管理的な社会主義とは両立する (EP, 25–26)。二〇〇六年のインタヴューでは、彼のエコロジーは、支配に抵抗する闘い、つまり国家に支えられた大企業が共有財産を破壊することに抵抗する闘いだと述べている (Ou)。

こうしてゴルツの主張するエコロジーは体制転覆的となる。「一九七二年、『ヌーヴェル・オプセルヴァトゥール』が主催した『エコロジーと革命』という題の大討論会で、ゴルツさんは『エコロジーとは根本的に反資本主義で体制転覆的な分野だ』と書いておられましたが、今でもそうお考えですか。」と問われて彼は、「政治的エコロジーとはそれ以外ではありえない」と答えている。さらにゴルツは、グノーシス研究家で、科学技術の生物圏に与える影響に関して倫理的な検討を行なったドイツ人哲学者ハンス・ヨナスを評価しながらも批判している。[21] 彼によると、ヨナスは個人の責任感に訴えるが、個人の選択が現代の消費と生産のモデルを根本的に変えるに至るとは到底考えられないというのである (Ou)。

2・2 科学的ではなく政治的エコロジー

環境の悪化に迫られて対応を探すエコロジーではなく、無駄な消費に駆り立てる制度を転覆しようと言うエコロジー。それは政治的な選択を促すエコロジーであり、また科学的な実証性を追究することとは一線を画すエコロジーである。ゴルツは、エコロジーを「もっとも科学的でないもの、エコロジー運動の原点にあるもの、つまり生の質および文明の質を決定するものとしての生環境に対する配慮」と定義する（Ou）。彼はローザンヌ大学で化学を学び、ジャーナリストとしては経済を主に担当している。「科学」計量的な方法はむしろ彼の本領とも言えるはずだが、彼はあえて「科学的」ではなく、「政治的」エコロジーを主張する。

ただし彼は科学的実証性の意義を否定しているわけではない。彼は、政治的エコロジーが生まれるきっかけとなったのは、一九七二年に出されたイギリスの科学者たちによる報告書「生き残りのための青写真」とローマクラブがスポンサーとなった報告書だと述べている（Ou）。[22]また成長の限界を述べているこれらの報告書によって、資本主義の消費生活モデルが破壊的であり、続けていくことはできないというエコロジーの「文化的な」運動の主張が科学的に証明可能であることが示されたとしている。[23]その一方で彼は言う。科学者の間で見方が一致しないことはよくあることで、それゆえ科学者の主張は絶対ではない。科学の領域とは、手段を定めることであり、最終的な目的を定めることにはない（EP, 113）。すなわち主導権は政治にあるということだ。これが彼の主張するエコロジーである。

3　他律の社会

こうした政治主導のエコロジーへと向かわせるゴルツの根源的な問題系とは、主体の自律である。本来自由である人間が実際には社会の仕組みによって疎外され、他律の社会に生きている。これをゴルツは、技術支配、分業などの観点から批判する。

3・1　技術支配

ゴルツによると、技術は生産者と生産物、労働者と労働、個人と集団や社会、人間と環境の関係を反映し、決定する。その意味でエコロジーの選択を左右する。技術は権力関係や階層的分業関係を生み出す。資本主義は、その支配力を維持するのに都合のいい技術のみ取り入れる（EP, 26）。したがってゴルツの政治的エコロジーは技術批判という形をとる。

ゴルツの技術批判は、科学そのものの捉え方に根ざしていると考えられる。彼は『困難な革命』においてフッサールを引用する。「科学とその方法は、確実な機械に似ていないだろうか。明らかに非常に役に立つ仕事をしてくれるし、人はそれぞれ正しい扱い方を学ぶことができるが、このような操作の可能性とか内在的な必然性に関しては全く理解しないかもしれない。[24]」サルトルによると科学は「外部性そのもの」である。ただし人間、特に科学者は観察および分析の結果を蓄積する。その意味で科学は弁証法的に進歩する。[25] しかし「外部性」であるがゆえに科学的知識は、支配者が自分たちにとって都合の良いように利用しがちである。[26] 自然科学を専攻したゴルツが、サルトルの考え方を吸収し、政治的な決定の手段として科学を位置付けるに至ったと推察するのは見当外れではなかろう。

ゴルツは一九七〇年代初めに知り合ったイリッチの考えを援用する。イリッチは、技術を自律の領域を広げることに役立つ「共生的な」[27]ものと、自律の領域を狭める「他律的な」ものとに分ける。ゴルツは前者を「開かれた」技術、後者を「差し錠（verrou）」技術と呼ぶ。前者は、電話や近年の無料ソフトなど人々の交流を容易くする技術である。後者は、規模が大きくなるほど、閉鎖的になり影響も大きくなる。原子力はその典型例である（ECA, 15–16）。ゴルツはまた、妻の病気を機に医療技術に対する不信を強めた。「先端技術医療というものは、フーコーが後に〈バイオ権力〉〔生命に対する管理支配〕と呼ぶことになるもの——記述的装置がそれぞれ個人とその身体にまで及ぶような権力——の、とりわけ攻撃的な一形態のように思えていた」[28]。

イリッチはエコロジーに関する二つの選択肢を提起する。一つは、生産や技術を制限し、資源を節約して調和の取れた尊厳ある生活を送れるようにすること、つまり共生を可能にすること。二つ目は、技術者が生活環境に関して集権的に計画し、最大利用を推進すること、つまりテクノファシズムである（EP, 23）。

原子力発電は、その技術の複雑さ、コストおよびその危険性ゆえに高度に専門化された分野であり、従って他律性の高い領域である。ゴルツの原子力発電に対する考えは『エコロジスト宣言』以来一貫している。原子力発電は、資本主義体制下であれ、社会主義体制下であれ、集権化され、階層化された秘密主義の警察社会を課すものであり、民主主義とは相容れない（EP, 26, 111–112 ; ECA, 51–52）。彼はウランの枯渇や廃棄物の問題、原子力依存ゆえの代替エネルギー開発の遅れも指摘する（Ou）。原子力発電などテクノファシズムの排除は、自然の均衡を考える科学からは自動的に生まれては来ない。ゴルツはゆえに政治的選択の必要性を訴える（EP, 24）。労働者としての階級意識が薄まってきた時代にあって、ゴルツは、親や地域住民など様々な立場で技術の巨大機構に対抗することに政治的エコロジーの可能性を見る（CSE, 144）。

3・2　分業

技術、特に科学技術の進歩はこのように知識技能を持つ者と持たない者の分離をもたらす。原子力発電は極端な例であるが、その他の分野でも多かれ少なかれこうした傾向が見られる。一般に効率を上げるためには仕事を分割し、各人が特定の部分に専念した方がよいことはアダム・スミスを持ち出すまでもない。一つの製品に限らず、社会で必要な労働をそれぞれの専従者が行なう方がより効率よく処理できるのも事実だ。結果として生産者と消費者の分離が起こる。かつては自給自足が基本であったが、現代では何もかも金で買う。ゴルツによると、自分の使うものを自分で作らないということは他律である。このような事態を招く技術は「力の関係、生産の社会関係および仕事の階層的な分割を生み出す母胎（EP, 26）」である。分業により主体は疎外される。

技術が進歩すれば一定の仕事をなすのに必要な労働量は少なくなる。しかし同じ労働量が提供されれば、過剰生産となり企業の採算は悪くなり失業が増える。労働力過剰の工業部門に代わって、機械による人力削減が成立ちにくいサーヴィス業が余剰労働力を吸収する。日本やアメリカ合衆国で特にその傾向が目立つことをゴルツは認める。しかし工業部門の労働が、家内生産よりも効率的にものを作るのに対して、サーヴィス業の多くでは、自分でもほぼ同じ時間と質でできることが他人に委ねられるだけである。雇用創出に貢献していると言われるこうした産業は、スミスの言う「経済的に非生産的」な労働である。ゴルツが批判するのは生産性だけではない。自分ができることを他人にやらせることは他律である。またサーヴィスの提供者と依頼者の間に階層が生じる。(29)

雇用の不安定化に分業の高度化が伴い、社会格差が激しくなる。一九九〇年においてゴルツは欧米における社会の二極化を指摘している。勝ち組はなりふり構わぬ競争に明け暮れ、負け組みは社会の周辺に投げ出されて攻撃的になる（CSE, 56–57）。

このようにゴルツの考える他律の支配する社会においてはそれぞれが互いの関係を具体的に摑むことができない。つまりゴルツが大きな影響を受けたサルトルの『弁証法理性批判』の概念を使えば、互いに集列化しており、自由は疎外されている。

4　新たなる社会へ向けて

人々が本源的な自由を取り戻して生きていけるにはどうしたらよいのか、ゴルツにとってこの問いの中にエコロジーの問題も含まれる。資本主義の制度において解決はあり得ないと考えるゴルツは、いかなる社会制度を考えていたのか。

4・1　労働時間短縮、労働時間と収入の切り離し

技術が進歩し生産性が高まった現代において、フルタイムの終身雇用を皆が享受することはほぼ不可能であり、また労働の成果を単位時間で測ることも難しい。労働時間を減らし、報酬の対象となる仕事および家事などの個人的な労働をうまく配分するには、従来のような労働時間に応じて賃金を定める方式を

廃止するべきだとゴルツは主張する（CSE, 39, 78–79）。

一九九〇年にゴルツは、各人が様々な期間に分けて働くという方式を提案し、各国の実践例を紹介している。ケベックの五年間の労働に対する一年のサバティカル。チェコスロヴァキアの三年間の七〇パーセント有給育児休暇。また七〇パーセント有給の二年間の研修休暇、一ヶ月もしくは一年あたりの労働時間の減少、退職の数ヶ月ないしは数年前倒しなどをゴルツは提案する（CSE, 77–78）。

このような制度の財源としてゴルツは、ギー・アズナーの「第二の小切手」という案を参照して給与源を二つに分ける方法を提唱する。[30] 第一は企業が支給する「直接給与」で、労働時間短縮に伴い減少する。第二は「間接給与」と称され、一種の社会給付として公的もしくは半公的な基金から支給される。ゴルツは、この間接給与の財源の負担を消費税や特別税の形で徴収することで、社会や環境にとって益にならない消費に負担を負わせることを提案する。また失業対策の財源の一部を回すことも提案する（CSE, 202–204）。『労働のメタモルフォーズ』の最終部分「財政改革」で述べられていることも同様の趣旨である。[31]

他方ゴルツは一九八〇年の『さらばプロレタリアート』で、生涯社会収入（revenu social à vie）という一種の収入保証を提案している。これは社会にとって必要な労役（例えば二万時間）を自分の都合のよい期間に一括もしくは分割して行ない、それと引き換えに一定額の収入を受け取ると言う仕組みである（ECA, 104. 初出 AP）。

一九九〇年代前半頃まで、ゴルツは無条件な収入保証としての「生存収入（revenu d'existence）」には否定的な考えを持っていた。これは格差を拡大し、個人の自律にはつながらないからである。[32] しかしその後、彼は考えを改める。デジタル技術の発達などに伴い、労働を時間で定義することが難しくなった時代において、一定時間の労働を割り当てるのは難しいし、それよりも職業養成のほうが効果的である。結局収入保証は条件なしで困窮者に給付されるべきだと考えたからである（MP, 139–140）。二〇〇五年においてもゴルツはこれを、経済的に不安定な者の尊厳を守り、内的な豊かさを培い、さらには持続可能な生活を可能にする制度、その意味で資本主義を転覆させる制度として推す（ECA, 150–154）。

ゴルツの考え方はこのように変化しているが、労働時間に比例した収入つまり「給料」という考え方を乗り越えようとしていることで一貫している。

4・2　脱成長——ローマクラブ

ゴルツの基本的な考え方は「より少なく生産し、消費し、よりよく生きる」ことである。それは「成長（croissance）の反対」つまり「減少、脱成長（décroissance）」である。先述のとおり、ゴルツはローマクラブがスポンサーとなった報告書がエコロジー運動の大きなきっかけとなったと言っている（Ou）。これは「成長の限界に関する報告書」と題されているように、これは経済成長による消費に地球の資源が耐えられないであろうことを科学的立場から検証している。ローマクラブは、イタリアの実業家アウレリオ・ペッチェイとイギリスの科学者アレクサンダー・キングの呼びかけで行なわれた一九六八年四月のローマでの会合を機に誕生した。人間の活動が地球環境に与える影響を科学的な立場から検証することを目標とし、政治的な活動は行なわないことを方針とする。調査報告は専門家チームに委ねられ、クラブは出された報告書を承認するという形を取る。一九七二年の報告書は、人口と資本が増え続ける勢いは地球の資源と釣り合わないがゆえに、「ゼロ成長」という均衡状態を実現させる必要があると主張している[33]。

もっともゴルツはこの報告書を手放しで称えているわけではない。先進工業国に対してゼロ成長を進言しながらも世界全体では工業生産を三倍にすることを提案しているからである。つまり大規模な工場などは第三世界へ移転させ、汚染などのつけはそこに住む人々に負わせようということである。新たな帝国主義が読み取れるとゴルツは言う[34]。ゴルツはあくまでも世界全体で成長を脱することを提案する。

4・3　分権化——デジタル技術とエネルギー政策

二〇〇六年のインタヴューでゴルツはセルジュ・ラトゥシュの考えを引用し、自分やラトゥシュなどが主張する脱成長とは貧困化ではなく、経済至上主義と袂を分かつことだと言う。あらゆる経済の基にある非経済、見返りのない贈与、無償性、共有ということに注意を向けることが大切だと言う（Ou）。贈与という考え方にサルトルの影響を見ることができるだろう。サルトルは、自由の度合いによる価値の順位付けで、贈与の精神である高邁（générosité）を頂点に置く[35]。彼は単に物質的なものばかりでなく、精神的なもの、自らの自由、時間などの贈与も考える。人間は、自由な存在として自らの存在を脱していくと言う意味において創造を行なうのであり、己の実存という創造物を他者の自由に委ねるという意味で贈与を行なう（CM, 177）。

デジタル化された情報は複製と伝達が容易である。だから作成者の金銭的な権利が侵されやすいとされ、著作権の保護という問題が生じる。しかしゴルツはむしろ、「知識、情報とは元来、誰のものでもある共有財産であり、したがって私的財産や商品とされると必ずその有用性が損なわれる」（ECA, 19）と考える。容易な複製により伝達することは、その意味で知識の本来の特性を生かすことである。デジタルソフトを無料で提供することはまさに贈与という考えに沿っていると言えよう。

無料ソフトなどのネットワークは、「グローバル化する資本主義に対する異議申し立ての構造的な場」であるとゴルツは述べる[36]。彼によると、ソフトはそれなりの知識と技術を身に付けた人であれば特に大掛かりな設備がなくても作ることができる。これにより従来の大規模資本による生産手段の独占という体制が覆される。誰もが、生活に必要なものを有償の製品の流通という形を必ずしも通さずに共有できるようになる。現代では、土地、種子、文化財、はてはゲノムまでが商品化される傾向にあるが、ゴルツは無料ソフトの有料ソフトに対する闘いを突破口としてこれに対抗する動きが生まれることを期待する。彼の抱くイメージでは、将来的には必要なもの、欲しいものはすべて共同運営の作業所のような所で作られる。そこでは生産、研修、開発研究が組み合わされて行なわれ、農業、建設、医療などの分野にも行き渡る。地球規模でこれらの作業所は成果を交換し共有する（ECA, 38–41）。そして彼は、現在流通している消費のための通貨、つまり支配や権力のための通貨とは異なる地域通貨を考える。これは地域の交換サークルを組織して、会員同士の労働の貸し借りを行なうという仕組みである。会員は労働を他の会員のために提供し、その分を時間単位の通貨として持つことができる。そしてそれを、三か月ないし六か月を有効期限として使う。この通貨は無限に蓄えることはできないものとする（MP, 166–170 ; ECA, 154）。

またゴルツは原子力に代わるエネルギーとして地熱や太陽光による発電を挙げる。彼がこれらに注目するのは、必ずしも大規模な資本が必要ではないため、小さな自治体や個人によって運営可能だからである。したがって自律したエネルギーとなりうる（EP, 127–128）。再生可能なエネルギーの生産は大規模な工場を稼働させるには十分ではないが、そもそもそのような工場は必要ないと彼は言う（Ou）。

4・4　社会主義からコミュニズムへ

賃金制度を超えた、脱成長や分権を掲げる反資本主義体制をゴルツはどう位置付けるのだろうか。上述の生涯社会収入（社会に必要な一定量の労働と引き換えに生活に必要な収入を保証する：『さらばプロレタリアート』一九八〇年）を運営する制度をゴルツは「コミュニズム」と呼ぶ。この社会では自己制限、安定、公正、無料を目指す。より少なく働きより少なく消費することでより良い生活を送れる制度である。ただしこれは家内的な経済、農村的な自給自足経済への回帰でもなければ、統括的で計画化された社会主義化でもないとしている（ECA, 99–104初出はAP）。

それに対してソビエト連邦が崩壊しつつある一九九〇年においてゴルツは、「解放と自律に対する要求が生み出す意味の地平」としての新たなる「社会主義」を考える。これは巨大機構を減らし、各人の共通意思で統御できる自発組織を増やし、平等かつ公正な生活ができるようにする体制である。彼は他方「コミュニズム」を、売買関係、商品関係、賃金関係の根本的な廃止、マクロレヴェルでの分業や専門業、管理統制、さらに国家の廃止を視野に入れた制度だとする。これは各人が帰属や共通目標の意識を持てる複合産業社会であるか、もしくはキブツのような自給自足の自律社会の連合体である[37]。この時点においてゴルツの立場は過激とも言えるコミュニズムよりも現実的な社会主義を推しているような印象を与える。

しかし二〇〇五年においてゴルツは『さらばプロレタリアート』に立ち戻り、その副題を引用して「コミュニズム」は「社会主義を超えて」あるもので、「社会主義の完成」だと述べている。そして「今現在それがないがゆえに二進も三進もいかない状況」だとしている。それは資本主義における、歴史的にも社会的にも特殊な形態に過ぎない雇用としての労働、商品としての労働が排除される仕組みだとしている[38]。

とは言え国家という政治単位に関して、ゴルツは揺れを見せている。一九七五年の『エコロジスト宣言』において彼は、国家の仕組みを作り直すことが必要だが、国家を一挙に廃止してしまうことはできない、市民社会の拡充とともに衰退させていくしかないと述べている（EP, p. 51）。また『さらばプロレタリアート』では、脱成長、労働時間の短縮、生涯社会収入、経済や電力生産の地域分散の実現と運営には国家という調整役が必要であると認める。その上で個人もしくは団体の自由な活動の領域を最大限にしようと言う（ECA, 103–105 初出はAP）。このようにゴルツは、最終的には国家の役割の最小限化、さらにはその廃止も含む自律共同体としての「コミュニズム」を考えつつも現実主義に立って根本的な社会改革を目指していたというべきかもしれない。

ゴルツのエコロジーはこのように狭い意味での環境を守る、回復するという、実際的ではあるが限定された主張ではない。我々の生きる条件をより広くとらえ、またそれを変えることを含んでいる。ある意味では一般に流布している「エコロジー」活動とは異なっている、しかし考えようによってはより常識的なゴルツの考え方がどのように受けとめられたのかを次に見たい。

5　ゴルツから……

一九九〇年代という、先進工業国において成長がすでに望めない状況においてゴルツの主張するエコロジーに対して人々はどのような反応を示したのか。『エコ・ルヴ』の創刊者の一人であるジャン・ジンは述べている。ゴルツの、疎外された労働の批判や労働における自律の要求は、フランスのエコロジストたちの間では反響が少なかった。純粋な環境主義者たちからは余りにもマルクス主義的だとされ、エコロジーに鞍替えした元極左たちからは十分にマルクス主義的でないとされた。むしろドイツのエコロジストや労働組合の関心を惹いた。[39]

直接的な反響は少なかったとしても、ゴルツの影響は感じられる。たとえば「緑の党」および、それが二〇一〇年に発展解消してできた「ヨーロッパエコロジー緑の党（Europe Écologie Les Verts）」はゴルツの政治的エコロジーを受け継ぎ、原子力発電の廃止、地域分権型の代替エネルギーや農業、分かち合いによる労働時間の短縮と失業の減少を目標に掲げる。中心人物の一人であるドミニク・ヴワネ[40]や六八年の闘士で現在ヨーロッパ議員であるダニエル・コーン＝ベンディットはゴルツの著作に影響を受けたと述べている（『エコ歴史』p. 297, 309〔四一四、四二八〕）。また二〇〇六年に創設された「脱成長党（Parti pour la décroissance [PPLD]）」も政治的エコロジーを掲げ、ゴルツを参照の糧としている。地域分権型の生産を提唱し、最低収入保証を要求する。

二〇〇六年ゴルツはラジオ局「文化フランス」のインタヴューで、彼の異議申し立てとしての考えが果たして政治的な影響力を持っているのかと問われて、「無料」という考え方の流布や新自由主義経済の息切れを挙げて、彼の考えが受け入れられる下地が広がっていると答えている。マッキンゼーの調査結果を紹介し、資本主義の崩壊を予想しつつも急激な変動の危険を心配する。そのうえで特にスカンディナヴィア、イギリス、ドイツで資本主義と異なった制度を考える人々が増えつつあることに期待を寄せる。[41]

サルトルは疎外された人間の解放のために「革命」を主張し続けた。フランス革命を原点にして、自由が解放される瞬間を暴力的な祝祭として考えた（CM, 429 ; CRD, 449–511）。ゴルツも六八年の興奮が覚めやらぬ頃は、社会主義の到来は多かれ少なかれ暴力を伴った実力行使から生じると述べていた。[42] しかしその後ゴルツは、確かに資本主義経済という仕組みを転覆させることが必要だと言い続けたが、むしろ「やさしい」変化を目指していたと考えるべきかもしれない。「文化フランス」のインタヴューは、不治の病に冒された妻に宛てて書かれた『また君に恋をした』の出版を機に行なわれたものである。

6　結びという開き

以上、アンドレ・ゴルツのエコロジー思想が、いかにサルトルの思想を下地として、また社会変革の考え方を通して展開したかを見た。ゴルツは現実から遊離して絵空事を唱えているのだろうか。現実の社会が向かわざるをえない方向を判断した上で、その先にある理想を描いていると言うべきだろう。[43] 現実がゴルツを導き、ゴルツが現実を方向付けんとする。その意味でゴルツという個人が他の個人とともに歴史を作っていくのである。かつてサルトルがそうしたように。事実、彼の思想との直接間接の交換が至るところで見られる。

そのように認めた上で最後に「自律」と「政治」に関する素朴な疑問を述べたい。ゴルツの考える自律共同体では、消費に対する欲望が妥当な水準に収まるだろうか。人間の欲望に限りがないとはよく言われる。政治的もしくは個人同士の啓発運動のようなものが必要ではないのか。ゴルツは先端医療技術にフーコーの言う「生権力」を見た。自由なはずの主体を「生かす」ことにより管理して疎外する技術。「お上」とは限らず、成員相互が「生きるために」相互の監視のもとに行なう価値の管理としての生権力の影を、ゴルツの考える自律社会に見るのは見当はずれだろうか。

しかし自然環境の危機は深刻であるし、長い労働時間、不安定かつ悪条件の雇用や生活の問題は限界に達している。ゴルツはこれまで我々が当たり前のように受け入れてきたことを改めるべきだと、その根拠とともに提案した。ある意味ではコロンブスの卵ように。ではどうやってそれを実現するのか。サルトルは『存在と無』の終りで予告した「倫理学」を結局は完成できなかった。ゴルツはそれを端で見てきたはずである。自由を疎外から解放するには何らかの（権）力（pouvoir）が必要である。しかしその力が疎外の要因になる。それでもあえてそれを行なう必要があるのか。サルトルの問いは普遍的であり、ゴルツを通して我々に引き継がれている。

注

（1）「エコロジーはどこへ行くのか」« Où va l'écologie ? », *Nouvel Observateur*, décembre 2006. 以下 Ou と略す。

（2）二〇〇八年三月二九日ソルボンヌにおいて行われた講演「ユートピアを再度位置付けるために（Pour une relocalisation de l'utopie）」。なおコルネリウス・カストリアディスは自主管理と直接民主制を唱える。

（3）« Qu'est-ce que l'existentialisme ? ». 六月三日の『ローザンヌ新聞（*La Gazette de Lausanne*）』がこの講演を報じている。cf. Michel Contat et Michel Rybalka, *Les Écrits de Sartre*, Gallimard, 1970, p. 153.

（4）*Critique de la raison dialectique I*, Gallimard, 1985 [1960], p. 14.

（5）André Gorz, *Le Traître*, Seuil, 1958 ; Gallimard, « Folio essais », 2008 [2005]. 以下 T と略す。アンドレ・ゴルツ『裏切り者』権寧訳、紀伊國屋書店、一九七一年。なお、ここに書かれていることが「事実」そのままであると言い切ることはできない。いわゆる思い返しの錯覚（illusion rétrospective）があるだろうし、意識的な虚構仕立てもあるからである。しかし大筋において彼の体験とそれを彼がどう受けとめたかを伝えていると考えることはできるだろう。

（6）「鼠と人間」: « Des rats et des hommes », T, 11–51 ; 後に『シチュアシオン』の第四巻におさめられる。

（7）「まず初めにマルクス」« Pour commencer, Marx », T, 78–83 ;

「精神分析」« La psychanalyse », T, 83–89.

（8）一九五一年から一九五六年まで『現代』の編集長を務めたフランシス・ジャンソンは、これらの作品を「私生児」という概念に沿って分析している。cf. Francis Jeanson, *Sartre*, Seuil, « Écrivain de toujours », 1980 [1955], pp. 52–53.

（9）ジャン＝フランスワ・ルゥエットは、ゴルツの自伝こそ、ドゥルースとガタリの言う脱属領化としての「マイナー文学」の典型例だと指摘している。つまり少数派に属する個人が多数派の言語で行なう文学である。cf. ジャン＝フランスワ・ルゥエット、「サルトルのアンガージュマンについて――『言葉』」、クロード・ランズマン編『レ・タン・モデルヌ五十周年記念号』記念号翻訳委員会訳、緑風出版、一九九八年、一一五―一一六頁。*Les Temps modernes*, 51e année, mars-avril-mai, 1996, n° 587.

（10）Raymond Aron, *Marxismes imaginaires. D'une sainte famille à l'autre*, Gallimard, « Idées », 1970.

（11）Richard Sobel, « La philosophie du travail de Gorz est-elle marxienne ? », Sémiaire Hétérodoxies du CES-Matisse, document de travail, 13 avril 2010, pp. 7–8.

（12）André Gorz, *Le Socialisme difficile*, Seuil, 1967. 以下SDと略す。『困難な革命』上杉聰彦訳、合同出版、一九六九年。

（13）*Capitalisme, socialisme, écologie*, Galilée, 1991, pp. 100–101. 以下CSEと略す。『資本主義・社会主義・エコロジー』杉村裕史訳、新評論、一九九三年。

（14）『労働のメタモルフォーズ：働くことの意味を求めて――経済的理性批判』真下俊樹訳、緑風出版、一九九七年、以下『労働』と略す。*Métamorphoses du travail. Quête du sens. Critique de la raison économique*, 1988, Galilée.

（15）Richard Sobel, *op. cit*, pp. 3–12 ; Françoise Gollain, « André Gorz, un marxiste existentialiste. L'histoire et le sujet de l'histoire », *Revue du M.A.U.S.S.*, n° 34, pp. 364–365. しかしゴルツは自律が他律を完全に排するような社会はありえないと考えているということである。ただしソベルによると、ゴルツは、マルクスがコミュニズムの社会において他律はもはやなくなると述べていると批判するが、そのようには解釈できないということである（pp. 9–12）。

（16）しかし一九八〇年、サルトルがベニー・レヴィとの対談「いま、希望とは」を『ヌーヴェル・オプセルヴァトゥール』に発表しようとした時、編集長ジャン・ダニエルから原稿を見せられたゴルツは、自分はボーヴォワールたちの側について発表に反対するべき立場なのかもしれないが、そうはしないと述べたと伝えられる（アニー・コーエン・ソラルに対して一九八五年二月二八日に語ったジャン・ダニエルの証言。cf. Annie Cohen-Solal, *Sartre*, Gallimard, 1985, p. 652）。

（17）*Adieux au prolétariat*, Galilée, 1980. 以下APと略す。

（18）cf. « L'écologie politique, une éthique de la libération », *EcoRev'*, n°. 21, automne-hiver 2005. 再録：*Ecologica*, Galilée, 2008, p. 18. 以下ECAと略す。

（19）日本では保守ばかりでなく「リベラルな」メディアで働く人々もこれをもてはやす。資本主義体制が豊かな社会を提供し、広告収入による運営が言論機関としての独立を保証すると主張する彼等としては当然だろう。

（20）*Écologie et politique*, Galilée, 1975 ; Seuil, « Points », 1978, pp. 36, 76. 以下EPと略す。『エコロジスト宣言』高橋武智訳、技術と人間、一九八〇年／緑風出版、一九八三年。他にもCSE, 93, 172など至るところで繰り返される。

（21）ハンス・ヨナスは、『責任という原理――科学技術文明のための倫理学の試み（*Das Prinzip Verantwortung. Versuch einer Ethik für die technologische Zivilisation*, 1979.）』において、科学技術を応用するにあたって我々は未来の世代に対する責任を感じ、慎重にふるまう義務があると主張し、エコロジー思想の様々な提言に一貫性をもたらしたとされる。cf. ジャン・ジャコブ『政治的エコロジーの歴史』鈴木正道訳、緑風出版、二〇〇五年、第二部第二章。Jean Jacob, *Histoire de l'écologie politique*, Albin Michel, 1999. 以下『エコ歴史』と略す。

（22）「生き残りのための青写真（Blueprint for Survival）」は『エコロジスト（*The Ecologist*）』一九七二年一月の特集号として発表され、後に単行本化された。三十人以上の科学者の署名が入っているが、執筆者はエドワード・ゴールドスミスとロバート・アレンである。環境を保全するために、分権化された小規模な共同体で農業と商業を中心とした生活を営むことを提唱する。ローマクラブに関しては後述。

（23）« L'écologie politique entre expertocratie et autolimitation », *Actuel Marx*, n° 12, 1992. 再録：ECA, 53–54.

（24）エドムント・フッサール『ヨーロッパ諸学の危機』（第九節）より。cf. SD, 218.

（25）Jean-Paul Sartre, *Critique de la raison dialectique II*, Gallimard, 1985, pp. 426–429.

（26）Jean-Paul Sartre, *L'Idiot de la famille III*, Gallimard, 1988, [1972], p. 224.

（27）イリッチは「共生[conviviality=convivialité]」という用語を、「人々の間の、自律的で創造的なやり取り、人々と環境の間のやり取り」と定義付けている。これは産業の生産性と対立する概念であり、また他者や人間の生み出した環境によってなされる要求に対する条件反射の逆の概念である。[conviviality]とは要するに人と人との依存関係において実現される個人の自由であり、その意味で倫理的な価値である。この水準が一定以下であると、いかに産業の生産性が高くても、その産業が生み出す人々の欲求を満足させることはできない。cf. Ivan Illich, *Tools for Conviviality*, Harper & Row, 1973 (Heyday Books), p. 11.『コンヴィヴィアリティのための道具』渡辺京二・渡辺梨佐訳、日本エディタースクール出版部、一九八九年。この単語の訳語として、高橋武智はその起源となるラテン語の要素の意味をくみ取って「共生」を提案している。cf.『エコロジスト宣言』前掲書、六九頁、訳注四。本稿ではこれを受け継ぐ。

（28）アンドレ・ゴルツ『また君に恋をした』杉村裕史訳、水声社、二〇一〇年、一一〇頁。*Lettre à D : Hitore d'un amour*, Galiée, 2006.

（29）CSE, 55–61. なおゴルツは、サーヴィス業に関して、広い意味での教養に関するサーヴィスと営利目的のサーヴィス業を区別し、前者を評価し、後者を否定的に見ている。前者は、個人の能力を伸ばし、健康を促進し、自律的に己の問題に取り組む力を身に着けさせる方向を目ざす。それに対して後者は、消費を促し他者への依存を深めるものである。cf. CSE, 202

（30）CSE, 203. cf. Guy Aznar, *Le Travail c'est fini et c'est une bonne nouvelle*, Paris, Belfond, 1990.

（31）『労働のメタモルフォーズ』、前掲書、三九六—三九七頁。また「間接給与」の財源である間接税を輸出価格から控除することで、製品の国際競争力はそこなわれないとゴルツは主張している。

（32）André Gorz, *Misères du présent, richesse du possible*, Galilée, 1997, pp. 139–140. 以下 MP と略す。André Gorz, « Revenu minimum et citoyenneté », *Futuribles*, n° 184, février 1994, p. 57.

（33）なおクラブ内部では、使われている変数の数が少ない、科学技術の今後の進歩や未踏査の資源が考慮されていないなどの批判があった。また世界各地から特に政治的な批判が寄せられた。一九七四年にはこれに答えるべく第二の報告書が出される。この報告書では南北の国々の状況の違いに対する考慮が示され、また科学的立場からややはずれて地球規模の倫理の必要性が説かれる。それ以降幾つかの報告書が出され科学的立場は一層薄れ、倫理的な立場が目立つようになる。cf.『エコ歴史』pp. 217–225〔三〇五―三一四〕。

（34）EP, 96–97. なおゴルツは、イリッチも、人々に工業生産を制限させることで結局は官僚の計画に従った成長を認めさせようとするエリート組織と称して、暗にローマクラブを批判していると述べている（EP, 23–24, note 2）。

（35）Jean-Paul Sartre, *Cahiers pour une morale*, Gallimard, 1983, p. 16.

（36）二〇〇五年一〇月のフランスワ・ヌーデルマンのインタヴュー（François Noudelmann en octobre 2005 (archive de Radio France – 1re diffusion le 14 octobre 2005) http://passerellesud.org/Serge-Latouche-pour-une.html#bas）：二〇一三年一月二五日閲覧。

（37）« Pour redéfinir le socialisme », *Neue Gesellschaft / Frankfurter Hefte*, 6, 1990. 再録：CSE, 104–106.

（38）« L'écologie politique, une éthique de la libération », *EcoRev'*, n° 21, 2005. 再録：ECA, 18.

（39）Jean Zin, « André Gorz, Pionnier de l'écologie politique » in Christophe Fourel, *André Gorz, un penseur pour le XXIe siècle*, La Découverte, Cahiers libres, 2009, p. 68.

（40）ヴワネは一九八四年における「緑の党」の設立において中心的な役割を果たし、第一次ジョスパン内閣における「国土整備および環境」大臣を務め（一九九七―二〇〇一）、さらに二〇〇七年の大統領選挙に立候補している。

（41）このインタヴューの抜粋が「アンドレ・ゴルツの楽観論」と題されて二〇一〇年にインターネットに載せられている。cf. « L'optimisme d'André Gorz », par Daniel Paul, le vendredi 1er octobre 2010, 07:56, http://www.perspectives-gorziennes.fr/ ; Extraits de l' interview « Lettre à D avec D. », France Culture 2006, émission « Surpris par la nuit », proposée par Béatrice Leca. 二〇一三年一月二五日閲覧。

（42）André Gorz, *Réforme et révolution*, Seuil, 1969, p. 205.

（43）「今日、脱成長や現在の生活様式の転覆で満足を得ようと呼びかけることが夢物語なのではない。社会の生産の成長がより一層の満足をこれからももたらしうると信じ、またそれが物質的に可能であると信じることこそ夢物語である。」（EP, 20）

状況《シチュアシオン》論再考
——ファノンとの批判的対話を通じて

中村隆之

1 『シチュアシオン』の今日性

サルトルの反植民地主義的言説を今日どのように読むべきか。よく知られるように、近年になって植民地主義を広く問題化したのは合衆国アカデミズムの土壌から生まれたポストコロニアル研究の潮流だった。なかでも、サルトルと縁の深い植民地出身の知識人フランツ・ファノンは大きな関心をもって読み直され、『黒い皮膚・白い仮面』の英訳プルート版序文に寄せたホミ・バーバの「ファノンを想起すること——自己、心理、植民地状況」(一九八六)以降、英米圏での再評価は著しい。この文脈ではセクイ＝オトゥ『ファノンにおける経験の弁証法』(一九九六)、アレサンドリーニ編『フランツ・ファノン——数々の批評的展望』(一九九九)、ギブソン編『ファノン再考——対話は続く』(一九九九)、同著『フランツ・ファノン——ポストコロニアルの想像力』(二〇〇三)など出版物は枚挙に暇がない。[1] フランスでは、一〇年以上のタイムラグを経て導入されたポストコロニアル研究を機に、ファノンは死後五〇周年にあたる二〇一一年前後に再び注目を集めている。ファノンの著作の主要な版元だったラ・デクヴェルト出版（旧フランソワ・マスペロ出版）から、二〇一一年、四冊の著作を合本した『ファノン著作集』、メイシーの浩瀚な評伝のフランス語訳『フランツ・ファノンという生き方』が刊行されるなど各種出版、催しがおこなわれた。(2)

サルトルの植民地主義関連の議論の再検討はこの文脈と無縁ではない。「植民地主義と新植民地主義」と題された『シチュアシオンV』の英訳（二〇〇一）のほか、サルトルの反植民地主義、とりわけ人種の主題をめぐる論集『サルトル以後の人種――反人種差別、アフリカーナ実存主義、ポストコロニアリズム』（二〇〇八）、同論集にも寄稿しているアーサーの『未完のプロジェクト――脱植民地化とジャン＝ポール・サルトルの哲学』（二〇一〇）などが英米圏では出版されている。(3) フランス語圏ではサルトル研究者ヌルディーヌ・ラムシの『ジャン＝ポール・サルトルと第三世界――反植民地主義的言説のレトリック』（一九九六）が基礎研究と言ってよいだろう。(4)

こうした近年の潮流のなかで、日本でもファノンの著作、サルトルの反植民地主義関連の文章が改めて注目されるようになった。ファノンに関しては現在全著作が入手可能であり、サルトルに関しても『シチュアシオンV』を中心とした日本オリジナル編集版『植民地の問題』（鈴木道彦他訳、人文書院、二〇〇〇）が刊行されている。

このように、ポストコロニアル研究の功績のひとつは、時代の変化のなかで欧米や日本で急速に忘れ去られた観のあるサルトルとファノンを今日の「状況《シチュアシオン》」に再び結びつけてきたことにある。そして、この再評価の気運を背景に、もう一度学び直すべきは、サルトルやファノンと同時代人であった人々の読みの姿勢であるだろう。たとえばフランス文学者の鈴木道彦の回想録『越境の時――一九六〇年代と在日』（集英社新書、二〇〇七）には「状況」への積極的コミットメントが語られている。アルジェリアでFLN（民族解放戦線）の武装蜂起が始まる一九五四年から一九五八年にかけてフランスに留学した著者は、サルトルの状況論やファノンの『地に呪われたる者』を訳すと共に、自らも「民族責任」を引き受け、在日の人権運動に深くコミットした。この著者においてサルトルおよびファノンは、消費的な読書対象ではなく、教条的なテクストでもなく、生き方に係わる思想だった。

それを「〈呼びかけ〉の経験」（澤田直）と言い直すならば、同時代の人々の読みの姿勢のうちにはサルトルやファノンの「呼びかけ」に読者が応じるという書き手／読み手の真摯な関係があったと言える。即時的で明快な結論が優先されがちな今日の研究環境にあって、結論よりも著述の発する問いを重んじて読むという姿勢から学びとるものは多い。

本論では、このような読みの姿勢を尊重しつつ、主に『シチュアシオン』に収められたサルトルの反植民地主義的言説を論じてみたい[5]。その際、注目したいのはサルトルとファノンとの関係である。ファノンにとってサルトルは思索の重要な対話相手だった。ファノンはどのようにサルトルを読んだのか。一方、サルトルは『地に呪われたる者』を遺して早世するファノンに対してどのような「呼びかけ」でもって応じたのか。両者の関係性を意識しつつ、反植民地主義の知識人サルトルの歩みをまずは辿ることにしてみよう。

2　反植民地主義の知識人

「ブルジョワ出身の作家は一人残らず、この百年間、無責任の誘惑を味わってきた。無責任は文学キャリアのなかの伝統である」[6]。一九四五年一〇月創刊の『レ・タン・モデルヌ』の巻頭言は、このように自らをふくめた「ブルジョワ出身の作家」に対するサルトルの強烈な一撃から始まる。書くことを生業とする者は、基本的には自分のことしか考えず、公共性を引き受けることを忌避してきた。ナチスによるフランス「占領」の経験を深く受け止めたサルトルにとって、ドレフュス、ゾラ、ジッドなどの例にならいつつ、知識人として責任を果たすのは当然のことだった。責任を引き受ける、すなわち自己を拘束するという意味で、「拘束された文学（littérature engagée）」を呼びかけるサルトルの文章は、その声が厳しい倫理性を帯びる以上、同調できない読み手に対しては強い違和感をかき立てたにちがいない。このアンガジュマン文学の宣言が、当のジッドに「困惑の種」と評されたことも故なきことではなかった[7]。

サルトルの挑戦的態度は、メルロ゠ポンティやカミュとの論争でも知られるところである。こうした論争や政治的発言が、同時代を湧かせつつも、後世での急速な忘却を強いる反動の要因となったわけだが、これは「時代との婚姻」（海老坂武）を結んだ作家の必然だった。そして、時代の刻印を受けることをも辞さなかったその戦闘的な使命感こそが、他の誰でもないサルトルを、仮借なき植民地主義批判に向かわせたように思える。

とはいえ、サルトルは『レ・タン・モデルヌ』創刊とともにすぐさま植民地主義批判を展開したわけではなかった。一九四五年五月のセティフの虐殺にも、一九四七年三月のマダガスカル蜂起に対する徹底弾圧にも、サルトルは態度表明を行っていない。ラムシの所説を受ければ、一九四五年から一九五〇年にかけてのサルトルは「反植民地主義ヒューマニズム」の立場にあった[8]。すなわち、現実の政治行動や態度表明よりも「理論とモラル」（ラムシ）に重きを置いていた。

そのことをよく示すのは『ユダヤ人問題の考察』（一九四六）、日本では『ユダヤ人』（岩波新書、一九五六）の題名で知られる著作である（以下邦題にならう）。

『ユダヤ人』はサルトルの差別問題に対する理論的考察の書として重要な位置を占める。『レ・タン・モデルヌ』第三号（一九四五年一二月）に掲載された「反ユダヤ主義者の肖像」を

サルトルとボーヴォワール（1966 年，ベ平連主催の討論集会）

初出とする最初の章は、占領下でのユダヤ人迫害を背景に、反ユダヤ主義者の特徴を例示しつつ、「フランス人」の内なる反ユダヤ主義感情を批判する。そして、邦訳で「ユダヤ人とはなにか」と題された中心的な章では、人間は「状況のなかにいる存在」であり、状況のなかで自己を選択するという主体的な人間像を確認した上で、フランスにおいてユダヤ人であることはどういうことか、を興味深く論じている。サルトルはユダヤ人を二種類に分ける。まず、ユダヤの伝統を自己のアイデンティティとする「本来的ユダヤ人」がいる。彼らは「ユダヤ人であることを自覚的に選ぶ(9)」人々である。しかし、本来性（authenticité）の選択はフランス社会では逆説的にユダヤ人嫌悪の温床ともなってしまうために、「本来的ユダヤ人」であることは、根本的な社会解決を導かないという。これに対し、「本来的でないユダヤ人」は、フランス社会への同化を望みながらもこれを根本において拒まれるがゆえにユダヤ人として自覚せざるをえない。サルトルにとって「ユダヤ人問題」はこの「本来的でないユダヤ人」の抱えるジレンマをふくめて解決されなければならない。「ユダヤ人とは他の人間がユダヤ人であると見なす人間(10)」のことである。すなわちユダヤ人に対して本来的であるべきか、本来的であらざるべきか、という状況を強いてきたのは、非ユダヤのフランス人である「われわれ」にほかならない。それゆえサルトルは、反ユダヤ主義の根絶ととも

に「具体的な自由主義[11]」を提案する。それはユダヤ人がユダヤ人であることを保持しつつ、市民として積極的に社会に参加できるような生活を可能ならしめるという理想である[12]。

サルトルの以上の考察はフランスの「ユダヤ人問題」に限定したものだが、差別問題の原理に係わる内実をふくんでいる。だからこそ訳者の安堂信也はまえがきで「ユダヤ人問題」を戦時下の中国人、朝鮮人に対する日本人の態度に比し、「われわれ」（日本人）の問題として読むことを読者に呼びかけたのだった。サルトルは少なくとも合衆国の「黒人問題」は意識していた。

サルトルは「合衆国には黒人問題は存在しない、あるのは白人問題だけだ」というリチャード・ライトの発言を引きつつ、「反ユダヤ主義はユダヤ人の問題ではない。そうではなく、われわれの問題である[13]」と述べていた。さらに別のインタビューでは「『ユダヤ人』は黒人問題にも関係します。ユダヤ人を黒人に、反ユダヤ主義を白人による奴隷制に置き換えてみてください。私の著作から削るべき本質的なことなど何もないでしょう[14]」と語っていた。

サルトルは合衆国の黒人問題をきっかけにフランスにおける同種の問題にも関心を示した。それを端的に示すのが一九四七年の『プレザンス・アフリケーヌ』誌との係わりである。アリウン・ジョップの始めたこの雑誌に、サルトルは、ジッド、カミュ、レリスと並んで後援メンバーのひとりに名を連ねていた。そしてこの記念すべき創刊号に「黒人の存在《プレザンス・ノワール》」という短いが凝縮した文章を寄せた。『ユダヤ人』同様、ここでも「われわれ」（白人男性）と「彼ら」（黒人男性）との歴史的・文化的差異が強く意識されている。とりわけ支配／被支配の関係が否応なく喚起される以上、「われわれ」（支配者）の立場から「彼ら」（被支配者）への連帯感を表明しようとするサルトルの言葉は独特の切迫感を帯びる。

> 彼ら〔＝黒人エリート〕は、われわれの眼からすれば、われわれの文明化の使命を示している。われわれは、彼らを讃えることが、自分たちを讃えていることであることを分かっているのだ。われわれがここで黒人にふるう拳固の一発いっぽつが、自分たちが向こうでふるってきたありとあらゆる暴力を消している[15]。

ここには「白人ブルジョワ出身作家」としての著者の自己批判のまなざしがはっきり認められる。この段階では「われわれ」がふるってきた暴力が自分たちのもとへ跳ね返ってくるまでは想像されていない。しかしサルトルは、支配者の言語でしか書くことができない状況を認めつつ、黒人作家における言語の問題を正当にも指摘している。

異質な言語は彼らに宿り、彼らから思考を盗み去る。しかし、彼らは内面でこの盗みの裏をかき、このお喋り好きのヨーロッパ言語を自らのうちで統御し、そして最後には、言葉に裏切られることを受入れつつ、その言葉に自分たちの徴を刻みつけるのだ。(16)

「黒人の存在」におけるこの考えは、一九四八年に発表される「黒いオルフェ」においてより深められる。周知のように「黒いオルフェ」はサンゴール編『フランス語ニグロ・マダガスカル新詞華集』の序文として書かれ、二月革命と奴隷制廃止一〇〇周年に合わせて刊行された。この選集はネグリチュード宣言を企図して編まれた。サルトルはその序文で黒人の自覚の意識の表明であるネグリチュードをめぐり、セゼールをはじめとした「彼ら」に深い共感を込めた詩論を寄せている。フランス人読者に向けたその冒頭はとりわけ強烈である。

> 君たちがこの黒人たちの口を閉ざしてきた轡を取り外すとき、君たちはいったい何を期待していたのか。その口が君たちへの賞賛を歌いだすとでも思ったか。われわれの先祖により力ずくで地べたに押しつけられてきた黒人たちが、頭をもたげるとき、彼らの目のうちに賛美を読みとれるとでも思ったか。ここにいるのはすっくと立ち、われわれを見つめる人間である。君たちには、私と同じく見られるという戦慄を体感してほしいと思う。というのも、白人は相手に見られることなく見るという特権を三千年ものあいだ享受してきたからだ。(17)

「君たち」は見られることの恐れを感じることで初めて「彼ら」が自分たちと対等な関係にあることを自覚するだろう。そのようなメッセージを暗にふくむこの冒頭の文章から感じとられるのは、白人の驕りへのサルトルの憤りばかりではない。いままさに自分が黒人詩人に見つめられているという名状しがたい居心地の悪さだ。一方で「彼ら」に共感しつつ、他方で批判にさらされる「われわれ」の立場から「黒いオルフェ」は書かれている。

「黒いオルフェ」がネグリチュード論の古典と言える位置を占めるとすれば、それはサルトルがネグリチュード詩の「呼びかけ」に応えようとしているからではないだろうか。「黒人の魂を表明すること」(18)や「ニグロの世界-内-存在」(19)といった印象的なネグリチュードの規定は、こうした読みの姿勢と不可分だろう。また「黒人の存在」に見られた言語との葛藤の主題もマラルメの言語論との関連で興味深く論じられていることも付け加えておきたい。

しかしその一方で、「黒いオルフェ」の結論部がいささか思弁的すぎることも否めない。バーチャルのサルトル論によれば、一九四〇年代から一九五〇年代のサルトルにとって、被抑圧者の解放は、帝国主義的国民国家におけるプロレタリアの解放と不可分であり、サルトルは宗主国プロレタリアによる被抑圧者への連帯は可能であると考えていたという。[20] このような構図において「黒いオルフェ」が提示した結論は、ネグリチュードは「白」と「黒」の対立を構成する弁証法の一契機であり、人種的対立は最終的に止揚されるということだった。言い換えれば、ネグリチュードは人種の問題であり、世界的に見れば、それは個別・具体的な問題である。一方、階級の問題は資本主義世界に見られる普遍的問題である。人種と階級の問題は交差するが、黒人詩人は人種問題を乗り越え、高次の次元にある階級問題に至るべきだ、とサルトルは考えた。[21]

すでに触れたとおり、ラムシの所説ではこの時期のサルトルは「反植民地主義ヒューマニズム」の立場にいた。その後、一九五〇年から一九六〇年にかけて「政治的リアリズム」から「反植民地主義ラディカリズム」へ移行し、一九六〇年以降は「サルトル的第三世界主義」を実践したというのがラムシの分析である。そして、その見解のうちで重要な転回点となるのがファノンの『地に呪われたる者』への序文執筆である。ではファノンはサルトルをどう読んできたのか。

3　ファノンによるサルトル

ファノンの最初の著作『黒い皮膚・白い仮面』(以下『黒い皮膚』と略記)は、レヴィ＝ストロース的な意味での「ブリコラージュの高度な運用」[22]と評される。実際、精神分析、哲学、黒人詩や小説などさまざまなものからなるこの著作のなかで、ファノンのサルトルへの依拠は少なくない。とりわけ第五章「黒人の生体験」で『存在と無』(一九四三)、『恭しき娼婦』(一九四六)、『ユダヤ人』、「黒いオルフェ」といった著述が参照されている。[23]

この第五章は『黒い皮膚』の構成のなかで一種独特の位置を占める。それはこの章が『エスプリ』(一九五一年五月)に独立して掲載された彼の最初の文章であるからでもあるが、黒人であることの経験をファノンが自らの体験として記述している点で特異である。『黒い皮膚』の主題は、黒い肌の人間(フランス領カリブ出身者)が白人との関係において抱えこむ劣等コンプレックスである。すなわち、自分が相手より劣っていると感じるこの心理的な機制を解明し、これを超克することが目指される。ところが「黒人の生体験」に関して言えば、彼が克服したいと望む劣等コンプレックスからの解放を最終的には得られない。なぜか。

ファノンは自らの「生体験」を知的に再構成する際、サルトルルを重要な参照項にする。とりわけ彼は『ユダヤ人』を通して「黒人問題」と「ユダヤ人問題」の共通性と差異を見出す。共通性は反ユダヤ主義者の態度と黒人嫌いの態度とのあいだにあり、差異は、黒人は外見によって差別されることにある。

ファノンは自らのネグリチュード体験を語る。それは『ユダヤ人』の構図からすれば「本来的ユダヤ人」への回帰に似ている。しかし、自らの黒人性への回帰は、サルトルとの対話を通じて否定される。ネグリチュードは弁証法の「弱拍」に過ぎないとする、「黒いオルフェ」におけるサルトルの断定がファノンを苦しめる。

たしかにネグリチュードは弁証法的展開の弱拍のように現れる。すなわち、白人の優位を理論的にも実践的にも肯定するのが最初の命題だ。それから、反対価値としてのネグリチュードの位置取りが否定性の契機である。だがこの否定的契機はそれ自体では不十分であって、ネグリチュードを用いる黒人たちはこのことを非常によく分かっている。彼らは、この否定的契機が人種なき社会における人間の綜合あるいは実現を準備しようとしていることを知っているのだ。こうしてネグリチュードはまさに自らを破壊しようとする。ネグリチュードは移行であって到達でなく、手段であって最終目的ではないのだ。(24)

このようにサルトルは「人種なき社会」という来るべき時代の弁証法的プログラムのなかにネグリチュードを位置づけた。この見取図は、たとえそれが正しいものであろうと、ファノンには承服しがたかった。なぜなら、サルトルは現在こうして発せられる「ニグロの叫び」を、すなわちネグリチュードの今日性を歴史の一段階に早くも位置づけようとしているとファノンは捉えたからである。

ニグロの過去も、ニグロの未来もない私に自分の黒人性《ネグルリ》を実存することはできなかった。まだ白人でもなく、完全な黒人でもない私は呪われた者だった。ジャン＝ポール・サルトルは忘れたのだ、ニグロは白人とは異なる仕方で自分の身体のうちで苦しんでいることを。白人と私のあいだには超越的関係が救いようもなくあるのだ。(25)

ここでファノンはジャン・ヴァールを参照しつつ白人と黒人との「超越的関係」、すなわち白人にはそれ自体として認識できない黒人の実存の問いを提出している。「サルトルの誤りは泉の源へ赴こうと望むことだけでなく、この泉をある種涸らしてしまうことにあった(26)」とファノンが述べるとき、彼のこの読解はサルトルの意図せざるものだった。加えて、ネグリチュードへの沈潜がファノンにおける過渡期に過ぎないことを考えれば（次章でファノンはサルトルの「黒いオルフェ」の結論に賛同する）、この箇所でのサルトル批判はネグリチュード超克の一段階と捉える方が整合的である。しかしながら、見落としてはならないのは、この文章に表出するファノンの激情が分析的に割り切られることを拒んでいる点である。では何が問題なのか。

第五章でファノンがサルトルとの関係において問うているのは、植民地支配によって規定されてきた黒人／白人の関係である。この章でファノンが試みたのは、「黒人問題」に苦しむ「われわれ」を肯定的に語る可能性である。しかし、「彼ら」の代表であるサルトルは「われわれ」に連帯を表明しつつも、「われわれ」がまさしく手に入れようとするネグリチュードの限界を早々と指摘することで、結果的に自分たちの根拠を否定した。この論理は『ユダヤ人』の「本来的ユダヤ人」に対する限界の指摘を想起させる。ところが、こうした論理だけでは容易に解消しない歴史的関係が両者にあったことは忘れてはならない。宗主国の知識人と植民地の知識人、白人と黒人という、少なくとも二重の力関係のなかで、ファノンはサルトルに向き合った。『黒い皮膚』が弁証法的構成を取っているとすれば、「弱拍」と捉えられる第五章は、サルトルのこの時点での植民地主義批判の盲点をむしろ突いていると言えないだろうか。[27]

4　『地に呪われたる者』への序文

『黒い皮膚』を上梓した後、ファノンはアルジェリアのブリダ精神病院に赴任した。アルジェリア戦争が始まるのはその翌年（一九五四）のことである。そして、サルトルの反植民地主義の発言と行動が本格化するのは、この戦争勃発後である。とくにアルジェリア平和集会の発言の記録「植民地主義はひとつの体制である」（一九五六）は「サルトルの反植民地主義思想を基礎づけたテクスト[28]」として重要だ。この文章でサルトルは「アルジェリア人とフランス人を植民地の圧制から同時に解放するためにアルジェリア人民の側に立って闘う[29]」立場を明確にしている。それはFLNに合流してそのスポークスマンとして活動するようになったファノンとまさに同じだった。『アルジェリア革命第五年』（一九五九）の序文における「植民地主義の死は、植民地化された者と植民地化する者との双方の死である[30]」というファノンのテーゼは、サルトルの発言と見事に呼応している。

サルトルは、フランス兵の脱走を支援するための盟友ジャンソンの地下組織へ協力し、アルジェリア戦争の泥沼化を背景に政界に復帰したド・ゴールに対しては批判の論陣を張った。アルジェリア戦争継続派によりプラスチック爆弾がボナパルト通りの彼の自宅に投げ込まれたのは、その最中のことだった（一九六一年七月）。

ファノンはこの頃すでに病（白血病）に冒されていた。死を間近に控えたファノンは『地に呪われたる者』を一挙に書き上げた。そして、チュニスからフランソワ・マスペロへ手紙を送り、この本の序文をサルトルに依頼した。その書簡でファノンは「机の前に座るたびに、私は彼のことを考える。われわれの未来にとって非常に重要なことを書けるのは彼だ。彼のところにはまだ読むことができる読者は見つからないが、われわれのところには読者は簡単に見つかる」という伝言を託した。(31)

依頼を快諾したサルトルは、自宅爆破の直後、ローマでファノンと会うことになった（同年七月末）。これが両者の最初の出会いである。その後、やはりローマでファノンと再会する。この二度の出会いと対話についてはボーヴォワールの回想録『事物の力』（一九六三、邦題『或る戦後』）に詳しい。「二週間、朝から晩までサルトルと話し続けられるなら一日二〇〇フラン払ってもいい」とは回想録で語られるファノンの冗談めいた言葉である。(32)しかし、二人のあいだにあったのはそうした親密な関係ばかりではない。マスペロ宛書簡でも分かるとおり、ファノンは「われわれ」と「彼ら」の関係を決して忘れることはなかった。

それでもファノンはサルトルがフランス人であることを忘れず、その罪を十分には贖っていないとして彼を非難した。

「われわれは君たちに対して権利がある。君たちは、なんでそうやって普通に暮らしを続けて、執筆をおこなうことができるのか」(33)。

彼女の証言によれば、サルトルはファノンの二度目の出発後に序文を書き始めた。

ファノンの遺著となる『地に呪われたる者』は、議会主義を否定し、民族解放のためには武力以外にはないとするその暴力論と第三世界主義を標榜した、彼の代表作である。そして、その過激さにおいてサルトルの序文はファノンに劣らないばかりか「おそらくファノンの本文より一層暴力的」(34)だった。

サルトルはこの序文で「われわれ」（フランス人）のために書かれたものではないこの著作をなおも読むべきだとしてフランス人読者への説得を試みる。「黒いオルフェ」ではサルトルは「彼ら」のまなざしにフランス人への対抗意識を読みとった。しかし、ここでの問題はまなざしではなく、暴力である。

君たちは言ってきた、彼らは暴力《フォルス》しか知らないと。もちろんだ。そもそも暴力はコロン〔＝植民地に住むフランス人〕のものでしかなく、その後に彼らのものになったからだ。要するに、鏡の前に立ったときにその底から自分たちが写し出されるように、同じ暴力が今度はわれわれに跳ね返っているのだ。[35]

アルジェリアの地でふるわれる「彼ら」の暴力は、そもそもは「われわれ」の暴力であった以上、サルトルは「われわれ」に向けられるこの対抗暴力が正当であると主張する。サルトルはこの序文でヨーロッパの時代の終焉を告げるだけでなく(「われわれはかつては〈歴史〉の主体だったが、いまでは〈歴史〉の客体である」[36])、さらに進んで、「彼ら」の暴力を通じて今度は「われわれ」自身が変らなければならないとする。自宅爆破や襲撃未遂によってアルジェリア戦争継続派の暴力が身の上に降りかかっていたサルトルにとって、その暴力もまた植民地主義に端を発していた。「今日、あちこちで阻まれた同じ暴力は、われわれの兵士を通じてわれわれのもとに跳ね返り、内面化し、われわれに取り憑いている」[37]。この戦争継続派の暴力に対して「われわれ」はどのような立場を取るのか。フランス本国で遠からず「内戦」が起こるだろうという予感のもとに書かれた序文の末尾は、アルジェリア独立運動の支持を表明しない読者(左派知識人)に対して、植民地主義と闘うよう呼びかける。

このようなラディカルな提言をふくむサルトルの序文は、コンタとリバルカによれば、「彼の著述でもっとも暴力的な文章のひとつ」であり「一九五九年以降彼が取ってきた立場である、アルジェリアの闘士への政治的かつ実践的連帯の、もっともラディカルで、文字通りもっとも効き目のある表明をここに見てとれる」[38]。コーエン゠ソラルは「彼のテクストのうち過激なまでに第三世界主義者的な文章のひとつ」[39]と捉え、ラムシは「サルトルの知的・政治的歩みにおける決定的転回」とさえ評する。[40]

これらの研究者に指摘されてきた『地に呪われたる者』への序文の過度な暴力性を考えてみるとき、改めて想起されるのがファノンとの関係である。この序文がファノンとの対話の後に書かれていることは、序文の内容と無関係ではないだろう。レーモン・アロンの回想にあるように、サルトルが一気呵成に文章を書くタイプであれば、それはなおさらである。サルトルのテクストに漲る怒りは、ファノンとの邂逅と読書をつうじてより強まったと考えられないだろうか。サルトルの文体の帯びる熱のうちにはファノンの影があるように思えてならない。[41]

『地に呪われたる者』の序文には一九六一年九月という日付が記されている(七月末から八月上旬に書き上げられていたという推測もある)[42]。この著作の出版から間もなくファノンは他界した(一九六一年一二月)。

ボーヴォワールはファノンとの別れ際をこう記していた。

私たちは、友情を、そしてアルジェリアとアフリカの未来を思い、病がどうかファノンに長い猶予を与えてくれはしないかと願った。彼は例外的な人物だった。彼の熱を帯びた手を握ったとき、私は、彼を燃やす情熱の火に触れたように思った。[43]

ファノンが白血病に冒されていることをサルトルは本人から聞いていた。そのことを踏まえるとき、「暴力の息子」として一人の被抑圧者が自らの命を賭して戦うことの論理を語ったサルトルの次の言葉は、匿名のアルジェリア戦士だけでなく、その暴力論を説くファノン自身の姿をも写し出してはいないだろうか。

彼は知っているのだ。この新しい人間が自分の最期をもって自分の人間としての生を開始することを。彼は潜在的には死者である。いずれ殺される運命だ。死の危険を受け入れているというだけでなく、彼は殺されることを確信しているのだ。〔…〕暴力の息子であるこの男は暴力のうちからその都度自分の人間性を引き出す。われわれは彼の犠牲と引き替えに人間だったわけだが、今度は彼がわれわれを犠牲にして人間になるということだ。別の人間に。より素晴らしい人間に。[44]

注

（1）Ato Sekyi-Otu, *Fanon's Dialectic of Experience*, Cambridge, Harvard University Press, 1996; Anthony C. Alessandrini (ed.), *Frantz Fanon: Critical Perspectives*, London and New York, Routledge, 1999; Nigel C. Gibson, *Rethinking Fanon: The Continuing Dialogue*, New York, Humanity Books, 1999; Nigel C. Gibson, *Frantz Fanon: The Postcolonial Imaginaiton*, Cambridge, Policy Press, 2003.

（2）Frantz Fanon, *Œuvres*, La Découverte, 2011; David Macey, *Frantz Fanon*, une vie, traduit de l'anglais par Christophe Jaquet et Marc Saint-Upéry, Paris, La Découverte, 2011. 二〇一一年に逝去したメイシーの評伝の原著は二〇〇〇年に出版されたが、フランス語版は原書の増補版にあたる。二〇一一年時のフランスおよび生地マルティニックでのファノンの現在については以下を参照。海老坂武「フランツ・ファノンの今日――「フランツ・ファノン・メモリアル」に参加して」『みすず』六〇二号（二〇一二年三月）二四―三二頁。海老坂武×中村隆之「F・ファノン没後五〇年」『図書新聞』三〇六七号（二〇一二年六月二三日）八面。

（3）Jean-Paul Sartre, *Colonialism and Neocolonialism*, translated by Azzedine Haddour, Steve Brewer and Terry McWilliams, London, Routledge, 2001; Jonathan Judaken (ed.), *Race after Sartre: Anti-racism, Africana Existentialism, Postcolonialism*, New York, SUNY press, 2008; Paige Arthur, *Unfinished Projects: Decolonization and the Philosophy of Jean-Paul Sartre*, London, Verso, 2010.

（4）Noureddine Lamouchi, *Jean-Paul Sartre et le tiers monde : rhétorique d'un discours anticolonialiste*, Paris, L'Harmattan, 1996. 『サルトル以後の人種』所収のジュディス・バトラー論文には翻訳がある。Judith Butler, "Violence, Nonviolence : Sartre on Fanon", in *Race after Sartre, op. cit.*, pp. 211–231.「暴力、非暴力――ファノンにおけるサルトル」尾崎文太訳『クァドランテ』一二／一三号（二〇一一年三月）東京外国語大学海外事情研究所、二二七―二四四頁。

（5）『シチュアシオン』全一〇巻の原書初版は一九四七年から一九七六年にかけて刊行された。アルレット＝エルカイム・サルトルによる改訂増補版が二〇一〇年から刊行されているものの、書店ではいまだ入手できないものが多い。日本では人文書院の全集に収められたが、『植民地の問題』や『哲学・言語論集』など一部を除き、現在絶版。

（6） Sartre, *Situations, II*, Gallimard, 1948, p. 9.『シチュアシオンⅡ』加藤周一・白井健三郎他訳、人文書院、一九六四年、七頁。フランス語からの引用は拙訳。以下、同。

（7） Annie Cohen-Solal, *Sartre 1905–1980*, Paris, Gallimard, coll. « Folio essais », 1999, p. 439. Cf. *Terre des hommes*, 3 novembre, 1945.

（8） Lamouchi, *Jean-Paul Sartre et le tiers monde: Rhétorique d'un discours anticolonialiste, op. cit.*, pp. 41–57.

（9） Sartre, *Réflexions sur la question juive*, Paris, Gallimard, coll. « Folio essais », 2005, p. 146.『ユダヤ人』安堂信也訳、岩波新書、一九五六年、一六九頁。

（10） *Ibid.*, pp. 74–75. 同書、八二頁。

（11） *Ibid.*, p. 155. 同書、一八〇頁。

（12）ここでは『ユダヤ人』の所説を紹介するにとどめるが、今日では「本来的ユダヤ人」と「本来的ではないユダヤ人」という区分をはじめとして、サルトルの考察が批判的に読まれているという。以下を参照。有田英也「ジャン＝ポール・サルトル著『ユダヤ人問題の考察』をめぐる「われわれ」の位相」『ヨーロッパ文学研究』二六号（二〇〇七年三月）成城大学、二七―四七頁。『ユダヤ人』の歴史的次元に着目した同論文にはいくつもの教示を得た。

（13） Sartre, *Réflexions sur la question juive, op. cit.*, p. 161.『ユダヤ人』前掲、一八七頁。

（14） Cité par Lamouchi, *Jean-Paul Sartre et le tiers monde, op. cit.*, p. 44. Cf. M. Watteau, « Situations raciales et condition de l'homme dans l'œuvre de J.-P. Sartre (1er partie) », *Présence Africaine*, n° 2, janv. 1948, p. 228.

（15） Michel Conta et Michel Rybalka, *Les Ecrits de Sartre : Chronologie, bibliographie commentée*, Gallimard, 1980, p. 685.

（16） *Ibid.*, p. 686.

（17） Sartre, *Situations, III*, Gallimard, 1949, p. 229.『シチュアシオンⅢ』佐藤朔他訳、人文書院、一九六四年、一五九頁。

（18） *Ibid.*, p. 239. 同書、一六六頁。

（19） *Ibid.*, p. 262. 同書、一八三頁。

（20） Ian H. Birchall, *Sartre et l'extrême gauche française : Cinquante ans de relations tumultueuses*, traduit de l'anglais par Étienne Dobenesque, Paris, La Fabrique Éditions, 2011, p. 312. なお原タイトルは *Sartre Against Stalinism* である。

（21） Sartre, *Situations, III, op.cit.*, p. 280.『シチュアシオンⅢ』前掲、一九六―一九七頁。

（22） Macey, *Frantz Fanon, une vie, op. cit.*, p. 179.

（23）別の章では『自由の道』第二部「猶予」（一九四五）や『文学とは何か』（一九四七）に触れている。

（24） Sartre, *Situations, III, op. cit.*, p. 280.『シチュアシオンⅢ』前掲、一九七頁。

（25） Fanon, *Œuvres, op. cit.*, pp. 174–175.『黒い皮膚・白い仮面』海老坂武・加藤晴久訳、みすず書房、一九七〇年、九四頁。

(26) *Ibid.*, p. 171. 同書、九二頁。

(27) この点にかんしては拙論「フランツ・ファノンとニグロの身体――「黒人の生体験」再読」『相関社会科学』一七号（二〇〇八年三月）、一八―三四頁でやや別の仕方で論じた。なお有田英也の最近の論考「サルトル『ユダヤ人問題の考察』再読――大量死と社会契約の構築」『思想』一〇七二号・一〇七三号（二〇一三年八月・九月）において「黒人の生体験」が『ユダヤ人』との比較から一部読み直されている。

(28) Lamouchi, *Jean-Paul Sartre et le tiers monde*, *op. cit.*, p. 80.

(29) Sartre, *Situations V*, Paris, Gallimard, 1964, p. 48.『シチュアシオンV』白井健三郎他訳、人文書院、一九六五年、三五頁。

(30) Fanon, *Œuvres*, *op. cit*, p. 269.『革命の社会学』宮ヶ谷徳三・花輪莞爾・海老坂武訳、みすず書房、一九八四年。引用原文はイタリック体。

(31) Cité par Cohen-Solal, *Sartre 1905–1980*, *op. cit.*, p. 720. Cf. Archives Maspero, lettre inédite.

(32) Simone de Beauvoir, *La Force des choses II*, Paris, Gallimard, coll. « Folio », 1972, p. 420.『或る戦後』下巻、朝吹登水子・二宮フサ訳、紀伊國屋書店、一九六五年、三二〇頁。

(33) *Ibid.*, p. 426. 同書、三二四―三二五頁。

(34) Macey, *Frantz Fanon, une vie*, *op. cit.*, p. 420.

(35) Sartre, *Situations, V*, *op. cit.*, p. 178.『シチュアシオンV』前掲、一五三頁。

(36) *Ibid.*, p. 189. 同書、一六二頁。

(37) *Ibid.* 同書。

(38) Conta et Rybalka, *Les écrits de Sartre*, *op. cit.*, p. 361.

(39) Cohen-Solal, *Sartre 1905–1980*, *op. cit.*, p. 720.

(40) Lamouchi, *Jean-Paul Sartre et le tiers monde*, *op. cit.*, p. 125.

(41) ここでは指摘にとどめる。詳しい検討は別稿に譲りたい。

(42) Macey, *Frantz Fanon, une vie*, *op. cit.*, p. 489.

(43) Beauvoir, *La Force des choses II*, *op. cit.*, p. 427.『或る戦後』下巻、前掲、三二五頁。

(44) Sartre, *Situations, V*, *op. cit.*, p. 185.『シチュアシオンV』前掲、一五九頁。

第Ｖ部　サルトルと同時代２

ヒューマニズムの余白
——ハイデガーとサルトル

齋藤元紀

はじめに——すれ違いの対話とその余波

ヒューマニズムが問題になるのは、ヒューマニズムが危機に瀕したとき、もはやそれまでの人間が人間たりえなくなったときである。古典古代であれルネッサンスであれ、その点に変わりはない。人間とは本当は何者なのかという疑念。これまでどおりの人間は存在しえないのではないかという不安。ヒューマニズムへの問いは、普遍的な人間愛の再確認ではなく、むしろ従来の人間観に対する根本的な疑念や不安から生じてくるのである。

第二次世界大戦終結直後、サルトルとハイデガーの間で生じたヒューマニズムをめぐる論争もやはり、そうした《人間の終焉》とも言うべき当時の深刻な思想的状況に対する鋭敏な反応であったと考えることができる。(1) 一九四五年十月二九日、ドイツ軍の占領を脱したものの、なお荒廃しきったパリの街でサルトルが「実存主義はヒューマニズムか」と題する講演を行ったとき、会場のクラブ・マントナンは超満員の聴衆で埋め尽くされた。『嘔吐』(一九三八年)で小説家として、『存在と無』（一九四三年）で哲学研究者としての立場を得たサルトルが、「実存主義者」として颯爽と世界の舞台に登場した瞬間であった。他方、敗戦によってフランスの統治下におかれた隣国ドイツ・フライブルクのハイデガーのもとにも、サルトルの名声は確かに届いていた。ちょうどこのころ、バーデン＝バーデンでのサルトルとの哲学的対話という企画がハイデガーにも打診されていたからである。『存在と時間』（一九二七年）で一躍世界的名声を博したハイデガーだが、この頃には三三年の総長就任をはじめとする戦時中のナチスとの関係を糺され、十月には自ら退官申請を提出せざるをえなくなるほどの厳しい状況に追い込まれていた。[2] そうしたなか、奇しくもサルトルの講演前日にあたる十月二八日付書簡において、ハイデガーはサルトルに直接対話を申し出た。[3] これが実現していれば、ドイツとフランスの二台巨頭が相対し、戦後の荒廃した《人間の終焉》に立ち向かうという、おそらく二十世紀哲学史上画期的な対話が展開されたに違いない。

だがこの書簡はサルトルのもとには届かず、両者が対話の席に着くことはなかった。その代わり世間に出回ることになったのが、サルトル宛書簡の執筆とほぼ同時期、ジャン・ボーフレとのあいだで交わされ、四七年に刊行の運びとなった周知のいわゆる『ヒューマニズム書簡』である。[4] 両者の対話はそこで《間接的に》実現したわけだが、しかしそれもまったくのすれ違いに終わった。「実存主義的ヒューマニズム」を主張したサルトルをハイデガーは「形而上学」であると批判し、みずからの「反ヒューマニズム」の立場との違いを強調したからである。手厳しくも簡潔なこのハイデガーの批判にサルトルは応答しなかったが、それから五年後の五二年、サルトルがフライブルクのハイデガー宅を訪問したことによってようやく、二人の最初で最後の対話が実現する。しかしこの直接対話も、実りある成果をもたらしはしなかった。サルトルがハイデガーに対して感じたのは、もっぱら失望と怒りであったという。[5] こうして都合三度にわたる二人の対話の機会は、まったくのすれ違いに終わったわけである。

『ヒューマニズム書簡』でのハイデガーの批判は、やがてデリダやフーコーら後続の世代がサルトルを批判するさいに持ち出す「人間中心主義」の原型をなすものとなる。[6] 四五年に「青年たちの帝王サルトル」が「実存主義はヒューマニズムである」と宣言して「主体の哲学」の復活を掲げたとき、ドゥルーズらはすでに激しい落胆を覚えていたという。[7] その意味では、当時の青年たちのサルトルへの反感をいちはやく先取りし、サルトルを「乗り越えられた」思想家ととらえる見方の一端を形作ったのは、他ならぬハイデガーであったと言える。だが、ハイデガーとて無傷だったわけではない。たとえばレヴィナスはハイデガーのサルトル批判を受けとめ、やがてハイデガーのヒューマニズム批判へのさらなる批判を展開していった[8]。加えて近年、スローターダイクが『ヒューマニズム書簡』への「返書」と称して遺伝子操作の倫理的問題を提起したことも、記憶に新しい[9]。「人間とは何か」という問いが取り上げられるたびに、私たちはハイデガーとサルトルのヒューマニズムをめぐる対話へと引き戻される。両者の対話はすれ違いに終わったにもかかわらず、否、すれ違いであったがゆえにこそ、両者のヒューマニズムをめぐる問いは決着をみることなく、さらなる問いを誘発し続けている。両者のあいだで取り残されたヒューマニズムをめぐる問いの余波のなかに、私たちはいまなお留まっているのである。

両者の対話のなかで決着を見ぬまま波紋を広げ続けるこの問いを、ここでは「ヒューマニズムの余白」と呼ぼう。本論では、文字の上ではきわめて簡潔に過ぎる両者の「ヒューマニズム」論争の「余白」の背後に回り込み、ハイデガーとサルトルのそれぞれの「人間」をめぐる哲学的考察が、互いにいかなる影響、反発、変容、さらには齟齬を引き起こしつつ独自に展開していったのかを見てゆくことにする。それによって、両者のすれ違いの対話から「余白」の輪郭を浮き彫りにして、現代の人間観を考察するための手がかりを見出したい。その過程で両者の直接対話がかみ合わなかった経緯についても一定の見通しをつけたいと思う。そのためここでは、ヒューマニズム論争の前提をなす両者の現象学的‐超越論的考察にかかわる主要な論点を取り上げ、そこから翻って両者の人間観を検討してゆくことにする。以下ではまず、フッサール現象学の継承という観点のもと、ヒューマニズムをめぐる対話以前の「余白」として「想像力」の問題を取り上げる（1）。それを踏まえて、『存在と無』を中心に、ハイデガーとサルトルそれぞれの「主体」の身分と「無」の理解の相違点を考察する（2）。そして『存在と無』における「他者」理解の相違に基づいて両者の「ヒューマニズム」をめぐる論争を再検討し、最後に「歴史」と「制作」の視点から、両者の思想が現代においてもつ意義を考察する（3）。

1　想像力の余白——フッサール現象学の継承

「ヒューマニズム」をめぐる両者の思考のせめぎあいを解きほぐすために、まずはそれ以前の両者の関係から見ておくことにしよう。ここで注目したいのは、両者におけるフッサール現象学の影響であり、またその影響下でそれぞれが独自に展開した「想像力＝構想力」論である。というのも、両者の想像力＝構想力論には、フッサールとの関係においてそれぞれが打ちたてようとした哲学的人間観の基本的視座が見てとれるからである。もっとも、そこにすでに「すれ違い」が生じていることも見てとれる。まずは時系列にそって両者の出会いから見てゆこう。

レイモン・アロンの手ほどきによってフッサール現象学の研究に取り組み、三三年から翌年にかけてベルリンに留学、『存在と時間』をすでに入手していたサルトルであったが、ハイデガーの名前はそれ以前から彼の知るところであったという。おそらくサルトルがハイデガーを知るにあたって、ハイデガーのもとで学んだ九鬼周造の存在はきわめて大きな役割を果たしたに違いない。九鬼との関係を考慮するなら、サルトルは二八年の段階ですでにハイデガーを知っていたと推測される。[10] いずれにしてもサルトルは、三八年、コルバンの翻訳による『形而上学とは何か』をとおしてハイデガーのテキストに全面的に取り組むことになる。ただしサルトルにとって、この出会いは必ずしも積極的な興味を掻きたてるものではなかった。というのも、サルトルはこの出会いが「ひとつの歴史的事件」として、あらためて『存在と時間』を手にとるきっかけであったと認める一方で、その内容を「理解できなかった」とも述べているからである。[11] ここには、サルトルが当初からハイデガーの哲学に対して相当の馴染みにくさを覚えていたことが窺える。サルトルのその後の哲学的関心は、しばらくフッサール現象学の研究に向けられる。ベルリン留学を経て四〇年の『想像力の問題』の刊行に至るまで、サルトルは「デカルト主義」に対する馴染みのよさから、「フッサール学徒」であり続けたのである。[12]

サルトルの想像力論は、こうしたフッサールからの強い影響のもとで生み出された彼独自の現象学的研究の輝かしい成果の一つだが、それがやがてフッサールから離脱する原因にもなる。サルトルは『想像力の問題』で、フッサールの志向性の概念を引き受けつつ、現実世界に対する受動的知覚よりも、対象を「無」として現前させる想像力の自由な自発性を重視した。「想像的意識はその対象を空無として措定する」。[13] 知覚の志向性が現実世界に結びついているのに対して、想像の志向性は現実世界から離脱して、非現実的な対象と結びつく。しかもそれは、自発性として自己自身へと現前させる能動性を備えている。「知覚は受動性としてあらわれる。これに対して、想像は想像として、すなわち《像》としての対象を生み出しかつ保っていく自発性として、己自身に対して与えられる」。[14] そしてこうした想像力の射程は、もはや存在しない過去に対しても、未だ存在しない未来に対しても開かれている。[15] きわめて魅力的なこの現象学的分析は、しかし、そもそも現実世界がいかにして与えられているのかという点を基本的に考慮せずに組み立てられている。というのも、自発的な能動的な想像力の志向性にも、また受動的な知覚の志向性にも先立って、現実世界はつねにすでに所与として与えられているはずだからである。そもそも想像力の意識にとって、みずからが使用する素材が外界から与えられるというのはいかなる事態なのか。のちにサルトルは、ここで「私が避けてとおったのは受動的素材《ヒュレー》」の問題であり、そのためふたたび「実在論的解決を探し求め」なければならなくなったと述べている。[16]

他方でハイデガーがフッサールの志向性概念の問題系を受け継ぎつつ、カントの構想力解釈をとおしてぶつかったのも、サルトルと同じく、世界の先行的所与に対する「実在論的解決」であった。ハイデガーはすでに『存在と時間』において「外界の実在問題」を疑似問題として斥け、存在者からのあらゆる抵抗現象に対して世界内存在の開示性が先行していると主張した。[17]外界の存在が証明されていないという事態を「哲学のスキャンダル」と呼ぶカントに対して、ハイデガーは外界の証明があいも変わらず繰り返されている事態こそが「スキャンダル」だと厳しく批判している。[18]ところが一九二九年の『カントと形而上学の問題』（以下『カント書』と略記）では、超越論的地平の問題を経由して世界の実在にかんするいっそう高次の考察が展開されている。ハイデガーは、感性と悟性の「共通の根」たる構想力を、現存在のいっさいの経験を可能にする超越論的地平の形成作用としてとらえる。しかもこの構想力の地平形成作用は、サルトルの分析と同様、「過去」に対する再生的構想力と「将来」に対する生産的構想力として、すぐれて時間的な作用として考えられている。[19]ところがハイデガーはさらに一歩進んで、世界の像をみずからに対して現出させつつそれをみずからに受容させる点で、超越論的構想力は「受容的自発性」を備えているとみなしている。[20]とはいうもののこうした一連の分析を踏まえて最終的にハイデガーが問題視したのは、有限な超越論的構想力の地平形成作用の彼方に立ちあがる「無」であった。[21]

こうしてフッサール現象学の志向性概念を継承する作業をつうじて、サルトルもハイデガーも共に想像力＝構想力のうちに像化と時間性の機能を認め、加えてその先に「不在」ないし「無」の問題を見出している点は、きわめて興味深い。しかしそれにもかかわらずそれぞれの想像力＝構想力論においてフッサール現象学が果たしている役割は、実は大きく異なっている。そこでこの点を次に「無」との関係で見てゆくことにしよう。

2 無の余白――《意識》か《現存在》か

サルトルは三六年の『想像力』ですでにフッサールの『イデーン』に則って意識内容と意識対象との区別を踏まえた心象の分析を行っていたが、『想像力の問題』では、『想像力』でも触れられていたフッサールの「中立変様」に独自の解釈を加えつつ心象についての考察を展開している。[22]その考察の随所でサルトルはフッサールに異論を唱えているものの、しかしそれらはあくまでもフッサール現象学の枠内での解釈として展開されている。つまりここでのサルトルのフッサールへの異論はどこまでも「弟子が師に反論する」という程度にすぎず、その限りでこの時期のサルトルは先にも述べたとおり、なお《フッサール学徒》だったのである。[23] それに対してハイデガーは、確かに二五／二六年の講義ではフッサールの『イデーン』を経由して『純粋理性批判』第一版の構想力の重要性を教えられたと述べている。[24] ところが先に見たように、その後のカント解釈でハイデガーが展開したのは、もはや内在的意識の枠組みを踏み越え、構想力を世界内存在としての現存在の感性や悟性の発生の源泉として、さらには純粋な時間性へと還元することであった。構想力が現存在の時間性とは異なる時間性の純粋自己触発として明らかにされることによって、有限な現存在はみずからを超える「無限性」としての「無」に直面することになるわけである。しかしこのような考え方は、「無限性」でさえ内在的意識のうちで与えられるとするフッサール現象学の立場を明らかに逸脱していると言わざるをえない。『カント書』で「有限性」を強調するハイデガーにフッサールが当惑を覚えたのも、当然の成り行きであった。「有限性に対する無限性とは、何なのか」[25]。

　ところがサルトルは、こうした「実在」としての世界の形成と「無」の緊張関係を前にして、フッサールから次第にハイデガーへと軸足を移動させてゆく。すでに見たように、フッサール現象学に則ったサルトルの想像力論はヒュレーの実在論的問題を前に立ち往生していた。「私がハイデガーに目を向けたのは、きっとこのようなフッサールがらみの袋小路から抜け出すためだったに違いない」[26]。こうして三九年以降、とくに捕虜収容所にいた四〇年にサルトルは『存在と時間』に取り組むことになる。[27] しかしそれでもフッサールの「講壇的」哲学に対して「野蛮で学術的ならざる」ハイデガーの哲学に馴染むのに相当の苦労を要したと吐露している。[28] 他方、ハイデガーにとって世界の実在と無の緊張関係という問題は、無と淵を接する有限な人間とは何者なのかという「人間の問い」と直結していた。ハイデガーは「人間とは何か」というカントの人間学の問いを踏まえながら、次のように述べている。「人間への問いの疑問性が、カントの形而上学の根拠づけの生起において明るみへと押し出されてくる問題性なのである」[29]。『存在と時間』においてもすでに伝統的人間観に対する批判的立場は鮮明にされていたが、ここではっきり伝統的形而上学における人間の規定が斥けられている。「人間の本性に属する形而上学や《人間の本性》それ自体などといったものが、どれほど自明性を欠いていることか」[30]。それに対してサルトルは、「無」を問題にしながらも、フッサール流にそれをあくまで意識の内部の問題として捉えることで、人間の現実世界の存立に揺るがぬ信頼を寄せていたように思われる。四〇年二月にサルトルはこう書いている。「〈無〉はハイデガーが信じたように、それ自身のうちに世界を保持する〈無〉ではなく、意識がそれ自体それであるところの〈無〉である」[31]。

こうしてサルトルは四三年の『存在と無』で、上述の想像力論で顕在化した「無」と「実在」の問題を引き受けながら、ハイデガーの『存在と時間』との対決に取り組むことになる。そこでの両者の争点としては、第一に「主体」の身分の相違、第二に「無」の意味の相違、そして第三に「他者」と「死」の役割の相違を挙げることができる。まず第一と第二の点から見ていこう。

第一の点にかんして、サルトルはハイデガーの「現存在」概念を踏まえつつ、それを最終的には斥け、「意識」の立場をとる。周知のようにデリダは、サルトルがハイデガーの現存在概念を継承するさい、コルバンの「人間的実在（réalité humaine）」という訳語を踏襲したために誤読に陥り、伝統的な「人間」概念に囚われたと批判した[32]。しかし、「了解」や「解釈」や「開示」などを含めたそもそものコルバンの「現存在」概念の理解は必ずしも誤ったものとは言えず、それを踏まえたサルトルの現存在理解も、不当どころか、かえって正鵠を射ていると思われる[33]。「ハイデガーは、フッサールの《私は思考する》が魅惑的で引っかかりやすい罠であることを十分にわかっていたから、その現存在の記述においては、意識を拠り所とすることをまったく避けたのである。ハイデガーの目的は現存在をただちに関心として示すことである。ハイデガーが《了解》と呼んでいるのは〔…〕自己外への自己投企であり、そこから出発して彼は人間存在を《開示するもの‐開示されるもの》として打ち立てる。けれども、現存在の自己脱出を最初に示そうとするそうした試みも、またのりこえがたい困難にぶつかる。というのも、まず最初に《意識》の次元を取り去り、あとからそれを回復することなどできないからである。了解は、それが了解についての意識であるのでなければ、意味をもたない[34]」。サルトルの批判は、ハイデガーが「現存在」を「関心」として定義するさい、「意識」を意図的に避けたことでかえって「意識」の問題を欠落させたという点に向けられている。つまりここでサルトルは、「現存在」の概念を使用しながらも、あくまでも《フッサール学徒》として、「意識」に定位しているのである。「人間存在の研究は、コギトから始められなければならない」とサルトルが述べているのも、そのためである。

もっともそのコギトは、デカルト的な無時間的主体でもなければ、またフッサール的な自己確実性をもった普遍的「意識」に尽きるものでもない。サルトルは「意識」を、反省や定立作用の出発点をなす《非》定立的で《非》反省的なものとして考えている。「非反省的意識が意識を可能にする。前反省的コギトがデカルト的コギトの条件をなしている[35]」。このように意識を非反省的なものとして捉えることによって、サルトルはハイデガーが批判するような反省的「主観」への回帰をも回避する。意識はそうした「前反省的コギトの存在」であり、そこでさまざまな存在者の存在が対自するものとしてその「意味」へと向けて超越される場所である。意識はそうした「対自存在」として、それ自体において存在している「即自存在」からは区別される。しかし即自存在とは異なり、意識は自己限定的なものとして、まさに「それ自身によって存在する」という自発性を有している。[39] こうした「対自存在」としての「意識」を定義するにあたって、「その存在においてその存在が問題である」というハイデガーの「現存在」の定義をサルトルは次のように補っている。[36]「意識とは、その存在がそれとは別の一つの存在を巻き添えにする限りにおいて、それにとってはその存在においてその存在が問題であるような一つの存在である」[37]。この補足からも明らかなように、ハイデガーが現存在の定義において自己存在への再帰的関係に重点を置いているのに対して、サルトルはそれを踏まえつつも、すでに想像力論にみられたような自発性を備えた意識が、自己とは異なる存在者の存在と結ぶ関係に重点を置いているわけである。

　このように「意識」に定位した「対自存在」と「即自存在」の緊張関係から、第二の「無」の意味の相違も明らかになる。「対自存在」は、自己とは異なる存在者の存在にかかわるが、しかし自己限定的であるかぎりにおいてどこまでも自己存在によって規定される。それゆえ、意識の存在以前に無が存在するなどという事態はありえない。「意識以前に《意識の無》が存在することはありえないであろう。意識《以前》には、ただ充実した存在が考えられるだけであり、その充実した存在のどの要素も、不在な意識を指し示すことはできない。〔…〕意識は無に先立つものであり、存在から《自己を引き出す》[38]」。サルトルは、無が意識に先立つとか、無によって存在が限定されるなどとは考えていない。「意識」の優位が揺るがされないかぎりで「無」を認めるこうしたサルトルの姿勢には、やはりフッサールの「意識」への強い依拠が透けて見える。

　しかしそれに対してハイデガーは『存在と時間』においてすでに「関心」としての現存在の存在が根本的に「無性(Nichtigkeit)」によって貫かれていると指摘していた。「実存論的な無性」は、現存在が「何を投企し、たいてい何を達成するにせよ、そのすべてに先立って、この存在者の存在そのものが、そもそも投企として、すでに無的である」ということを意味している。[39] さらに二九年の『形而上学とは何か』では、先に触れた『カント書』と同様、「存在するもの」としての「全体としての存在者」への「超越」という事態に注目しつつ、現存在が「無」のうちに被投されているという事態に決定的な重心が置かれている。「現‐存在とは、無のうちに投げ込まれて保たれていることを意味する」[40]。ハイデガーにとって「無」は、現存在を取り囲む存在者の全体が無化する出来事として生じるのである。

　しかしサルトルは、「無は否定の根源である」というハイデガーのテーゼを認めつつも、[41] 現存在を取り囲む「無」というハイデガーの考え方を退ける。「ハイデガーは《無》をいわば超越の志向的相関者たらしめながら、みずからがすでに超越そのもののうちに、その根源的構造として無を挿入していることに気づいていない」[42]。サルトルにとって「無」は、対自としての意識に抜き差しがたく根ざした「無」、その意識そのものがそれであるような「無」である。「対自は、《存在》のふところに、存在の一つの穴として存在する」[43]。このように見てくるなら、こうした「無」の思想が、先の四〇年の「無」の記述を拡張したものであることはもはや疑いえない。サルトルはフッサール流の内在的意識を維持しながら、どこまでもその意識の内部にハイデガー流の「無」を組み込んでいるのである。

3　ヒューマニズムの余白——他者と死、歴史と制作

『存在と無』ではさらに、「他者」と「死」にかんしても、ハイデガーに対して異論が唱えられている。「他者」にかんしては、サルトルはフッサールからも離反する。フッサールにおいて「他者」は「世界」とともに自我の構成にとって必要なものとされているが、そこではなおカント的な独我論的「超越論的主観」が保持されている。このような超越論的主観を破棄したとしても、他者と自己の影響関係の解明はなお課題として残される。[44] それに対してハイデガーの「共同存在（Mitsein）」は、デカルト的なコギトからは出発してはいないが、しかし「そのつどの私の現存在」に定位するかぎりで、その「共に」には一定の統一性が備わっている。とはいえサルトルはハイデガーの共同存在にまつわる制約も指摘している。「《共に（avec）》は、私の人間存在とは別の一つの人間存在が世界の只中に現れることから生じる承認や闘争のごとき、相互関係を示すものではない。《共に》は、むしろこの世界の営みのための一種の存在論的連帯性を言い表す言葉である」[45]。サルトルによれば、ハイデガーの共同存在はいわば「自分の仲間とチームワークをとる暗黙の共同存在」にとどまっている。[46] むしろサルトルにとって「他者」は、「まなざし」と「羞恥」をとおして、「対他存在」としての「私」が対象にされるとともにまた対象にする者、まさに承認と闘争をめぐる相克の関係にある者なのである。[47]

またサルトルは、ハイデガーの実存論的分析の要衝と言うべき「死への存在」を否定し、「死」と「個別性」や「有限性」との結びつきをも切り離している。死は個別化されうるが、死そのものは個別化されることはできない。「死は、まさにそれが死であるがゆえに、私の死として特徴づけることはできないであろう」[48]。人間は死によって有限であるわけではなく、そもそも「選択」によってみずからの存在を「有限ならしめる」者である。それゆえ死は、自己の存在の可能性でもなければ、そ

の存在論的構造ではない。むしろ死は、われわれの外部から到来し、われわれを外部へと変化させる「一つの偶然的な事実」なのである。[49]

こうした「共同存在」や「死」に対するサルトルの批判は、「意識」や「無」に対する批判がフッサール現象学に則って展開されていたことを考えると、ハイデガーに対するきわめて直接的な批判と言うことができる。それだけにここでサルトルは独自の「他者」や「死」の概念を展開させていると言えるが、興味深いのは、実のところハイデガーがこうしたサルトルの批判を一定程度承認していたという点である。サルトルには届かなかったあの四五年十月二八日の書簡には、こう書かれていた。「あなたの《共同存在》批判と相互存在の強調についても、部分的に死の解明にかんするあなたの批判についても、私は同意します」[50]。この書簡の背景をなすいくつかの事実を差し引いたとしても、[51]ここでハイデガーがサルトルの批判に与えている承認は、それなりに正当なものだと考えることができる。というのも、ハイデガーもまさにサルトルの批判にある程度沿った方向で、みずからのかつての「共同存在」や「死」の概念に対して改訂を試みていたからである。たとえば、三六年から三八年にかけて執筆された『哲学への寄与』のなかでは、「共同存在」は「原存在（Seyn）」をとおして、自他に共通する根源的な「自己性」を与えられる一方、互いに近づきあいながらも出会うことのない「分散した個々人たち」でもあると述べられている。また「死」も個々の人間が先駆的決意性において引き受けるものではなく、あらゆる人間に原存在が突発的な出来事として到来する瞬間、すなわち「死への原存在」として捉えられている。[52]この点を考慮するなら、サルトルの一見独特にも思える批判に対して、ハイデガーが一定の高い評価を与えたであろうことが推察できる。

そればかりではない。ハイデガーが『存在と時間』以後、『哲学への寄与』を含めてこのときまで一貫して「存在の歴史」の問題にかかわってきたことを考えるなら、この書簡でハイデガーが本当のところサルトルに対してどのような反論を投げかけたかったのかもわかってくる。「あなたの著作の《序》と《結論》は私にはたいへん刺激的です。ただし私はこれらの問いを、歴史との根源的な連関において、わけても今日にいたるまでプラトン主義の優位によって覆い隠されてきた西洋的思考の始まりとの根源的連関において考えています」[53]。ハイデガーが『存在と無』に対して突きつけているのは、「歴史性」の問題に他ならない。『存在と無』は、かつての想像力論に見られた時間論を拡張し、『存在と時間』の「未来」に優位を置く時間論をも乗り越えて、いわゆる「現存在の形而上学」期にハイデガーが展開した「脱自」に定位する先進的な時間論を展開している。[54]しかしそこでは、ハイデガーが行ったような時間論から歴史性の問題への積極的な展開を認めることはできない。ハイデガーはおそらくここで、みずからの「存在の歴史」をめぐる思索の深化を語るとともに、サルトルにおける歴史性をめぐる思索の欠如を批判しているのである。

こうした両者の対話の「余白」を見てくれば、いまや「ヒューマニズム」論争の真の主題が「歴史性」にあったことが見えてくる。ハイデガーは『ヒューマニズム書簡』において、「実存は本質に先立つ」というサルトルの命題が「本質存在は現実存在に先立つ」という伝統的形而上学の命題の転倒にすぎないとして、次のように批判する。「しかしある一つの形而上学的命題を転倒しても、その転倒は依然としてある一つの形而上学的命題のうちにとどまっている。このような命題として、サルトルの立てた命題は形而上学とともに、存在の真理の忘却のうちに依然としてとどまっている」[55]。ハイデガーは形而上学的諸概念の歴史的変遷とともに「ヒューマニズム」の概念史の変遷をたどりなおすことで、反ヒューマニズムとしてのみずからの立場こそが、ほんらいの人間性を目指すものだと主張する。というのも、伝統的なヒューマニズムはなお形而上学に囚われているために、「人間の本質を限定する諸々の最高のヒューマニズム的限定でさえも、人間の本来の尊厳をいまだ経験していない」のである[56]。

サルトルはすでに『存在と無』の一連の考察をとおして、ハイデガーとは異なる「ヒューマニズム」と「道徳」を打ちたてようと宣言していた。ハイデガーは『存在と時間』のなかで繰り返し、みずからの分析が現実的な道徳的・倫理的な価値判断を伴うものではないことを強調しているが[57]、サルトルはそれを認めながらも次のように反論していた。「実を言うと、ハイデガーの記述には、彼が自分ではそれに囚われないと称しているにもかかわらず、倫理学を存在論的に基礎づけようとする関心や、自分のヒューマニズムと超越者の宗教的意義とを融和させようとする関心が、あまりに露骨にあらわれすぎている」[58]。『存在と時間』ですでに開始されていたハイデガーの形而上学史全体への批判が、もともとルターのアリストテレス批判という神学的由来に基づいていたことを考えれば、この批判は必ずしも不当とはいえない[59]。だが、『存在と時間』以降、ハイデガーのなかで大きな深化を遂げた歴史性への意識に比べると、「実存主義はヒューマニズムである」では、「歴史性」にもちろん言及されてはいるものの、そこでのサルトルの「ヒューマニズム」理解には歴史に対する高度な反省的意識を認めることはできない。この点では、いささか無用心に「意識」という伝統的人間観に則るサルトルに対してデリダが向けた先の批判にも、それなりの妥当性があったことがわかる。サルトルがここで打ち出そうとしているのは、神なき世界において、拠りどころをもたない人間の「不安」と隣り合わせの「自由」をもって、あくまでも目の前の現実的「状況」への「アンガジュマン」を敢行することであった。サルトルの「実存主義的ヒューマニズム」は、「われわれが人間に対して、彼自身のほかに立法者のないこと、人間が彼自身を決定するのは孤独のなかにおいてであることを想起させる」のであり、また「人間がまさに人間として自己を実現するのは〔…〕ある解放、ある特殊な実現という一つの目的をつねに自己の外に求める」ものなのである。[60]

こうして「想像力」から「無」を経由し、最後に再び「ヒューマニズム」へと立ち返ることで、ハイデガーとサルトルの「ヒューマニズム」論争の「余白」を縁どっているのが、《現実への参画》と《歴史的批判》という二重の描線であることが明らかとなった。この二つの描線のそれぞれの筆致はまた、人間存在についての両者の思考を相互に批判的に照らし出すものとして考えられよう。たとえばサルトルは『存在と無』で前者の視点から、ハイデガーの「現存在」における「性的差異」の欠如をいち早く批判したが、のちのドゥルーズやデリダのハイデガーに対する同様の批判は、明らかにこうしたサルトルの批判を踏まえてのものである。[61]他方、ハイデガーは後者の視点から『ヒューマニズム書簡』で「世界」を覆いつくしている「技術」を「形而上学の歴史」に根ざすものとして批判したが、これは直前の言及からみて、マルクスばかりでなく、間違いなくサルトルをも意識してのものであろう。ハイデガーによれば、サルトルがマルクスを評価できていないのは、マルクス流の「労働」や「唯物論」が「技術」という形而上学史的な《制作》の問題につながっている点を見てとれていないからなのである。[62]ここで思い起こすべきは、「人間」は「人間を作る（inventer）という刑罰に処されている」とするサルトルの発言である。[63]人間は、事実的‐現実的な身体の多様性によって規定されるべきなのか、それともより高度な存在論的次元の普遍性によって規定されるべきなのか。人間は人間を技術的に発明し産出するものなのか、それとも技術とは異なる創造が人間には求められているのか。われわれの目指す人間像は、新たな目的となりうるのか、それとも終焉なのか。おそらく両者の直接対話も、これらの諸点をめぐって、完全なすれ違いに終ったのではないだろうか。だが《現実への参画》と《歴史的批判》という二つの描線は、互いを映し合うことによって、冒頭で見たような、現代の人間存在をめぐるさらなる複合的な問いを生み出しているように思われる。サルトルとハイデガーのすれ違いのなかで生まれた「ヒューマニズム」論争の「余白」は、なお書き込みを許す「余白」として、われわれに人間存在への問いを投げかけ続けているのである。

注

（1） Cf. A. Renaut, Sartre, *Le Dernier Philosophie*, Grasset & Fasquelle,

Paris 1993; T. Rockmore, *Heidegger and French Philosophy: Humanism, Antihumanism and Being*, Routledge, New York 1995; D. Janicaud, *Heidegger en France, Tome 1: Récit*, Albin Michel, Paris 2001; D. Janicaud, *Heidegger en France, Tome 2: Entretiens*, Albin Michel, Paris 2001.

(2) フーゴ・オット著、北川東子・藤澤賢一郎・忽那敬三訳『マルティン・ハイデガー　伝記への途上で』未來社、一九九五年、四七八―四七九、四七七頁。

(3) Vgl. D. Tomä, Verpaßtes Gipfeltreffen. Heidegger schreibt an Sartre – ein Fund aus dem Jahr 1945, in: *Frankfurter Allgemeine Zeitung*, 1993. 11. 30, Nr. 278, S. 35; F. de Towarnicki, *A la rencontre de Heidegger*, Gallimard, Paris 1993; R. Safranski, *Ein Meister aus Deutschland. Heidegger und seiner Zeit*, Fischer, Frankfurt a. M. 1997, S. 387–389.

(4) M. Heidegger, Brief über den Humanismus, in: *Wegmarken*, Klostermann, Frankfurt a. M. 1996 [GA9], S. 313–364.

(5) J. Cau, *Croquis de mémoire*, La Table Ronde, Paris 2007, p. 253.

(6) J. Derrida, Les Fins de l'homme, in: *Marges de la philosophie*, Ed. Minuit, 1972[FH], pp. 129–164; M. Foucault, Foucault répond à sartre, in: *Dits et Ecrits : tome I : 1954–1975*, Gallimard, Paris 2001, texte n° 55., pp. 662–668.

(7) M. Tournier, *Le Vent Paraclet*, Gallimard, Paris 1977, p. 156.

(8) Cf. E. Lévinas, *De l'existence à l'existant*, J. VRIN, Paris 1947; E. Lévinas, *Humanisme de l'autre homme*, Fata Morgana, Moontpellier 1972.

(9) P. Sloterdijk, *Regeln für den Menschenpark. Ein Antwortschreiben zu Heideggers Brief über den Humanismus*, Suhrkamp, Frankfurt a. M. 1999.

(10) サルトルと九鬼の関係については、以下参照。澤田直「一九二八年の九鬼周造とサルトル――ポンティニーの夏期懇話会をめぐって」『Lilia candida 白百合女子大学フランス語フランス文学論集』第三七号、二〇〇七年、二一―二七頁。ハイデガーと九鬼の関係については、以下参照。齋藤元紀「偶然性の解釈学――ハイデガーと九鬼」比較文化史学会編『比較文化史研究』第八号、二〇〇七年、三三―六二頁。

(11) J.-P. Sartre, *Carnets de la drôle de guerre. Novembre 1939–Mars 1940*, Gallimard, 1983 [CDG], p. 227, 225.

(12) CDG, 225.

(13) J.-P. Sartre, *L'Imaginaire: psychologie phénoménologique de l'imagination*, Gallimard, 1940 [IPPI], p. 23.

(14) IPPI, 26

(15) IPPI, 230–231.

(16) CDG, 227.

(17) M. Heidegger, *Sein und Zeit*, [GA2], S. 279.

(18) GA2, 269, 272.

(19) M. Heidegger, *Phänomenologische Interpretation von Kants Kritik der reinen Vernunft* [GA25], S. 417f.

(20) M. Heidegger, *Kant und das Problem der Metaphysik* [GA3], S. 154.

(21) 以下拙著を参照。齋藤元紀『存在の解釈学――ハイデガー『存在と時間』の構造・転回・反復』法政大学出版局、二〇一二年、九七―一〇〇頁。

(22) J.-P. Sartre, *L'Imagination*, PUF, Paris 1936, p. 144, 149.; IPPI, 55.

(23) CDG, 226.

(24) M. Heidegger, *Logik. Die Frage nach der Wahrheit* [GA21], S. 194, 283f.

(25) R. Breeur (hrsg.), Randbemerkungen Husserls zu Heideggers Sein und Zeit und Kant und das Problem der Metaphysik, in: *Husserl*

Studies, Vol. 11, 1994, p. 52.

(26) CDG, 227.

(27) S. de Bouvoir, Entretiens avec Jean-Paul Sartre (aout-septembre 1974), in: *La Ceremonie des adieux*, coll. « Folio », Gallimard, 1981, p. 247.

(28) CDG, 226.

(29) GA3, 215.

(30) GA3, 245.

(31) CDG, 221.

(32) FH, 135–139.

(33) 澤田直『〈呼びかけ〉の経験――サルトルのモラル論』人文書院、二〇〇二年、一四五―一四七頁。

(34) J.-P. Sartre, *L'Être et le néant. Essai d'ontologie phénoménologique*, Gallimard, 1943 [EN], p. 121.

(35) EN, 19.

(36) EN, 22, 30, 33.

(37) EN, 29.（強調は引用者）

(38) EN, 22.

(39) GA2, 378f.

(40) M. Heidegger, Was ist Metaphysik?, in: GA9, 115.

(41) GA9, 117.

(42) EN, 53.

(43) EN, 665.

(44) EN, 272–274.

(45) EN, 284.

(46) EN, 285.

(47) EN, 300, 312–314.

(48) EN, 579.

(49) EN, 590, 591.

(50) H. Ott, Martin Heidegger schreibt an Jean-Paul Sartre, in: *Perspektiven der Philosophie. Neues Jahrbuch*, Bd. 20, 1994, S. 416.

(51) この書簡以前にガダマーは、わずか四〇頁足らずしか読まれていない初版本の『存在と無』をハイデガーから受け取ったという。また、ハイデガーがサルトルとの面会によって査問委員会の審理での免責を期待していたのもおそらく間違いない。H.-G. Gadamer, Das Sein und Das Nichts, in: T. König (Hrsg.), *Sartre. Ein Kongreß*, Rowohlt, Hamburg 1988, S. 37; R. Safranski, *Ein Meister aus Deutschland*, S. 388.

(52) M. Heidegger, *Beiträge zur Philosophie* (*Vom Ereignis*) [GA65], S. 117, 320, 434, 284. なお『存在の解釈学』三三〇頁を参照。

(53) H. Ott, Martin Heidegger schreibt an Jean-Paul Sartre, S. 416.

(54) EN, 177.『存在の解釈学』第I部第三章第4節を参照。

(55) GA9, 328.

(56) GA9, 330.

(57) GA2, 43, 57f., 233.

(58) EN, 116.

(59)『存在の解釈学』第II部第四章第3節を参照。

(60) J.-P. Sartre, *L'Existentialisme est un humanisme*, Nagel, 1970 [EH], pp. 93–94.

(61) EN, 423 ; G. Deleuze, Description de la femme : Pour une philosophie d'autrui sexuée, in : *Poésie* 45, no. 28, 1945, pp. 28–39 ; J. Derrida, *Psyché, Inventions de l'autre*, Tome 1, Galilée, 1987, p. 13.

(62) GA9, 340.

(63) EH, 38.

不可能な交わりがもたらしてくれる可能性について
——サルトルとバタイユ

岩野卓司

「本当のことを言うと、哲学者——サルトル——と私の二人が、不条理のポトラッチのなかで、顔を突き合わせて踊っていた。」

ジョルジュ・バタイユ、『ニーチェについて』

はじめに

サルトルとバタイユ。なぜか結びつけたくなる二つの固有名詞である。ただ、どのように結びつけたらいいのであろうか。対立する二人としてなのであろうか。それとも似た者どうしとしてなのであろうか。二人が生きていた時代には、彼らは敵対する者どうしであった。「新しい神秘家」という論文や「罪について」の討論会で、サルトルは手厳しくバタイユを批判している。それに対しバタイユは、『ニーチェについて』や『文学と悪』などで一貫してサルトルにポレミックな姿勢をとっている。バタイユの死後、フーコーやデリダはこの思想家を評価するのだが、それもサルトルへの批判に裏打ちされたものであった。だが本当に、サルトルとバタイユは敵対というかたちでのみ結びつけられる二人なのであろうか。昨今、こういった敵対をもう一度問い直そうという試みがなされている。『レ・タン・モデルヌ』誌の「ジョルジュ・バタイユ特集」（一九九八年十二月―一九九九年一月‐二月合併号）で、ジャン＝フランソワ・ルエットは、『嘔吐』のサルトルと『内的経験』のバタイユの近さを指摘し、「新しい神秘家」におけるバタイユ批判はサルトルによる嘗ての自分への批判であるという見解を発表している。[1] また、二〇〇〇年三月には『リーニュ』誌が「サルトル‐バタイユ特集」を組み、論者たちはサルトルとバタイユの新しい関係を模索しているのだが、責任編集のミシェル・シュリヤは巻頭でジャン＝リュック・ナンシーの言葉を引いている。「ある観点から見ると、われわれは『サルトルとバタイユ』であったし、今でもそうである。互いに味方し互いに敵対しあっている。[2]」サルトルとバタイユの関係も新しく考えていかなければならない時期にさしかかっているのではないのだろうか。

　ここでは『アミナダブ』、『内的経験』、『嘔吐』をめぐる彼らの関係を考えてみよう。

1 『アミナダブ』をめぐって

　一九四二年にモーリス・ブランショは『アミナダブ』という題の小説を刊行する。この小説について、翌年サルトルは『カイエ・ド・シュッド』誌で書評を書いている（後に『シチュアシオンI』に収められる）。また、ブランショの親友であるバタイユも『有罪者』（一九九四年）のなかでその一節を引き、言及している。サルトルとバタイユの関係を考えるにあたり、まずは『アミナダブ』をめぐる二人の捉え方を検討してみよう。

　この小説では、主人公のトマがある家にさしかかったとき、家のなかから一人の女が合図をする。トマは家のなかに入り、廊下から廊下、部屋から部屋へと彷徨い、いろいろな事件に遭遇する。やっと上の階にたどり着き、彼は合図をした女性に会うが、あなたを呼んだりはしなかったと言われる。夜のとばりが降りはじめ、トマは何も解き明かすことなく、小説は終わる。[3]

　以上が粗筋である。サルトルはこの作品がカフカの小説と類似している事実を指摘しながら、幻想文学の系譜に位置付けている。この場合、幻想とは、幽霊や妖精の世界ではなく、裏側から見られた世界なのだ。だから、日常の世界でもあべこべに捉えられれば、「幻想的」であると言える。サルトルはこう定義している。「人間の幻想は、目的に対する手段の反抗である。[4]」主人公のKがいろいろな仕方で城に接近しようとするがいっこうに近づけないカフカの『城』も、家に入るや否やトマが部屋から部屋へとあてどもなく彷徨うブランショの『アミナダブ』も、手段が手段をよびそれが無限に続いて最後の目的が見えにくくなっていると言えるであろう。これがサルトルの言うところの「裏の世界」なのだ。

　ここでサルトルが展開しているのは、表と裏の二元論である。

彼の表現には、「あべこべ」、「表側」、「裏側」という言葉がよくでてくる。論文の終わりの方でサルトルは『アミナダブ』の一節を取り上げて分析し「表側の」意味に翻訳しようとしている。例えば、そこに登場する「使用人」は「神」であり、「世話」は「深慮」になるように、その一節は「宗教感情のある側面[5]」を表現している。かくして、ブランショの小説のなかの謎めいた出来事に、「表側の」世界の意味を見出すことができるのだ。

一方、バタイユは『有罪者』のなかで『アミナダブ』の最後のシーンを「狂熱のユーモア[6]」と呼んでいる。夜が訪れて何も分からなくなるときはじめて認識が可能になるし、明晰さが失われるときに極度の明晰さに達するからである。これは何を意味するかと言えば、神秘的経験に他ならない。このブランショの小説は、十六世紀スペインの神秘家、十字架のヨハネの『聖霊頌歌』のパロディであると言われている。『聖霊頌歌』は、花嫁と花婿の熱烈な愛の対話というかたちで、魂と神の合一という経験を語ったものである。[7]バタイユの引用文の最後はこう締めくくられている。「でも、もう少しすると、あたしたちは最終的に結ばれるのよ。あたしは横になり腕を広げてあなたを抱きしめ、大いなる秘密の間をあなたと転げまわるの。あたしたちはお互い意識を失って、また意識を取り戻すの。あたしたちを隔てるものはもう何もなくなるのよ。あなたがこの幸福に立ち会えないなんて、何と残念なことでしょう。[8]」ただ、バタイユが『アミナダブ』に読み取っているものは、神秘的経験に近い熱烈なほどの狂愛であり、魂の救済ではない。しかも、この経験は目的という知に決して到達しないことを明かしている。バタイユのもう一つの引用には次のような文がある。「目的のごく近くまで来ているのに、それに触れることができないのは悲しい。[9]」目的という知に到達したとしても、そこに生じるのは繰り返し「問いにさらす」ことであり、答えのない問いの状態は絶えず続いていくのである。だから、バタイユはブランショから次のことを読み取る。「謎の解答は存在しない。[10]」この経験は、知が最終目標にならず、知の不在、つまり「非 - 知」を露呈しているのだ。その結果、そこでの行動は目的という知を計画し実現していくものではなく、絶えず好運に賭けることであり、「最後には答えは好運そのもの（賭け、終わりなく問いにさらすこと）となるのである。[11]」

ここではサルトルとバタイユのどちらがブランショの意図に合致しているかという問いは置いておく。大事なのは、二人の解釈の違いだからだ。サルトルが表と裏の二元論を駆使して『アミナダブ』の世界に表側の意味を読み取っていくのに対し、バタイユは二元論には無頓着でこの小説にただ狂愛の神秘的経験、答えのない「非 - 知」の世界をのみ見出している。この違いが『内的経験』と「新しい神秘家」の対立へとつながっていくのである。

2　『内的経験』と「新しい神秘家」

一九四四年にバタイユは神秘的経験についての理論的な著作『内的経験』を出版する。これについてもサルトルは『カイエ・ド・シュッド』誌で「新しい神秘家」という題で論評している（後に『シチュアシオンⅠ』に収録）。

バタイユが内的経験と呼ぶものは、伝統的に神秘的経験と言われてきたものであり、恍惚や脱我の経験である。ただしバタイユは、笑い、エロティシズム、ポエジーなどもその経験にあたるとしている。従来のキリスト教神秘家たちが神や聖書という外在の権威にたよってこの経験を解釈し正当化してきたのに対し、彼は親友ブランショの助言のもとで経験をあるがままに考察しようとする。そうすると見えてくるのが、「未知なるもの」、「非 - 知」、「無」なのである。これらは経験において遭遇するものであるが、決して神には帰着しないものとされている。ここからバタイユの「無神学」の冒険がはじまり、神という知に固執するキリスト教神学や、知の全体という閉域をつくるヘーゲル哲学は批判される。また、ニーチェの「神殺し」も、「神の供犠」による「内的経験」と独自な視点から再解釈されるようになるのだ。[12]

この著作に対して、サルトルは「新しい神秘家」でバタイユを厳しく批判している。その論点はいくつもあるが、ここでは「存在」と「無」に関することを取り上げてみよう。サルトルの批判点はまず、バタイユが「非 - 知」や「無」を実体化しているということにある。彼はこう述べている。「バタイユ氏は非 - 知を実体化しているが、それは慎重になされている。物を扱うやり方ではなく、運動を扱うやり方によってである。[13]」またこうも書いている。「無を未知なるものと名づけることによって、私はそれを、私の認識を逃れることを本質にしている存在たらしめている。[14]」バタイユは「無」、「非 - 知」、「未知なるもの」と言っているが、この「無」は何もないわけではないし、「非 - 知」や「未知なるもの」も全く知らないものでもない。それは結局「実体」や「存在」なのだ。ここにサルトルはバタイユの「まやかし」[15]を見る。これを前提にして「新しい神秘家」の著者は、さらにバタイユの「無」を表と裏の論法で攻撃する。「リーマン幾何学についてポアンカレが言ったことが思い出される。リーマン平面の定義をユークリッド球体の定義で置き換えてみたまえ。そうするとユークリッド幾何学が見られるだろう。同様に、バタイユ氏の絶対無を実体の絶対存在に置き換えてみたまえ。そうするとスピノザの汎神論が見られるだろう。もっとも、リーマン幾何学はユークリッド幾何学ではないことを認めなければならないと人は言うだろう。その通りだ。同様に、スピノザの体系は白い汎神論であり、バタイユ氏の体系は黒い汎神論である。[16]」バタイユの「無」の思想はスピノザの実体の思想の裏返しであり、両者とも汎神論に他ならない。ここで使われているのは、『アミナダブ』読解で登場した表と裏の二元論である。サルトルはバタイユの言葉の意味を裏返しに捉えることで、「無」がスピノザの実体としての神と同じであると主張している。しかし、翻って考えてみると、「存在」と「無」に関してサルトルが依拠している考え方は、パルメニデス以来の伝統的なテーゼ、「存在は存在し、無は存在しない」である。『存在と無』ではサルトルはこのテーゼに従いながら、存在が無に対して常に優位にたつこと、それから無が借り物の存在しかもてないことを、次のように主張している。「考えられるためには存在は無を必要とはしないし、そこに無の痕跡をまったくみつけることなしに余すことなくその観念を調べることができる。しかし反対に、存在しない無は借り物の存在しか持ちえないであろう。無がその存在をえるのは存在からである。[17]」こういった考え方は「新しい神秘家」でもすでに有効に働いている。その結果、バタイユの語る「無」は「実体」や「存在」のカテゴリーに分類され、「非‐知」や「未知なるもの」は「知」や「思考」のカテゴリーに入れられてしまうのだ。[18]

しかし、バタイユが『内的経験』のなかで示そうとしたものは、こういった伝統的な二元論では整理しきれないものなのではないのだろうか。一九四七年に『クリティック』誌に発表された論文「実存主義から経済の優位へ」のなかで、バタイユはサルトルに反論し「非‐知」の経験をこう説明している。「私は今あるものを認識できない。今あるものを既知に結びつけることができないで、未知なるもののなかに迷い込んだままになっている。[19]」バタイユがここで試みているのは、「知る」と「知らない」、存在と無の二項対立に還元できない〈何か〉について語ることなのである。彼が「非‐知」や「無」と呼ぶものは、まったく知らないわけではないが既知のものにも結びつけられない〈何か〉、まったくの無ではないがふつうの存在者とも見なせない〈何か〉なのだ。そういうわけだから、『内的経験』はブランショの小説『謎の男トマ』を参照しその一節を引用している。例えば、「トマは自分の目を見えなくさせているものを対象として見ていた。[20]」これは「新しい神秘家」のなかで槍玉に上がる文句であるが、「見る」と「見えない」、ひいては「知る」と「知らない」の二項対立に対する抵抗を表現している。また「実存主義から経済の優位へ」では、バタイユはレヴィナスの『実存から実存者へ』を参照しながら、「アル［il y a］」の経験を引いている。「夜」の隠喩で語られるこの経験は、あらゆる個別な存在者が不在となった時この全ての不在が現前する、そういった神秘的な経験である。[21]ここでも問題になっているのは、現前と不在の二項対立に収まらない「夜」なのだ。だからバタイユは次のように主張している。「レヴィナスのアルの状況であり、非難の的となっているブランショの文章が完璧なまでの表現を与えている状況を、『内的経験』は全面的に表現している。[22]」彼らの「状況」は、存在／無、知る／知らない、見える／見えない、現前／不在の二項対立によって割り切れないし、また二項の弁証法的な和解を表現しているものでもない。彼らがそれぞれ考えていることは、伝統的な二項対立を超え出ていくものなのではないのだろうか。[23]

3　近さのなかの遠さ

それではなぜ、サルトルは激しくバタイユを指弾したのであろうか。彼らの対立の原因はどこにあるのだろうか。ガリマール社から刊行されている権威ある叢書として名高いプレイヤード版の著作集の編纂をサルトルとバタイユの両方について手がけたジャン＝フランソワ・ルエットは、その刺激的な論文「実存、消費、サルトル、バタイユ」のなかで、「バタイユを通してサルトルは自己批判の操作に身を委ねている[24]」と指摘している。「新しい神秘家」を書くことで、彼は『嘔吐』を執筆した一九三八年の自分と決別したというわけなのだ。というのも、ルエットによれば、『嘔吐』の冒頭に置かれている「日付のない紙片」では、「沈黙」を表現する「横滑りの語」が使われており、これは『内的経験』でバタイユが恍惚・脱我の経験における「沈黙」を表現しようとして表現に工夫を凝らしているのと類似している。[25]また、サルトル自身の描写のなかには、「瞬間の考え」、「沈黙のオプセッション」、「絶対的なものの魅惑」、「神秘的な木々[26]」らが散りばめられているのだが、これもバタイユの文脈では、神秘的経験の瞬間、沈黙の表現、神への両義的な気持ち、プルーストの引用における木々との神秘的な同一化といったかたちで現われている。こういった類似点を支えにしてルエットは、バタイユ批判はサルトルの自己批判だと言う説を展開しており、さらには、『内的経験』のバタイユと『嘔吐』のサルトルは、「神秘的なものを刷新しようという点で二人の兄弟[27]」であるとまで考えている。

確かにルエットの説は説得的であり興味深い。しかし、この兄弟のような近さのなかにはすでに遠さが生じているのではないのだろうか。「新しい神秘家」による批判には、自己批判以外の本質的な理由があるのではないのだろうか。

再び、存在と無の問題に立ち戻ってみよう。『嘔吐』はアントワーヌ・ロカンタンの日記のかたちをとった小説である。そこで扱われている主題は「存在」であり、小説の主題としては一般的とは言えないものであるが、サルトルは見事な小説に仕上げている。そこで語られているのは、存在の不条理、すなわち、存在することの偶然性である。人は神だの自己原因だの必然的な存在を発明して、偶然性を破棄しようとするが、結局は破棄できない。あらゆるものは、人であれ物であれ、存在することに理由はないのだ。ロカンタンを通してサルトルはこう書いている。「肝要なのは偶然性である。定義上、存在は必然ではないという意味である。存在するとは、ただ単にそこにあるということである。存在するものは現われ、出会うがままになるが、演繹されることはありえない。〔…〕偶然性とは消去しうる見せかけや仮象ではない。それは絶対的なものであり、その結果、完全な無償性なのだ。[28]」公園も本も机も、私自身をも理由なく偶々存在しているわけである。この偶然性に気づいたとき、ロカンタンはたまらない吐き気に襲われるのだ。このように『嘔吐』を通してサルトルがこだわっているのは、何であれあらゆるものが存在してしまうことであり、その存在の無償の偶然性に他ならない。

それに対してバタイユは存在に関してどういう立場をとっているのであろうか。『内的経験』の「序論草案」で彼はこう述べている。「〔内的〕経験は、存在するという事実に関して人が知っていることを、熱狂と不安のなかで、問いにさらすこと〔試練にさらすこと〕である。[29]」彼の経験についての思索は、存在に関する知を繰り返し徹底的に問いにさらし、究極にまでいくことである。たとえ「神」などの答えが生じたとしても、そこに妥協せず答えの不在に至るまで問いにさらし続けるのだ。ブランショの助言のもとで、彼は神や聖書による内的経験の理由づけを疑問視し、また経験それ自身が永久不滅の実体として存在の理由をもってしまうことも疑い問い直している。ここから彼は経験が偶然に生起するということを主張し、「好運」とか「偶然」という言葉をよく用いている。[30]この点を強調すれば、サルトルの『嘔吐』における存在の不条理とは類似しているかもしれない。ただ、「問いにさらすこと」はそれだけに収まらない。妥協せずに徹底的に問い直すことで、内的経験の思考は存在や知の在り方をゆがめてしまっているのだ。存在を問うことは、存在でも無でもない「無」についての考えに向かい、知を問うことは、「知っていること」でも「知らないこと」でもない「非-知」に至ってしまうのだ。だから、終わりなく「問いにさらした」結果、もはや存在の不条理や偶然性に満足せず、サルトルの思想が疑いもしなかった二元論の枠組みをも壊しかねない危険性があるのだ。ジャック・デリダはその優れたバタイユ論「限定経済から普遍経済へ　ある留保なきヘーゲル主義」で、バタイユはヘーゲルの『精神現象学』を留保なく徹底的に模倣した結果、ヘーゲル以上にヘーゲル的になり、挙句の果てにヘーゲルを大幅にはみ出してしまったと語っているが、ここでも同じことが言える。[31]存在や知に関して、サルトルが暗黙の前提にしている存在の優位や存在と無の二元論を大幅に逸脱してしまったのだ。

サルトルは、この徹底と逸脱に危険なものを感じたのではないのだろうか。確かにルエットが指摘するように、「新しい神秘家」は嘗ての自分への批判と決別の論文かもしれない。しかし、それと同時に、あるいはそれ以上に、嘗ての自分も今の自分も前提にしている存在の枠組みを壊しかねない危険に対する自己防衛だったのではないのだろうか。

4　最後の人と複数の人

ここまでたどってきた、『嘔吐』と『内的経験』の近くて遠い関係は、「余計なもの」と「最後の人」との違いにも見出せる。『嘔吐』は「余計なもの」の物語とも言える。ド・ロルボン侯爵の歴史的研究はしているものの、働かないでぶらぶらしているロカンタンは、社会からすれば「余計なもの」であろう。冒頭に銘として置かれたセリーヌの『教会』の一節「彼は集団のなかでは取るにたりない男だ。せいぜいが一個人なのだ[32]」がそのことを暗示している。しかし、「余計なもの」に関して、サルトルはさらに深く「存在」のレヴェルまで掘り下げている。存在に理由のないことを発見したロカンタンは、木々、柵、小石などの存在が「余計なもの」であるように感じてくるのだ。それは次のように描写されている。「われわれは自分自身に当惑し気づまりを感じる存在するものの山であり、そこに存在していることや互いに存在していることの理由はこれっぽっちもなかった。どの存在しているものも困惑し、漠然と不安を感じており、他のものとの関係で互いに余計なものであると感じている。余計なものであること、それだけが、これらの木々、これらの柵、これらの小石の間にわたしが打ち立てることのできるただ一つの関係である。[33]」余計なのは、そこらにころがっている事物や目に入ってくる物ばかりではない。そう感じるロカンタン自身の存在も余計なものなのである。孤独な彼は存在の不条理を知るとともに、自分も含めて存在するものすべてが余計なものと感じつつ、こう述べている。「この私——無気力で、疲れ切っていて、卑猥で、食べ物を消化し、陰鬱な考えを弄んでいるこの私もまた余計なものだった。[34]」しかも、余計なものであることは、死んで終わるわけではない。人が死んでも死体が残ったり、骨が残ったりする。死んでも何らかの形で存在する限り、人は余計なものであり続けるのだ。ロカンタンは書いている。「これら余計な存在のうち少なくともひとつを無くすために、私は自殺することを漠然と思い描いた。しかし、私の死すら余計なものであったろう。私の死体も、微笑みかけるあの公園の奥にある植物の間で、砂利のうえに垂れている私の血も余計なものである。それに、腐敗した肉もそれを受け入れた大地のなかで余計なものであったろう。最後には、きれいに洗われ皮をはがれ歯のように清潔できちんとした私の骨もやはり余計なものであった。私は永遠に余計なものであったのだ。[35]」

『内的経験』を執筆しているバタイユも孤独を味わっている。

彼は書くことで他者に呼びかけて「交流」しようとするが、また同時に孤独にさいなまれている。「〔内的経験の極みでは〕存在は点か波である。しかし、それはただ一つの点、ただ一つの波のように思われる。何においても、孤独なものは『他者』から分けられない、しかし他者はそこにはいない。[36]」この孤独はロカンタンの孤独とも異なる。というのも、それは「余計なもの」としての実感に由来するものではなく、「最後の人」かどうかというあり方を前提にしているからである。『内的経験』では、バタイユはブランショとの問答を記しているが、そのうちの一つに「最後の人」についてのものがある。「ブランショは私に尋ねた。どうして君は自分が最後の人であるかのように内的経験を探求しないのか。[37]」この問いに対して、バタイユは「ある意味で…[38]」と肯定しつつも、さらに他者との関係を考える原理が必要であると感じている。内的経験は、神や聖書のような外在の目的に従属しないものであり、その意味で至高のものと言えるが、「最後の人」であれば、理想的に至高の経験をすることができるだろう。しかし、それだけでは不十分で、同時に他者との「交流」に関する考えも必要とバタイユは考えるのだ。内的経験の孤独は、あらゆる他者が不在となった「最後の人」であるかどうかという問いの試練を経たものであり、他者との「交流」の考えもこの問いの上に成立している。ここで『嘔吐』のロカンタンと比較してみれば、「最後の人」の孤独と他者との「交流」は、「余計なもの」としての孤独、「余計なもの」どうしでの共存と似た面があるかもしれない。しかし、「余計なもの」という考えよりも、「最後の人」であるかどうかという問いの方が、他者が完全に消失する危険性にさらされているという点で、掘り下げかたが徹底しているのではないのだろうか。そうだからバタイユのテクストを彩っているのは、「極点」、「可能事の極限」、「可能な限り遠くまでいくこと」、「既知の地平を越えていくこと」という、極端さを指し示す言葉の群れである。バタイユは存在の伝統的な枠組みを破壊しかねないぐらい思考を極端に推し進めるとともに、至高な孤独を「最後の人」かどうかの次元にまで徹底するのだ。こういった点を考慮にいれれば、『嘔吐』と『内的経験』の近さには、ここでも既に遠さが孕まれていると言えるだろう。

このように書くと、知や存在の極限に向かって徹底するバタイユの思考のほうがサルトルの不徹底な思考よりも優れているという印象を与えるかもしれない。しかし、事はそのように単純ではない。なぜなら、極限にまで行かないことは、サルトルの思想の多様さの源泉だと思われるからである。『嘔吐』や『自由への道』などの小説、『存在と無』の現象学哲学、『汚れた手』や『アナトナの幽閉者』などの劇作、ヒューマニズムとアンガージュマンの理論、『言葉』という自伝、『ボードレール』、『聖ジュネ』、『家の馬鹿息子』などの独創的な文芸批評、『弁証法的理性批判』の社会哲学など、彼は時代の要請に応じて多岐の分野で多様な思想を展開している。また、『自由への道』、『倫理学』、『弁証法的理性批判』、『家の馬鹿息子』のように、予告をし書き始めて思想を展開しても、最後までやりとげてない仕事も多い。サルトル研究などで名高い澤田直が述べているように、「〈未完成であること〉はサルトル思想の〔…〕特徴である」[39]とするならば、徹底しないで未完に終わることが多様なかたちで展開していく彼の思想を形作っているのではないのだろうか。

ところで、ルエットの指摘によれば、多様な書き手としてのサルトルに対し、バタイユはまったく理解を示さない[40]。一九五〇年に『クリティック』誌に発表された論文「実存主義」では、バタイユはサルトルのことを「最高度に」知性の勝った男で「純粋に感覚的なもの」に対して嫌悪感を示す傾向があると考え、こう書いている。「『嘔吐』の話者のようにサルトルが木の根のようなとある対象を純粋に感覚的なものに還元するにしても、それは純粋に感覚的なものが彼に吹き込む嫌悪感を語るためである。[41]」ここで語られている「純粋に感覚的なもの」とは、内的経験とおなじものであるが、バタイユの念頭にあるのは、「新しい神秘家」での自分への批判であろう。内的経験のような「純粋に感覚的なもの」に対してサルトルは嫌悪感を示す類の男だということが、ここでは『嘔吐』を通して語られている。しかし、翻って考えてみると、サルトルは二元論を駆使してバタイユを攻撃したが、バタイユによるこの批判もその裏返しと言えるだろう。だが、実際にはこの「嫌悪感」はアンビヴァレントなもので、そうであるからこそ余計に激しくサルトルはバタイユを糾弾したのではないのだろうか。「実存主義」では、バタイユはさらにこうも書いている。「実存の哲学は結局は取り乱した知的遊戯と化してしまい、そこでは情熱は選択という知的な立場に還元されてしまう。[42]」知性の人サルトルの実存主義は、「純粋に感覚的なもの」、すなわち内的経験や「非-知」の排除のうえに成立しており、知の極限への冒険もなく相変わらず知の領域に留まっている。しかしこの知を注意深く調べてみると、この実存の哲学者は知の領域のなかでいくつもの分野を移動しながら豊かな世界を生み出していることがわかる。デリダは『レ・タン・モデルヌ』誌五〇周年記念号に寄稿したサルトル論「『彼は走っていた、死んでもなお』やあ、やあ」でこう述べている。「私は、いくつもあるサルトルのなかで特定のサルトルを、彼自身のなかから彼自身を、何ら正当化されることなく、自由に選んだのだ。[43]」つまり、複数のサルトルを考える必要があるのではないのだろうか。ある時は、サルトルは「ヒューマニズム」を嫌悪するロカンタンであり、またある時はロカンタンが批判する「ヒューマニスト」なのである。また、ある時は。「兄弟愛」のブルジョア的性格の糾弾者であり、また別の時は「兄弟愛」を肯定する者だったりする。[44] ここでは矛盾を孕みながら複数化するサルトルのあり方がうまく捉えられている。それに対してバタイユは、内的経験や「非‐知」の立場からサルトルを批判するが、その一方的な見方によってサルトルの可能性についてまったく理解していないのではないのだろうか。つまり、徹底しないことで産みだされる複数の多様な可能性について盲目になっているのではないのだろうか。戦後バタイユは『文学と悪』をはじめとする多くの文芸批評を書くが、その姿勢は内的経験や「非‐知」の立場から文学を論じるものであった。経験の真理に合致する限りで、個々の作品は文学の「本来」のあり方を担っているとされている。だが、この真理に背を向ける文学があるとするならばどうであろうか。例えばジュネは「交流」を拒んでいると批判されている。ジュネの描く世界がどんなに悪の世界に肉薄していても評価の対象にはなってはいない。文学の価値は、どれくらいこの真理を担っているかできまるからだ。[45] 同じようにサルトルの実存思想も経験の真理に達していないということで批判されている。極限まで行かないことで生じる多様な知のあり方に、バタイユはあまりに盲目なのではないのだろうか。

5 不可能な交わりをめざして——結論にかえて

サルトルとバタイユ。彼らはある種の近さを持った同時代の二人であるが、その近さにはすでに遠さが孕まれている。後者は、極点や最後の人に向けて問いを徹底するし、前者は、究極までは行かずに知の間を絶えず移動する者である。彼らの近さには本質的にお互いを遠ざけてしまうような何かがあるのだ。同時代で彼らが敵対し合ったのも、単に状況によるものではない。本質的な理由があるからなのだ。それでは、バタイユの徹底とサルトルの多様さ——これを現代のわれわれはどう捉えていけばよいのであろうか。もちろん細かく見てみると、バタイユのテクストも一枚岩ではないし、そこに自己矛盾する多様性と自己同一性をはばむ複数性をも認めることもできるだろう。多くの矛盾をかかえた「無神学」の断章群、複数の匿名で書かれた未完成な文学テクストなどはその典型的な証拠であろう。また、マルクス主義の革命を信じていたサルトルも「最後」や「究極」と関わりを持っていたとも言えるだろう。だからここでは、サルトルとバタイユという二つの固有名詞を二つの類型として考えてみよう。「複数の人」と「最後の人」との関係は、片方のみに軍配を上げて解決できるものではない。というのも、双方ともに限界を持っているからである。思想を考えるにせよ、共同体を考えるにせよ、文学を考えるにせよ、政治を考えるにせよ、本質的に和解しがたいこの二つのあり方をベーシックなレヴェルでともに引き受ける必要があるのではないのだろうか。われわれはもうサルトルかバタイユかを選択する時代にはいない。われわれはサルトルでありまたバタイユであらねばならないのだ。しかし、これは両者の弁証法的な和解ではない。本質的に和解しえない二つの要請に同時に応答していくことなのだ。「最後」や「究極」のもとで、どう「複数性」を考えていったらいいのであろうか。あるいは「複数性」や「多様性」のもとで、どう「究極」について考えていったらいいのであろうか。サルトルとバタイユの不可能な交わり、あるいは交わりの不可能性がもたらしてくれる可能性こそが、われわれのこれからの思索が歩むべき道なのではないのだろうか。

注

（1） J.-F. Louette, « Existence, dépense : Bataille, Sartre », *Les Temps modernes*, n° 602, décembre1998-janvier-février 1999, pp. 16–36, repris dans *Silences de Sartre*, Presses universitaires du Mirail, 2002, pp. 397–416.

（2） M. Surya, « Présentation », *Lignes*, n°1, mars 2000, p. 6.

（3） M. Blanchot, *Aminadab*, Gallimard, 1942.

（4） J.-P. Sartre, « ‹ Aminadab › ou du fantastique considéré comme un langage », in *Situations, I*, Gallimard, 2000 [1947], p. 153.

（5） *Ibid.*, p. 131.

（6） G. Bataille, *Le Coupable*, *Œuvres complètes*〔以下 *O. C.*〕, V, Gallimard, 1981, p. 349.

（7） Jean de la Croix, « Le cantique spirituel B » et « Explication du chant d'amour entre l'épouse et l'Epoux qui est le Christ », *O. C.*, cerf, 1990, pp. 1193–1436. また、清水徹の『アミナダブ』（書肆心水、二〇〇八年）の解説と Ch. Bident, *Maurice Blanchot Partenaire invisible*, Champ Vallon, 1998, pp. 206–207 を参照。

（8） Blanchot, *Aminadab*, cité par Bataille, *op. cit.*, p. 325.

（9） *Ibid.*, p. 321.

（10） *Ibid.*, p. 326.

（11） *Ibid.*, p. 325.

（12） G. Bataille, *L'Expérience intérieure*, *O. C.*, V, Gallimard, 1973. 岩野卓司『ジョルジュ・バタイユ――神秘経験をめぐる思想の限界とあらたな可能性』水声社、二〇一〇年の第一章を参照のこと。

（13） J.-P. Sartre, « Un nouveau mystique », in *Situations, I*, Gallimard, 2000, p. 208.

（14） *Ibid.*, p. 209.

（15） *Ibid.* バタイユは、自分の構想する「新しい神学」（「無神学」）を表現したものとしてブランショの小説『謎の男トマ』を挙げ、その一節を引用しているが、そのせいで「まやかし」の共犯者として、ブランショの名も挙がっている。

（16） *Ibid.*, p. 210.

（17） Id., *L'Etre et le Neant*, Gallimard, coll. « Tel », 1976, p. 51.

（18） バタイユのテクストでは、「存在」と「無」、「知」と「非-知」が曖昧であるだけではなく、「実存主義的態度」と「科学主義的態度」、「キリスト教」と「無神論」といった相容れない二つの態度が混在しているという点で、サルトルは二項対立を巧妙に使いながらバタイユの矛盾を暴き出し批判していく。また、「罪について」の討論では、「存在」と「無」に関しても、「罪（péché）」と言う言葉がキリスト教的か否かについても、サルトルは二項対立を前提にしている（G. Bataille, « Discussion sur le péché », *O. C.*,

VI, Gallimard, 1973, pp. 339–340, pp. 343–348）。

（19）G. Bataille, « De l'existentialisme au primat de l'économie », *O. C., XI*, Gallimard, 1988, p. 293.

（20）M. Blanchot, *Thomas l'obscur,* cité par Bataille, *L'Expérience intérieure*, *op. cit.*, p. 120.

（21）E. Lévinas, *De l'existence à l'existant,* cité par Bataille, « De l'existentialisme au primat de l'économie », *op. cit.*, p. 291.

（22）Bataille, « De l'existentialisme au primat de l'économie », *op. cit.*, p. 293.

（23）存在と無の伝統的な二項対立に収まらないものについて、バタイユ、ブランショ、レヴィナスとは違った仕方で深く考えていたのは、ハイデッガーである。『形而上学とは何であるか』への後記」で、彼は存在と無（正確には存在者と無）の二元論に収まらない存在、それなくしてはこの二元論も考えられないものとしての存在を考えていく（M. Heidegger, » Nachwort zu › Was ist Metaphysik ? ‹ « in *Gesamtausgabe*, Bd. 9, Frankfurt am Main, Vittorio Klostermann, S. 306）。それからもう一点付け加えなければならない。二〇一三年七月に立教大学で行なわれた「サルトル研究会」で筆者は本稿をもとに口頭発表したが、その折にサルトル哲学研究の泰斗、谷口佳津宏から、サルトルは「存在は存在し、無は存在しない」という二項対立を主張しているにもかかわらず、人間の無意識が「無」であると捉えられたりしていて、必らずしも伝統的な二項対立に従っていないという重要な指摘をうけた。こういった、自己を裏切るサルトルは、彼の多様性ともからんでおり、本稿にとっても貴重な指摘であった。感謝したい。

（24）Louette, *op. cit.*, p. 404.

（25）*Ibid.*, p. 405.

（26）*Ibid.*

（27）*Ibid.*, p. 401.

（28）J.-P. Sartre, *La Nausée, Œuvres romanesques,* Gallimard, Éd de la Pléiade, 1981, p. 155.

（29）Bataille, *L'Expérience intérieure*, *op. cit*, p. 16.

（30）*Ibid.*, pp. 18-21.

（31）J. Derrida, « De l'économie restreinte à l'économie générale, Un hegelianisme sans réserve », in *L'Écriture et la différence*, Éd. du Seuil, Points, 1979, pp. 369–407.

（32）Sartre, *La nausée*, *op. cit.*, p. 1.

（33）*Ibid.*, p. 152.

（34）*Ibid.*

（35）*Ibid.*

（36）Bataille, *L'Expérience intérieure*, *op. cit*, p. 16.

（37）*Ibid.*, p. 76.

（38）*Ibid.*

（39）澤田直『新・サルトル講義』平凡社新書、二〇〇二年、七一頁。

（40）Louette, *op. cit.*, p. 411.

（41）G. Bataille, « L'existentialisme », *O. C.*, XII, Gallimard, 1988, p. 13.

（42）*Ibid.*, p. 14.

（43）J. Derrida, « ‹ Il courait mort › : Salut, salut. Notes pour un courrier aux *Temps Modernes* », *Les Temps modernes*, n° 587, mars-avril-mai 1996, p. 10.

（44）*Ibid.*, p. 11.

（45）G. Bataille, *La Littérature et le mal, O. C.*, IX, Gallimard, 1979, pp. 287-316. 岩野、前掲、第六章「内的経験と文学を繋ぐもの（2）——文学の真理」を参照のこと。

サルトルとレヴィナスへの序奏

合田正人

1　最初と最後？

ヘブライ大学は一九七六年、サルトルに名誉博士号を授与した。サルトルにとって生涯で唯一の名誉賞の受賞になるが、その際に撮影された、サルトルとレヴィナスの写真が残されている。矍鑠としたレヴィナスのほうが手を差し出してサルトルに触れ、何か語りかけている。一九六四年のノーベル賞受賞拒否の直後には、レヴィナスの名を忘れていたサルトルだが、この受賞の三年後、『レ・タン・モデルヌ』誌のパレスティナ特集号への寄稿を求めてサルトルはレヴィナスを自宅に招いたという。そしてレヴィナスは同誌に「政治は後で！」を寄稿した。サルトルがサン＝ミシェル大通りでレヴィナスの『フッサール現象学における直観の理論』を購入したのは一九三三年。共に、『哲学探求』誌に寄稿。『嘔吐』（一九三八年）の出版直後に、ガブリエル・マルセルが自宅で開いていた夜会で初めて出会う。その後も、一九四七年六月三日に全イスラエル同盟主宰で開催された、ユダヤ人問題をめぐるサルトルの講演会や、一九六四年四月二一日のキルケゴール没後百年のシンポジウム（ユネスコ主宰）で、数少ない接触の機会があったと思われる。まさに半世紀である。そこに一体どのような思想的磁場が形成されたのだろうか。いや、そこからどのような思想的磁場を形成することが可能なのだろうか。

ヘブライ大学は二〇〇三年にデリダ、二〇〇八年にはベルナール・アンリ＝レヴィに名誉博士号を授与した。アンリ＝レヴィは言うまでもなく『サルトルの世紀』（二〇〇〇年）の著者で、「最後のサルトルはレヴィナス主義者である。明らかに、異論の余地なく、真底から」という言葉がこの大著に記されているのをご存知の方も多いだろう。このような言葉が書かれるに至った経緯には、サルトル自身の晩年のみならず、フランス哲学の一九七〇年代後半からの動向が反映されている。一九七三年からサルトルの死に至るまで、サルトルの秘書を務めたのは、ベニ・レヴィ（一九四五―）というカイロ生まれのユダヤ人であった。五六年にエジプトを離れ、六三年にパリに移り住み、六五年に高等師範学校に入学、アルチュセールの薫陶を受けてマルクス主義の数々の集団を組織した。「マオイスト」と呼ばれる運動の指導者のひとりである。当初はピエール・ヴィクトールと呼ばれていたが、労働者左翼の集団のなかで、ピエール、ジャンなど、イエス・キリストの使徒の名で呼ばれるたびに、「これは私ではない」と感じたと告白している。一九七八年、レヴィはいまひとりのレヴィを発見する。エマニュエル・レヴィナスである。ちょうどレヴィナスの『実存から実存者へ』『時間と他なるもの』が再版され、レヴィナスの読者が、フランス語圏をも超えて飛躍的に拡大する時期だった。サルトルとの仕事のない日には、レヴィはレヴィナスとタルムード読解やサルトルについて議論し、サルトルの養女アルレット・エルカイム＝サルトルらと共にヘブライ語とタルムードを学んだ。一九九七年には、ほかでもないアンリ＝レヴィ、アラン・フィンケルクロートと共にエルサレムにレヴィナス研究院を創設し、二〇〇三年にエルサレムで死去した。『いま、希望とは』は、サルトルの死を挟んで、『ヌーヴェル・オプセルヴァトゥール』誌に連載されたサルトルとレヴィとの連続対談であるが、レヴィが巧みに誘導して、老いたサルトルにユダヤ教とその聖史の真正さを強引に認めさせたとして物議をかもした。

サルトルの死に際して、レヴィナスもまた、「われわれに親しい言葉」「サルトルが聖史を発見するとき」という追悼文を書き、「録音の正確さに問題はない」と上記対談の信憑性を担保したうえで、サルトルがついにヘーゲル的世界史を放棄してユダヤの聖史を承認し、また、五月革命期のブランショと同じく、イスラエル国の存在を認めたと最大級の賛辞を送っている。

私が最後に言いたいのは、長きにわたってサルトルが公言してきたイスラエル国の承認（それはパレスティナ人たちへの彼の共感を排除するものではない）に感銘を受けたということです。非常に強固にそれを主張したため、彼は極左の友人たちの幾人かと訣別せざるをえなかったほどなのです。
(IH, 158)

その後レヴィは一九八四年に『人間の名――サルトルとの対話』を出版、そこに、「サルトルの声は、ヘブライ語の地平(horizon de l'hébreu)で自分に啓示されたものをフランス語で話すことを私に可能ならしめるような仕方で響く」と書き記すことになる。また『トリビューン・ジュイヴ』のインタヴューでは、「私の関心を引かないのは、フランス共和国の知的かつ政治的な営みのひとつの表徴となったサルトルだ」と言っている。アンリ＝レヴィはある意味ではベニ・レヴィの立場を受け入れて先の発言をなしたわけだが、「最後のサルトルはレヴィナス主義者である」という言葉が果たしてどのような意味を持ちうるのか、正直言って私には分からない。むしろ、二人が遺した数多のテクストの詳細な検証を通じて取り出しうるかもしれない重要な幾つもの問題系が、「最後のサルトル」なるものをめぐるこのような多分に情念的な確執によって見失われてしまうのではないか、いや実際にこれまで見失われてきたのではないかと憂えるのみである。その意味では、『サルトルとユダヤ人たち』（二〇〇五年）に収められたトマス・ベドーフの『責務の次元』――サルトルのレヴィナス的次元?」も、ミカエル・ド・サン＝シェロンの「サルトルとレヴィナス――いかなる対話か?」もいまだ不十分である。

一方のレヴィナスについても、『いま、希望とは』をめぐる彼の発言もそのまま首肯するわけにはいかない。この発言もまた、「実存主義と反ユダヤ主義」（一九四六年）からレヴィナスがサルトルについて述べてきたことのなかに置き直されねばならないだろう。例えば、一九四七年の論考「ユダヤ的存在」にはこうある。

サルトルがユダヤ人には固有の本質があることに異議を申し立てたのはおそらく誤っていない。しかし、〔…〕これに対してはこの裸形の実存はみんなそっくり同じものなのか、と自問する権利はわれわれにある。ユダヤ的《事実性》(facticité) は現在から出発して自己了解するひとびとの《事実性》とは別ものではあるまいか。(『超越・外傷・神曲』、国文社、一八七頁)

この一節からも推察されるように、レヴィナスは復員後サルトルの『存在と無』を読み、サルトルのユダヤ人論に接して以来、サルトルの著作との格闘をつねに続けた。私の考えでは、レヴィナスの二つの主著『全体性と無限』（一九六一年）、『存在するとは別の仕方で』（一九七四年）はいずれも、サルトルの『存在と無』（一九三四年）への反駁という側面を有している。実際、『存在するとは別の仕方で』の第四章第六節は「『有限な自由』」、第五章第一節は「一は‐他の‐ためにはアンガジュマンではない」と題されていて、いずれもサルトルを意識した選択と思われる。『全体性と無限』には、「サルトルにおける他人との出会いは私の自由を脅かすもので、私の自由の失墜に等しい」（TI, p.280）という明確な批判が記されている。ただ、他人論、自我論だけではない、それに付随する「食べること」「高邁」「所有」「贈与」「愛撫」などの問題系でも、レヴィナスがサルトルを強く意識していたことを見逃してはならない。レヴィナスがサルトルの一九三九年のエセー「顔」を読んだかどうかは詳らかにしないが、「顔」、そして「眼差し」も、二人の哲学者が分かち持つ観念ではあるまいか。

この点でサルトルはどうだったかというと、彼は、『直観の理論』、「マルティン・ハイデガーの存在論」から『逃走について』を経て『時間と他なるもの』に至るまでのレヴィナスの諸論考を読み、そこから特に『存在と時間』の読解について数々の示唆を得たのみならず、「逃走」「羞恥」「吐き気」などのキーワードを借用したと推察される。ただ、それ以降のレヴィナスの展開を彼が丹念に辿った形跡は、少なくとも私には窺えない。もっとも、わずか二箇所であるとはいえ、『倫理学ノート』に記された、『時間と他なるもの』をめぐる記述はきわめて重要である。特に次の一節は、二人の関係のみならず、今日の、そしてまた来るべきモラル論ないし倫理学にとっても決定的な意味を持つのではないだろうか。

このうえもなく高尚な美徳（ヒロイズム、自己放棄、高邁など）を吹き込まれたとされる道徳的行為を前にして、この霊感的美徳は〈他〉の媒体のなかで開示されるのか〈同〉の媒体のなかで開示されるのかと考えること。〈他〉の媒体のなかであれば、行為は腐敗している。それは疎外を永続化させる。（CM, 432–433）

2　向こう岸からの声

ベニ・レヴィが horizon de l'hébreu という表現をしていたことに注目していただきたい。horizon という語はギリシャ語で「限界」「限界づける」を意味する horizein, horos に由来する語で、一方の hébreu は ivrit というヘブライ語に由来し、ivrit は一方の岸から他方の岸への通過を意味している。ベニ・レヴィの先の発言はここで、「ある声が向こう岸から到来する。ある声が、すでに語られたことの語ることを中断する」（AQE, 280）

というレヴィナスの言葉と繋がることになる。

では、「向こう岸」なるものはレヴィナスにおいていかなるものなのか。この点を考えるに先立って、ひとつ指摘しておきたいことがある。それは、『嘔吐』でも「向こう岸からの声」が幾度も響いているということだ。言うまでもない、米国の黒人歌手が歌うラグタイムの一節である。明日ブーヴィルを去ろうとするロカンタンは、彼女の声に接して、本を書くことを決意する。「〔歴史書とは〕別の種類の書物。どんなものになるかよくは分からないが――、ただ、印刷された文字、頁の背後に、実在することのない何か、実在を超えた（au-dessus de l'existence）何かが判読されねばならないだろう。」（N, 249）

薄皮のような表面に刻まれた文字の下の文字。ロカンタンが、水溜りのそばに落ちている濡れた紙切れを拾おうとして拾えず、そこに何が書かれているか判読する場面を思い出していただきたい。丸まった紙屑、紙とそこに滲んだインク、破れた張り紙。こういう場面は『嘔吐』の随所に出てくる。いや、『嘔吐』自体がそういう「紙片、葉」（feuille）、「反古草紙」なのである。それをロカンタンは「実在を超えた何か」と呼んだ。「存在の彼方」だけではない、レヴィナスの『存在するとは別の仕方で』には、もうひとつそれを彷彿させる言い回しが一度ならず登場するのだ。

他人への責任の異‐常が、存在論の水面の上を漂う（flotter au-dessus des eaux de l'ontologie）ことは禁じられてはいない。（AQE, 221）

この一節は『創世記』第一章第二節の「神の霊が水のおもてを覆っていた」に対応しているのだが、サルトルの『嘔吐』ではむしろ、「水面の下」がどうなっているのか、それがしばしばロカンタンの不安を掻き立てる。いや、「水面」に欺かれないことがロカンタンの特異性なのである。

ニンフたちは薄皮しか見ず、それが神の実在を証明するのだ。だが、私は下！　を見る、鍍金は剝げ、輝く小さな柔らかい皮膚、善き神の桃色の小さな皮膚は、私の眼差しのもと、至る所で裂ける。それは亀裂を作りぱっくり口を開ける。（N, 177–178）

この一節を書き写しながら、サルトル自身が意識していたかどうかはともかく、この一節も『創世記』第一章第二節と関係づけることができるかもしれないということに驚きを禁じえない。それにしても、水面はどこにあり、その上は、その下はどこにあるのか。

一本線を引くと、どんなに細い線でも、それどころか幅のない理念上の線であっても、その両側に岸辺ができる。『存在と無』を読むと、「内的限界」(limite intérieure)、「外的限界」(limite extérieure) という言い方をしてサルトルが、このような、一つでもあれば二つでもあるような「限界」に関心を向けていたことが分かる。A＝B, B＝C, A≠C という、アンリ・ポアンカレによる連続性の定義の援用も、無際限 (indéfini) ではあるが有限な (infini) ものとしてのアインシュタイン的宇宙像への依拠も、この「限界」のあり方と無関係ではない。『嘔吐』に描かれた無人の「壁の間」を、サルトルが愛したリトアニアのクルシュー砂州を想起してもよい。あたかもサルトルとレヴィナスが、幅のない表皮あるいは薄膜の両側にいて、そのあいだで代謝が行われているかのようだが、これは決して単なる比喩ではなく、両哲学者の根本的な構えにも、彼らの哲学史的位置づけにも深く係る構図であって、二人のあいだで具体的に問題となるすべての論点がそこから派生しているのではないか、というのが私の仮説である。

3　非物体的なもの

フッサールはフランツ・ブレンターノからいわゆる「志向性」の観念を受け継いだと云われている。そのブレンターノは一八七四年刊の『経験的視点から見た心理学』で「志向性」の観念を提起するにあたって、それが、中世のスコラ哲学者たちのいう「志向的内在・非実在」に相当するものであることを明示している。「志向性」だけではない、フッサールは、id-(見る) という語根を含んだ「エイドス」というギリシャ語を復活させ、「ピュロニズム」〔懐疑主義〕とも称される、大きく言うとストア派の一潮流から、「エポケー」〔判断停止〕という発想を継承した。現象学の新たな創設に伴って復権されたこれらの語はもちろん互いに無関係ではない。私の考えでは、スコラ哲学にいう「志向的内在・非実在」は、ストア派における「非物体的なもの」(アソーマートン) をそのひとつの源泉としており、「エポケー」とはこの「非物体的なもの」への還元であり、通常私たちが「見る」ことのない「非物体的なもの」を「見る」ことなのである。

まず問わねばならないのは、「非物体的なもの」とは何か、である。水分などから合成された粒子が降下しているとき、これらの粒子は「物体的なもの」であるが、「雨が降る」という出来事は「物体的なもの」ではない。「存在(者)」でも「無」でもない。「雨が降る」と言ったが、出来事はこのように「命題」(アポファンシス) として言明され、「言明」(レクトン) はまた「判断」でもある。かかる「命題」とその意味、もっと広く私たちが言語、記号といったことで理解している領域が「非物体的なもの」なのである。「非物体的なもの」は「物体的なもの」の「表層」ともみなされるが、注意すべきは、例えば肉を包丁で両断するとき、この「出来事」が「表層」と呼ばれるとしても、それは、切られた肉の二つの面とも包丁の二つの面とも次元を異にするということだ。このような「表層」が「ほとんど無」（ジャンケレヴィッチ）と呼ばれることもある。

哲学史家エミール・ブレイエの『古代ストア哲学における非物体的なものの観念』が出版されたのは一九二八年、その六〇年後、同書はジル・ドゥルーズの『意味の論理学』によっていわば甦ることになるのだが、ドゥルーズが同書でフッサールとサルトルに言及しているのはまさに炯眼と言わなければならない。すでに示唆したように、「非物体的なもの」は「志向的非実在」と位相を同じくしたもので、「非物体的なもの」の領域を論理学的、言語学的に探求することなく、「非物体的なもの」としての命題ないし判断を、「物体的なもの」の属性と取り違えること、この過ちを正すために、フッサールがやはりストア派の伝統のなかから蘇生させたのが「エポケー」（判断停止）にほかならないからだ。「物体的なもの」へと不当に拡張された判断を停止して、「非物体的なもの」へ立ち戻れ、それが「事象（ザッヘ）そのものへ」の意味である。

「事象」そのものは「エイドス」でありまた「現象」でもある。それを「見る」ことが「現象学」なのだが、この不可分な対に、フッサールは「ノエマ－ノエシス」という呼称を与えた。ただ、ここにいう「見る」ことは、私たちが「物体的なもの」を見ていると思い込んでいるその「憶見」（ドクサ）を中吊りにし、「見る」ことそれ自体の諸条件を探求するよう促すもので、経験の条件という意味でそれは「超越論的なもの」と呼ばれる。また、条件といえども、それはすでにあるものというよりはむしろ、まさに探求されるべきものであって、その意味で、「超越論的なもの」の探求は「超越論的経験論」と名づけられるのだ。

4 破壊と生成変化

『存在と無』の第一部第一章第一節を読んでいただきたい。そこに幾度か「レクトン」という語が登場する。「具体的な心的操作の結果としての否定は、この操作そのものによって実在のうちに維持され、それ自体では実在できず、ノエマ的相関者としての実在を有する。その存在（esse）は知覚されること（percipi）のうちにぴったり宿っている。そして無は、否定的諸判断の概念的統一として、ストア派の人々が彼らのいう『レクトン』に付与したような現実性以外には、わずかな現実性も持ちえない。私たちはこのような考えを受け入れることができるだろうか。」（EN, 41）

お気づきのように、これに続く箇所ではストア派に対する批判が展開されることになる。どのような批判なのかを次に辿るけれども、この一節だけでも、サルトルがストア派を意識していたことは明白である。続く三節の末尾にも、「非‐存在は存在の表層（surface）にしかない」（EN, 51）と記されているし、『存在と無』の裏表紙に記されたサルトル自筆の要約文も、「人間的‐現実がそれを孤立させる無を分泌するこの可能性、それにデカルトは、ストア派の思想家たちに続いて、自由という名を与えた」と結ばれている。ハイデガーの強い影響を受けながらも、「私の死」に関してだけは、死を外から宇宙の摂理に即して到来するものとサルトルは解しているが、ここにもストア派の教えの継承を見ることができる。『嘔吐』の頁をざっとめくるだけで、heureux, bonheur という語に幾度も出会うにもかかわらず、これまで、「不安」（angoisse）と「苦しみ」（souffrance）の哲学者サルトルという像のもとにこの点がほとんど問題にされなかったのも、ストア派との係りが看過されてきたことと無関係ではない。

　では、サルトルとストア派との係りはどのようにして生まれたのだろうか。それを十全に明らかにすることは不可能だが、ブレイエの『古代ストア哲学における非物体的なものの観念』をサルトルが読み、そこから示唆を得たということは考えられなくはない。もうひとつ是非とも指摘しておきたいのはアランのことである。サルトルは、ジュルジュ・カンギレムやレイモン・アロンとはちがって、シモーヌ・ヴェイユともちがって、いわゆる「アラン派」ではなかった。例えばサルトルの友人ポール・ニザンは、「共産党員から見たアラン」を『ユマニテ』に一九三二年に発表して、アランをプチブルの反動哲学者として酷評した。『奇妙な戦争の手帖』を読むと、アランの『マルスあるいは裁かれた戦争』を戦地に携行して、同書と格闘しながら、戦争を生きることの「本来性」（authenticité）を見出そうとしているサルトルの姿が見えてくる。

『存在と無』では、精神分析にいう「無意識」の観念を駁するに際して、「知ること、それは知るのを意識することである」というアランの言葉が幾度か援用され、「性格」（caractère）なるものが実は選択の所産であるという『幸福についてのプロポ』でのアランの指摘が肯定的に援用されているが、もう一箇所、実に興味深いアランへの言及がある。

> まず明証的と思えるのは、人間的現実が——問い、方法的懐疑、懐疑主義的懐疑、エポケー等々において——世界から身を引き剥がしうるのは、本性からして人間的本性が自己自身からの引き剥がしである場合を措いてほかにない。これはデカルトが見て取っていたことだ。デカルトは、自分の判断を一時中断する可能性を私たちに認めつつ、懐疑を自由によって基礎づけた。デカルトの後ではアランがそうだった。
> （EN, 60）

古代「懐疑主義」からデカルトを経てフッサールに至る道程のなかに、このようにアランがしっかり位置づけられているのだ。では、そこからどのような展開があったのだろうか。

『情緒論素描』の末尾で、サルトルは、「彼は憎むべき奴だ。私が怒っているのだから」から「彼が憎むべき奴だから、私は怒っているのだ」の転換に触れて、そこに「情念」（パシオン）の誕生を見ている。『ユダヤ人問題についての若干の省察』でも、「トマトのなかには何かがあるにちがいない、私はトマトが嫌いなのだから」という「情念的論理」が「ユダヤ人」にも適用されることが語られている。トマトなんて嫌いだ、と言うと、トマトそれ自体が嫌悪すべき性質を持つのだ。まさに「はい！」〔鳩よ、でてきれくれ〕と言うと、本物の鳩が出てくるように。これが、先述したような、「非物体的なもの」（トマトへの私の嫌悪）と「物体的なもの」（トマトないしその本性）との取り違えであって、それをサルトルは「魔術（的）」と呼んだ。「幻覚」などその典型であろうが、サルトルはこの「魔術」を想像力論で考察している。ただ、たとえ「物体的なもの」とのいかなる対応もないにせよ、「幻覚」は意識の志向的対象であって、その限りで意識に内在しつつも意識にとって超越的である。これが「内在のなかの超越」と呼ばれる位相で、「志向的内在・非存在」本来のあり方にほかならない。

このような「情念的論理」の危険をサルトルに先立って語り続けたは、ほかならぬアランであり、公刊されたのが一九六四年なので、当時のサルトルは読んでいないだろうが、一八九一年にアランは『ストア派における認識理論』という高等教育学位論文を提出し、そこで、主にセクストゥスに依拠しながら、「物体」（ソーマ）としての「ヘー・アレーテイア」（hè alètheia, vérité）と「非物体的なもの」（アソーマータ）としての「ト・アレーテス」（to alèthes, vrai）が根本的に異なることを論証しているのだ。一八九九年には、「スピノザにおける歓喜の道徳的価値」を『形而上学と道徳』誌に発表、翌年には単行本として『スピノザ』を世に問うている。

スピノザにとって、例えば自然の諸現象を、美と醜、善と悪、有用と無用と判断することは、自然それ自体とは無関係な人間の「想像力」のなせる業でしかない。これを問題にしたのが『存在と無』の次の箇所である。

> 町々を破壊可能なものにするのは人間である。まさに、人間が町々を脆弱なもの、貴重なものとして措定したからだ。人間が、町々に対してありったけの防護策を施したからだ。こうした防護策のゆえに、地震や火山の噴火はこれらの町々もしくは人間の構築を破壊することできるのだ。（EN, 43）

しかし、「破壊」と呼ばれる事象が「非物体的なもの」であるとしても、果たしてそう言い切ることができるのか。ここでサルトルは、「破壊が人間によって存在に到来するとしても、破壊は客体的事実であって、思考のなかにあるのではない」(id.) と書くことになる。何らかの理由である建物が倒壊すると、その建物はなくなる。それを「破壊」と呼びうるのは、すでに人間の「判断」〔志向的内在〕であるが、しかし、建物がなくなること(建物の非存在)は人間の「思考」のなかで起こったことではない。「判断」(jugement) と言ったのは、サルトル自身が「判断」というものにこだわっているからである。

> これらの非 - 存在は単なる主観性に還元されなければならないというのだろうか。これらの非 - 存在にストア派的な「レクトン」、フッサール的な「ノエマ」という型の実在を与えねばならないのだろうか。われわれはそうは思わない。/まず、否定が単に判断のひとつの性質であるというのは正しくない。問いは疑問形の判断で表明されるが、それは判断ではない。それは判断に先立つ振る舞いなのだ。私は眼差しによって、身振りによって問いかける。問いかけ(interrogation) によって、私は存在を前にしてある仕方で立つ。存在とのこの関係は存在的関係であって、判断はその任意の表現でしかない。(EN, 41)

否定は「認識関係」ではなく「存在関係」である。言い換えるなら、「〜でない」「〜がない」という「判断」が形成される以前に、人間的現実が無の可能性として即自に取り憑くのだ。だからこそ、例えば「破壊」は人間の「自由」と「責任」を喚起するのである。しかし、なぜサルトルは「判断」にこだわったのだろうか。ここにも、アランの存在が作用しているように思われる。なぜなら、『ジュール・ラニョーの思い出』(一九二五年)でアランは、恩師ジュール・ラニョーの哲学をまさに「判断」の哲学とみなしているからだ。

> ラニョーの哲学は〈悟性〉を〈判断〉に従属させることをめざしている。〔…〕水が棒を屈折させるとき、私はそれを元に戻す」、これが〈悟性〉の最後の言葉である。それに対して、〈判断〉は棒をまったく復元しはしない。そうではなく、棒を真実 (le vrai) に即して、つまりは水と目に即して思考する。(PS, 738)

le vrai が「非物体的なもの」を指す語であることに留意されたい。少なくともここだけを見ると、「悟性」のほうが棒のある状態を棒の原型とみなして周囲の諸関係から棒を主観的に切り離しているのに対して、むしろ「判断」のほうが、自然のなかの人間、棒、水などすべての要素の諸関係を勘案しているように思われる。だから、サルトルの批判がラニョー／アランの判断論にあてはまるかどうかは分からないが、否定をめぐる論議が『存在と無』の核心部であってみれば、アランはまさにサルトルの心臓に憑依していたのではないか。『倫理学ノート』に記された、「エピクテトスとアランのいう「否を言うこと」は単に抽象的な児戯である」（CM, 344）という言葉は、アランのラディカリズムの乗り越えをサルトルがいかに真剣に追求していたかの表明であろう。

　これまでおそらく一度も注目されたことのない箇所だが、おもしろいことに、レヴィナスもただ一度だけラニョー／アランに言及している。しかも、論点はサルトルと同じ「判断」なのである。

> 先に挙げたAuffassen, Beseelen, Durgeistigenといった用語に、Interpretation, Deutenが加わる。すべて、志向と感覚のあいだに存在する連関を表現しているはずだ。これらはすべて、すでに構成された諸対象の世界に下される判断の活動から借用されているのだが、ラニョーやアランのようなひとは、論理学を超越論的なものへと外挿することで、これを起源に位置づけている。この立場をフッサールにも認めるのは難しい。（EDE, 209）

だから志向性をめぐるサルトルとレヴィナスの解釈は類似している、と言いたいのではもちろんない。「レクトン」ならびに「判断」に対するサルトルの批判は、「非物体的なもの」という「内在のなかの超越」があくまで「内在」でしかないことの告発であった。では、なぜサルトルは、ブレイエからドゥルーズへと延びる系譜においては、「レクトン」も含む「非物体的なもの」の場所として指し示された「表層」（surface）を維持したのか。「表層」とはサルトルにとってどのような位置なのか。次にレヴィナスとストア派との連関を示したうえでこの問題と取り組むことにしたい。

5　甦る沿岸地帯

　私の知る限り、レヴィナス研究の今日に至る推移のなかで、レヴィナスとストア派との連関が問題となったことはほとんどない。しかし、レヴィナスはこの点で幾つもの徴《サイン》しを私たちに送っていたのだ。『存在するとは別の仕方で』における、「哲学の嫡子」としての「懐疑主義」への度重なる言及に加えて、同書第六章「外へ」には、「ゼノンからスピノザ、ヘーゲルへと様々に変奏されたストア派の叡智」（AQE, 271）という言葉が記されている。しかも、同書でレヴィナスは、哲学そのものを、

「愛に仕える愛の叡智」と定義しているのである。ただ、「ストア派の叡智」は「〈存在すること〉（Essence）の、そしてまた、閉ざしていくその戯れの出口なき内在の究極性の告白」（id.）と規定されている。とするろ、「ストア派の叡智」はむしろ「存在するとは別の仕方で」への通路を塞ぐものなのだろうか。ある意味ではそうである。しかしまさにここで「表層」という位相がいわゆる「彼方」への出口なき異次元を可能ならしめることになるのだ。

例えば「机の本質は何か」と問われたら何と答えるだろうか。「机は道具である」など、机とは別の語でそれを様々に説明するはずだ。けれども、「机は机である」とさえ改めて思うことなく、「机」と呼ばれているものをめぐって私たちが繰り広げている日常の行為やそこで起る出来事はなんと複雑であることか。これは「日常言語」と呼ばれる途方もなく錯綜したものとつながる問題で、レヴィナス自身「日常言語」という語を用いているのだが、いわゆる「本質」の哲学の終焉を宣告して、むしろ「常識」（Gemainsinn）に回帰して、この錯綜体を考えようとしたのが、レヴィナスによってフランスに紹介されたフランツ・ローゼンツヴァイクであった。

『存在するとは別の仕方で』のレヴィナスは、ウィトゲンシュタインの『論理哲学論考』を意識して、「語りえないもの」の「漏洩」という「裏切り＝翻訳」を哲学の使命とみなしている。だから、「同語反復」の選択にローゼンツヴァイクの影響だけを認めることはできないけれども、かくしてレヴィナスは、「AはAである」（A est A）という同語反復ないし同一律の命題を取り上げることになる。「即自」は分析的な同一律に還元されない、というサルトルの議論をここで想起しておくべきかもしれない。レヴィナスにとって、「AはAである」はAのAへの内属を表しているのではない。「AはAである」は、「赤は赤になる」（le rouge rougeoie）と言うのと同様に、「AはAになる」（A a-oie）という事態なのだ。これはサルトルが『存在と無』で取り上げた、「本質とは成ったものである」（Wesen ist das Gewesen ist）というヘーゲルの言葉を踏まえた考えである。『根拠律』などでハイデガーはこのヘーゲルの言葉に考察を加え、メルロ＝ポンティはそこから「動詞的本質」（Wesen verbal）という考えを導き出した。

これまで私は、レヴィナスの命題論を考えるに際して、一方でウィトゲンシュタイン、他方でヘーゲル－ハイデガー－メルロ＝ポンティの系譜を勘案するだけで満足していた。愚かにも、レヴィナス自身がヘーゲルをストア派に連ねていることを看過していたのだ。では、ストア派はこの命題論にどのように係るのだろうか。次の一節をご覧いただきたい。「一本の樹の色の意味ないし本質は、世界内の数々の物体の混交と係る形容詞「緑」（vert）のうちにあるのではなく、「緑になる」（verdoyer）

という動詞のうちにあるのであって、この動詞は、樹という物体の何ものにも差し向けられず、樹について語られる出来事に差し向けられる。」アルノー・ブアニシュの『ジル・ドゥルーズ』の一節であるが、「赤が赤になる」というレヴィナスの挙げた例との類似は明白であろう。

本論で私が提起したい仮説のひとつは、レヴィナスが「存在するとは別の仕方で」と呼ぶものと「存在（する）」との関係は、ストア派の論理学にいう「非物体的なもの」と「物体的なもの」との関係と同型ではないのかということである。レヴィナスが「存在論の水面の上」という表現を『存在するとは別の仕方で』で用いていることは先述したとおりだが、この言い回しは同書で幾度も用いられていて、その反復からも、いかにレヴィナスがそれを重視していたかが分かるだろう。包丁が肉を切るという出来事と同様、「水面の上」は、そこを漂うことはどこに位置づけられるのか。それは「存在（者）」でも「無」でもない「排除された第三項」であり、「どこ？」という問いが失効せざるをえない次元であって、それが「存在するとは別の仕方で」なのである。

この観点から『存在するとは別の仕方で』を読み直してみると、「水面の上」という「表層」に関連する語彙がそこに周到に鏤められていることに気づく。「ネッソスのチュニカ」（Tunique de Nessus）、「皮膚」（peau）、「岸辺」（rive, rivage）、「近さ」（proximité）、「接近」（approche）、「曝露」（exposition）、「限界」（limite）、「境界」（frontière）、「端」（bout）、「痕跡」（trace）、「埃」（poussière）、「無‐関心‐ならざること」（non-in-différence）等々であるが、「強迫」（obsession）も「包囲する」（ob-sidere）という語源を考えるなら、「大気・雰囲気」（atmosphère）と同様、「皮膚」という「表層」に係る出来事であるし、また、「切迫」がいわば現在の「表層」であるとするなら、「隔時性」（diachronie）も「表層」としての含意を有していると考えることができるだろう。更に、おそらくはメーヌ・ド・ビランを意識してレヴィナスが、「可傷性」（vulnérabilité）と共に、『存在するとは別の仕方で』に導入した「被刺激性」（irritabilité）、「可感性」（susceptibilité）といった語彙も「表層」の出来事にほかならない。

同書のキーワード「接触」（contact）の例を挙げて、この出来事の過程を示しておこう。レヴィナスはこう言っている。「接触そのもののなかで、触れるものと触れられるものは分離する。あたかも触れられるものが、いつもすでに他なるものとして遠ざかり、私と何も共通のものを持たないかのように。」（AQE, p. 137）このような過程が「表層」ないし「界面」（interface）を成しているわけで、「対面」（face à face）もまたそうした「界面」のあり方を指す語にほかならない。その意味では、しばしばそう指摘されるのとはちがって、『存在するとは別の仕方で』においても「対面」は消失したわけではない。『全体性と無限』でのレヴィナスは、〈他〉が〈同〉を制限するものではないことを強調して次のような言葉を記している。

〈同〉を制限することなき他性を有した〈他〉。なぜなら、〈同〉を制限することで、〈他〉は厳密な意味では〈他〉ではなくなるからだ。境界（frontière）の共有によって、〈他〉は、システムの内部にあって、なおも〈同〉であるのだ。（TI, 28）

言語は実際、この連関のなかで諸項が境を接する（limitrophe）ことのないように連関を成就する。〈同〉と関係しつつも、〈他〉は〈同〉にとって超越的であり続けるのだ。（*Ibid.*, p. 28）

かつて私は、このような叙述のなかに、「境界」をめぐるレヴィナスの考察の不充分さを読み取ったつもりでいたのだが、事態はむしろ逆で、沿岸地帯にも河岸、浜辺にも比される「境界」の力動的構造をこそレヴィナスは、『全体性と無限』から『存在するとは別の仕方で』にかけて語ろうとしていたのではないだろうか。

しかし、存在と無の境界としての「表層」このような重要性を認めるとしても、「淵」（gouffre）、「深淵」（abîme）、「無起源性」（anarchie）といったいわば「深層」に係る語彙の使用をどう説明すればよいのだろうか。この問いに答えるのはそれほど困難ではないように思える。「非物体的なもの」は「物体的なもの」の「表層」であるとはいえ、どこにも局所化できないものだから、「物体的なもの」は「非物体的なもの」の土台ではありえず、それゆえ「非物体的なもの」は土台を欠いている。「表層」でありつつ、底なしなのである。今一度、一本の線を紙面に描き、その線によって、存在と無が分離されていると考えていただきたい。この線は存在とも無とも境を接しているのだが、それに近づいていくと、線が実は底のない亀裂であった、そういう事態なのである。実数に対する虚数のごとき関係をそこに見ることもできるだろう。『存在するとは別の仕方で』には、ヴァレリーの『ユーパリノス』からの引用がなされているが、レヴィナスは、「人間のなかで最も深いもの、それは皮膚である」というヴァレリーの『固定観念』の言葉を暗に踏まえていたのではないだろうか。

すでに記したように、ストア派の論理学を考慮に入れることで、『存在するとは別の仕方で』で「懐疑主義」に与えられた「哲学の嫡子」としての称号も新たな意味を帯びる。先に述べたように、古代懐疑主義の思想家のひとりセクストゥス・エンペイリコスは「真理」に関して、「物体的なもの」に属する「ヘ・アレーテイア」と、「非物体的なもの」「アクシオーマ」「レクトン」に属する「ト・アレーテス」を区別していた。「モノ」（quid）と「コト」（quod）の区別と言ってもよい。両者の混同をサルトルが大きな問題とみなしていたことは先述したとおりだが、今、例えば「証言」（témoignage）というものを取り上げてみよう。「証言」を論じるにあたって、レヴィナスが、「殉教・苦難」を意味するmartyreという語が、ギリシャ語で「証言」を意味するmartyrionに由来することを踏まえていたのは明らかである。何らかの理由で死にゆく者が証言者である、あるいは、そのひとの死それ自体が証言であるという事態は、ガス室の存在証明の不可能性といういわゆる「歴史修正論者」の論証にも使用された。

かつてジャンケレヴィッチは、アウシュヴィッツで死んだひとりの少女がいた世界、彼女がいない世界との差異は無限であると記していたが、証人が存在しないとき、殺害という出来事についてのこの証人の証言がないだけでなく、存在しないものについて証言することはできないから、証人の証人も不在であることになる。では、誰も、何もこの少女が「存在したというコト」を証言することはできないのだろうか。紙切れ、壁の傷、皮膚や骨の破片、何らかの記録の番号が痕跡として残されているかもしれない。誰か生き残りが彼女のことを覚えているかもしれない。けれども、そのようなものでは彼女の存在の証言になりえない、と「歴史修正論者」は言うだろう。では、レヴィナスはどう考えたのだろうか。

『存在するとは別の仕方で』のレヴィナスは、不在の他者の全重量として〈ある〉――「物体的なもの」の不在にして不完全な命題――を捉え直し、無意味であるはずの〈ある〉が、「支えられる限りで」、「ある者は-他の者の-ために・代わりに」の様態である限りで「意味する」と記している。誰が支えるのか。この「私」を措いて他にない。言い換えるなら、「われここに」（me voici）そのものが、不在の他者たちの〈ある〉の証言と化すような様態を、レヴィナスは語ろうとしているのだ。当初より、〈ある〉が、存在と無の境界線上に位置づけられ、回帰する亡霊に比されていたことを思い起こしてもらいたい。そして、「懐疑主義」も反駁されては回帰する亡霊とみなされているのだ。「開示の真理」（ヘー・アレーテイア）が不可能となるところで、レヴィナスはこの不可能性そのものを「証言の真理」（ト・アレーテス）へと転じる可能性を、「非物体的なもの」の観念によって摑んだのではないかと、私は考える。

サルトルが「ト・アレーテス」から「ヘー・アレーテイア」への不当な投影のうちに反ユダヤ主義のような情念的論理の動因を見たのに対して、レヴィナスは「ヘー・アレーテイア」の論証不可能性のうちに「ト・アレーテス」としての「証言」の可能性を見出したと言えるだろう。

6 「非物体的なもの」からの方位

サルトルとレヴィナスにおいて、ストア派にいう「非物体的なもの」がいかに重要な役割を果たしているかは今や明らかであろう。また、「非物体的なもの」への応対の仕方が両名において異なることもすでに予感されたのではないだろうか。「非物体的なもの」としての「ノエマ」が、「内在のなかの超越」であるとはいえ、やはり「内在」であって、サルトルはその壁を突き破らねばならないと考えた。「フッサール現象学の根本観念――志向性」（一九三九年）を締めくくる言葉は、「非物体的なもの」の内在性を克服するひとつの方途を語ったものと言える。「私たちは、どこか分からない引き籠った場所にいる自分を発見するのではない。私たちは、路上に、街中に、群集の只中に、様々な事物のなかの事物、様々な人間のなかの人間たる自分を発見するのである。」（TE, 113）

これに対して、フッサールの追悼文（一九四〇年）でレヴィナスは何と言ったか。「ある意味では志向性とは、意識が世界内存在（*In-der-Welt-sein*）であるよりもむしろ世界外存在（*Ausser-der-Welt-sein*）であるということだ。われわれは何の媒介もなく直接的な仕方で諸事物に囲まれ、街中の路上にいるのではない。」（EDE, p. 50）わざわざ脚注を付して、レヴィナスはサルトルのフッサール論を批判している。それにしても興味深いのは、サルトルが「内在のなかの超越」たる「ノエマ」を超えて「外」へと出ようとしたところで、レヴィナスが「内在のなかの超越」を世界の「外」として語っていることだ。この「外」をレヴィナスが「世界からの自由」と言い、また、そこに「現象学的還元」の可能性を結びつけていることからも、レヴィナスのいう「外」は、「内在のなかの超越」たる「非物体的なもの」であることが分かる。これが銘記すべき第一の対照で、それが、自我、他者、他者との関係、家族、集団、歴史、倫理とすべての問題系へと波及していくのだ。

しかし、レヴィナスは『実存から実存者へ』で、ハイデガー的な「外・脱」（ex-）に抗して「内」（in-）というあり方を強調し、『全体性と無限』では、おそらくサルトルを意識して、「内面性」（intériorité）の観念を復権しようとしたのではなかったか。そのとおりである。この点を理解するための鍵を握るのは、「現実とその影」で提起された「内奥の外部」という考えである。ハイデガーにとって、現存在の脱自が世界内存在であるのに対して、レヴィナスにとっては、世界の外をなすのは世界からの退却としての「内面性」そのものなのである。そして、だからこそ、レヴィナスにあっては、「他者」は「自我」と境を接することなき「絶対的に他なるもの」とみなされえたのだ。

それだけではない。『全体性と無限』の序文で、レヴィナスは、「戦争」においては、「存在」を覆うヴェールが引き裂かれ、「純粋存在」「現実の現実性」があらわになると記している。これはロカンタンの実存経験とほとんど同じ経験である。レヴィナスは、「存在論」は「戦争の存在論」でしかありえないと考えた。ある意味では、サルトルの描く対他関係が、いや、「存在論」の地平にとどまる限り、つねに「抗争」(conflit) に連れ戻されることを、当然の事態とみなしていたのである。

だからこそレヴィナスは「存在するとは別の仕方で」を語ったのだが、サルトルもまた単に「存在論」の地平にとどまっていたのではない。「現象学的存在論」とはあくまで「存在の表層」たる「無」の学であって、しかもそこでは、「無」による「存在」の「破壊」が「イメージ」ならびに「言語」を介して展開されるのである。ジュネ論で明確に語られているように、「イメージ」という虚構をこのように選び取ることで逆に、外部とも現実とも呼ばれるものの擬制を暴くことが可能になる。そして、「存在するとは別の仕方で」の「デガジュマン」と同様、この「アンガジュマン」もまた、「非物体的なもの」の次元なしには決して可能ではないのだ。

サルトルとレヴィナスは、同じ「内在のなかの超越」たる「非物体的なもの」、この両義的な界面とつねに係っていた。この界面への応対、そこからの方位が根本的に逆であるであるとはいえ、いや、だからこそ、そこには交錯の可能性がつねに存していたと私は考える。明白な対照を伴いながらも、逃走、吐き気、羞恥、裸、顔、贈与、愛撫、拷問など、両者に共通の主題が次々と登場するのはそのためである。いずれそれを包括的に論じるとともに、この交錯点そのものを破砕する作業に着手することにしたい。

文献一覧

Alain :

PS : *Les Passions et la sagesse*, Gallimard, 2002.

Emmanuel Levinas :

AQE : *Autrement qu'être ou au-delà de l'essence*, Martinus Nijhoff, 2004.

EDE : *En Découvrant l'existence avec Husserl et Heidegger : réimpression conforme à la première édition suivie d'essais nouveaux*, J. Vrin, 2002.

IH : *Les Imprévus de l'histoire*, Fata Morgana, 1994.

TI: *Totalité et infini : essai sur l'extériorité*, Martinus Nijhoff, 1990.

Jean-Paul Sartre :

CM : *Cahiers pour une morale*, Gallimard, 1983.

EN : *L'Être et le Néant*, Gallimard, 1976.

N : *La Nausée*, Gallimard, 1972.

TE : *La Transcendance de l'ego*, J. Vrin, 2000.

サルトルとドゥルーズ
——非人称的なものの力能

檜垣立哉

はじめに

ドゥルーズはいささか特別な仕方でサルトルをもちあげていた。[1] このことには、すでに「哲学者」としては過去の存在になりつつあったこの「知識人」への、ドゥルーズなりの再評価がこめられているのだろう。そもそもドゥルーズは、当時の論脈で半ば忘却の危機にあった——そうした事態を産みだした者こそがサルトルやメルロ＝ポンティにほかならないのだが——ベルクソンを、まったくあらたな視点から「存在論化」させることを試みたのであった。ある意味で忘れられつつあった哲学者の良質の部分を掘り起こすこと、これがドゥルーズの思考のひとつ特徴であるといえるのかもしれない。とはいえもちろん、ドゥルーズがいかにサルトルを評価したとはいえ、ベルクソンに比べれば——ドゥルーズは、自己の思考そのものにベルクソンの発想をとりいれている——その試みは総合的なものだとはいえない。それでも、ドゥルーズのサルトル評価は、彼の理論の根幹にかかわるものである。

というのも、ドゥルーズがサルトルにおいて評価する点は、

「非人称的なもの」の能動性や自律性というテーマをめぐるからである。そこで重視されるサルトルのテクストは、『存在と無』の「即自」と「対自」の議論の原型ともいえる、『自我の超越』にほかならない。

ドゥルーズは、ガタリとの共著をおこなう七〇年代以前は、基本的に潜在的なもの現実化と、それにともなう現実化しえない潜在性をテーマとした議論を展開していた。そこで、現実化された場面において提示される「個体」のあり方に先だって、潜在的なものとしての「前個体的」な「非人称性」がきわだたせられている。そして、こうした「非人称性」を「超越論的な場」において提示してくる局面で、ドゥルーズはサルトルの名を好意的にとりあげるのである。サルトルの評価は、とりわけ『意味の論理学』において顕著である。またそこで展開される「超越論的な場」の思考は、ドゥルーズ最後の論考「内在――ひとつの生……」(『狂人の二つの体制』所収)においてまで継続されているといえる。ドゥルーズ後期において、とくに『哲学とは何か』などでは、スピノザの名が特権視され、そこでの内在の議論でサルトルの名が頻出することはない。しかし最後の論考での主張は、『意味の論理学』においてサルトルに対して向けられていた姿勢を、より純化させたものとのべることもできるのである。

本論では、ドゥルーズが、自身の議論においてきわめて重要な「超越論的な場」や「内在性」のテーマを展開するにあたり、サルトルの『自我の超越』を参照していたことの意義について考えたい。なお、サルトルとドゥルーズの関係にかんしては、ドゥルーズ最初期の草稿へのサルトルの影響や、[2]とりわけ『意味の論理学』の補遺が所収されている「ミシェル・トゥルニエと他者なき世界」における他者論との連関などがあげられる。[3]レヴィナスとも絡ませながら、これら三者の配置を論じることや、それを踏まえたうえでのドゥルーズ思想形成の究明は、それ自身としてはおおきな主題であるだろう。だがこれらもまた、本質的には「超越論的な場」という、サルトルからドゥルーズがひきうけた中心となる主題を分析することによって、さらにきわだつものとおもわれる。他者性や眼差しという、サルトル的でもレヴィナス的でもありうるテーマが、ドゥルーズの初期の思考を検討する際の隠れた題材であることは確かである。サルトルにあえてひきよせて語るなら、それは、まったき充溢のなかにある存在に否定性を導入し、人間としての主体が発生する契機に関連したものであるのだから。

とはいえドゥルーズは、この題材を側面的にしか論じないことによって、肯定性の充溢である内在の思想をつき詰めたといえる。それは、いまだ自己はなく、自己が成立するのは、そこで導かれる否定の働きによるしかない領域のことである。しかしそこで、やはり絶対的な非人称の領域から自我が構成される構図を描く際に、サルトルの思考をひとつの源泉としてもちいているのである。もちろんこの両者の方向性は、必ずしも合致するものではない。むしろある部分では真逆でもありうる。ここではドゥルーズがサルトルの何をどこまで再評価したのかを、測定しなおすことが必要になるだろう。

1　超越論的な場について

まずはドゥルーズが、サルトルの議論にどのように着目しているのかをみていくことにしよう。

『意味の論理学』の第一四セリーにおいて、ドゥルーズは「発生」の問題にとりくんでいる。このセリーは、書物の構成そのものにかんして特殊な役割を担わされている部分である。ドゥルーズは『意味の論理学』で、総じていえば、身体からの言語の発生を論じているのだが、このセリーに先だつ第一三セリー以前は、言語のパラドックスをあつかいながら「意味」という位相の特殊性をあぶりだすことに主眼がおかれていた。だが第一三セリーにおいてアルトーがとりあげられ、分裂症としての身体が論じだされるにあたり、主題は「発生」そのものへと移行するのである。

さて、ここでの「発生」という言葉には、明らかにフッサール的な現象学の響きがみてとれる。フッサールこそは、発生的現象学を論じることにより、身体的な基底からの意味の生成を論じていたのだから。そうであればドゥルーズの試みは、フッサール的な「生活世界」の基底を、さらにその分裂症的な根底へとつきぬけながら、現象学の試みを徹底化する構成をそなえているといえるのではないか。さらにドゥルーズが、『差異と反復』において、「時間の受動的総合」を論じていることも考慮すべきである。そのような論じ方は、きわめてフッサール的ではないか。

とはいえ、そこでドゥルーズは、フッサール的な現象学を視界にいれながらも、「発生」にかんする議論を、フッサール的なものからは明確に区分していくのである。そしてそのなかで、ドゥルーズが思考するかぎりでの「超越論性」に焦点をあわせつつ、サルトルの思考が評価される流れになっていく。

そこでのフッサールへの批判は（ドゥルーズの試みが、一面ではそれにぎりぎりにまで接近しているがゆえに）かなり厳しいものがある。フッサールは、還元によって、ドクサ的なものの立場をとることを停止し、根源にいたろうとする。「意味」の論理にかんしてのべれば、まさにノエマの核としてとりだされる意味の中心を超越論的意識へとおきなおし、そこに根拠づけようとするのである。それゆえ、「意味の対象への関係は、もちろんノエマ的述語の何ものか＝Xへの関係から派生することになる」。そして「この何ものか＝Xは、ノエマ的述語の土台や統一原理の役目を果たすことができる……それはむしろカントの対象＝Xのようなものである」[4]。だが、カント的な観念論における統一性の対象＝Xを超越論性のなかにもってくるならば、現象学が事象そのものへというかたちでの事実性の接近であったことが、その超越論化によってかき消されてしまうのではないか。つまり事実そのものをあつかう経験論の暴力性（ドゥルーズがとりだしたかったもの）が、カント的な観念論的な超越論化とともに抹消させられかねないのではないか。

ドゥルーズは以下のようにつづける。「少なくとも暫定的にはドグサの特定の内容や様態と関係を断たなければ哲学たりえないとのべておきながら、ドクサの本質的なもの、つまりはドクサの様態を保存し、「根源的」なものと提示される思考のイマージュのなかで経験的でしかない行使を、超越論的なものまでにもちあげて満足する哲学が、哲学であるのだろうか」[5]。

ドゥルーズ流のジャーゴンに溢れてはいるが、ここでのべられていることは簡単である。意味の根源を、ドクサを否定しつつその根底にまで探りなおそうという試みはよい。だがそのときに、ドグサ的なものとして否定しておいた何かを、その根底において支えとして再度とりだすならば、それはまさにドクサの二重写しの「手品」（un tour de passe-passe）[6]ではないかというのである。

かくしてカント的な観念論と同様に、ここでのフッサールの試みは、「人格の形態」「人格的意識の形態」「主観の同一性」というドクサ的な同一性を保持しながら（これらこそは対象＝Xというカント的主題の原形式である）、それを超越論化させることに終始してしまう。そこでは、対象と意味との関係においてみいだされた事態が、超越的なものに矛盾なく移行させられている。

この点においてサルトルの思考は、現象学に依拠しつつも、ドゥルーズにきわめて意義ある視界を与えたとおもわれる。というのも、サルトルこそは、実在する自我を排除しながら、超越論的な主観性が保持されることのないような「超越論的な場」をとりだすからである。これはフッサールがのべる超越論的なものとはまったく異なっている。この点についてドゥルーズはつぎのようにのべている。

〔…〕この超越論的な場は、サルトルが一九三七年の決定的な論文で提示した条件に対応しているだろう。それは、総合的な人称的意識の形態も主観的同一性の形態ももたない、非人称的な超越論的場のことである。そこでは主観は、つねに構成されるものなのである。[7]

さらにつぎのようにつづけられる。

基礎が、それが基礎づけるものに類似していることなどありえない。[8]

超越論的な場に対して、カント流に、統覚の総合的統一たる〈我〉の人格的形態を与えることは、たとえその統一性に普遍的射程を付与するとしても不可能だとおもわれる。この点について、サルトルの反論は決定的である。[9]

カント－フッサール流の超越論的思考を退けつつ、ドゥルーズがとりだそうとしているものは、超越論的主観性を前提とした「内在」なのではない。重要なのは、「超越論性」という「経験」そのものが「発生」する場なのである。そこでは「自我」の「同一性」にあたるものも、それとともにある対象＝Xとしての統一も、ドクサ的なものとして排除される（ドゥルーズにおいては、この議論がパラドックスという方法論につながっていく）。後期の『哲学とは何か』で明確にのべられているように、ドゥルーズが語る「内在」の哲学とは、超越論的主観性や対象＝Xを想定した「何かへの内在」を論じるものではない。それは、ただ自らがあることへの内在、その意味においてまさに存在するということへの内在でしかない。それゆえに、そこでは自我の契機は何一つ残されてはならないのである。

この発想は、自我を超越した対象性としてしか語ることなく、還元においてそれを消し去るべきであると論じたサルトルの発想にきわめて近いことは確かではないだろうか。

2　サルトルにおける超越論的な場とそこでの自我の構成

さて、ここでドゥルーズはいったんおき、ドゥルーズがかくも高く評価した『自我の超越』と、そしてその内容がむすびついているとおもわれる『存在と無』における「即自」と「対自」の記述について（後者については若干触れるのみであるが）検討してみたい。

サルトルの『自我の超越』は、「現象学的記述の試み」という副題をもつように、まさに現象学的な探究でありながら、その理論の根幹においてフッサールの主張を拒絶するものである。それだけに、これはきわめて独特な内容をそなえた論考であるといえるだろう。サルトルはそこで、超越論的な場から自我を排除し、超越論的主観性の不可欠さというフッサール的主題に真っ向から対立するテーゼを掲げるのである。その冒頭句では、つぎのようにのべられる。

ここで示したいのは、〈自我〉とは形相的にも質料的にも意識のなかにあるのではないということ、〈自我〉とは外部に、世界のなかにあり、他者の〈自我〉と同じように、世界

の一存在者であることである。(10)

サルトルの筆致は冒頭から、ドゥルーズのそれと交錯するものがある。というのも、ここで問題視されているのは、フッサールの現象学のカント的な超越論性への接近であるからだ。サルトルが評価する現象学とは、カント的な観念論に回収されるものではなく、超越論性において「事実性」そのものをあつかうものなのである。

これはつぎのようなフッサールへの批判からも明確にみてとれる。

それゆえ〈我〉と意識との関係の問題は、実存的な問題である。フッサールは、カントの超越論的意識を、再びみいだし、それをエポケーによってとらえている。とはいえその意識は、もはや論理的な条件の総体ではなくて、絶対的な事実なのである。(11)

この場合、エポケーの対象となり、排除されるのは（それゆえ超越論的に構成されることになるものは）「私たちの心的および心理＝物理的な自我」だということになる。そこでサルトルはつぎのように問う。すなわち「絶対的意識の構造としての超越論的〈我〉なるものによって、それを重複させる必要などあるだろうか(12)」、と。

この問題設定が、ドゥルーズの議論ときわめて接近していることはみのがせない。ドゥルーズは、フッサール的な超越論性とは、ドクサの二重写しの根源化にほかならないと断じていた。サルトルもやはり、たとえあらゆる表象に自己がともなうとしても、それが形式的なものでしかないならば、それを超越論的な領域にひき写し、いわば二重化してみせる必要はないのではと問うているのである。

ここからサルトルは、以下の四つの帰結をとりだしてくる。第一に超越論的領野とは、まさにそれ自身非人称的あるいは前人称的なものであり、そこに〈我〉は存在する必要がないということ、第二に〈我〉が現れるのは、まさに自己が能動化する「人間性」の場面においてのみであること、第三に、〈我おもう〉という統一性はこうした超越論的基盤に先だつものではなく、むしろそれによって可能にさせられるということ、第四に人称性は意識に必ずともなうべきものではなく、非人称的な意識も想定されること、これらである。(13)

サルトルは、フッサールがカントに倣って想定したような超越論的自我なるものを、超越論的な領野の働きを統括するものとして設定することは不要であり、超越論的な位相とは、サルトル的にいえば「非反省的な意識」という非人称性においてとらえられるべきだとのべるのである。

ドゥルーズが前個体的で非人称性的な領野としての超越論的場を描くときに、こうしたサルトルのフッサール批判が念頭にあったことは充分に推測できる。超越論的領野そのものに、それを統括する自己性を認めないならば、そこには中心化する視線を設定する必要もなくなることになる（それゆえ超越論的自我にともなう重層性の問題を解決するためにもちだされるフィンク的な第三の自我を想定する必要もなくなる）[14]。その統一性は、フッサール自身が論じるように、むしろ時間の流れのなかでみいだされる統一性であるべきであり、〈自我〉にかんしては、これを根底において心的あるいは心理的＝物理的自我の構成を想定するだけで構わないということになる。すると自我の構成は、それが能動的なものとして成立するときに「のみ」問われるべきとなる。サルトルが「非反省的な領野」と名指すものは、たとえドゥルーズが「反省」という術語をつよく退けるとしても、ドゥルーズの描く非人称的な場面とかさなっている。さて、サルトルのこうした記述は何に向けられているのだろうか。

筆者はけっしてサルトルの専門家ではなく、その著作を詳細に読み切ったわけではないので、みこみ違いがあるかもしれないが、これは基本的に、つぎの二つの事態を描くためのものであるとおもわれる。

第一に、ここで非人称的なものと描かれているのは、サルトルにとって「即自的」に「ある」と示される、存在の事実性あるいは事実的偶然性を剝きだしのかたちでとりだすものだということである。もちろんここでの「即自」の事実性と、ドゥルーズの思考する「内在」とは隔たりがある。だが、ドゥルーズが自身の試みを超越論的経験論とのべたように、超越論的な領域そのものがそのまま「経験論」でもあり、生成そのものが超越論的であるという議論と、この主題設定とはむすびつきがある。

第二に、サルトルのここでの議論は、自我の内面性を超越論的なものからひきはがし、それをいわば心的あるいは心理的＝物理的なものとなすことにより、他者性と連関した自我の成立という記述を可能にしていることである。それはサルトルの主要な議論の一部をなしている「眼差し」というテーマ、あるいは他者性という地獄、みるとみられるとの、サディコ－マゾヒスティックな自己の議論、これらを可能にするものであるともいえるだろう。他者と自己の終わりなき相克と、そこでの自己のあり方は、この世界の事実性における主要なテーマでもあり、サルトルにおいて特徴的な身体性や性という主題はそこから提示されてくるとおもわれる。そのとき自己と他者との両者は一面では「対等」でなければならないはずだ。そう考えるならば、超越論的領野を自己とまったく関係ないものとなすことは、自我と他我との、根源的領野における対等性を確保するためにも必要であったのではないだろうか。

すでにのべたが、「他者性」や「眼差し」は、ドゥルーズにとっても隠れたテーマを形成している。「ミシェル・トゥルニエと他者なき世界」のみならず、『差異と反復』の第五章において、受動的総合をへた能動的な自我（moi）の成立を語るドゥルーズは、そこで他者性を論じ、批判をこめながらもサルトルに言及するからである。[15] ドゥルーズが超越論的自我を排除したあとにみいだした個体化の世界が、非人称なものの個体化により自己化する場面であるならば、そこで他者という「別の自我」が成立することや、その構成の契機を自我とあわせて追究することは、当然の展開でもあるだろう。

サルトルの『自我の超越』は、〈自我〉とは「構成されたもの」であることを強調することによって進行していく。これは、『存在と無』の序文および第一部第一章においては、まさに「即自」の充溢性と「対自」の否定性の導入という話題と連関し、さらに「他者」性（「対他」存在）の問いともむすびついて論じられるものである。ここでは『存在と無』という、『自我の超越』をひとつの素描としつつも、しかし独自の膨大な体系化を企てた書物に踏みこむことはできない。とはいえ、「自我」が「反省作用」によって「構成され」、それゆえ超越論的領野は「自我」とはかかわりをもたないというサルトルの主張は、『存在と無』の非措定的な自己意識の議論につながること、そしてそこでのさまざまな主題の展開が、ドゥルーズにおける潜在性への否定性の導入という議論と一種の平行性をもっていることを確認することは可能である。

だがこの問いは、さらにもうひとつの問いを導くはずである。こうした「自我なき」事態とはそもそも何であるのか。これはドゥルーズ後期においてつよく主題化される「内在」と、どのようなつながりをもつのだろうか。

3　ドゥルーズとサルトルとの交点

サルトルの「非反省的」なものとされる領野（さらに『存在と無』では、「非措定的な自己意識」と描かれるもの）と、ドゥルーズであれば非人称的で潜在的な位相と語る場面とには、果たして共通性があるのだろうか。以下のサルトルの議論をみるかぎり、この点においてもかなりの近接性がみうけられる。『自我の超越』の結論部の文章をみていこう。

> こうした超越論的領域は、絶対的な存在領域であって、つまり純粋自発性の領域である。それはけっして対象ではないし、実存へと自己決定するものである。[16]

したがって、われわれの主張は、以下のように定式化することができる。つまり、超越論的意識とは、非人称的な自発性である。それは瞬間ごとに実存へと自己決定し、それに先だついかなるものをも考えることはできない[17]。

また結論以前の部分で、サルトルはベルクソンの議論をひきあいにだしながら、以下のようにのべてもいる。そこでは、ベルクソンが潜在性の領域を自由な自己の位相と解釈したことへの批判がなされているのだが、むしろ強調されるのは、その点を抜き去ったときにみいだされる存在のヴィジョンの相似性である。

したがって、〈自我〉とその状態とのつながりは、やはり不可知な自発性にとどまる。ベルクソンが『時間と自由』のなかで記述したものは、まさにこの自発性であった[18]。

ここで確かにサルトルは、ベルクソンがのべる純粋持続の自発性の場面に、自我という構成された事象をかさねあわせることを拒絶し、それ自身の自発性を押したてている。ところが後期のベルクソンや、そこから議論を展開するドゥルーズでは、彼ら自身が、『時間と自由』では「深い自我」と語られていたこうした領域をも、非人称的なものとしてあつかっていく点を考慮すべきである。それゆえこのサルトルの批判は、単純な批判とはうけとれなくなるのである。

こうしてみいだされてくる「超越論的領野」が純粋自発性の領域であることは、『存在と無』における「即自」(en soi) のあり方につながるだろう。そこでの「存在とはそれがあるところものである」(L'être est ce qu'il est)[19] という否定性なき充溢の位相は、この非人称的な自発性の表明そのものである。それと同時に、この即自の領域に否定がはらまれることによって(サルトルが重視して描く「自己欺瞞」の運動性は、それを導入する努力であるだろう)、「対自」(pour-soi) が描きだされていくことになる。

さてこのようにしてとりだされる、サルトルにとっての絶対的な自発性としての超越論的領野とは何なのであろうか。そこでの即自、まさにそれがそれでしかないこととは何なのだろうか。

ドゥルーズが人称性なき潜在性の位相を論じるときにポイントとなっていたのは、それが一切の否定性の影をもたないことであった。いかなる欠如も否定もそこには含まれないことであった。サルトルの「即自」は、実際のところそこにある種の否定性を関与させたうえで自我の構成を論じる基盤でもあるともおもわれる。それゆえ無が即自に関連しないことはありえないだろう。しかしそれならば、ドゥルーズに対しても、なぜ潜在性(「内在」)にとってある種の超越性が導入されるのかという、同じ根底的な問いをさし向けることも可能である。

ドゥルーズにおいて潜在的なものは、最終的にはただひたすら「内在」でしかないものと徹底されて描かれる。それは何か「へ」の内在という表現をすべて排除した先に残存する「内在そのもの」という最終局面である。だがそうしたドゥルーズにおいても、実際の現象の形成を論じる場面では、「理念」として描かれてもいたこの超越論的領域の奥底に、「賽子の一振り」というダイナミックな展開が要請されている。そうであるかぎり、それがどこかで内在を裏切る仕組みになっているともいえるのである。

もちろん、そうではあれドゥルーズののべる「潜在性」としての「内在」とサルトルの「即自」とのあいだには明らかな相違がみてとれもする。サルトル的な「即自」は、存在の事実性として、一種の無意味な塊にほかならない。これに対して、ドゥルーズ的な潜在性は、一面ではベルクソン的な生物学モデルを下敷きにした差異化の論理を含んでいるからである。もちろんサルトル的な超越論的領野が、一種の事実性としての偶然に関連しているかぎり、それとドゥルーズののべる、差異化の起点としての「根源偶然」と、「ある」ことそのものの事実的偶然性とのつながりを論じることも可能であるだろう。しかし同じ存在の充溢を認めつつも、そこから何かが展開されていくあり方において、無という存在の穴を重視するサルトルと、その無限の差異化的要因を重視するドゥルーズとを、ダイレクトにかさねることはできない。

とはいえ、ただ「ある」だけのものであるというサルトルの超越論的領野の記述が、自我を排除した絶対的な自発性、すなわち人間の能動性が介在していない存在そのものの自発性を論じるものであるかぎり、それはまさにスピノザ主義や、エラン・ヴィタルの根底を探るベルクソン主義からみいだされる、潜在的な内在の思考に奇妙なほどかさなりうることは指摘しておくべきだろう。

4　いくつかの余滴

さて、人文書院の翻訳（新装版）『自我の超越・情動論素描』には、旧人文書院版サルトル全集に掲載されていた訳者竹内芳郎の解説が所収されている。ここで興味深いことに竹内は、サルトルの論じる非人称の「超越論的領野」を、一種の「近代的自我主義の超克」としてもちあげつつ、「これだけとればわが国でも同様の思考（わが国の哲学界では、欧米近代への反撥から、むしろこの方の思考こそが主流をなしてきた）〔…〕と、きわめて近似していると言えるであろう[20]」とのべ、西田幾多郎の名をあげながら、両者の近接性を指摘していることである。とはいえ竹内は、この近接性について、最終的には以下のように否定的にあつかうことになる。

> しかしながら、サルトルと西田の親近性は、せいぜいここまでだ。西田にとってあらゆる思考の出発点となった最も確実な岩盤たる〈純粋経験〉は、一切の思慮分別を加えない、主客未分の原体験のことだろうが、サルトルの目からすれば、こんなものは人間の具体的経験のなかから、〈思慮分別〉の要素をきびしい修練によって抑止する〈座禅〉のような特殊な神秘的体験を通じて後から人工的に抽出された〔…〕きわめて人為的・抽象的な特異体験にすぎず、こんなものが一切の思考の、それどころか具体的経験さえもの出発点となり得るはずがない[21]。

竹内がこの文章を書いていた時代性、あるいはその局面での政治性を考えると、西田および京都学派に対するこうしたにべもない批判は致し方がない部分があるのだろう。だがこの批判は的を射ているものなのだろうか。ドゥルーズというプリズムをつうじて事態を考えるならば、さまざまな論点が浮上してくる。

竹内が批判するように、西田の発想が、現象学的な近代主義の極限化の先にある省察であるというよりも、禅やある種の体験に依拠した部分があることは確かだろう。だが竹内は、西田の純粋経験が、それ自身としてジェームズやベルクソンの議論と連関しており、またその後の「自覚論」における新カント派や数学基礎論の導入などを考慮すれば、到底「座禅」という方向からのみ解釈されうるものではないことを看過しているようにおもわれる。西田自身の思考は、実際のところ西洋に対する東洋という視点に基づくものではなく、最初からきわめてモダンなものであるとさえいえる。西田における「体験」の「具体性」は確かにサルトルとは異なっているかもしれない[22]。だがそれは、ある種の神秘的体験として退けてすむものではない。

そしてさらにいえば(論者はこの点について一冊の本を著しているのだが[23])、ドゥルーズの論じる潜在性が、ベルクソンの純粋持続をひとつのモデルとすることを踏まえれば、ここでの議論はいっそう含意をおびたものになる。つまりドゥルーズの議論と西田のそれとは、非人称的な位相のあつかいについて、そもそも同様の根(そこでの経験論・プラグマティズム・アンチカント主義)から帰結しており、そのうえドゥルーズがサルトルの一切の自我を欠いた「超越論的な場」を基本的な論点ととらえるならば、この点について、けっして単純にはわり切れない事態が発生するのではないか。つまり、非常に奇妙にきこえるかもしれないが、竹内の批判とは異なり、ドゥルーズやベルクソンを媒介とするならば、むしろ西田とサルトルの位相をつなげる可能性すらでてくるのではないだろうか。

ただし、これより先にいけば、むしろサルトルに対して、つぎのような疑念および批判がでてくることも予想される。竹内は、西田の純粋経験は「後から、人工的に」抽出されたものだと批判し、いってみればその日本イデオロギー性を論難したつもりになっている。しかしながらサルトルが『自我の超越』において、「超越論的領野」が前反省的領野であるとのべる際には、やはり「反省」と「非反省的」という対があることが前提になっているのではないか。そのかぎりにおいて、反省する主体は、サルトルの言辞にもかかわらず、そこで残存しているのではないか。これが『存在と無』の「非措定的な自己意識」となると、それがいかに非措定的とはいえ「自己意識」であるかぎり（たとえこれを conscience (de) soi と記述するとしても）、いずれにせよ自己性そのものは残存しているのではないか。そうであれば、超越論的領野から一切の自我の影を消し去ったがゆえに、そこから具体的な身体や他者性の記述に向かいえたという、この部分の評価が危うくなることはないのだろうか。

これはサルトルと現象学の方法論にかんする根本的な問いかけであるだろう。それゆえ正直にいえば、この問いはサルトルを専門としない論者があつかえるテーマではありえない。だが、これは、超越論的な場を論じる際の、きわめておおきな分岐点を示すものでもあるはずだ。

ドゥルーズにせよ西田にせよ、いわば潜在的な充溢の位相に否定性をもちこむときに、微分や無限小という、ライプニッツ的な方法を重視している。それは、あくまでも自我的な中心性を欠くかたちで、充溢に否定をもちこむためである。だが現象学的方法論にこだわるサルトルは、非反省的意識にせよ非措定的自己意識にせよ、意識が担う否定性＝無をおそらくは即自に対応させてしまう。それではむしろサルトルが即自の事実性を導入する方が、事後的なものではないかと反論することも可能になってしまう。

この問いを、たんなる批判の応酬ではなく生産的なものとするためには、サルトルにおいて重要なテーマであり、また現象学にとっては隘路そのものを形成し、そしてドゥルーズでも隠れた主題をなす「他者」性を、こうした超越論的非人称性からどのようにみいだし、自我の構成と連関させうるのかが問題になるとおもわれる。サルトルの主張する事実性をめぐる現象学は、一面では即自があらわにする徹底的な不気味さと同時に、自己と他者とを同様の資格であつかうことにおいて、意識の現象学の枠内をつき抜けようとしてもいるからである。それを、ドゥルーズとの交点において（あるいは竹内とは逆に、西田との交点において）ひきたてていくことは、その思考のポテンシャルを、別な方向に展開することにもつながるのではないか。ドゥルーズならばここで、むしろ他者なき世界としての「分裂症」の場面を想定する。だがその一面で、他者は人間化する過程で必須な存在者でもある。そしてそのような人間化のプロセスは、ドゥルーズ的なアンチ・ヒューマニズムの思考においても無視できるものではない。

いずれにしても、サルトルののべる超越論的領野の非人称性や、その領域がそなえている非人称の自発性というテーマは、サルトルを置き去りにしたかのようにみえる現代思想の論脈においても数々の問題を提起するものでありうる。[24] ドゥルーズとの対比において、この点をとりだしたことで、ここでの論述を終えることとしたい。

注

（1） 例えば「彼は私の師だった」『無人島』所収 G. Deleuze, *L'île déserte et autre textes*, Minuit. などを参照のこと。そこでの、サルトルの「穴」としての主観性の記述をメルロ＝ポンティの襞としての存在論とは別種のものとして高く評価する事態は意外にもおもわれるが、超越論的な場を正当にとらえた点でサルトルを評価するドゥルーズにとって一貫した姿勢である。穴としての主観性を導入することで、逆にサルトルでは存在の肯定性が徹底して維持されているからである。

（2） 最初期の著述とされる「女性の記述」など（フランス語では未刊行）におけるサルトルとの関連については、鈴木泉「雀斑と倒錯——ドゥルーズの最初期思想瞥見」（『紀要』二九号、神戸大学文学部）を参照のこと。

（3） G. Deleuze, *Logique du sens*, Minuit, pp. 350–372. 知覚の場における「構造的アプリオリ」としての他者を、その不在から描きだすこの著述は、ドゥルーズと他者との関係や、その非人称の位相を考えるときにも関心をひくものである。また注15で触れるが、この論考は、『差異と反復』の最終章でも注において、サルトルへの批判とともに論及されている。

（4） *Ibid.*, p. 118.

（5） *Ibid.*, p. 119.

（6） *Ibid.*,p. 118.

（7） *Ibid.*. p. 120.

（8） *Ibid.*. p. 120.

（9） *Ibid.* p. 128.

（10） J. P. Sartre, *La Transcendance de l'ego*, Vrin, p. 13.

（11） *Ibid.*, pp. 17–18.

（12） *Ibid.*, p. 19.

（13） *Ibid.*, p. 19.

（14） Cf. *ibid.*, p. 36.

（15） G. Deleuze, *Différence et répétition*, PUF, pp. 333ff. ここではトゥルニエ論との連関において、サルトル的な他者の不十分性が、「構造としての他者」ではなく、主観と客観の相克に陥る論脈を描いた点で批判されているが（p. 334）、それも結局は、否定性の導入の仕方の差異にかかわるものといえる。

（16） J. P. Sartre, *La Transcendance de l'ego, op. cit.*, p. 77.

（17） *Ibid.*, p. 79.

（18） *Ibid.*, pp. 62–63.

（19） J. P. Sartre, *L'Etre et le Néant*, Gallimard, coll. « Folio », p. 32.

（20） 竹内芳郎「『自我の超越』における〈近代的自我〉超克の

試みとその現代的意義」、サルトル『自我の超越　情動論素描』人文書院所収、八頁。

(21)　同書九頁。

(22)　西田幾多郎の「純粋経験」は、たとえ「禅」と関連があろうとも、抽象的な産物といいうるものではとてもない。しかしそこでの「具体性」が、確かに他者との相克や社会関係へと拡がっていくサルトルの筆致と真逆にみえることも確かだろう。西田の経験は個人の底を穿つことによって非人称なるものをみていくものである。この点は、西田自身が中期以降に、独自の他者概念を想定していくことなどを含めて考慮すべきである。

(23)　拙著『西田幾多郎の生命哲学』講談社学術文庫を参照されたい。

(24)　先の注22ともかかわるが、ドゥルーズや西田の方向性がある種の非人称の自然そのものをつきつめるものであるのに対し、他方サルトルの記述は、それを露呈させながらも、あえて逆に人間的な位相としての自我にこだわるものだといえる。それゆえに、双方の方向は異なっており、サルトルにおける自然性の議論の欠如は問われるべきであるが、それでも「絶対的」な「内在」という場面において、双方が同じものをみていることは確かである。

フロイトを巡るサルトルとラカンの三角関係
——「実存的精神分析」が提起したもの

番場　寛

序

ジャン＝ポール・サルトルは一九〇五年六月二一日に生まれ、一九八〇年四月一五日に亡くなっている。一方、ジャック・ラカンは、一九〇一年四月一三日に生まれ、一九八一年九月九日に亡くなっている。実存主義の中心人物の一人と、本人の意思とは関係なく、構造主義者と見做された精神分析家、理論家という、フランスで相次ぐ二つの異なった思想の潮流に属する二人が、年代的には殆ど同じ時間を生きたという事実は驚きである。

二人が生きた時代のうち、一九四五年から一九六〇年にかけては、「実存主義」がもてはやされた時代から「構造主義」が迎えられた状況の変化への時代であり、ベルナール・パンゴーに倣って言えば、「意識」や「主体」について語られた時代から、「規則」や「コード」や「体系」について語られる時代へと移行した時代なのである。(1)

一方は哲学者であり、他方は臨床に基づく精神分析家であるという、専門的には異なり、親密な交流は伝えられていない二人だが「精神分析」という共通点で交叉している。本稿では、

「精神分析」を通してフロイトを交えた三人の影響関係を検討したい。

1 実存的精神分析

サルトルが『存在と無』で唱えている「実存的精神分析（la psychanalyse existentielle）」という概念は、以下のように「フロイト的無意識」を認めないと断言している点で奇妙である。「事実、経験的精神分析は、原理的に被験者の直観のとどかないところにある無意識的な心的過程の存在という仮説から出発する。実存的精神分析は、無意識的なものというこの仮説をしりぞける」[2]。また、「実存的精神分析は、人間的自由の根源的な出現より以前の何ものをも、認めない」[3]と明言しているが、サルトルの哲学において重要なテーマの一つである「自由」という問題に主体が直面するのは、あくまで「意識」というものが生まれ、「選択」ということが可能になってからである。

では、「フロイト的無意識」を認めないにもかかわらず、「精神分析」という言葉を自らの分析の方法として命名したのはなぜなのだろうか？　サルトルは自らの「実存的精神分析」を「精神分析」と呼ぶ根拠として、一般的な精神分析との共通点をつぎのようにまとめている。

一つは、ある人の「心的生活」が認知されるものとして外部に現れたものと、その人の「人格を構成する根本的全体的構造との関係」を「象徴するもの」と「象徴されるもの」との関係と見なす点において二つの精神分析は共通していると指摘する。二つ目は「遺伝的性向」や「性格」などのような「原初的所与」は認めないという点である。

では共通点としてあげられる人間に対する見方はどのようなものとサルトルは考えているのだろうか？　それは人間を「世界の内」において考えることであり、「状況」の中でたえず変わっていく「たえざる歴史化」の存在と見なすことである。

2 『情動論粗描』

『存在と無』におけるサルトルの唱える「実存的精神分析」の奇妙さがどこに由来するのかを知るためには、まずサルトルが一般の「精神分析」というものをどのように考えていたかを知る必要がある。そのために『存在と無』に先んじて一九三九年に発表されている『情動論粗描』を読むと、彼が一般的な「精神分析」というものをどのように見なしていたかが明確になる。

この論文において、サルトルはまず「情動を理解する」とはその「意味」を求めることであり、そのため「情動の目的性」を「情動的な行為の客観的な検討によって把握」しなければならないと言う。彼は、この情動の目的性というものは「諸行為の総合的な一組織を想定するもの」であり、この場合の組織というものこそ「精神分析学者の無意識的なもの（l'inconscient）ないしは意識にほかならない」と説明する。[4]

彼は「精神分析」が初めて「あらゆる意識状態はそれ自身とは別のものに相当するだけの価値をもつという事実を力説した」と指摘する。[5] その例としてサルトルは、性的偏執者によって犯された拙劣な盗みが、分析により、患者の最初のコンプレックスに起因する自己懲罰の現象とみなされる例や、幼いころに経験した性的事件が原因で、月桂樹に対する恐怖症を持つ女性の例を挙げている。こうした情動は、心の真実が明るみに出されることへの拒否であり、それからの逃走であると断言し、怒りという情動を性的衝動の象徴的充足とみなす精神分析的解釈があることを述べている。[6]

そしてサルトルは結局、「精神分析的な解釈は、意識的な現象を、検閲によって抑圧された欲望の象徴的な実現として把握する。ここで注意すべきことは、意識にとってはこの欲望は、その象徴的実現のなかに暗示されてはいない、ということである」と断言する。[7]

驚かされるのはサルトルはここで、行為や言動やその他の意識される現象として現れ出たものを、「意味するもの」という意味でシニフィアンと呼び、その意識されるものとして現れ出たものを、「意味されるもの」という意味でシニフィエと呼んで、その二つが切り離されていることを指摘している。そしてそれは二つを因果関係のように捉える見方であり、意識的事実として現れ出たものに対し、「意味」が外部にあるように見なすことは間違っていると主張する。

「意識はそれ自身、事実でもあれば、意味でもあり、また意味されたものでもあるのだ」[8] というサルトルのこの断言の、「事実」とは、上記のシニフィアンに相当するが、彼はこの関係を更に「意識的事実が、表現されるコンプレックスにたいして象徴関係にある」[9] と言い換えている。サルトルによれば、こうした「象徴と象徴されるものと象徴作用とのあいだの関係は、意識それ自体の内部構造的なつながりということになる」[10]。これが成り立つ根拠としてサルトルが挙げるのは、象徴作用と象徴とのあいだの「了解（compréhension）」という内在的なつながりを理解できる点である。いわゆるフロイト的精神分析は、象徴と象徴されるものとの関係を因果関係ととらえ、その因果関係を成り立たせるのが「無意識」という概念だとみなす。サルトルが、やがてその「フロイト的無意識」を認めないという見方を『存在と無』で宣言するという流れは理解できる。

さて、この考えのどこがおかしいのであろうか？　意識のうちにすでにシニフィアンとシニフィエ、象徴するものと象徴されるものを含んでいるというのは正しいであろうが、それは「了解」という形式をとらない場合もあるのではないだろうか？　象徴するものと象徴されるものを因果関係と捉える「心的因果性」というものをサルトルは完全に否定するのだが、ラカンにおいてはそれが理論の根本をなすのである。

3　『フロイト〈シナリオ〉』

「無意識を認めない」と確かに明言したサルトルだが、驚かされるのは彼がジョン・ヒューストンに依頼されて書いたシナリオに描かれたフロイト像である。これを読むと、サルトルはかなりフロイトの精神分析を理解していたことが分かる。シナリオはフロイトが師からの、大学の教員になれる推薦を断り、シャルコーの講義を受けるためにフランスに留学するところから始まる。

帰国後、友人のフリースとブロイアーとフロイトの三者が一堂に会するシナリオのような会話があったとは思えないし、ドーラというヒステリーの有名な患者も出てくるが、その症状とその経過はフロイト自身により伝えられている事実とは異なっているように脚色されている。

帰国したフロイトがブロイアーの患者を引き継ぎ、自身も催眠術療法を試みてその限界を知り、やがて自身の「自由連想法」を発見していく過程がシナリオにふさわしい手法で描かれているが、そこで中心となっているセシリーという二〇歳の少女のモデルが、ブロイアーとフロイトの著作である『ヒステリー研究』にその名と症例が細切れ的に繰り返し引用されているその女性、ツェツィーリエ・M夫人のことを暗示しているかは不明である。彼女は症状として、目が見えなかったり、声が聞こえなかったり、四肢が麻痺していたりしていたが、シナリオのセシリーは、ヒステリーの一般的な症状を多く持っている点、ブロイアーに対し転移性の恋愛感情を抱いたり、ブロイアーも逆転移と呼ばれるような感情を彼女に抱いているようにシナリオで描かれている点から考慮すると、『ヒステリー研究』で実際の症例として挙げられている複数の女性たちの特徴から創作した人物であると思われる。

そしてフロイトが自らの実践により理論を構築していく過程で、自らの「オイディプスコンプレックス」をも発見していく様子が、実際にはなかったであろうフロイト自身の描写をも交えて映画的に描かれている。

シナリオの中でフロイトはフリースに「ある子供が生涯のごく初期の頃、ある性的攻撃の犠牲になったと想像してくれたまえ」[11]と語り、さらにフリースの質問に答えるかたちで続ける「〔…〕それから数年経過して、諸器官が発達してくる。その子供がその記憶を呼び起す時、初めてときめきを覚える。それと同時に、社会から道徳的な原理だとか、厳密で堅固な命などを教え込まれる。その子は自分のときめきを恥じ、その記憶を無意識の中に抑圧し、それから自己を防御する」と説明する[12]。それに続きフロイトは、その子供の「ときめき」(欲望のことであろう)と「道徳的な命令」(これは超自我を示していると思われる)、との対立が「妥協」を生むと説明する。「[…]その象徴はもはや意識の上には現れなくなるが、何かがその代りをし、それを隠すと同時に、彼にとって象徴として役立つことになる。そしてこの何かこそ神経症であり、あるいは神経症の症状だというわけだ[13]」とサルトルはここでフロイトに語らせている。

そしてフリースに「抑圧、転移、それが君の祖国だ、心理学だ」と言わせているのだが[14]、この場面を読むと「フロイト的無意識」を明確に否定する者がいくらシナリオだとはいえ、どうしてこのように共感に満ちたフロイト像を描くことができたのであろうかという疑問がわく。

4　サルトルとフロイト

サルトルの主張するように無意識を否定した上で精神分析が可能だとしたら、それはどのような見方に立つときなのであろうか?

「抑圧の機能を実現するためには、検閲官は抑圧すべき無意識の素材について認識していなければならない。それを知らなければならない。結局、検閲官はそれを知らないようにするために、それを知らなければならない[15]」。これはフロイトの「検閲」という概念が解決しなければならない「自己欺瞞」という問題である。検閲官を深層に抱く個人はいかに自らの欲望について、自分自身を欺くのかと問うとき、「検閲官」という概念はむしろ「引き裂かれた意識」としての側面から考えるべきではないかとベティ・カノン(Betty cannon)は提案する[16]。

フロイトは「エスと自我」という論文で、それまで「意識」と「無意識」の間に置いた「検閲」という働きを「超自我」に置いたのだが、この概念は「超自我」が「自発的な経験を判断する反省的批判の声と見なされるという意味で、サルトルが自らに抱いた自己欺瞞の働きという観念により近い」とカノンは指摘する[17]。つまり「超自我」までもを「意識」に含めば「無意識」というものを設定しなくても理論が成り立つという考え方である。

精神分析の場において患者が「ああ、その頃からずっと起きていたのはそのことだったのか。私は今それが分かった」と言うのはフロイト的に言えば「無意識」が「意識」になった瞬間であるが、なぜ分析を受けている者が分析の場で、自分の姿を認めるのかは謎である。サルトル的に考えれば、それは「その主体が自らの諸々の傾向に対し、一度も意識的であることを止めなかったことであり、もっと言えば、それらの諸傾向が彼の意識そのものと区別されないということ」となり、反省的作用と非反省的作用の構造をフロイト的心理学は混同しているとサルトルは主張しているとカノンは指摘しているがそれは正しいであろうか？[18]

フロイトの精神分析を引き継いだラカンの理論において重要な概念は「転移（le transfert）」であり、それを彼は「知っていると想定される主体（le sujet supposé savoir）」という概念によって深めた。分析を受ける者は、その際、自由連想法で言葉を分析家の前で発するのだが、自分は、自分の無意識についてはまったく何も知らないが、分析家はきっと何かを知っている筈だという確信のもとに語り続ける。そのときには、過去に抱いた強い情動をそれを実際に向けた母親や父親やその他の人物に対してではなく、分析家に向けて語る。分析家は被分析者を、その彼が言ったことの重要な部分に意識を向けさせるよう導くことで、被分析者自身が彼の真実を発見するよう導くのである。それがうまくいったときに治癒に繋がるというのが臨床の場における精神分析の考え方である。

その過程を、サルトルのように、「それは無意識ではなく、自分で最初から知っていたのだ」と判断することは可能だろうか？

5　サルトルのフローベール論

ではサルトルが『存在と無』で提示した「実存的精神分析」がその実践としていかなるものであるかを、彼の『家の馬鹿息子』の記述で見てみよう。彼は『存在と無』において「実存的精神分析」について説明するときに以下のようにフローベールの例を出して説明している。まず目差すのは、文学で成功したいというフローベールの野心や欲望を、それを受動的に受け入れるような粘土のようなものと見なすのでなければ、心理学や精神分析の用語で説明されるような諸傾向の束に還元するのでもなく、フローベールという存在の人格的な中心を見つけることだと主張する。[19]

実存的精神分析は「人間の経験的な諸行為を解読することである。すなわち、経験的な諸行為の内に含まれる顕示を明白ならしめ、それを概念的に定着させることである」[20]と説明する。そして実存的精神分析の対象となる人物の具体的な行為として、フロイト的精神分析の対象である、夢、錯誤、強迫観念、神経症、だけでなく「めざめているときの思考、成功し適応した行為、スタイル、等々」も挙げられると主張する。[21]

すべての「欲望」の根底には「存在欲望」があり、それに還元できるという思想のもとに以上の視点で具体的に、作家の人格を分析しようという態度は、フロイトに始まるいわゆる精神分析とは大きく異なっている。一般的な精神分析は何よりも神経症の治癒をまず目的として発達してきた。フロイト自身がレオナルド・ダ・ヴィンチやドストエフスキーの心理の分析をしたのは、人間一般に見られるコンプレックスが顕著な、多くの人に知られている例として示したのであり、フロイトを引き継いだジャック・ラカンの文学作品の分析においても同じである。ラカンが『ハムレット』を分析しているのは、それを実際の人間の「症例」と見なしているのではなく、「不可能な欲望を持ちたい」という点で「強迫神経症者の特徴」が見られる一方、「満たされない欲望を持ちたい」と願っていることが指摘できる点で「ヒステリー者の特徴」が見られると指摘していること[22]からも分かるが、統一された人格として分析しているのではなく、人間の「欲望」のあり方を説明するための例として提示しているのであり、サルトルの実存的精神分析と目的は異なる。

では、実際に『家の馬鹿息子』においてその「実存的精神分析」がいかに実践されているのかをその大部な著作のうち、フローベールの幼児期に焦点をおいて論じた章のいくつかを例にとって検討してみたい。

その前に、サルトルが自己のこの著作で試みる解読方法として精神分析への暗示が「はじめに」において明言されていることに注目したい。「最後に彼の初期作品と彼の書簡（十三巻が刊行されている）は、やがて見るように、世にも風変わりで、最も解読しやすい打明け話であるようにみえる。それはまるで、精神分析医の長椅子の上で《でまかせに》しゃべる神経症患者に耳をかたむけているのかと思うほどである[23]」と言明している。そしてフローベールの一人の女性への手紙の中にある、彼を生涯苦しめた「憂鬱症」とそれがことあるごとに「ふかい傷」として現れるという告白に基づき、フローベールの乳幼児期の分析から始めたいと述べている[24]。この「はじめに」の文章から、サルトルが臨床としての精神分析的方法をも知っており、その方法を十分に意識した方法を試みようとしていることが窺える。

フローベールは、まず他の子と比べて言語習得が遅く、六歳の頃はまだ読み書きがうまくできなかったと伝えられている。特に五歳のときの兄のアシルと比較されたこともあり、「無能」だと見なされたことが、ギュスターヴの運命を決定づけたというのが、サルトルの見方である。一方、母親も兄のアシルに愛情を十分注いだことと、実際は女の子を欲しかったのであり、ギュスターヴのあと、カロリーヌという妹が生まれた後、彼女の愛情はその娘に注がれたこととの結果、ギュスターヴには愛情が回らず、彼はそれに飢えていたという見方をサルトルはする。

それをフローベールの幼児期に遡って説明するとき、サルトルは「子供の親への愛情——口唇性欲の段階——は、生まれおちると同時に〈他者（l'Autre）〉に出会うものであることは自明であり、その限界と強度とを定めるのは母親の行動であり、〔…〕ギュスターヴは母親の冷淡さによって直接条件づけられる。彼は孤りで欲望をもつ[25]」とフロイトの性欲論の用語で説明した後、「フローベールの性的関係の徹底した特徴となるものがパトス的(pathetique)なものであることを見るだろう」と述べている[26]。ここでいう「パトス性」とは受苦的側面のことである。

上記のフローベールに対する母親の愛情欠如について論じた箇所の前に、サルトルは「わたしは白状するが、これは一つの作り話である。事情がこんな風であったと証すものは何もない。そしてもっとわるいことに、そうした証拠が欠けていることは〔…〕われわれが話を作りだすときにさえも、図式的傾向は一般性の方へ偏らせてしまう[27]」と告白している。これは、精神分析の理論に基づき、ある文学作品を分析するとき一般に当てはまることだと思われる。理論としての精神分析は、ある具体的な症例を論じるが、それはそれぞれ個別的な例でありながら、そこで扱われている症状やコンプレックスは、他の人間にも現れる可能性を常に帯びている。そこで留意すべきは、サルトルの唱える「実存的精神分析」が、ある人間を統一体として分析することを目差すのなら、普遍的な症状なり、コンプレックスがある個人のうちにどのように統一体として現れているのかという、個別性、特殊性を分析しなければいけないと思われる。

フローベールの創作行為を「自我」との関係で説明した箇所でサルトルは、フローベールが劇における「演技」のように自らが演技するだけでなく、彼の周りの人たちにも「芝居の登場人物」を創り出させ、それを自己において内面化すると説明する。フローベールの「自我」が彼ではない外界の人物に生命を与え、根本的に異なった情況において彼の性格と同じ性格を表現し得たとき「これは私だ」と言うのであり、有名なフローベール自身が言ったと伝えられている「ボヴァリー夫人、これは私だ」という言葉を理解すべきであり、「私はボヴァリー夫人だ」とは言わなかった点にも留意すべきだと注意を促している[28]。サルトルによれば、「〈自我〉がその間をたえず揺れている二つの限界は、それ故、性格と生の統一体として、外への、つまり想像界の一人物の諸性質の内部への、〈われ〉の投射」となるのである[29]。

サルトルはフローベールに見られる「ヒステリー的特徴」について説明するとき、「ギュスターヴのヒステリー的選択を説明することを目指しているのではない[30]」と「選択」という用語を用いている。サルトルによれば、これは精神科医のように部分的な条件により主体の全面的な変身を説明することは不可能だということを意味している。彼は、「神経症とは、人格全体を、その全過去、その現在、その未来の予見できる相貌、へと意図的に適応させることである」と定義する[31]。つまり、生きるために「ヒステリー」という「スタイル」をとることであり、フロイトのような「無意識的抑圧」という概念は出てこず、あくまで「意図的」な「選択」がなされた結果だと見なす。

ところで、このフローベール論には、使われている概念や用語に構造主義の影響が見られる。中でも驚かされるのは、この著作に短いとはいえ、サルトル自身によるラカンへの言及が見られることだ。

サルトルはフローベールの姪による証言から読み取れる六歳の頃の彼が、読み書きにおいてうまく言葉を使えなかった現象を分析するとき「おそらくそのことは、それらの感情の内容が、ラカン流にいえば、《分節不可能》であることから由来している[32]」と説明し、さらに、幼いフローベールの話す能力の不十分さを説明するときに「誰もがしゃべる年頃になっても、彼はなお語り手を真似る状態にあった。そして彼のうちにとつぜん鳴りひびく音声が、彼をたぶらかすとすれば、それはその音声が引き起こす例の《疎隔》« estrangement » による[33]」と説明しているのだが、この **estrangement** という語に「ラカンはフロイトの用語 *Unheimlichkeit* をこのように訳出している[34]」と注釈をつけている。

本稿執筆時においては、普通なら **inquiétante étrangeté**（不気味さ）と訳されると思われるこの *Unheimlichkeit* をラカンが実際に **estrangement** と訳している箇所は発見できていないが、それでも明らかにサルトルがラカンを強く意識していたことは明確である。

6　サルトルとラカン

ラカンがサルトルの理論をどのように理解し、それをどのように自分のものにしたり、あるいはそれに反発したりすることで自分の理論を発展させていったかを検討することは、ラカン理論の理解のためだけでなく、サルトルの思想そのものの理解の助けとなると思われる。二人の思想の類似点と差異を、「眼差しと目」「不安の原因」「欲望」「二つの存在欠如」という点に着目して論じてみたい。これらの概念はお互いに関係し合っていることが分かるであろう。

眼差しと目の分裂

『存在と無』で展開されているサルトルの「眼差し」と「目」の分離に関する指摘をラカンは以下のように指摘している。

サルトルによれば、覗いている主体の不意を襲い、恥じ入らせるのは、他人の「眼差し」である。つまり対象として目を見ているときは、主体が中心であり揺らぐことはないが、見ている自分が他人によって見られる存在であると思い知らされるとき、「恥」の感情が生まれ、それが「眼差し」によって自分が対象となったという意識を主体が持った瞬間だと説明する。[35]

しかしそれを踏まえてラカンは、サルトルの言う眼差しと目の分裂は認めながらも、眼差しを見ようとすると目は見えず。目を見ようとすると眼差しは見られないというサルトルの指摘を否定し、「眼差しは見られる」と主張する。サルトルが記述した、私を不意打ちにし、私を恥そのものにしてしまう眼差しというのは、「私が〈他者〉の領野で想像した眼差しにすぎない」と指摘する。[36]

ラカンはこうした主体が不意に捉えられて恥辱を感じるのは、眼差しを見ているのであり、それは視覚的器官に関わるものとしての眼差しではなく、サルトルのテクストにあるような「狩りの場合の突然の木の葉の音とか、廊下に不意に聞こえる足音」のように、「他人そのものの現前」なのだと説明する。[37] ラカンは、その場合の自分を見ている眼差しとは主体自身の無意識であると主張する。その無意識にあるものをラカンは「対象*a*」として設定する。この「対象*a*」とは、主体が幼児のときに自らの一部であったものが分離された「失われた対象」とも命名されるもので、ラカンは、それにあたるとして乳房、糞便、声、などとともに「眼差し」を挙げている。

「眼差し」についてサルトルを援用して自己の理論を展開している『精神分析の四基本概念』で、ラカンは、この「対象*a*」にあたるものとして「眼差し」を挙げているが、問題となるのはその無意識の表れである眼差し、対象*a*としての眼差しを「マイナスフィー（−φ）」つまり去勢されたものとしてのファルスと見なしている点である。[38] その概念を使って展開しているのが、ハンス・ホルバインという画家の『使節たち』という絵に描かれているアナモルフォーズという手法である。この絵は向かい合っている二人の使節とともに、その時代の人間の「虚栄」の象徴である道具類が一緒に描かれているのだが、その二人の足下に何か見分けのつかない物体が浮かんだように描かれている点を指摘している。[39]

それはその絵を見た観客が部屋を出るときそれをある角度から見るときそう見えるらしいのだが、「どくろの頭」なのである。ラカンはその「どくろの頭」を「視られた眼差し」であり「対象*a*」であり、「マイナスフィーと描かれるファルスだと指摘する。[40] この「マイナスフィー」とは、主体がそれで在るのでもなければ、それを持っているのでもないものとしてのファルスのことを意味している。

サルトルにとって、穴から覗いていた主体が、不意に他人の眼差しによって、見ていた筈の自分が見られていたことに気づき、恥辱を感じる瞬間は、ラカンによれば、主体が、「対象*a*」としての眼差しに出会うこと、つまり自分自身の無意識に出会うことで恥辱を感じる瞬間だということになる。

「眼差しと目の分裂」というサルトルの発見を受け継ぎ、評価しながらもラカンが「対象a」としての眼差しを設定したことで、アナモルフォーズの例に見られるように、具体的な他人というものの関与しない、「眼差し」というものを理論化することができたのである。

欲望

サルトルは『存在と無』の中で、「欲望（désir）」は「存在の欲望（désir d'être）」に帰すると断言している。[41]

サルトルによれば、実存は、「存在欠如（manque d'être）」を意識し、「対自」を目差し、「無」に自己を投企するが、この「存在欠如」こそ、「欲望」の源泉だとみなされる。ただなぜその「存在欠如」が意識され、投企へと実存を向かわせるかについて、サルトルは述べていない。

一方、ラカンは有名な「人間の欲望は〈他者〉（Autre）の欲望である」という定型表現を繰り返している。これは、人間にとって、いかにも自発的で自然発生的に思われる「欲望（désir）」を、動物も抱く「欲求（besoin）」と対比させ、「要求（demande）」という概念とその「欲求」との狭間に発生するものとして捉えたものである。このラカンの言う〈他者〉とは、サルトルの「他者（autrui）」とは異なり、「シニフィアンの宝庫（trésor du signifiant）」「パロールの場（lieu de la parole）」と明確に定義されるように、主体にとってのデーターベースのように、シニフィアンが集まっている場であり、大まかに言えば「言語」と言える。実際は発達段階的には、幼児にとっては母親がその〈他者〉の位置に来るのであるが、成長するに従い、主体にとっては具体的なあれこれの人間ではなく、無意識に沈殿している「シニフィアンの宝庫」として機能するのである。

サルトルが認めない「無意識」は、ラカンにとっては中心をなす概念であり「無意識は言語活動として構造化されている（L'inconscient est structuré comme un langage）」という定型表現で表される。この「構造化されている」というのはシニフィアンの連鎖が組み合わさって無意識が構成されているという意味である。

ラカンは「欲望」を説明するときに、特に「フロイト的無意識における主体の転覆と欲望の弁証法」[42]という論文において「欲望のグラフ」と呼ばれるものを用いて説明しているが、それは「欲動（pulsion）」という身体的なものが、シニフィアンと出会い、欲望が生成していくかというメカニズムを説明している。この論文のタイトルが示しているとおり、「主体概念」の転倒が見られる。ラカンの主体の定義はサルトルの定義とは大きく異なり、「あるシニフィアンはもう一つの別のシニフィアンに対し主体を代理表象する（Un signifiant représente le sujet pour un autre signifiant）」といったものである。勿論この主体もサルトルの主体と同じく、自由で意志を持った主体ではあるが、その主体はシニフィアンの連鎖の効果として現れてくる主体である。

不安

キルケゴールの思想を引き継ぐサルトルにしてみれば、「不安」とは、自由の経験としての「無」を前にした実存が覚えるものであるが、ラカンにおいては「不安は主体の消滅の危険としての欠如の欠如を前にした不安なのである」とクロチルド・ルギュイユ（Clotilde Leguil）は指摘する。[43] つまりラカンによれば「欲望」とは「欠如」の意識であり、その欠如がなくなることが不安を引き起こすという論理である。

ラカンは「不安は原因がないのであって対象がないのではないのです〔…〕単にそれは対象がないのではないだけではなく、それは、もし言えるなら、おそらく最も深い対象、最後の対象であるモノ（la Chose）を示しているのです」と説明している。[44] 不安を所与の現象の必然的な結果とすることはできないという点で実存主義の考え方と一致していても、ラカンは、不安は原因がないとしても、それは対象がないのではないと言う。つまり不安とは、サルトルが唱えたような、無を前にした不安ではないのである。それゆえ、不安の対象があるが、因果性は欠如しているのである。「不安の対象が不安の原因から区別されるのは、不安はむしろある原因の結果であるというより、何かへの反応であるからである」とクロチルドは指摘する。[45] 不安とは、トラウマとして記憶しているような、不気味にさせるある対象が現れたことに対する主体の反応とみなされる。その不安の対象とは、主体が〈他者〉と出会うことで、「欲動の激震」を覚える究極の対象であり、ラカン自身が「モノ（la Chose）」と名づけたものである。

モノとも名づけられる「対象a」が不安を引き起こすものであるが、その「対象a」は「失われた対象」でもあり、クロチルドの言い方に倣えば「欠如の欠如（manque du manque）」[46]「欠如している欠如（manque manquant）」[47]なのである。この考えは彼女の指摘するように、サルトルの指摘した「無」や「欠如」という概念に基づき、それらの機能を反転したものである。

ラカンのこうした考えは「言語」というシニフィアンと「欲動」という、主体の意志の自由にはならない身体的なものに基盤を置いているという点で、サルトルの「対自」という概念とは異なっている。それでいて「欠如」というものをその根底に置いているという点ではサルトルの哲学を引き継いでいるのである。

結論

サルトルの、「選択」により、未来に自己を「投企」する自由な主体、その主体を、遺伝や予め決定された内的な要因に還元し、あたかもそれらの諸要素が機械の部品のように組み合わさった結果として人間を捉える考え方では分析できないという考えに基づく「実存的精神分析」は、人間を諸要素の集合と見なすのではなく、統一体としてまるごと捉えようとする試みであった。

従って『存在と無』で「実存的精神分析」が収められている章の題の最後が「『為す』と『持つ』」となっていることからも分かるように、その統一体としての一人の人間は、基体と属性として「〜は…である」という形式で説明されるのではなく、その人間がいかに自己を未来に向けて投企し、その過程で自己を形成していったかで説明されるべきだと考えられる。「為す」と「持つ」はその統一体としての人間の行動の具体例なのである。

では、一方「構造主義」においては、そうした行動で理解されうる主体は消え去るのであろうか？　ラカンは主体を抹消するのではなく、無意識というあらたな展望のもとに位置づけることで、主体概念を転覆させた。この主体概念の転覆は、サルトルの実存主義の概念を検討することから行われた。ラカンは、サルトルの「存在欠如」としての主体概念を引き継ぎながらも、フロイトの無意識の理論と構造言語学に基づき、「シニフィアンの効果としての主体」という概念を生み出したのである。

ラカンはサルトルの「存在欠如（manque d'être）」という概念を採り上げながら、自らはそれを「存在欠如（manque-à-être）」という語に言い換えて「欠如」を人間の本質と捉えたが、このmanque-à-être の à にあたかも「対象 *a*」の a が現れているかのような命名であるが、この表記上の差異が、二人の理論の差異を象徴的に表している。

つまり、かつては自らの一部であった、失われた対象であり、それを求めることで「欲望」が生まれる、人間存在そのものを成り立たせている「欠如」を、ラカンはあえてひとつの「対象」と設定し、「対象 *a*」と名づけ、それが現前することが恥辱や不安を引き起こす原因になると唱えた。サルトルが、『存在と無』で「ねばねばしたもの（le visqueux）は、私の欠いている分〔私の欠如分〕、としてとらえられるままになる[48]」と述べている「ねばねばしたもの」にラカンの「対象 *a*」の概念に繋がる側面も見ることができる。

また、サルトルは『存在と無』の中で「事実、たしかに、いかなる精神分析も、自己のア・プリオリな原理をもっているのでなければならない。ことに、精神分析は、自分が何を探求するのかを、知っているのでなければならない。そうでないならば、精神分析はそれを見いだすことができないであろう[49]」と断言している。

この指摘はラカンの「盗まれた手紙についてのゼミナール」に見られる精神分析的方法に対して、ジャック・デリダが「真理の配達人」という論文で、「精神分析は、想定することで、

自らを見出す」という書き出しで批判したことを想起させる。(50)

つまり精神分析はすでにある概念に当てはまる現象を探しているときに、その探している現象が見つかったときにその概念で説明するという、矛盾と思われかねない性質を本質として持っているということをデリダは指摘しているが、その指摘はすでにサルトルの「精神分析」に対する考え方に示されている。サルトルが、フロイト理論を理解していながら、執拗に思えるほど、フロイト的無意識の存在を否定し続けた理由もそこにあるように思える。そしてこのサルトルの提示した疑問は現代のラカン理論を初めとするすべての精神分析理論に対して投げかけられた疑問でもあるのではないか。

注

＊ 本稿においては、サルトルとラカンの著作については、断りがなくても既訳のあるものはそれを利用させてもらっている。但しdésirという語については、ラカン理論との照合のためすべて「欲望」と変えさせていただいた。

（1） Clotilde Leguil, *Sartre avec Lacan : Corrélation antinomique, liaison dangereuse*, Navarin Le Champ Freudien, 2012, p. 81.

（2） Jean-Paul Sartre, *L'Être et le néant*, Gallimard, coll. « Tel », 1973, p. 616.『存在と無Ⅲ』松浪信三郎訳、ちくま学芸文庫、二〇〇八年、三五二―三五三頁。

（3） *Ibid.*, p. 615. 同書、三五〇頁

（4） Jean-Paul Sartre, *Esquisse d'une théorie des émositons*, Hermann & Cie, 1965, p. 33.「情動論粗描」『自我の超越　情動論粗描』所収、竹内芳郎訳、人文書院、二〇〇〇年、一二六頁。

（5） *Ibid.*, p. 34.〔一二七頁〕。

（6） *Ibid.*, p. 34.〔一二七―一二八頁〕。

（7） *Ibid.*, p. 35.〔一二八頁〕。

（8） *Ibid.*, p. 36.〔一三〇頁〕。

（9） *Ibid.*, p. 36.〔一三一頁〕。

（10） *Ibid.*, p. 37.〔一三一頁〕。

（11） Jean-Paul Sartre, *Le Scénario Freud*, Gallimard, 1984, p. 287. ジャン＝ポール・サルトル『フロイト〈シナリオ〉』西永良成訳、人文書院、一九八七年、二三二頁。

（12） *Ibid.*, p. 287.〔二三二―二三三頁〕。

（13） *Ibid.*, p. 288.〔二三三頁〕。

（14） *Ibid.*

（15） Betty Cannon, *Sartre et la psychanalyse*, traduit de l'américain par Laurent Bury, PUF, 1993, p. 45.

（16） *Ibid.*, p. 45.

（17） *Ibid.*, p. 45.

（18） *Ibid.*, p. 46.

（19） Jean-Paul Sartre, L'Être et le néant, Gallimard, coll. « Tel », 1973, p. 606.〔三三〇―三三一頁〕。

（20） *Ibid.*, p. 614.〔六一四頁〕。

（21） *Ibid.*, p. 364.〔六二〇頁〕。

（22） Jacques Lacan, *Le Séminaire, livre VI, Le Désir et son interprétation*, Editions de La Martinière, Le Champ freudien, 2013.

（23） Jean-Paul Sartre, *L'Idiot de la famille Gustave Flaubert de 1821 à 1857*, Gallimard, 1971, p. 8.『家の馬鹿息子1　ギュスターヴ・フローベール論（一八二一年より一八五七年まで）』平井啓之、鈴木道彦、海老坂武、蓮實重彦訳、人文書院、一九八二年、六頁。

（24） *Ibid.*

（25） *Ibid.*, pp. 139–140.〔一四七頁〕。

（26） *Ibid.*

（27） *Ibid.*, p. 139.〔一四六頁〕。

（28） *Ibid.*, p. 174.〔一八四頁〕。

（29） *Ibid.*, p. 175.〔一八五頁〕。

（30） *Ibid.*, p. 176.〔一八七頁〕。

（31） *Ibid.*

（32） *Ibid.*, p. 25.〔二二頁—二三頁〕。

（33） *Ibid.*, p. 26.〔二三頁〕。

（34） *Ibid.*, p. 26.〔二五頁〕。

（35） Jacques Lacan, *Le Séminaire, livre XI, Les quatre concepts fondamentaux de la psychanalyse,* Seuil, 1973, p. 78. ジャック・ラカン『精神分析の四基本概念』小出浩之、新宮一成他訳、岩波書店、二〇〇〇年、一一二頁。

（36） *Ibid.*, p. 79.〔一一二頁〕。

（37） *Ibid.*

（38） *Ibid.*, pp. 95–96.〔一三六—一三七頁〕。

（39） *Ibid.*, p. 82.〔一一六頁〕。

（40） *Ibid.*, p. 83.〔一一七頁〕。

（41） Jean-Paul Sartre, *L'Etre et le Néant,* coll. « Tel », 1973, p. 631.〔三八九頁〕。

（42） Jacques Lacan, « Subversion du sujet et dialectique du désir dans l'inconcient freudien », in *Écrits*, Seuil, 1966. ジャック・ラカン『エクリ』佐々木孝次他訳、弘文堂、所収。

（43） Clotilde Leguil, *op. cit.*, p. 208.

（44） Clotilde Leguil, *op. cit.*, p. 8.

（45） Clotilde Leguil, *op. cit.*, p. 220.

（46） *Ibid.*, p. 203.

（47） *Ibid.*, p. 221.

（48） Jean-Paul Sartre, *L'Être et le Néant,* coll. « Tel », 1973. p. 653.〔四四〇頁〕。

（49） *Ibid.*, p. 648.〔四二九頁〕。

（50） Jaques Derrida, « Le facteur de la vérité », in *La Carte postale : de Socrate à Freud et au-delà*, Aubier-Flammarion, 1980.

第Ⅵ部　作家サルトル——文学論・芸術論

サルトルの美術批評の射程

永井敦子

サルトルの美術や美術作品との関わりを考えるとき最初に思い出すのは、彼の初期の考察の中心に想像力とイマージュの問題があったことである。しかしながら、表象対象の「本質的空無性」[1]を基礎とする彼のイマージュ論は、それをもとに美術作品を論じ、評価するには二重の意味で不向きに見えることにも、すぐに思いいたる。その第一の理由は、『想像力の問題』で芸術作品が問題になるとき、議論は「不在のピエール」と「ピエールの肖像」、すなわち不在の表象対象とその代理表象との関係の問題にほぼ終始しており、抽象絵画など明確な表象対象を持たない像のことは、ほとんど考察の射程に入っていない点である。第二の理由は彼のイマージュ論が、美術作品自体の質や美術史上の意義を検討するのに有効な視点を提供していない点である。美術作品をめぐる考察は依頼に応じて付け足したという説明にも、納得がゆく。[2] しかしここで確認しておきたいのは、彼が考察の土台にしていた代理表象、つまり知覚対象たる美術作品とその表象対象の分離は、表象対象を脇に措いて美術作品自体の知覚に重点を置く契機や、未知の物、名前の与えられていない物をも表象対象に含める可能性を含んではいたという点である。例えば彼はキュビスム以来の考えかたとして、「絵画とは現実を表象したり模倣したりすべきではなくて、それ自身で一つの対象を構成すべきである」[3]をあげ、それを否定し、絵画にあくまでも類同代理物としての機能を見ようとする。しかし同時に彼は、表象対象が実在しない可能性は妨げない。こうした絵画をめぐって、彼は『想像力の問題』で次のように書いている。

ただこの絵を通してあらわれるものは、あたらしい事物の非現実的総体であり、私がそれまでに見たこともなく将来も見ることはあるまいと思われるが、しかしそれだからといって非現実的対象であることに変わりはないような対象、画中に現実に存在することも、またこの世界の何所に存在することもないが、それでも画布を通してあらわれ、一種の憑依作用を通して画布を独り占めにするような対象、の非現実的総体なのである。私はこのような非現実的対象の総体をうつくしいと形容するであろう。[4]

「ただ」、「が、しかしそれだからといって」、「〜でもなく、〜でもなく、それでも」という迂回的表現にサルトルの躊躇が感じられるし、「憑依作用」によって得られる像を「美しい」と形容する思考の筋道に不明瞭さはあるものの、彼が現実には存在しない対象が作品にあらわれることを肯定しているのは明らかだ。

では実際にサルトルはいつから、どれだけの美術批評を書いたか。そして美術批評の執筆は、彼の社会や政治に対する態度の変遷の、どこに位置づけられるか。彼の人生を同時代の社会や政治への対しかたによって四期に分けるならば、[5]第一期は一九三九年のフランスのドイツへの宣戦布告までの、社会問題に関心が薄く、政治的な発言や行動から距離を置いていた時期、第二期が一九四〇年から一九五二年までの、共産党からは距離を置きながら同時代社会に向けた発言や行動を行っていた時期、第三期が一九五二年から一九六八年までの共産党との同伴期、第四期が一九六八年以降の、共産党とは離れた新左翼的な時期と言えよう。そして未完の原稿を含めて十数件ある美術批評をこの区分上に位置づけるならば、逆説的にも、社会への関心が低く、哲学や文学の執筆活動に身を捧げようとしていた第二次世界大戦以前のものはなく、全体の三分の二程が、共産党との同伴期に書かれていることがわかる。最も古い美術批評は、一九四六年のカルダーのモビル論である。カルダーの展覧会カタログの序文であったこのテキストは、彼のアメリカ滞在の産物とも言える。[6]また一九四六年と言えば、一九四三年の『存在と無』の出版、一九四五年の『レ・タン・モデルヌ』の創刊を経て、サルトルの知名度が高まり、知識人界での影響力も強まった時期だ。このカルダー論をはじめとして、サルトルの美術批評には個々の芸術家の展覧会カタログの序文として書かれたものが多く、論じられた芸術家にピカソやマチスといった同時代の巨匠はいない。知名度を高めた円熟期のサルトルが芸術家への友情や共感の証しとして、応援の意味をこめてテキストを寄せたケースもままあっただろう。戦前に美術批評がない理由のひとつはここにあるだろうし、彼は積極的な美術批評の書き手ではなかったとも言えよう。ただ結果として美術批評が、彼自身審美的な傾向の強かった時期よりも、むしろ共産党に近い立場から社会的、政治的な発言を積極的に行っていた時期に多く書かれたという事実がその論述にどのような影響を及ぼしているかということは、検討に価しよう。

　また幼年期から青春期にかけてのサルトルには、美術との出会いに関して特に目立った話題はないが、しばしば指摘されるのは、戦前はオブジェ・シュルレアリストをとても好んでいたと彼が後に証言していることである。(7) しかしその後のシュルレアリスムとの関係については、一九四七年に『レ・タン・モデルヌ』で連載を開始した『文学とは何か』でシュルレアリスムを酷評したことが、彼のこの芸術・思想運動への立場を決定的に印象づけている。(8) サルトルはここでブルトンらシュルレアリストを自分たちより一世代前の人間と位置づけ、シュルレアリスムの主観と客観、文化や教養も行動もすべて破壊するその創造行為にはいかなる現実性も意義もなく、ブルジョワジーを敵と謳いつつも、彼らの問題意識や解決手段自体がブルジョワ的であると批判している。

　こうした厳しいシュルレアリスム批判を行った直後の一九四八年末にはすでに、サルトルはカミュらとともに、革命的民主連合（RDR）結成に向けたブルトンとの話し合いに応じている。その意味では一九四七年当時の彼のシュルレアリスム批判の激しさも、幾分手加減して考えられるだろう。(9) また年齢からすれば十歳も違わないブルトンと自分の間に世代の相違を持ちこみ、ブルトンらの創造行為の第二次世界大戦後の世界における無効性を強調する彼の姿勢には、社会や政治への関心が低かった頃の自分自身を否定する意識も重ねられよう。ではこのシュルレアリスム批判とほぼ同時に始められた美術批評において、彼はどのような問題意識から美術作品を語ったのだろうか。

2　「運動」概念の導入——現実と非現実の非対称性

　第二次世界大戦後、まだ共産党との同伴関係を持つ前の一九四〇年代に、サルトルはカルダー、デヴィッド・ヘア、ジャコメッティという三人の芸術家の展覧会カタログに、序文を書いている。この三人はいずれもシュルレアリスム運動の近くにいたか、いたことのある芸術家で、論じられたのはいずれも彫刻であった。以後サルトルの美術批評で彫刻を扱ったものはない。三人のうち、カルダーと同様サルトルがニューヨークで出会ったアメリカ人芸術家ヘアの知名度は高くないが、彼は彫刻や写真を制作し、戦時下にニューヨークに亡命していたアンドレ・ブルトンらと一九四三年に雑誌『VVV《トリプルヴェー》』を創刊し、この雑誌は亡命シュルレアリストたちの重要媒体となった。また当時ブルトンの妻で、彼との間に娘をもうけていたジャクリーヌ・ランバはブルトンと離婚しヘアと再婚、のち離婚した。『文学とは何か』とは異なり、これらのテキストには直接的なシュルレアリスム批判はほとんど見られないが、当時の読者は、「実存主義者」サルトルがシュルレアリスムとは異なる視点からこれらの芸術家を論ずることを期待したはずだ。最初の三つの美術批評が彫刻論であったのは偶然かもしれないので、その選択に理由を探す意味はないだろう。しかし特にカルダーとヘアの彫刻には具体的な表象対象がなく、具体的な表象対象のない造形物について論じたことで、結果的にサルトルは、彼自身のイマージュ論から発展的に解放されているように見える。

これらのテキストに頻出する語はいくつかあるが、その中でも「絶対」や「運動」がキーワードであることに異論の余地はなかろう。しかもそれらの概念とそれにこめた意味合いを、サルトルはその後の美術批評でも継続して用いている。例えばサルトルは、カルダーのモビルを次のように説明する。

> 彼は生きた本当の動きをとらえてそれをつくるのである。彼のモビルは何も意味しないし、それ自身のほかには、いっさいの係り合いはない。それは存在する。それだけである。これは、それぞれ絶対のものなのである。(10)

サルトルはカルダーのモビルに明確な表象対象のない知覚対象を見て、それを「絶対」と形容している。彼は「絶対」という概念を用いながら、それが作品を通して、作品の向こうに感じられる不可視の世界や超越的なものではなく、存在するもののなかに感知されるものであることを強調する。「絶対の探求」と題されたジャコメッティの彫刻論では、次のように書かれている。

> 彼は位置づけられた外観の彫刻を選び、それによって絶対に達したことを示した。〔…〕人が見る限りの人間、他の人々にとってもそうであるような人間、相互人間的な環境にあらわれるような人間を私たちに示してくれる、〔…〕。(11)

サルトルにとって「絶対」という概念は、「位置づけられて」いることや、すべての人に到達可能であることや、「相互人間的な環境」と相容れないものではない。

カルダーのモビルが「何も意味せず」、それ自身だけで存在する「絶対のもの」であるとするサルトルは、それが「ほとんど不随意的な運動」自体を「とらえている」とし、「描く」とか「表象する」といった、表象対象とその代理表象の別とその重なりを前提とするような表現は使っていない。彼はここで、表象対象と代理表象の固定的な関係に縛られずに、作品の受容体験を言語化しようとしている。そして続くヘア論において、カルダーのモビルとは異なり動かない彫刻を論じながら、サルトルは運動の形体とはどういうものかを、より嚙み砕いて説明している。

ヘアの彫刻を論じながら、サルトルはそれが「現実の動きを非現実化」したものであると書いている。「運動は非現実的なものの中の形体である[12]」という表現もしている。ここで彼がどういう意味で「非現実」という語を用いているかがわかりづらいが、同時代に執筆された『倫理学ノート』の芸術に関する記述が、それを補足的に説明しているようだ。ここでサルトルは、例えば木を描く私は、「画布の上で想像的なものに接近する現実的な操作を行うことで、外の現実的な対象に対して非現実的な創造を行う[13]」のだと書いている。「非現実的な創造」である芸術は、「欲求に応じる技術的創造」とは異なり、「存在しないものを創造する計画の基礎は、当然存在しないものを着想する可能性の中に求められるべき」ものであり、そうした創造は、「心の底から自由だと思う気持ちに完全に基づいている[14]」。そしてこの行為は頭の中にあるイマージュのコピーではなく、現実には存在しないものを想像的に創造することであるとされている。このように芸術的創造行為において「非現実的」なものとは、自由で想像的なものとされている。では「現実的」であるとはどういうことかと言うと、それは「非現実的」なことと完全な対称関係にあるわけではなく、「すべての人に接近可能で、いつでも把握可能で、明るみに出しうると同時に客観的であること[15]」とされている。芸術的創造行為は「非現実的な」ものの現実化であり、それを「すべての人」に「いつでも」接近、把握できるようにすることであるという考えには、芸術を特権的な人だけが接近できるものではなく、開かれたものと見なそうとする意志が見られる。シュルレアリスム芸術を「ブルジョワ的」と批判したサルトルには、「ブルジョワ的」でない芸術のありかたを探る必要があったのだろう。このように『倫理学ノート』を参照した上でヘア論に戻ると、サルトルはそこで、イマージュはヘアにとって彫刻の向こうにあり、「人間はいつでも自分自身の先にあって、世界は与えられかつ全て作るべきものである[16]」ことを示唆するひとつの方法であると記している。ヘアの芸術を論じるサルトルはここで、芸術的創造行為を「人間」の生きかたの問題、「世界」への投企の問題に敷衍している。ここにはほぼ同時期に書かれた『倫理学ノート』と美術批評の相互貫入的な考察の痕跡が指摘できる。サルトルが特にためらわずに芸術創造の問題を「人間」の問題に敷衍できるのは、現実化された作品の受容の平等性を自分のなかで担保していたからだろう。この担保の有効性についてはサルトルに限らず、知識人全般の論述において問われるべきであるが。

いずれにせよサルトルはサルトルは、明確な表象対象を持たないカルダーやヘアの彫刻を扱い、そこに「運動」という不定形の概念を認め、表象対象と代理表象の固定的な関係に縛られずにその不在と在の対立が曖昧な域で造形作品を論じることで、自由や投企の概念の具体化をそこに見るにいたったのである。

3　イデオロギーと現実への従属の否定

さて、すでに述べたようにサルトルは一九五二年から共産党と同伴関係を持ち、最も緊密であった数年を経てそれが一九六八年まで続いたが、美術批評の多くがこの時期に書かれている。特に一九五四年のカルティエ＝ブレッソンの写真論は、一九四九年十月の中華人民共和国成立直前の上海や南京の町や人々などを写した写真集『ひとつの中国からもうひとつの中国へ』の序文であった。[17] また一九六一年のラプジャード論は、「暴動」、「拷問」、「ヒロシマ」を主題とする絵画を集めた展覧会のカタログ序文であった。つまりこれらのテキストでは、芸術家が同時代社会の状況や問題、政治情勢を強く意識していたことを感じさせる作品が扱われていた。その他、社会の状況を直接的に反映していない作品を対象とする場合も含めて、この時期の美術批評にはその着眼点などに、同時代の社会や人々に対するサルトルの知識人としての意識や、共産党の同伴者としてのジレンマの反映を読み取ることができる。

ヘア論でも、彫刻家はプレザンスを彫刻し、「意味しようとはせず、引き渡す」[18] と、作品の受け手の存在が意識されてはいたが、この時期の評論では、鑑賞者の存在がさらに重要性を高めている。例えば一九五四年の「ジャコメッティの絵画」では、より積極的な役割が鑑賞者に期待されている。

ジャコメッティが靴の限界をつけなかったのは、靴には限界がないと思っているからではなく、靴に限界を与える役をわれわれに期待しているからなのである。実際に重くて密度のある靴がそこにある。それを見るには、それを充分に見つめなければ足りる。[19]

すでに『文学とは何か』では、読者の作品への参加が重要なトピックとして論じられており、そこには受容行為から文学を論じた先駆性が指摘されているが、ここでは視覚芸術に関してさらにそれが強調されている。またここでサルトルは、像の表象対象を知っている制作者だけでなく、表象対象を知らない鑑賞者の視覚――それも「見る」と「見ない」の排他的二分に縛られてはいるものの――を重視することで、『想像力の問題』の芸術作品を論じた箇所で行っていたような、表象対象とその代理表象のあいだの不在と在の排他的な二項対立を脱し、時間性や空間性も考慮に入れた、美術作品の受容のより現実的な実相に迫っている。鑑賞者の受容行為に重要性が与えられるようになったのは、サルトルの哲学的考察上の必然であり、彼の関心が個人の意識のありかたからより広く他者に向かっていった結果でもあり、美術作品については彼が制作側と言うよりは受容側にいたからでもあろう。

ただしジャコメッティ論において、多く「我々」、ときに「私」や「君たち」と表現される鑑賞者は、芸術家のような特権的存在でないとしても、きわめて抽象的な存在に留まっている。あえてこの存在を社会の中に位置づけるなら、ジャコメッティの絵を目の前にしてあれこれ考えるだけのゆとりと知的好奇心を持つ、サルトル自身を含めたごく一部の人に限定されるので、これをもって他者が考察に含められたとするのは、現象学的な受容モデルとしては有効であっても社会的視点からすれば不適切だろう。しかし続く美術批評においては、サルトルは芸術家や美術作品の主題としての人間を、彼らの社会的ステイタスの問題を視野に収めつつ論じている。

サルトルは一九五七年の評伝的要素の強いティントレット論において、個別の作品を扱うのではなく、画家が生きた十六世紀のヴェネチア社会や、同時代の社会に対する画家の身の処しかたを中心に論じている。例えばサルトルはこの画家が職人の環境に生まれたこととその影響を、以下のように説明する。

> 職人というのは両棲類で、手で仕事をする労働者としては自分の手先を誇るが、小市民《プチ・ブルジョワ》としては大市民階級に惹かれている。息のつまりそうな保護主義の中の風通しを、競争という単純なしかけで、多少良くしてくれるのは大市民階級《グランド・ブルジョワジー》なのである。[20]

この「両棲類」のありかたを、彼はさらに次のように説明する。

> 彼は後者〔職人〕のトップであり前者〔市民《ブルジョワ》〕のビリでもありたいと思ったのである。要するに金持仲間では一番つつましやかな男で、金持に物を供給する仲間では一番傑出した男になりたかったのである。そのためこの職人は、不安なヴェネチィアの中心で、本物の市民《ブルジョワ》よりももっと本物らしい偽市民になったのである。

〔…〕芸術がなければ彼は何になるだろうか？ 染物屋《ティントーレ》である。生まれた時の身分とそれを取り巻く環境から彼を引き離すもの、それは力である。それが彼の尊厳なのである。(21)

ティントレットをめぐり、その社会階級や階級移動の問題を考察の中心に据えた当時のサルトルにとっては、彼自身の社会階級と執筆活動との関係も重要な問題だっただろう。共産党との同伴期であったこの頃、「知識人」サルトルの社会階級をめぐる関心はティントレットとは逆に、いかにして労働者階級に接近するかにあった。当時の知識人は、自分たちが労働者たちと運命を共にすべきであると考える傾向があった。そうしたなかサルトルは、自分の属する階級に否定的に対しつつも、共産党の大衆的な指導者には軽蔑的な感情を抱き、しかし大衆的な指導者のほうも知識人を必要としないという、幾重にも疎外された立場にあえて身を置きつつ、しかし労働者と自分たち知識人との溝を埋める役割を党に見ていた。(22) そしてこうした問題に関して、共産党との同伴期に発表された美術批評が興味深いのは、そこに階級や国籍による人間のカテゴリー化や、美術作品を作品外のイデオロギーに奉仕させることを、むしろ警戒する姿勢が見られる点だ。

一九五四年のカルティエ＝ブレッソンの写真集序文は、題材から言っても出版時期から言っても社会的な問題意識を強くはらんでいた。しかしここでサルトルは、これらの写真に写る人間を、社会的な闘争図式の説明に使われるような既存のカテゴリーで名ざすことに否定的である。

この写真集に収められた一四四枚の写真には、いつどこで撮影されたかがわかるキャプションの他、中国語や当時の中国情勢を熟知しない者に向けられた、より詳細な状況説明が付されている場合も多く、鑑賞者はおのずと当時の中国の政治情勢や社会状況に照らして写真を理解するよう誘導される。しかしサルトルは、被写体以前に被写体の社会的カテゴリーを認識するような写真の見かたに反対している。

いま、こちらに向かって歩いてくる人、彼をまずドイツ人と見るか、中国人と見るか、ユダヤ人と見るか、それともまず人間と見るか。諸君はただちにそれを見分けねばならない。そして諸君は、彼が何者であるかを決定することによって、諸君自身が何者であるかを決定するであろう。この苦力を中国のイナゴと見なせば、諸君はたちどころにフランスのカエルとなるであろう。諸君のモデルたちにポーズをさせれば、モデルたちに他者となる余裕を与えることとなる。〔…〕ポーズからエリートと賤民が生まれる。将軍たちとパプア土人が生まれる。ブルターニュ風のブルターニュ人が、中国風の中国人が、いかにも貴婦人然とした婦人が、つまり観念的なものが生まれる。〔…〕百分の一秒では、われわれはみなおなじ人間なのである[23]。

人を人間として見るとは、そこに写っている人々を、「人間」と「個人」のあいだにある身分や職業や国籍などの既存のカテゴリーで認識しないということである。ここには鑑賞者が自らの眼で対象を見つめ、自らの見かたでそれを判断することを放棄することへの警戒がある。また挙げられている例からは、彼が既存の分類を利用して人をカテゴリー化する紋切り型の階級闘争や人種問題のディスクールを意識し、それに抵抗感を抱いていることもわかる。またラプジャードの絵画は、「暴動、拷問についての三部作、ヒロシマ」という展覧会のタイトルからは社会問題の直接的な表現が予想されるものの[24]、実際にはいずれの作品も具象性が低く、拡散したり集合したりする、色彩と長短と強弱が多様な画筆のタッチで構成されている。そしてサルトルは、冒頭近くで以下のように書いている。

問題は芸術を〈善き思想〉に奉仕させることで凝結させることではなく、絵画の運動及び射程について、内部から、芸術に問いかけることである[25]。

つまりサルトルは、既存のイデオロギーの称揚や説明や普及に役立つ芸術のありかたを明確に否定している。しかし外部のイデオロギーに奉仕しない芸術の、「内部からの問いかけ」とは何か。彼は説明を続ける。

ラプジャードにとっては、以上のような〔道徳と美の〕二者択一はもはや存在さえもしない。〔…〕逆説的だが、人間の形象が模写される場合、正義の要求は外部から来る。模写がもはやなされない場合は、この要求は〈芸術〉自体からくるのである[26]。

サルトルは、芸術作品を外部のイデオロギーに従属させ、その役に立たせようとすることと、形象の模写というレアリスム的な表現方法とに同一の原理を認め、ともに否定する。正義の要求が外部から来るとは、何が正義なのかを芸術家が自ら判断する自由の放棄または剝奪を意味する。また形象を模写するときには、似せるという制約によって、芸術家が自らの制作行為を通じて作品を生み出す自由が放棄または剝奪される。彼は形象と形象化される対象とを「わかつ距離が大きければ大きいほど、作品の内的緊張はいっそう強い」と説き、「具象絵画」を「偽りの統一」として否定する[27]。つまりここには、芸術家個人に制作上の自由がないという共通の問題がある。道徳と美の二者択一は存在しないとサルトルが書くのも、その意味だ。そしてこの論では続いて、ラプジャードの絵をどう見るかが説明されており、サルトルはそこで彼なりの絵画認識のモデルを提示している。ここでサルトルが重視するのは、芸術家の作品制作と鑑賞者受容における「統一」である。サルトルは、例えば次のように説明する。

　絵筆により、次いでわれわれの眼によって無限に追求される統一は、ある現前の不断の再構成を自分自身の目的としなければならない(28)。

この「統一《ユニフィカシオン》」には、二重の意味合いが含まれていよう。第一に作品の意味は作品それ自体に固定的に存在するのではなく、芸術家の創作行為と鑑賞者の受容行為の両方が合わさることで生み出されるものであるということ。第二に作品が個々に異なるのと同様に、受容行為も個々の鑑賞者によって、また同一の鑑賞者であっても個々の状況によって異なるため、作品の意味は、元来個人的で共有不可能な、一回性のものであるということである。さらにこの現前とは何かという問いを立て、サルトルは以下のように答える。

　つまり、ラプジャードはプラトン派ではないし、私もまたそうではないのである。私は彼がその制作を通じて〈イデー〉を追求しているのだとは思わない(29)。

この「イデー」にも、形而上学的なイデアと同時代社会における政治的イデオロギーの両方が読み取れよう。いずれにしてもサルトルは、この「統一」の「現前」が作品の外部に由来し、かつ外部の諸状況に左右されない、すべての人に等しい原理として予め与えられているのではなく、作品とそれを鑑賞する者の眼の動きによって弁証法的に構成されては再検討、再構成され、「無限に追求される」ものであると説く。

このようにサルトルは、共産党との同伴期に、同時代の社会問題や社会における自らの位置や役割を強く意識した芸術家の作品を扱いつつも、社会主義レアリスム的な表現と外部のイデオロギーへの芸術作品の奉仕については、共に強く否定している。しかし彼は同時に、芸術は恵まれた社会階級に属する特権的な人々の愉悦にのみ奉仕するのではなく、すべての人に開かれていなくてはならないという意識も強く持っていた。そこに彼の考える芸術家の「実践」がある。サルトルはラプジャード論のなかで、「彼〔画家〕を万人にかつ一人一人に結合したり対立させたりする恒常的な絆、それは実践である。彼は働きかけ、服従し、自由になり、支配し、あるいは支配される。思いめぐらすことは受動的なことでしかなかった。絵筆は行動をあらわさなければならない(30)」と書いている。このように当時のサルトルの美術批評からは、芸術家の大衆への働きかけかたに関する彼の考えを読み取ることができる。サルトルは、外部のイデオロギーに抗して画家が取るべき姿勢の考察を通じて、美術作品についての、特にレアリスム的な表現を排した作品についての、彼なりの見かたを説いているのであるのである。

ただ当時の彼の美術批評を通読すると、弁証法的な受容運動を通じた芸術作品の意味の生成に関し、その統一の説明で、超越的な意味を有する語が多用され、サルトル自身も宗教的な語彙や比喩の利用を自覚している点に気づく。ラプジャード論では、特にこの傾向が顕著だ。例えば彼は、次のように説明する。

> 実際、画家はわれわれの眼のために道をひくが、それでもわれわれがその道を発見し、それをわれわれが経巡ろうとしなければならないのである。あの色彩の不意の爆発、あのあちこちに凝固したマチエールを結びつけるのはわれわれの仕事である。谺をよびさまし、リズムをよびさますのはわれわれの仕事である。まさにこの時、拒まれた直観である〈現前〉がわれわれに力をかしてくれるのだ。それは自分自身で道筋を決定して行くのではない、それは超越的に道筋を定めるのである。構築するためには、眼に見える諸関係を設けるだけで足りるだろう。この構築を保証するためには、それを全くの無意味から救うためには、超越的統一が必要である。[31]

本論の冒頭で見た『想像力の問題』の一節で、すでにサルトルは「画布を通してあらわれ、一種の憑依作用を通して画布を独り占めにするような対象の非現実的総体」について論じており、以後の美術批評のこうした箇所からも、現前する総合において単なる部分の総和とは異なる力が生じるという認識を、サルトルが継続的に持っていたことが感じられる。ただ彼の言う「憑依作用」や「超越」は、人間の経験や認識の次元を超えた超越的な力を意味してはいないだろう。ラプジャード論で以下のように書くとき、サルトルは個々の人間を統合する全体性の由来をどこに見ているのだろうか。

> ばらばらになっている細片の統一は、全体《マッス》の爆発的統一という彼岸的なものを実現する。ここからして、群衆の一人一人は、その生活の細分化された全体をふたたび見出し得ることになる。[32]

ここでは、短い二文にいろいろな要素が詰めこまれている。最初の文では、サルトルの意識は絵画のマチエールやタッチとそれが表現するものにあり、次の文の「群衆の一人一人」では、表象対象であり鑑賞者でもある実在の民衆が意識されている。すでに指摘したように、サルトルは外部のイデオロギーへの芸術作品の奉仕と、既成物の形象の模倣の両方を退けていた。したがってここでの「統一」という「彼岸的なもの」が、何らかの超越的原理によるとは理解しがたい。彼にとって群衆は、イデオロギーに支配されることで群れてはならない。絵筆による画家の行動は、イデオロギーや既成の価値からの自立と、自己の精神と行動の自由を堅持する勇気を鑑賞者に伝える。片や民衆は形象の模倣ではない絵画の受容を通じて、自分たちの眼の動きが実現する統一によって、外部のイデオロギーに支配されずに、自分たちの「全体」を再発見することになる。「多様性の統一[33]」、「主人なきこの爆発[34]」という表現が使われているところからは、大衆が個別性を維持し、権力やイデオロギーの支配を受けずに、互いを認めて各自が主体的に集団性を発見し、さらにそれを構築してゆくような社会と人間のモデルを、サルトルがこれらの絵画の受容を通じて感じ取っていることがわかる。

4　二項対立の乱れ

サルトルの戦前の想像力論は個別の芸術作品を論じるのに適した論ではなかったが、表象対象を脇に措いて芸術作品自体の知覚に重点を置く契機や、未知の物、名前の与えられていない物をも表象対象に含める可能性を含んではいた。そして社会への関心の低かった時期を経て、戦後、同時代社会への問題意識の高まりやその結果としての共産党との同伴関係に並行して書かれるようになった美術批評では、彼は意図や目的としての外部のイデオロギーへの奉仕と、表現としての現実の模倣を共に否定しつつ、同時に大衆への意識や知識人としての使命をめぐる自らの考察を反映するような論が展開されたのである。このような論において、彼の想像力論の基本的枠組みが根本的に見直されることはなかった。しかし抽象性の高い作品を論じるなかで、また芸術家の社会的な関心を反映した作品を論じるなかで、サルトルは彼の想像力論に潜在的には含まれていた芸術作品自体の知覚の重視や、そのことと不可分の、名前の与えられていない物、未知の物を表象対象に含めることのほうに考察の重心を置くようになっていった。

一九六〇年代以降の美術批評では、同時代の社会問題への芸術家の意識を直接に反映したような作品は扱われず、サルトルの社会や政治に対する意識を直接反映した考察もほとんどない。絵画における線の運動や鑑賞者の眼の運動、さらに芸術家による実践がここでも中心的な問題になっているものの、議論はそれらが作品中にどのように見られるかに留まっている。

しかしこの時期の代表的な美術批評であるヴォルスの絵画を論じた「指と指ならざるもの」には、それまでの美術批評に見られた問題意識のさらなる展開が指摘できる。例えばヴォルスの創作の説明には、次のような逆説的な表現が多用されているが、それはなぜだろうか。

問題なのは、おのれを開き、待ち、つかみえぬものをつかむことだ。と言うよりむしろ、そのつかみえぬものによってつかまれることだ。次いで、必要があれば、それを定着することだ、身動きもせずに、あるいはほとんど身動きもせずに。[35]

ここでは制作主体である画家と、作品という客体の主客関係の逆転も示唆されている。また彼は、次のようにも書く。

問題なのは、この形象的世界を生気づけることではなく、混乱させることである。限りなくくりかえされるただひとつの主題、すなわち、部分が全体に対する、全体が部分に対する不確かな関係のなかに、〈一〉と多との二重の未完結性のなかに、現われつつかくれているあの捉えぬものの不動のきらめきだ。[36]

サルトルは「捉ええぬもの」を、それ自体だけで存在するのではなく、周囲との関係のなかで、周囲の安定をも巻きこんで揺るがすものと理解している。ヴォルス論で繰り返し用いられているこの逆説的な表現からは、何が言えるだろうか。本論のまとめに代えて、二点指摘したい。

第一に、戦前の彼のイマージュ論は、未知の物、名前の与えられていない物をも表象対象に含める可能性を含んではいたから、ヴォルスの絵画についてのこうした説明にも、その意味で彼のイマージュ論との継続性、一貫性が指摘できる。初期の美術批評で彫刻を論じたとき、サルトルはそこに運動の概念を導入し、それらを表象対象のない知覚対象として説明することで、彼のイマージュ論の基礎にある在と不在の二項対立から発展的に解放されていたが、ヴォルスの作品においてはさらに、表象対象自体が「捉ええぬ」、「名付けえぬ」ものであることが、繰り返し論じられている。表象対象自体が「捉ええぬ」、「名付けえぬ」、つまり「これはピエールだ」というような対象の言語化を経ることが不可能なとき、表象対象と知覚対象、シニフィエとシニフィアンの関係は、安定した関係を失って危機的になる。その結果「もの」の「ある」が強調される。サルトルのイマージュ論はもともと不在の対象に対する意識をめぐって展開されており、否定性、空無性が論の基本にあったが、ここではむしろ、「ある」という肯定性に重きが置かれている。ヴォルスの作品が論じられるときに、超越的な語彙が用いられていない理由も、この点にあるのではないか。

第二点目は、こうした「つかみえぬもの」、「捉ええぬもの」の存在を、サルトルが自己の外部にある客体としてだけではなく、自己の内部にも見ているという点である。サルトルはヴォルスについて次のようにも書く。

つまり、彼は、おのれ自身の奥底においてさえ自己以外のものであって、ヴォルスの存在とは彼の他者存在なのだ。外部のものは、内部のもの、あの名付けえぬものが、彼の存在を外部のもののうえに投げ出すまさしくその限りにおいて、彼にその存在を返すのだ。[37]

「名付けえぬもの」は自己の内部にもある。こうした指摘が、ヴォルスの絵画の受容から得られた実感からだけでなく、サルトル自身の心理学や精神分析に関する知識や関心にも由来している可能性も大いにある。いずれにせよここには、彼自身の思考の基本にあった主体と客体の二項対立、さらにその二項対立からおのずと生まれてきた自己を他者に認めさせるための闘争のモデルを入り組んだものにするような発想を読み取ることができる。彼は次のような指摘もしている。

ヴォルスの卓越性は、彼のグワッシュにおいては〈物〉は名付けえぬものだという点にある、つまり物は言語の権限内にはおらず、描く芸術が文学から完全に解放されているという意味だ。[38]

「名付けえぬもの」を表象対象に持つ知覚対象は、「名付けえぬもの」と呼ぶか、「〜のようなもの」という比喩的な表現を使う以外に言語化しえない「もの」である。

本論では、サルトルの美術批評が美術研究や美術史学においてどのような評価を持ち得るかは、考察の外に置いた。では美術批評は、彼の著作のなかではどのような位置にあるのか。見てきたように美術批評は、大部なものが多い彼の著作群のなかでは、友情や偶然の産物として生まれた小品と言えよう。美術批評の量から考えても、造形作品は、言葉の人間である彼の主たる関心事ではなかったことがうかがえる。しかしそうした傍系的存在であるからこそ、また造形という言語化しつくせないマチエールの厚みを持った非言語芸術を対象とし、それと直に向き合う時間を過ごすなかで、サルトルが発想の柔軟さを手に入れ、それによって彼自身の哲学的考察の基礎や、同時代の社会や政治状況との距離の取りかたを、別の視点から再検討しえた側面もあっただろう。美術批評は彼の哲学的著作とも社会批評とも接点を持ちつつ、同時にそれらからの独立性を保ち得たテキスト群と言える。彼の美術批評に彼の他のテキストにはあまり見られない、素朴な快感を読者にもたらすみずみずしい比喩表現が散見されるのも、そのためではないか。

注

（1）ジャン＝ポール・サルトル『想像力の問題』、人文書院、改訂版一九七五年、二五〇頁。(Jean-Paul Sartre, *L'Imaginaire*, Gallimard, (1940), coll.« Folio », 1986, p. 346.)

（2）Michel Sicard, *Essais sur Sartre*, Galilée, 1989, p. 214.

（3）サルトル『想像力の問題』、前掲書、二六五頁。訳語を変更した。(Sartre, *L'Imaginaire*, *op. cit.*, p.365.)

（4）同書、二六六頁。訳語を変更した。(*Ibid.*, p.366.)

（5）Eric Werner, *De la violence au Totalitarisme*, Calmann-Lévy, 1972, p. 128.

（6）サルトルの美術批評とアメリカ滞在との関係については、以下を参照されたい。永井敦子、「サルトルの美術批評とアメリカ滞在」、石崎晴己・澤田直編『サルトル　21世紀の思想家』思潮社、二〇〇七年、一八六―二〇五頁。

（7）Sicard, *op. cit.*, p. 237.

（8）サルトルとシュルレアリスムの関係を、以下で考察した。永井敦子「サルトルとシュルレアリスム」、『水声通信』、水声社、no.20, 二〇〇七年九／十月号、六六―七五頁。

（9）第二次世界大戦後のサルトルとアンドレ・ブルトンとの関係については、例えば以下を参照されたい。アンリ・ベアール『アンドレ・ブルトン伝』、塚原史・谷昌親訳、思潮社、一九九七年、四一五―四九一頁。

（10）ジャン＝ポール・サルトル「カルダーのモビル」、『シチュアシオンIII』、人文書院、一九六五年、二二三頁。(Jean-Paul Sartre, « Les mobiles de Calder », *Situations, III*, Gallimard, 1949, p. 228.)

（11）ジャン＝ポール・サルトル「絶対の探求」、同書、二一九頁。(Jean-Paul Sartre, « La recherche de l'absolu », *Situations, III*, *op. cit.*, pp. 223–224.)

（12）Jean-Paul Sartre, « Sculpture à *n* dimensions », Michel Contat / Michel Rybalka, *Les Ecrits de Sartre*, Gallimard, 1970, p. 666.

（13）Jean-Paul Sartre, *Cahiers pour une morale*, Gallimard, 1983, p. 569.

（14）*Ibid.*, p. 563.

（15）*Ibid.*, p. 566.

（16）Sartre, « Sculpture à *n* dimensions », *op. cit.*, p. 668.

（17）Henri Cartier-Bresson / Jean-Paul Sartre, *D'une Chine à l'Autre*, Robert Delpire, 1954. 本写真集では撮影者カルティエ＝ブレッソンと序文執筆者サルトルの名が並記されている。サルトルの美術批評研究において、この序文はほとんど考察対象になってこなかった。筆者もそれを無反省に踏襲してきたが、今回の考察にあたり、この写真論をサルトルの美術批評のテキストに含める必要を認識した。なおテキストの引用は、本論が再録された『シチュアシオンV』より行う。

（18）Sartre, « Sculpture à *n* dimensions », *op. cit.*, p. 664.

（19）ジャン＝ポール・サルトル「ジャコメッティの絵画」、『シチュアシオンIV』、人文書院、一九六四年、三〇三頁。(Jean-Paul Sartre, « Les Peintures de Giacometti », *Situations, IV*, Gallimard, 1964, p. 356.)

（20）ジャン＝ポール・サルトル「ヴェネツィアの幽閉者」、同書、二七三頁。(Jean-Paul Sartre, « Le Séquestré de Venise », *Situations, IV*, *op. cit.*, p. 322.)

（21）同書、二七四―二七五頁。訳語を変更した。(*Ibid.*, p. 324.)

（22）Tony Judt, *Un Passé imparfait*, Fayard, 1992, pp. 245–251.

（23）ジャン＝ポール・サルトル「『一つの中国からもう一つの中国へ』」、『シチュアシオンV』、人文書院、一九六五年、八―九頁。(Jean-Paul Sartre, « D'une Chine à l'Autre », *Situations, V*, Gallimard, 1964, p. 12.)

(24) *Lapoujade : peintures sur le thème des émeutes : Triptyque sur la torture, Hiroshima : exposition du 10 mars au 15 avril 1961*, préface de Jean-Paul Sartre, Galerie Pierre Domec, 1961.

(25) ジャン＝ポール・サルトル「特権をもたぬ画家」、『シチュアシオンⅣ』、前掲書、三〇九頁。訳語を変更した。(Jean-Paul Sartre, « Le Peintre sans privilèges », *Situations, IV*, *op. cit.*, p. 364.)

(26) 同書、三一三頁。(*Ibid.*, p. 369.)

(27) 同書、三一八―三二〇頁。(*Ibid.*, pp. 375–378.)

(28) 同書、三一四頁。(*Ibid.*, pp. 370–371.)

(29) 同書、三一五頁。(*Ibid.*, p. 371.)

(30) 同書、三二四―三二五頁。訳語を変更した。(*Ibid.*, pp. 383–384.)

(31) 同書、三一四―三一五頁。(*Ibid.*, p. 371.)

(32) 同書、三二三頁。(*Ibid.*, p. 382.)

(33) 同書、三一九頁。(*Ibid.*, p. 377.)

(34) 同書、三二四頁。(*Ibid.*, p. 383.)

(35) ジャン＝ポール・サルトル「指と指ならざるもの」、『シチュアシオンⅣ』、前揚書、三五二頁。(Jean-Paul Sartre, « Doigts et Non-Doigts », *Situations, IV*, *op. cit.*, p. 420.)

(36) 同書、三五四頁。(*Ibid.*, p. 422.)

(37) 同書、三五三頁。(*Ibid.*, p. 421.)

(38) 同書、三六三頁。(*Ibid.*, p. 433.)

サルトルの演劇理論

――離見演劇

翠川博之

はじめに

内容は哲学的思想の翻案で副次的、形式は古典主義的で注目すべき新機軸がない。サルトル演劇にまつわるこうした評価はすでにサルトルの生前から流布していた。彼の没後、その影響力を清算しようとする言説に紛れてそれはほぼ定説となり、今日に到っている。

それにしても、サルトルは「哲学劇を創る気はない[1]」と早くも一九四六年に明言していたし、実際、彼の企図を顧慮せずにその戯曲を哲学的著作の通俗的表現のように見なしてしまうのは早計であろう。また、古典劇に通じる手法はサルトル独自の演劇理論の要請に沿って積極的に選択されたのだという事実も、過度に軽視されてはいないだろうか。現に、作品をめぐる論評のなかで彼の演劇論が俎上に載せられることは稀であり、その輪郭すら一般に知られていないのが実状である。ただ、それにも理由がないわけではない。『文学とは何か』においてエクリチュールというよりパロールに基づくコミュニケーションをモデルに文学論をものしたサルトルが、パロールで構成される演劇について演劇論と呼べるほどの文字テクストをほとんど遺していないのである。

　以下の考察で試みるのは、演劇に関する講演、対談等の記録を通時的に精査することで、サルトル演劇論の全体像と理論構築において彼が取り組んだ問題を明らかにしながら、定説を覆し、劇作家サルトルの独創性をその演劇理論のなかから掘り起こすことである。

1　演劇の本質

　一九四〇年にドイツ、トリーアの捕虜収容所で制作上演された『バリオナ』。四一年夏から翌四二年にかけて執筆され、四三年、占領下のパリで上演された『蠅』。どちらの戯曲も、台詞に文語を織り交ぜて韻文調のリズムを与え、比喩や象徴を多く用いる饒舌な文体で書かれている。両作品の共通性は、ナチス・ドイツへの抵抗をアレゴリーによって呼びかけるという隠された制作の意図にもあるが、むしろより目立つのは、主人公の台詞を介して「人間の自由」をめぐる思想を提示するという主題の連続性であろう。いずれも、物語の展開や登場人物の情緒を理解することは比較的容易なのだが、長台詞に置かれた哲学的な比喩が意味するものを適切に解釈するのはさほど簡単ではない。こう言ってよければ、小説のような、読書向きの戯曲なのである。

　サルトル演劇の様式がまさに劇的に変わったのは、一九四四年の『出口なし』である。象徴は舞台装置の造形で視覚的に示され、より明瞭で簡潔になった台詞が話者の交代によって一種のリズムを生み出す。作者の思想を直接代弁するような主人公は登場せず、観客は戯曲全体の解釈から作家の意図を斟酌することになる。サルトルの劇作術に変化が生じた一因としては、サラ・ベルナール座の支配人シャルル・デュランの演劇学校で一九四二年から二年間続けた演劇史講義の経験を考えることができるだろう。彼はそこで、古代ギリシアやヨーロッパ中世の演劇について自由に語ったという[2]。ともかく、演劇に関する書物を繙《ひもと》きながら講義を行っていた時期と、演劇に固有の可能性を彼が見いだした時期とはぴたりと重なっている。

　『出口なし』の上演初日から数日後の六月一〇日、演出家ジャン・ヴィラールが主催する討論会に招かれたサルトルは、ここで「演劇の様式」に関する講演[3]を行っている。彼はまず前年刊行されたアンリ・グイエの『演劇の本質』に言及し、グイエの見解に異を唱えるところから自説を開陳している。

　サルトルによる省略を補いつつグイエの所説の要点を示しておこう[4]。彼によれば、演劇の本質を構成するのは「現前présence」である。「現前」は、人間の行為を模倣し現在化する役者と客席にいる観客との「時空の共有」を可能にする。役者の現前が舞台と客席に親密さを生み、活き活きとした意思疎通と直感をもたらす。その「現前の恵みを捉え」、芸術の原理とすること。これがグイエの考える演劇の要諦である。

グイエは演劇に映画を対置して、演劇の魂は肉体を具えた役者の現前にあると言う。(5) しかしサルトルはこの対比の不適切さを指摘し、演劇にせよ映画にせよ、現実に対して「想像的なもの imaginaire」であることに変わりはなく、いずれも「不在 absent」に関わる芸術だと反論する。演劇も映画も人間の行為の模倣であるかぎりにおいて、現実的な「行為 acte」ではなく「身振り geste」を提示するのであり、どちらも「身振り」の彼方に不在の「行為」を表象する営みであることに違いはない。

サルトルの考える演劇の本質。それはむしろ「距離 distance」である。「距離」は、演劇と映画だけでなく、演劇と小説をも区別する演劇に固有の特質であると彼は確言する。グイエの論点を離れ、あえて小説にまで言及しているところに劇作家サルトルの自負がうかがえるだろう。彼にしたがえば、小説における主人公の視点（vision）を介した描写、映画におけるカメラの視点を介した描写は、鑑賞者と視点との「同化 identification」を生む。他者の目でものを見るとは、「他者の意識が自分の意識になる」(6) ことである。この「連帯性 solidarité」、この「共犯性 complicité」から相応の効果を引き出すことにも利はあろう。しかし、演劇には舞台と客席を隔てる「絶対の距離」があり、観客は客席から自らの目で舞台を見るために、登場人物への同化には常に一種の「後退 recul」が含まれている。

話題はここから演劇の表現技法へと展開する。映画、小説において鑑賞者は既知または未知の人物が見ているものをその人物の視点を通して認識するが、演劇では役者の「身振り」がものを生み出す。したがって、舞台装置にリアリズムは必要なく、「想像的なもの」として抽象的、図式的、人工的であってかまわない。演劇の本質に反して「距離」を損なわないためには、むしろ無用のリアリズムを退けねばならないのである。演劇が「身振り」の意味作用によって成立するというこの主張は堅持され、たとえば、一九五八年の講演ノートにも同様の指摘が認められる。サルトルはそこで映画と演劇の相違に再び触れながら、映画の技法であるクローズアップは「近さ」をもたらし、映画では熟年の女優が「若い寡婦」を演じられないと記している。(7) 演劇においてそれが可能なのは、「若さ」や「美」が女優の「存在 être」に依存せず、「身振り」に由来するからなのである。

「身振り」の目指すものが「行為」の再現である以上、演劇作品が提示すべきはあくまで人間の「行為」であって「心理 psychologie」ではない。「行為」とは目的を持った自由な企てであり、それゆえ、行為の動機も「心理」の帰結としてではなく、「権利＝正当性 droit」の主張として開示される。かくして舞台は、人間たちがそれぞれの権利をぶつけ合う閉ざされた空間として立ち現れることになる。

この空間では「言葉 mot」もまた「行為」でなければならない。「宣誓」、「拒否」、「倫理的判断」、「権利の擁護」、「他者の権利への異議申し立て」。目的を達成する手段としての「雄弁」、「脅迫」、「嘘」。言葉は行為に等しく「取り消せぬもの irréversible」となるだろう。描写的、説明的ではなくなり、行為と一体を成して省略的になるだろう。自然で日常的な表現を用いながらも舞台と客席の「距離」を縮めない「劇的言語 langage dramatique」をいかに創造してゆくべきか。「演劇の様式」をめぐるこの講話は、続く討論のためにそう問題提起をして締めくくられている。

ところで、この講演でサルトルはもうひとつ看過できない論を展開している。演劇は人間の「距離への欲望 désir de distance」に動機づけられるという説である。彼によれば、人間は「自分自身の姿をよりよく見るために自らの外に出る」(8)欲望をもっている。演劇が示すのは行為する人間の世界であるが、観客はその世界から排除されており、外からそれを見ることしかできない。だが、それはまた、登場人物からは決して見られないということを意味している。世界から「絶対の距離」によって隔てられた観客は、登場人物の視点にも、視線（regard）にも巻き込まれていない「単なる視点 pure vision」、「純粋な視線 regard pur」、「純粋な証人 témoin pur」である。そこで、観客の「距離への欲望」を演劇空間の「距離」に架橋するためには、登場人物が観客の関心を惹《ひ》く最も身近な人物、「観客自身の姿」でなければならず、登場人物の主張する「権利」が観客の関心を惹く最も身近な権利、すなわち観客の生の現実に即した権利でなければならない。

サルトル演劇理論の全探求はまさしく「観客に自らを発見させる」というこの課題に集約されると言って良い。遺された演劇に関する断片的記録がこれまでほとんど顧みられなかったのは、各資料に脈絡が見いだせず、そこに全体的整合性があるとは考えられなかったからであろう。しかし、ひとつの観点を導入することで、それらに一貫した思索の道筋が見えてくる。講演でも触れられている「意識」という観点がそれである。

現象学徒としてのサルトルの卓見は、「非人称的意識 conscience impersonnelle」(9)という概念を着想したことにある。その理論においては、意識の始原としての「自我」、言い換えれば、意識に先立つ「わたし」があらかじめ仮定されない。意識とは常に何らかの対象についての意識であって、「わたし」も一人の「他者」と同じく意識作用の対象であると彼は考える。現に、何かに没頭しているとき「わたし」は意識されておらず、ただ意識だけがある。「わたし」は、この非人称的意識が意識自身を対象とするとき「反省」によって仮構されるのである。

意識にとって普段この「わたし」は内省の「親密な intime」対象に収まっている。しかし、「わたし」が別の意識によって外から対象化されるとき、たとえば他者の視線に曝《さら》されるとき、意識はいつもと異なる懸隔感をもって「対象化されたわたし」を捉えるのである。

講演で語られた「距離への欲望」とは、「親密なわたし」を離れ、他者が「わたし」を見るように、「外」から「わたし」を見たいという欲望だと言えるだろう。現実には充足不可能なその欲望に、演劇はイマージュをもって応えるのである。登場人物の視点に同化しない「単なる視点」とは、劇中世界に存在せず、他者の視線をも免れた観客の非人称的意識を指している。我を忘れて劇中世界の他者をもっぱら観想しているこの意識に「わたし」が出現するのは、劇が提示する「他者」に現実世界の「わたし」の姿を観客自らが見いだすときである。サルトルの考える演劇の効用は、「他者」と「わたし」の相似性を非人称的意識としての観客自身に発見させ、この「他者」のなかに、未知の、あるいは、あえて見ようとしていなかった「わたし」を再発見させることにある。彼の演劇理論は、観客と登場人物の関係を、正確に言えば、観客の意識にとっての「わたし」と「他者」の関係を、いかに構築するかという問題に一貫して関わってゆくことになる。

2 状況演劇

一九四七年に『レ・タン・モデルヌ』誌に連載され、翌四八年に刊行された『文学とは何か』には、演劇に関する記述がわずか数行しか含まれていない。サルトル演劇を論じる際、代わりにしばしば引用されるのが「状況演劇へ」[10]という表題で四七年一二月の『ラ・リュ』誌に発表された短い文章である。そこに見られるのは、『文学とは何か』の基調にある理念と同じく、心理主義批判と人間的自由の唱道である。内容は以下のように要約できるだろう。

われわれは「状況」に包囲されている。状況とは「呼びかけ appel」であって、われわれに解決を促し、決意を促している。人間が自由で、状況において自らを選ぶというのが真実ならば、演劇が提示すべきは単純かつ人間的な状況であり、その状況のなかで自らを選ぼうとする自由の姿である。心理劇における「性格 caractère」の葛藤は結果が見透かせる。演劇が最も感動的に示し得るのは、自らを作りつつある「性格」、すなわち、ひとつの倫理を巻き込んだ自由な決意、選択の瞬間である。決意が人間のすべてを賭けたものであることを示すためには、舞台に「限界状況 situations-limites」が設定されなければならない。「限界状況」とは二者択一の一方が死であるような状況である。自己肯定のために自己消滅を受容するとき、自由は究極の姿で現れるだろう。

一見したところ、四四年の演劇論と内容に隔たりがあるように見えるが、そうではない。実は、「状況演劇 théâtre de situations」という標語をサルトルが初めて用いたのは一九四七年の文章ではなく、その前年の春、アメリカで行った講演「神話を鍛える」[11]においてであった。この講演を間に置くことによって、先の理論との連続性は明瞭になる。

講演の冒頭でサルトルは、聴衆の案に相違して、実存主義哲学を顕揚するような「哲学劇 pièce philosophique」を創る気はないと断言している。目指す演劇は、特定の学説を実体化するものではなく、前もって構想された思想によって制作されるものでもない。舞台において「人間の条件」を探求することが目的なのである。彼は、講演題目にある「神話」という言葉を用いて、自分が創ろうとしているのは三単一の規則に従う簡潔で激しい劇《ドラマ》、唯一の出来事に完全に中心化された劇《ドラマ》、「神話演劇 théâtre de mythe」であると説明している。その対極にあるとされるのが上辺《うわべ》だけのリアリズムであり、そこで彼はまた「観客と舞台の距離をできるだけ無くそうとするリアリズム」[12]を拒否すると宣言しているのである。

「神話」という表現は、この講演以降、晩年に到るまでサルトルがしばしば用いる演劇論の語彙となり、たとえば一九六一年の対談でも彼は、「常に神話を探し求めている、細々《こまごま》とした心理に頼らずとも各人に認識されるような十分純化された主題を」[13]と語ることになる。時間的距離、空間的距離、心的距離を生じさせる神話の効用や、神話を題材とした古典悲劇の形式を念頭に置きながら、「距離」を重んずると同時に主題の簡潔な提示を可能にする劇が「神話演劇」と呼ばれているのである。

「距離」はまた儀式的文体によっても生み出される。[14]四四年には「行為」との連続性から定義された「劇的言語」が、この講演では「距離」との関連からやや詳細に規定し直されている。まず排するべきは、「脱線」、「受け狙い」、「台詞の詩情」である。「省略」や「突然の中断」を含む内的緊張を保持した「簡潔」な台詞にすること。言葉を切り詰めて古代の悲劇がもっていた「荘厳さ」を再発見すること。肝要なのは、観客の歓心を買うことを目的とした一切の表現を避けることだと言えよう。

では、「距離」を顧みない上辺だけのリアリズムに対して、サルトルが目指す「真のリアリズム」とは何か。「人間をその複雑さにおいて、また全面的な現実において再現すること」[15]である。それが「神話演劇」としての「状況演劇」の理念となる。「状況演劇」とは、もともと「性格演劇 théâtre de caractère」との対比において用いられた標語であり、「状況演劇」をもって乗り越えるべき対象とされたのが「性格演劇」とその原理である心理学であった。心理学は人間の情動を研究対象としていながら、対象を「人間的な文脈」には置かない。人間の背景には、宗教、倫理、禁忌、社会規範、国家間の対立、階級間の対立があり、権利をめぐる闘争があり、意志があり、行動がある。「状況演劇」は心理学が認めるような人間の本性をあらかじめ想定せず、「情動 passion」を行為に付随する「権利」の表明と見なし、「行動 action」の一部と見なす。「人間の経験に最大限共通する状況」(16)を舞台に載せて、「人間が行う自由な選択に観客を参加させる」(17)。「状況演劇」が目指すリアリズムとはそのようなものなのである。

ここで、初出の「観客を参加させる」という表現に注目しておく必要がある。ごくありふれた言い回しであり、意味するところにいまだ曖昧さはあるが、「参加させる faire participer」、「参加 participation」は、以後、彼の演劇理論で最も重要な概念になってゆく。先を急がず、ここではまず「距離」と「参加」の関係を明確にしておこう。一般に「距離」と「参加」は相容れない状態を指す言葉である。しかし、サルトルは「距離」と「参加」に矛盾があるとは考えていない。そこで、先の「意識」という観点が理解にとって有用になるのである。「距離」を介する「参加」は、「距離」をもたない意識の「同化」と似て非なる概念である。「距離」の効用により意識が純化されることで、観客の非人称的意識は登場人物を対象として捉え、「参加」することができる。つまり、「距離」が「参加」の条件になっているのである。

3 ブレヒトへの接近

一九四〇年代後半から五〇年代の半ばにかけては、劇作家サルトルの最も多産な時期であった。この間、彼はジュネ文学の分析から「回転装置 tourniquet」の想を得て、五一年の自作『悪魔と神』に取り入れている。

サルトルによると、「回転装置」は「エピメニデスのパラドクス」、「クレタ人であるエピメニデスはすべてのクレタ人が嘘つきだと言う」に還元される循環型の逆説を原理としている(18)。より素朴に「わたしは嘘をついている」とも言い換え可能な、否定的自己言及を含むこの逆説の原理を応用して、彼は主人公ゲッツとその論敵ハインリッヒを造形したのだった。二人は、本性を同じくする分身でありながら、つまり、相手のうちに常に自分自身の影を認めながら、互いに互いの存在を否定しあう。主人公の内的葛藤と決意に至るまでの逡巡が対話化され「行為」と「言葉」に変換されることで、観客がそれに「参加」できるようになっているのである。「回転装置」はさらに別の効果も生んでいる。戯曲には、「わたしたちは絵の背景の前で芝居をしているのだ」と言うハインリッヒに対し、「あれは本物の町だ」とゲッツの応じるくだりがあるが(19)、芝居において芝居の虚構性に言及するこれらの台詞も「回転装置」を構成しており、ここではそれが虚構性を強く感じさせる人工的な人物造形と相俟《あいま》って、舞台と客席の間に「距離」を生む働きをしている。言わば、ブレヒトの提唱した「異化効果 effet de distanciation」の一種として機能しているのである。

演劇の本質に「距離」を見るサルトルと演劇に「異化」を導入したブレヒトの間に共通の問題意識があることは明らかであろう。五〇年代後半、演劇に関するサルトルの言説にはブレヒトの援用が著しく目立つようになる。ブレヒトの作品がフランスで初演されたのは一九三〇年。作品は二八年にベルリンで成功を収めた『三文オペラ』であった。当時この芝居を観たサルトルは、ただの社会風刺劇でアナーキストが創った作品だと思ったと後に回想している[20]。その名がフランスで広く知られるようになったのは、一九五四年から五五年にかけてベルリナー・アンサンブルがパリでブレヒト作品を相次いで上演してからのことである。サルトルがいつ彼の演劇論に触れたのかは定かでないが、ブレヒトへの言及が最初に見られるのは、一九五五年六月の『ネクラソフ』上演を機に行われたベルナール・ドールとの対談においてである[21]。

対談のなかほど、一九四七年の「状況演劇」の定義にいまも同意するか、と問われたサルトルは、「ウイでありノンだ[22]」とこれに答えている。ブレヒトの名はこの重要な発言のなかで唐突に現れる。同意の理由についてサルトルは、「自らの迷妄から目覚める自由を提示するのでなければ演劇の意味はない」と述べ、「ブレヒトの主要な功績は、演劇がなべて迷妄からの覚醒（démystification）を目的としなければならないことを説いた点にある」と語るのである。ただし、その目的を遂げるためには、登場人物の「覚醒」に観客を「参加させる」必要があり、ブレヒトの手法はやや形式的に過ぎるとも評している。

「状況演劇」に同意できない理由。それは当時の自分が「自由の限界」を考慮していなかったからだとサルトルは言う。この対談で彼はまた、「いま重要なのは、歴史的状況のなかに人間の葛藤を位置づけることであり、人間の葛藤が歴史的状況に起因することを示すことだ[23]」と述べているが、これらの発言がはっきり示しているのは、演劇における彼の主要な関心が個人的「権利」を争点とする「自由」の提示から、自由に限界をもたらす「歴史的、社会的状況」の提示に移行したということである。ブレヒトからの大きな影響は、むしろこの関心の変化そのものに認められるだろう。『ネクラソフ』という作品にはこの影響が如実に現れている。犯罪者を主人公にしたサルトル唯一の風刺的笑劇《ファルス》は、権力に翻弄される犯罪者を滑稽に描いた『三文オペラ』から想を得たものに違いない。ブレヒトへの傾倒を同時期の別の資料からも裏づけてみよう。

『ベルトルト・ブレヒトを世界が讃《たた》える』という劇場パンフレットに掲載された「ブレヒトと古典作家たち[24]」と題する

一九五七年四月のテクストは、ブレヒト演劇を解説する体裁をとりながら、自身の演劇観との共通性を確認するような内容になっている。すなわち、ブレヒトは三単一の規則への配慮によって古典的であり、観客の気を逸《そ》らすものを排除し、大局を見失わせる細部を拒む。英雄も殉教者も登場させないことで主人公に「同化する s'identifier」機会を観客に与えず、個人的救済などあり得ないこと、社会全体が変わらなければならないことを理解させる。そこで各人は、自分が犠牲者であると同時に共犯者であることに気づくのである。ブレヒトの戯曲が感動的なのはそのためであるが、感動とは要するに「気詰まり malaise」であって、それは観客の「自己欺瞞 mauvaise foi」や「逃避 fuite」の気まずさに結びついている。

先に触れた一九五八年の「演劇と映画」に関する講演ノートにもブレヒトへの言及があり、そこでは「異化」が次のように定義されている。「提示されている人間が、わたしの力の及ばないわたし自身であるという矛盾の利用。すなわち、あたかも他者のように、別の人間がわれわれを見ているかのように、われわれに自分自身を発見させること。言い換えれば、わたしの反省によっては得られないその客観性を獲得すること[25]」。この独自の定義は、サルトル自身の演劇理論の骨子そのものと言えるだろう。

さて、忘れてはならないのは、サルトルが五五年の対談でブレヒトの手法を「形式的に過ぎる」と批評し、自らの手法である「参加」の優位を口にしていたことである。それにしても、「観客を参加させる」というその対象は、四六年の「人間の自由な選択」から「登場人物の覚醒」へとブレヒト寄りに大きく変化していた。演劇の主題選択で影響を受けたブレヒトへの関心が五五年以降さらに高まるなかで、サルトルは最初の評価を変えはしなかっただろうか。

一九六〇年三月二九日、彼はソルボンヌ大学における講演[26]で「叙事演劇 théâtre épique」と「劇的演劇 théâtre dramatique」の総合を提唱し、そこで再びブレヒトの方法を問題にしている。

4　参加

ブレヒトの叙事演劇は、二〇世紀初頭にドイツを席巻した表現主義への反動として生まれたものだと言えるだろう。当然のことながら、魂の主観的表現、内面の表出を目指す表現主義の演劇には、人間の葛藤を描いて社会的矛盾を暴き出すという発想そのものがなかった。ソルボンヌ講演でのサルトルは、ブレヒトの発意に賛同しつつ、表現主義をも含む「ブルジョワ演劇」への全面批判を展開している。

ブルジョワによる演劇支配は一五〇年にも及び、われわれはブルジョワ演劇の時代に生きている。サルトルはそう主張するが、「ブルジョワ」や「ブルジョワ演劇」を明確に定義しているわけではない。現状を容認し、自己にも社会にも変革を求めない人びとが「ブルジョワ」であり、そのブルジョワの歓心を得る演劇形態が「ブルジョワ演劇」と呼ばれているのである。彼によれば、ブルジョワは他人が自分を見るような仕方からはできるだけ離れ、鏡に自分の姿を映すような仕方で登場人物に自分自身の姿を重ねようとする。それは「外部を持たないイマージュ image sans extériorité」であり、その個人主義的イマージュが、彼らの「単なる参加 participation pure」の対象になる。個人を巻き込む社会的全体性を提示するために、ブレヒトが壊そうとしたのがこの欺瞞的な「参加」の形態であった。それゆえ、ブレヒト叙事演劇の企ては「参加させる」ことではなく、「提示し、説明し、判断させる montrer, expliquer, faire juger」ことにあったのだとサルトルは解説している。

　しかし、サルトルの見立てでは、ブルジョワ演劇の病巣はより深いところにある。「人間の本性」を想定し、その本性を「悪」だと考える「悲観的自然主義 naturalisme pessimiste」がそれである。人間の本性が「悪」だとすれば、それは自然の摂理であって犯すべからざるものである。そこからピューリタン的禁欲主義が生じて、人間の「必要・欲求 besoin」をさえ「悪」と見なして、嫌悪し、拒絶する。本性が「悪」であり不易であるならば、変化を実現するためのあらゆる努力は虚しいことになる。演劇が表象するのは「人間の行為」であるのに、ブルジョワ演劇ではかくして一切の「行為」が不可能にされてしまうのである。

　当時、新しい演劇《ヌーボー・テアトル》の旗手と目されていたベケットの『ゴドーを待ちながら』も同じ視点で批判されている。戦後の演劇で最も優れた作品ではあるが、やはり表現主義的かつ悲観的であり、ブルジョワ好みの作品だとサルトルは言う。「ゴドー」が何であるかは問題ではない、それが決してやって来ないことが問題なのである。この作品にあるのは「無為のペシミズム pessimisme de l'inaction」であり、そこでは個人のあらゆる可能性、あらゆる希望が「断罪」されている。サルトルによれば、ブルジョワが誤っているのは、彼らが「参加する」からではなく、参加するのが「狂人のイマージュ」だからである。ブルジョワ演劇の登場人物は総じて意志を奪われ、行為を奪われ、企てを奪われ、あらゆる人間的行動を否定されている。そしてその傾向が、実はブレヒトにもあるのだと、彼はブレヒト演劇をも批判するのである。

　ブレヒトの多くの作品では、人間が世界を変えるというよりも、世界が人間を変えてしまう。そこには有無を言わせぬ事実の優位性があり、登場人物があたかも「虫けら」のように「提示」されている。しかし、事態は逆である。人間が世界を変えるのであり、行動による環境の変化のなかで人間自身もまた変わってゆくのである。ブレヒトの過ちは、マルクス主義をまず解釈して、人間を抽象的なものに還元してしまったことにある。そこに見られるのは、労働市場において労働者を抽象化し、市場を具体的現実と見なす類《たぐい》の錯誤である。労働者はたとえ全的に搾取され疎外されていようとも、その「人間的現実性 réalité humaine」を失うことはない。したがって、ブレヒトの方法では演劇における「主観性」と「客観性」の問題を決して解決することができない。サルトルはそう断じている。

ブレヒトは、観客の判断力を感動で麻痺させる演劇を「劇的演劇」と呼び、題材の客観的提示を重視する自らの「叙事演劇」をその対極に位置づけていた。そこで、「劇的演劇」を主観的演劇、「叙事演劇」を客観的演劇と単純に言い換えれば、サルトルの主張の意図は理解しやすくなるだろう。「客観性」を旨とするブレヒトの「提示」に対し、サルトルはここで、「叙事演劇」と「劇的演劇」の総合を目指して「主観性」を擁護する論を展開しながら、「参加」という方法を提唱するのである。「参加」の意味はここでより明確になる。

われわれが、われわれ自身に対して「真の客観 réel objet」になることはない。他者にとっての「対象=客観 objet」とはなり得ても、自分自身を完全に客観化することはできないのである。このように説くサルトルは、「鏡」と「肖像」を例に挙げて説明している。鏡が映すのは「わたし」のイマージュであって「わたし」ではない。意識が鏡を介して統合するのも「わたし」のイマージュであって「わたし」では決してない。そこで、自分についての全体的かつ客観的評価を得たいと望む者は他者へと向かう。たとえば、他者に肖像を描いてもらうのである。そのとき、彼は「客観性」の衝撃を受けるだろう。似顔絵とは概して不愉快なものだからである。しかし、肖像画もまた侵入できない他者の主観を経た「わたし」のイマージュであることに変わりはない。このように、人はそれぞれ、それぞれのイマージュのなかで「わたし」を生きているのである。

「人間」についても同様だ、とサルトルは述べる。「神よ、人はなんと邪悪なのでしょう」と言うとき、それを語る人間も「人間」の一人である以上、その評価は客観性を欠いている。人間が「人間」の外に立つことは不可能であり、したがって、「人間」の「客観」を得ることは絶対に不可能なのである。

芸術が必要なのはまさにそのためである。もし人間が「真の客観」を持ち得るのであれば、芸術の成立する余地はない。芸術が存在するのは人間が「人間」を直視できないからである。人は虚構として創造されるイマージュを介して「人間」のイマージュを獲得する。演劇もまた一芸術として「人間」のイマージュを示し、イマージュとの特殊な関係へと人びとを誘《いざな》うのである。「人間」を客観的に説明できないからには、それを捉える方法は主観的なものになる。つまり、「共感 sympathie」、

「感情移入 Einfühlung」によるしかない。サルトルはそれを「参加」と呼ぶのである。演劇は、観客を「参加させる」ことで、「人間」を「理解させる faire comprendre」。

以上の発言内容を、「意識」の観点から捉え直してみよう。意識に先立つ「わたし」を想定せず「わたし」を非人称的意識の対象と考える発想に立てば、意識対象である「わたし」を「客観」と呼ぶことはできるか。むろんできない。意識作用が意識自身を対象にするとき「反省」によって確かに「わたし」は構成されるが、それは意識が統合した「外部をもたない『わたし』のイマージュ」、言わば「親密なわたし」であって「客観的なわたし」ではない。ブルジョワがブルジョワ演劇に「単なる参加」をするとき求める鏡像的イマージュがこれなのである。

意識が「わたし」の客観に近づくためには、「わたし」を対象＝客観化できるのが他者だけである以上、他者が見た「わたし」を受容するしかない。しかし、「わたし」を対象化する他者の主観に同時に接近できないとすれば、意識にとってこの「わたし」は不愉快で受け入れ難い、よそよそしいだけの「わたし」のイマージュにとどまる。マルクスを援用してブレヒトが「提示」しようとしたものがこれに当たる。それは、肖像としての抽象的「人間」のイマージュである。

サルトル演劇が企てるのは、登場人物というかたちで劇作家によって客観化された「わたし」のイマージュを「共感」あるいは「感情移入」をもって観客に「理解させる」試みである。「距離」によって純化された観客の非人称的意識は、登場人物の「情動」に「参加」しつつ、意識作用の共感可能な相似性をそこに見いだすことではじめて、この「外部をもつ『わたし』のイマージュ」を受容することができるようになるのである。それはまた、劇作家が創造した「他者＝わたし」のイマージュを介して、劇作家への「共感」をも含む「われわれ」の共感可能性を観客が発見する過程であると言い換えることができるだろう。そこで発見される「われわれ」こそが、われわれにとって接近可能な「人間」のイマージュなのである。

サルトル演劇の主題は、われわれ人間の矛盾が歴史的、社会的状況の矛盾に起因することを示し、迷妄から覚醒する自由を示すことにあった。「参加」あるいは「共感」は、提示された状況を「われわれ」が関わる具体的状況へと変貌させる。そこにはまた、「われわれ」が共有できる「人間」についての具体的理解が現れるだろう。

叙事演劇は「主観性」によって修正されなければならない。しかし、「距離」を損なう過度の共感、感情移入はブルジョワ演劇への転落を招く。劇的演劇は当然「客観性」によって修正されなければならない。だとすれば、叙事演劇と劇的演劇の間に真の対立はないことになる。なべて演劇は「準‐客観性

quasi-objectivité」を重視すべきである。これが、講演におけるサルトルの結論であった。

ソルボンヌ講演で明確になったのは、「参加」が「情動への参加」を意味するということである。[27] 一九四六年のアメリカ講演以来、「情動」とは「心理」ではなく「行動」の一部であると定義されていたのだから、そこで語られた「人間の自由な選択に観客を参加させる」という表現においても、五五年の対談で語られた「登場人物の覚醒に観客を参加させる」という表現においても、「参加」の意味そのものに不整合はないだろう。残る課題は、演劇の「準 - 客観性」を実現するために、「参加」を技術的にどう可能にするかという点にある。言い換えれば、登場人物の主観性を観客にどう発見させるか、原理的に同化不可能な他者の意識に共感可能な相似性をいかに見いださせるかが問題なのである。

ソルボンヌ講演からおおよそ一九年を経た一九七九年一月、ベルナール・ドールによって行われたインタヴューがサルトルにとって演劇を語る最後の機会になった。[28] この対談で、彼は演劇における主観性の問題に再び言及し、主観性の表現を可能にする「言葉 parole」の働きについて説明している。彼が例示したのは、ジャン゠ジャック・ベルナールが「沈黙の演劇 théâtre du silence」で用いた「言外の言葉 *sous le langage*」である。「沈黙」が積極的な意味を持つ対話では、交わされる言葉と言葉の間に一種の主観性が出現する。言葉は、言外にある隠れた意味、矛盾する意味を観客に見抜かせ、あるいはむしろ、推測(supposer)させ、創造(inventer)させる。劇作家は、このような言語を用いることで、登場人物の語る言葉から作品の真の意味を考えるよう観客を促すことができる。演劇における「ゴルディアスの結び目」は、説明したいことを説明せずに説明することにある、とサルトルは言う。肝心なのは、語らずして語ることなのだと。

振り返れば、サルトルは演劇の表現技法として常に「言葉」を重視していた。「行為としての言葉」、「距離を生む言葉」、「主観性の表現を可能にする言葉」。演劇における技術的関心の中心にはいつも言葉があり、言葉が「距離」と「参加」を可能にする鍵になっていたのである。彼が用いた「回転装置」も主人公の内的葛藤を言葉にするための技法であった。サルトルの演劇は本質的に「言葉の劇《ドラマ》」なのである。その回転装置をもって彼の演劇理論を最も良く体現している作品を、終わりに瞥見《べっけん》してみよう。かつてシャルル・デュランの演劇学校でサルトルの講義を受けたフランソワ・ダルボンの演出により、一九五九年に上演された最後のオリジナル作品、『アルトナの幽閉者』である。

舞台はドイツ。ナチスの中尉として戦地で捕虜の拷問に手を染めたフランツ・フォン・ゲルラッハは、戦後、自室に閉じこもり無為に一三年を過ごしている。三〇世紀には人類が滅び、「蟹」の世界が来ると妄想している彼は、「蟹の法廷」の証人を自称し意味不明な弁明を日夜テープレコーダーに録音している。観客はこの欺瞞に満ちた主人公に感情移入できず、その演説は舞台と客席の間に距離を生じさせる。しかし、劇の山場、回転装置をもって造形された分身である父親との会見場面で、彼の印象は一変する。冒頭、フランツは喉頭癌の父親に咳をやめるよう何度も要求する。苦しむ父親にかける彼の言葉は攻撃的であるが、言外にはその苦しみに同調する父への愛情がいたく感じられる。続く、半生の回想。対話化された彼の情動に参加しつつ観客は自問するのである。人の苦しみに共感できるフランツがなぜ拷問を行ったのか。なぜ若き日の善意をなくしてしまったのか。フランツを非難していた観客は、挫折者としての彼に共感を寄せるなかで、自分がまたフランツと同じ立場にいることを理解するのである。観客が発見するのは、自国の戦争、アルジェリア戦争を支持し、黙認している加害者、共犯者としての「われわれ」であり、利益や権威を求めて戦争を繰り返す「人間」であり、欺瞞に満ちた無為の「わたし」なのである。

むすび

サルトルが一九四四年に提起した演劇論は当時の演劇界に反旗を翻すような内容を持っていた。演劇の本質を「現前」に見るグイエの所説は、一人彼に特有のものではなく、たとえば、上演の一回性と、衣装、音、照明を含む劇的表現の直接性をもって観客を挑発し、感情に激しい揺さぶりをかけるアルトーの「残酷の演劇 théâtre de la cruauté」と演劇観において軌を一にするものであった。サルトルはまた、主流派の心理主義、劇中人物の内面を重視する表現手法に異を唱え、「行為としての言葉」による新しい表現様式の確立を提唱したのである。もしサルトルが「距離」と「参加」を核とする独自の演劇理論を発展させ、著作として遺していれば、彼の仕事はもっと重視され、もっと影響力を持ったに違いない。

その演劇理論を「離見演劇 théâtre de se voir」[29]と呼んでみよう。それは、わたしの意識が「わたし」を離れ、「わたし」を見るための演劇である。現実世界を離れ、劇中世界で他者のイマージュに「参加」するとき、意識はその他者のうちに「われわれ」を見いだし、「われわれ」のなかに「わたし」を望見することができる。そうして、虚構を通じて――純化された共通の状況を通じて、イマージュとして――観念ではなく共感できる具体的な像として創造される「われわれ」の姿こそ、わたしが受容し、乗り越え、目指さなければならない現実的な「人間」の姿なのである。

注

（1）Jean-Paul Sartre, *Un théâtre de situations*, Gallimard, coll. « Folio », 1992 [TS], p. 58.
なお、以下の仏語文献からの引用には拙訳を用いる。

（2）TS, 242.

（3）« Le style dramatique » (1944), TS, 22–52.

（4）Cf. Henri Gouhier, *L'Essence du théâtre*, Aubier-Montaigne, 1968, p. 15 et seq.

（5）*Ibid.*, p. 24.

（6）TS, 23.

（7）« Théâtre et cinéma » (1958), TS, 94.

（8）TS, 28.

（9）Jean-Paul Sartre, *La Transcendance de l'Ego*, J. Vrin, 1992, p. 87.

（10）« Pour un théâtre de situations » (1947), TS, 19–21.

（11）« Forger des mythes » (1946), TS, 57–69.

（12）TS, 66.

（13）« Entretien avec Kenneth Tynan » (1961), TS, 178.

（14）この講演でサルトルはまた、演劇は過度に「親密 familier」であってはならず、「宗教的 religieux」、または「儀式 rite」のようでなければならないと述べている。「宗教」、「儀式」というこれらの表現も「神話」とほぼ同じ意味で用いられる演劇論の語彙である。演劇の起源に宗教的儀式があることを示唆しながら、これらも「距離」の重要性を説く文脈で使用される。

（15）TS, 62.

（16）TS, 61.

（17）TS, 59.

（18）Jean-Paul Sartre, *Saint Genet, comédien et martyr*, Gallimard, 1996, p. 371 et seq.

（19）Id., « Le Diable et le Bon Dieu », *Théâtre complet*, Gallimard, coll. « La Pléiade », 2005, pp. 401–402.

（20）« L'acteur, l'œuvre et le public » (1959), TS, 108.

（21）« Théâtre populaire et théâtre bourgeois » (1955), TS, 74–87.

（22）TS, 79 et seq.

（23）TS, 78.

（24）« Brecht et les classiques » (1957), TS, 88–92.

（25）TS, 97.

（26）« Théâtre épique et théâtre dramatique » (1960), TS, 113–164.

（27）フランス語の動詞 « participer » には「参加する」という意味の他に「（感情を）共にする、分かち合う」という意味がある。ただし、名詞 « participation » に「共感」を意味する用法はない。サルトルの用語は動詞、名詞とも動詞の二つの意味を含意したものと言えよう。

（28）« Entretien avec Bernard Dort » (1979), TS, 237–260.

（29）「離見」は、世阿弥が「我見を離る」という禅語から作ったとされる言葉である。『花鏡』に見え、「観客が見ているようにおのれの姿を見るありよう」を説く演者への戒めであるが、「自らを離れ、自らの姿を外から見る」という言葉の意味自体に着目してここで用いた。サルトルの演劇理論では、むろん、観客の「離見」が問題になっている。仏語訳は筆者による。

『家の馬鹿息子』の「真実の小説」という問題
――「ポン＝レヴェックでの落下」をめぐって

黒川 学

一九七一年五月、『家の馬鹿息子』の第一巻と第二巻、合わせて二二〇〇ページが同時に刊行された時、『ル・モンド』紙はミシェル・リバルカとミシェル・コンタによるサルトルのインタヴューを掲載した。それは後に『シチュアシオンX』に再録されるが、その時に発せられた、サルトルの「私はこの研究を小説のように読んでほしいと思っている」[1]という言葉は、この著作の紹介に際して、好んで引用されてきた。

ギュスターヴ・フローベール（一八二一―一八八〇）の限られた資料しかない幼少期についての断定的な記述を典型とするが、どのページにも検証不可能と思えることが続き、果たして事実の度合いはいかばかりだろうかと恐れる読者に、サルトル自身が事実から離れていることを認めたものと解されていると思う。さらには、たとえ、間違っているところがあっても、細部がサルトルによるフィクションであってもこの、サルトル思想総合の書の価値は変わらないという理解が一般的だと思う。また、フィクション性を積極的に捉え、過去の作家を小説の主人公のように造形することに高い価値を見出す議論もある。さらに、サルトルのこの発言は、この「言葉の巨峰《ヒマラヤ》[2]」にも「廃墟[3]」にも喩えられる大著に接近するための呪文としても効能があるだろう。

しかしまず、これがインタビューによるものであることに注意しなければならない。サルトルは「〔…〕同時に、これは真実なのだ、真実の小説なのだ、と読者が考えながら読んでほしいと思っている[4]」と続けているが、この答えを呼びだした問いを見ると文末に「科学的 scientifique」という語が見える。『家の馬鹿息子』が、十九世紀的な教養小説と科学的な研究[1]という二面があるとの発言で、質問者は肯定的な意味で口にしているのだが、サルトルからすると、無理解とまでは言わないものの、誤解があると感じたのだと思う。これは、インタビュアーの口からもう一度「科学的」という言葉が発せされた時、「概念 concept」と「観念 notion」の違いを「科学的」と「哲学的」の対比と重ね合わる定義を述べて、理解の仕方の修正を計っていることからわかる。ここはしたがって、「教養小説」と「科学的研究」いう言葉に対して、そのいずれでもない「小説」という言葉が、発せられたと理解すべきところであり、フィクション性ということを積極的に打ち出しているのではないだろう。実際、サルトルは後のミシェル・シカールとの対談のなかで、自分は少し言いすぎたと、修正を試みている。「書いているときはそんなふうには〔小説を書いているとは〕、考えていなかった[5]」と。ただし、この「真実の小説」という表現の喚起力は強く、読者は、この「真実の」と「小説」がサルトルの鍵語によくあるように対立する概念の結合表現であることを踏まえたうえでなお、この膨大な著作をフィクションとして自由に読むという誘惑を感じずにはいられないのである。

われわれは、『家の馬鹿息子』全体をひとつの「真実の小説」という隠喩によって捉えたくなる誘惑から一旦身を離し、『家の馬鹿息子』はどの点で「真実の小説」という問題が賭けられているのか、どの点でそうではないのか、を具体的に探っていきたいと思う。そのためにこの書の特異な構成と記述、そしてその方法として提示された「前進的・遡行的方法」の検討へと進むことになるだろう。

1 クライマックスとしての「ポン＝レヴェックでの落下」

『家の馬鹿息子』の第一巻と第二巻は、三部構成になっており、一部は幼少期のギュスターヴを扱う「素質構成」、二部は少年時代から二二歳頃までを扱う「人格構成」である。そして第三部は「エルベノンもしくは最後の螺旋」と題され、ギュスターヴのポン＝レヴェックでの転落事件を事細かに検討する。

この事件は、一八四四年一月、パリで法学部学生だったギュスターヴが、実家のあるルーアン市立病院に帰省中に、兄アシルとともに、父アシル＝クレオファスが別荘をたてようとしているドーヴィルの土地を見に行った帰りに、途中のポン゠レヴェックで起きる。
ここは第三部の冒頭の一節であり、サルトルは基本的事実として提出している（またはそうした印象をあたえようとしている）ところなので、そのまま引用するのがいいだろう。

一八四四年一月のある夜、アシルとギュスターヴはドーヴィルへ別荘を見に行った帰りだった。闇夜であった。ギュスターヴ自身が二輪幌馬車《キャブリオレ》を御していた。とつぜん、ポン゠レヴェックの近くで、馬車の右側を一台の荷車を引いた人が通ったときに、ギュスターヴは手綱を離し、雷で打たれたように兄の足もとに落ちた。死体のように動かない彼を見て、アシルは、弟が死んでしまったか死にかけていると思った。遠くに一軒の家の明かりが見える。兄はそこへ弟を運ぶと、応急手当てを施した。ギュスターヴは数分の間、強直《きょうちょく》の状態だったが、それでも意識ははっきりしていた。眼を開いたときに、彼は痙攣を起こしただろうか。それを知るのは難しい。いずれにしても兄はその晩のうちに彼をルーアンに連れ帰る。(6)

この発作は、マクシム・デュ・カンが『文学的回想』（一八八二―八三）で公にして以来有名になった。その後、一九二七年にフローベールの一八五三年九月二日付けルイーズ・コレ宛て書簡がコナール版の増補版で、公表されることによって初めて、このデュ・カンの記述には地名と日時の誤りがあるが、落下の状況などは基本的に追認された。この手紙には「前回、ここを僕が通ったのは、兄と一緒のときで、四四年の一月だった。卒中（apoplexie）にやられたように僕は自分で御していた二輪幌馬車の奥に落ちた。兄は僕が十分間死んだと思った——ほとんどおなじような夜だった。僕は兄に三度瀉血された家、正面の木々に見覚えがあった〔…〕その時、まさに僕の右を一台の荷車を引いた人が通った。もうすぐ十年経つときと同じように、夜の九時だ」。(7) また「もはや話せなかった時も、意識があった」(8) というのが、コレ宛て五三年七月七日の書簡にある。一方、強直の語は書簡には出てこない。またデュ・カンの著作によると、フローベール自身は「神経の病気」と呼び、ほんとうは癲癇《てんかん》の発作であったことを隠したがっていたとされ、この悪意を含んだ意図的な記述から、この病気についても神経症か、癲癇かという問いを中心に多くの議論がなされることになる。(9)
さてサルトルは、まずこの事件の起きた日を確定することから始める。事実問題を扱う手続きに注目しよう。鍵になる資料は一八四四年一月十七日付の妹カロリーヌのパリ、エスト街のギュスターヴ宛て書簡と、サルトルが当たったコナール版では一月下旬か二月上旬の推定（プレイアード版では二月一日）のギュスターヴからエルネスト・シュヴァリエ宛て書簡である。後者では脳卒中で自分が死にそこなったこと、治療を受けていることが述べられている。ただし発作が起きた日時、場所は特定できない。

サルトルはこのポン＝レヴェックの事件を一月下旬に推定する。その際、ジャン・ブリュノーが『ギュスターヴ・フローベールの文学的出発』（一九六二）で述べている、一月上旬にポン＝レヴェックで最初の発作が起きるが、これは、フローベール医師がそれほど心配するものではなく、ギュスターヴはパリに一人で戻る。一月下旬、二度目の発作、これによって、ギュスターヴは学業を断念することになるという想定[10]を否定しなければならない。実際、サルトルは「もしブリュノーが著作で示したもの以外に証拠を持ち合わせているのでなければ、二度の発作の仮説は充分に根拠づけられていないように思える[11]」と厳しい物言いをする。そしてまた、この論争は、サルトル死後の一九八四年になってからではあるが、ブリュノー自身が反論しているということでも特別な議論といえるだろう。ただしそれは、「私は新しい証拠を発見しなかった、私が使っていた証拠で充分だったと思う。〔…〕サルトルの結論は小説でしかない[12]」とにべもないのである。

新たな資料がなくても、かくまで強い断言になるのは、カロリーヌの手紙の追伸の解釈による。「パパはあなたの手紙を読んで、あなたの腕のことについて私に何も言わなかったわ。私の処方箋は次の通りです。休息と油脂[13]」。ギュスターヴの腕に関して、ブリュノーはサルトルの読んだ『ギュスターヴ・フローベールの文学的出発』の中では議論していないが、『家の馬鹿息子』よりも後の出版であるプレイアード版『書簡集』第一巻の注では、デュ・カンの『文学的回想』の引用を引き、瀉血中に起きた火傷が問題になっていることを明示している。「ある日、父フローベール医師がギュスターヴに瀉血を施した時、腕の静脈から血が出てこなかったので、息子の手に湯を注がせたのだが、すっかり狼狽して湯がほとんど沸騰していたことに気づかなかったので、この不幸な息子は第二度の熱傷を負い、ひどく苦しむことになった[14]」。

またこのカロリーヌの手紙は、コナール版の書簡集に収められていたものではなく、シュヴァルリー＝サバティエ夫人によって、一九五六年「フローベール友の会」の紀要に初めて公表されたものであり、その解説部分にも「彼の父親が注視していたのは、新たな発作だろうか、それとも瀉血中に生じた右手の熱傷の炎症だろうか[11]」とあった。ブリュノーはこの推察を当然のように受け入れてこの時点で論を完成させていたと言えよう。ただ、その博士論文『文学的出発』では明示していなかったのである。実は、この手紙の追伸のくだりも、サルトルは、引用しているのだが、「フローベールは腕の悩みを訴えていたのだ。筋肉を痛めたのだろうか?」[16]と呑気なことを言っている。ここここそ、議論の要であるのに! そして父親のそっけない態度を卒中の再発を恐れている様子ではないと、一蹴している。

ところで『家の馬鹿息子』のこの書簡の注は、日付が書いてあるだけであり、出典は書いていない。この夫人による掲載自体、手紙には後のプレイヤード版からみれば削除箇所があり、ブリュノーの『ギュスターヴ・フローベールの文学的出発』はそこからの断片的な引用にとどまっているのだが、サルトルはまさにその箇所しか引用していないのである。ちょうど両者の引用箇所は重なる。したがってサルトルはブリュノーの本からの孫引きをしただけですませたのかもしれない。[17]そのために、サルトルはデュ・カンが述べている火傷がフローベール学者間では議論の決定的証拠になっていることを見逃してしまったのだろうか。当然、そのことだけで数十頁は綴るべきところではある。たとえば、二月にデュ・カンが、ルーアン市民病院のギュスターヴを見舞っているが、その時彼は火傷に苦しみ、三角布で腕を吊っていたというのだから。[18]デュ・カンが会った時点でまるで、火傷にあったばかりの状態でいるのも不思議であり、また右腕を吊るほどの状態で独りパリに帰らせたのも疑問であろう。サルトルはこの火傷をギュスターヴが父親の無能を示すものとして受けいれるという議論に組み込むが、日付の確認を利用することはない。

ではサルトルの主張では、カロリーヌの手紙にはどういう役割がでてくるのだろうか。サルトルが重視するのは、兄に、母親が危篤状態にあるエミール・アマールに会って慰めて欲しいという記述である。アマールはギュスターヴの中学の同級生であり、四五年カロリーヌと結婚する。すでに数年前に兄弟を失くしており、このあと新妻をその一年後に産褥熱で亡くした後、精神に変調をきたし世間と没交渉になったとされる人物である。サルトルは手紙の筆致を分析して、カロリーヌとアマールの仲が、自分の知らぬ間に進展していたことをギュスターヴが知ると見なす。兄と妹のこれまでの親密な関係は崩壊し、ギュスターヴの精神状態はここでも危うくなる。そして、それに続く、アマール家での「おそろしい場面」に立ち会うことで、「ぼくは立ち直ろうと思って実家に帰っていた」[19]。これは二月一日のエルネスト・シュヴァリエ宛ての手紙にある。この精神状態や日付の推移から一月下旬にポン=レヴェックの発作が起きたという流れは自然に見えるとサルトルは考える。

この日付問題について、われわれはサルトルの主張を一笑に付すべきものだとは思わないが、確たることが言えるとも思わない。今のわれわれの関心は、サルトルが根本的な発作はポン=レヴェックで起こった一回だけというのを遮二無二論証しようとしていることにある。フローベールにとって重要な発作は一度だけであり、それはポン＝レヴェックで起きたということ。フローベールが生涯振り返ったのはポン＝レヴェックの発作であり、ポン＝レヴェックによって人生が二つに分けられたということであり、それに匹敵する別の発作があったとは認めれないのである。マクシム・デュカンは、フローベールがこのポン＝レヴェックでの発作の後、振りかえることで数ヶ月前の深夜に、パリで同様の変調を体験していたことに気づいたと報告する。これに対してもサルトルの否認は厳しいものがある。これは体質的なものであると退ける。ギュスターヴの発作で根源的なものは一回きり。その後に続いた発作はそれをまねたものに過ぎないと主張するのである。

落下は、また転落、失墜（déchéance）、発作＝危機（crise）、発作＝攻撃（attaque）と言いかえられ、ずらされたりして、意味を膨張させていく。すべてがポン＝レヴェックでの発作へと流れ込む。幼児期に、望まれなかった男の子として、よそよそしく愛情の薄い母親にもたらされた受動的活動性、さらに自分を馬鹿息子と決めつけた権威主義的な家父長的父親に対する怨恨と憎悪、優秀で父の願うままに成果を上げていく相続者である兄への嫉妬と嫌悪感、三八年ごろからの「文学的幻滅」に寄り添うように始まる前神経症、さらには法律を学ぶことを受動的に受け入れても、いかにもプチブルの法律家となることへの拒絶感、すでに失敗し、また勉強しなければならない試験が待つパリへの帰還、直近にはアマールと親密になっていく妹に裏切られたと感じる気持ち、そうしたものすべてが流れ込むものとして、この根源的発作が特別な一度きりのものであることをサルトルは望む。「家族の手のうちでくたばりそこなった[20]」とシュヴァリエ宛ての手紙の文面から、落下が家族を証人とし、彼らを慌てふためかせるためであったことを読みとる。

さらにギュスターヴが生きた「死と変容」であるこの落下を「負けるが勝ち」としてサルトルは提示する。それはギュスターヴにいやでたまらなかった法学の勉強から離れて、家族の庇護は受けながら、クロワッセの隠者として、文筆の道を進むことを可能にした。そしてまた、深層においてギュスターヴは受動的なまま、高名な医師の父をなす術ない状態に陥れることで、象徴的な父親殺しを果たすことができたとされる。

それまで長い時間をかけて用意されてきたものが、一瞬のうちに構造化される。これは「回心」にあたる。このように、ポン＝レヴェックの発作はギュスターヴが世界と自分のすべてを一瞬のうちに全体化した体験であり、同時に『家の馬鹿息子』のすべての議論が全体化される場面なのである。では、今度は視点を引いて、この事件をこの書全体のなかで見てみよう。

2　前進的・遡行的方法という問題

『家の馬鹿息子』のなかで、ポン＝レヴェックの語が初めて登場するのは、開始間もない第一部の冒頭「ひとつの問題」のなかである。カロリーヌ・コマンヴィルの『懐かしき回想』から幼いギュスターヴが文字を覚えるのが遅かったという重要なエピソードに続いて、落語の粗忽者のようなエピソード（おじさんにおじさんが台所にいないか聞いてきてといわれたの）を紹介したあと、すでに彼の前半生を総括するような記述が突如始まる。「まずその低能ぶり、父親のおどろき、それは一時おさまったが、ギュスターヴが十七歳になったとき、突然よみがえる。パリでの実りのない歳月、そしてそれにとどめを刺すポン＝レヴェックでの発作、癲癇、最後にみずから求めての閑居と無為……[21]」とすべてを見通す視点から述べられる。最初から、客観的や公平さを装った態度もない。断定口調の中に、ポン＝レヴェックが約束の地であることがさりげなく告げられ、発作がクライマックスであることが告げられていると言えないだろうか。この言及自体は、『懐かしき回想』から、フローベールの幼年時代を探り、探求の導きの糸を得るという課題と関係なく、外部から挿入されていると言える。

そのすこし先では、十五歳の時の作品『フィレンツェのペスト』の分析で、登場人物である弟ガルシアの嫉妬深さを指摘し、さらに兄フランチェスコの栄誉の場面で、弟が卒倒する場面を分析し、これをギュスターヴが与えた「転落と仮死である受動的憤怒[22]」と呼ぶとき、サルトルは言う。「二十二歳の時、彼が二輪幌馬車の中で前のめりに落ち、アシルの眼下に崩れ落ちるのを見るとき――彼をついにギュスターヴ・フローベールたらしめたあの有名な発作の最中のことだ――われわれはこのガルシアの気絶を思いださえねばなるまい[23]」。さらには「ポン＝レヴェックの仮死状態（fausse mort）[24]」とこの表現だけが口にされるといった、小出しにされ、議論のなかで、周知のこととして散りばめられていく。これは、まるで映画の予告編のように、クライマックスのカットが幾度もフラッシュバックされているかのようである。

この冒頭部分は遡行的分析の箇所である。具体的にはフローベールの初期作品『汝何を望まんとも』、『フィレンツエのペスト』の精神分析的読解のアプローチがなされていく。カロリーヌ・コマンヴィルの『懐かしき回想』にある伝記的挿話を援用しつつ、主として家庭内で生きられた幼少期の体験を確定しようとする。こうして彼の「幼少期の挫折」、特徴的な「受動性」、「放心状態」などが摘出され、それがこれからの探求で、導きの糸として示される出発点である。遡行的分析はひとつのテキストに対して繰り返し、違う角度からおこうなわれることになる。ただし、ポン＝レヴェックの「発作」「仮死」といったここでの遡行的分析からは出てくるはずもないものが現れるのは何故だろうか。これは単に外部から、議論とは関係なく、ポン＝レヴェックという語が口にされているとしか思えない。転落をクライマックスとして、ドラマチックにしようという意図か、または筆の滑りで、すっと入り込んできているようにも見える。後で検討しよう。

フローベール家の家族の諸構造を見た後、サルトルは、遡行的分析に回帰する。フローベールの初期作品の詳細な分析である。そこには繰り返し登場するテーマがあり、それが将来の災厄を告げているとする「予言的先行性」[25]を指摘する。このあと二十一歳の時の作『十一月』が語っているのは、ポン＝レヴェックでの発作である」[26]と意図して時間を逆転させて語り、父との関係を記述しては、「服従」の下にある不安と倦怠の状態は「ポン＝レヴェックの発作を予示しており」[27]、「怨恨」の章では、想像上の死は「受動的活動であり、怨恨であるがゆえに、ポン＝レヴェックの〈発作〉のうちにその現実化をみる」[28]とする。こうして、さまざまなテーマが一様にポン＝レヴェックを指し示し、それがクライマックスとして必然的に希求されているように、提示されているのである。そしていよいよ事件を扱う第三部の直前、第二部の終わりの言葉は、事件から一年半後の四六年八月九日のコレ宛て書簡からの引用である。「そのとき『（彼の）頭蓋骨のなかで何かが、かなり悲劇的なかたちで起こる』[29]」。この書簡は、論のなかで繰り返し利用されるものだが、もともとギュスターヴが自分について語ったものを変形して、宣伝コピーのように用いている。議論としてではなく、サスペンスを高めるためだけに使われている。まさに次回予告である。

前進的綜合について言えば、これはテクストに対しては、遡行的分析によって得られた伝記的事象から、テクストを読み直すことがそれにあたる。それが鮮やかに示されるのは、例えば、『この香を嗅げ』の、曲芸師が子供に綱渡りを仕込む息の詰まるような緊迫した場面が、父アシル＝クルオファスが字を覚えるのが遅いギュスターヴの教育に自ら乗り出す隠喩として照明をあてられるときである。ポン＝レヴェックの発作からは、初稿『感情教育』の読解にこれまでありえなかった斬新な解釈がもたらされる。サルトルは、この作品の執筆の途中に落下事件がおき、その象徴的反映が、十六章の犬のエピソードにあると考える。これは主人公ジュールが野原であった汚くみすぼらしい犬につきまとわれ、懐かしさと同時に恐怖を感じ、打ちすえて家に逃げ込むが、それでも犬は後を追ってくるという異様な恐怖譚である。「彼は疑いと、自分をつけてきた犬をもう一度見てみたいという奇妙な気持ちにとらわれて、階段を下り、戸をあける。『犬は戸口に寝ていた』。これが十六章の最後の言葉だ。次章は次のように始まる。『これは彼にとって最後のパトス的な日になった……』[30]。二つの章の空白に現実世界での発作がある。「あの神経の状態ではドアの前に犬がいるのを見つけたとき、ジュールは――それを怖れてもいたし、望みもしていたので――失神したかもしれない」[31]。こうしてジュールは感情を殺し、自分を空にすることで、大作家に変貌を遂げる。魅力的な読みである。さらに言えば、こうした断章に隔てられた空白に根源的な体験のありかをみる発想が、『嘔吐』のマロニエの根を前にした特権的な体験が、「突然、一気に、ヴェールは破れ、私は理解した。私は見た[32]」の後、「夜六時」に始まる存在をめぐる反省的記述の手前、その空白にあることを想起させるだけに一層魅力的である。さらにこの初稿『感情教育』の主人公ジュールのうちにポン＝レヴェックの発作は合理化（普遍化）されて注ぎ込まれたとされる。その端的な表現が「芸術家として生まれるためにこの世で死ぬ」[33]である。澤田直の卓抜な表現、「新批評が〈テクストから〉出発する批評であったのに対して、サルトルのフローベール論は〈テクストに向けて〉の試みだったのだ」[34]を借りるならば、前進的・遡行的方法とは、テクストから出発して、テクストに向かって螺旋的に進んでいく読解であると言えよう。

3　投企という物語

『方法の問題』のなかでは、まさに「フローベールを私が研究したいと思っていると仮定しよう」[35]と構想が述べられる。『家の馬鹿息子』の劈頭には『方法の問題』の続編であるとの表明があった。そのまま「遡行的・前進的方法」が、フローベール論に適用され、大著に結実したように思えるが、実際はどうなのだろうか、見てみよう。そして、「ポン＝レヴェックの発作」のクライマックス化を考えてみよう。

まず、『方法の問題』が、マルクス主義との対決・対話のうちに生まれたことを思い出そう。この原点は、社会経済的条件によって文化事象を機械論的に捉える官制マルクス主義的発想に対して、どこまでも状況内の個人の実践から始めようという覚悟にあった。それこそが実存主義であった。「人間はその投企によって定義される」[36]が強く確認される。文芸批評においては、マルクス主義的批評がおちいりがちの、ひとりの作家の存在を時代の下部構造の分析から始めて、それによって規制された歴史的・社会的存在であることを述べ立ててお終いとするのではなく、前進的方法において作家自身の具体的状況内での投企を見出すことこそが肝要であるとされるのだ。人間を世界との相互的関係でとらえることの重要さが述べられ、方法が示される。

ここでの遡行的分析は、作品、書簡の分析のみならず、エピソードや同時代の証言への着目、さらには家族のあり方から、プチブルの階級意識や、彼らが抱えている矛盾をも対象とする。こうした遡行的探求によって、さまざまな意味（significations）が得られ、それらが内的連関なく並置されているときこそ、そのときのみ、前進的方法を用いる段階であるとされる。フローベールが「『ボヴァリー夫人』の作者として、また彼がそうなることを拒否していたプチブルとして、不可避的に確固として、自己を築いていく、その投企を再発見することが問題なのだ[37]」と力強く語る。この前進的綜合が、投企の発見に焦点を絞っていることに注意したい。ここでは生産関係と生産手段の矛盾といった歴史社会的な分析から離れて、個人が自分の具体的状況のなかどのように世界を全体化していくかという実存的な選択を捉えることに主眼を置いている。ただ、『方法の問題』では「ポン＝レヴェック」は語句として出てきていない。複数形の「神経発作」という語はあるものの、『家の馬鹿息子』で最終的に「神経症的投企[38]」と呼ばれる「電撃的な一瞬で完全に体験され尽くす回心[39]」は明らかにされていないのである。

この「投企の発見」は、『存在と無』（一九四三）の実存的精神分析が狙う、具体的・個別的な行動において現われる「根源的選択」を明るみに出そうとする意図と重なるのは当然であろう。この存在論でもフローベールが召喚されている。人間を「単純な物体の組み合わせに還元していく[40]」心理学的分析が論難される。ここでも「機械的な」哲学が批判されているといえる。「フローベールなる、われわれが出会うはずの還元不可能なこの統一は〔…〕それゆえ、ひとつの根源的投企の統一であり、非実体的なひとつの絶対者としてわれわれに顕示されるはずの統一である[41]」。しかし実存的精神分析が、根源的選択という過去に向かうのに対し、『方法の問題』では全体化する前進的綜合として、投企を示すことが求められている。

ところが『家の馬鹿息子』の第一部『素質構成』で、著者が前進的綜合に移ると言った後始まるのは、ギュスターヴの生年当時のいわゆる時代背景、当時のフランスの社会・経済的状況の叙述である。マルクス主義的分析であり、一般論にとどまる。ついで父親に視点を移し、彼が田舎の獣医の家業からぬけだし、パリで医学を修めるという階級離脱を果たし、ルーアンで農村的な家長権が生きた家庭を作っていくことが述べられる。これをみると『家の馬鹿息子』の前進的綜合とは、たしかにギュスターヴの「原始史」が家庭環境を通じて当時の生産様式、生産関係、階級意識を内面化することからそう呼ばれるとわかるが、同時に、これはギュスターヴの生涯の再構成が、年代的時間の秩序に重点を置いて始められたことを意味する。この年代記的秩序は守られ、それによって『家の馬鹿息子』は評伝という骨格を維持することになる。この後は同様に、ギュスターヴの中学生の時は、ルイ＝フリップ治世下の社会状況、「原始的蓄積の段階にある勝利するブルジョワジー」[42]が提示され、学校の構造分析がなされ、法学部学生以降は、身分の選択として分析され、前進的綜合に統合される。

しかし、こうして評伝が開始され、人生が時間軸にそって描かれることは、物語の問題を巻きこむことになる。それにサルトルがいかに自覚的だったかは、『嘔吐』（一九三八）をみるに如くはない。ここではフローベール論の構想は出てこない。だがこの小説は、主人公ロカンタンが十八世紀のロルボン侯爵の伝記を書こうとして、資料を博捜するが、膨大な事実のなかでその相互関係がつかめなくなっていく事態が描かれていた。まさに多くの意味が、相互に並立しているだけで、統一的な意義にまで至れなかったと言える。『方法の問題』はその敷居を超えるのが、前進的綜合への移行であると提示したのである。さらにロカンタンの思索は、小説にも向かっていた。その線状性の考察である。小説の語りにおいては、「まるで本当の話があるかのように。事件は一方向で起こり、わたしたちは逆方向で語る。初めから話しているような様子をする……」[43]、「しかし結末がそこにあって、すべてを変えているのだ」[44]。『嘔吐』には具体例も示されている。『夜だった、通りにはひとけがなかった』。この文は無造作に投げ出されている。なくもがなにみえる。しかしわたしたちは騙されない。この文を横に置いておく。それはあとで価値が分かる情報なのだ。わたしたちは主人公がこの夜の細部すべてを前兆として、約束として生きたという印象をもつ」[45]。ロカンタンが得た認識とは、どんな事件であれ、それを語りだせば、言語の線状性によって不可逆的な時の流れをえて、すべての細部が因果的に結びついた硬質の存在になるということだった。そして人はそのことに日常において、気付くことがないという指摘もあった。

すでに引用した『家の馬鹿息子』第三部の冒頭を思い起こしていただきたい。「一八四四年一月のある夜」とさりげなく始まる一節は、「闇夜であった」（原文は「かまどの中のように暗い」という定型表現）という表現で状況を提示する。まさに『嘔吐』の例文に重なる表現である。「闇夜」であることは、一見中立的で、大して意味のない状況描写にみえるが、その重要性が計り知れないことを読者は知っている。さらに、物語現在の使用の中におかれた「とつぜん」という展開表現によって、すべてのディテールが緊密に組み合わさった巨大な塊のような事件の到来が告げられるのである。してみると、サルトルには透徹した小説論的考察に基づいて意図的にこの物語を提出しているといえよう。このくだり自体がデュ・カンの文書を参照しつつもそれを優に凌ぐ名文であることも相俟って、読者は幻惑されるがまま、小説世界に誘われ、からめとられていくのである。

同様に、『家の馬鹿息子』第一巻の冒頭部から、繰り返し行われる事件へのほのめかし、すべてがポン＝レヴェックに通じるといった記述は、サルトルが繰り出す膨大なエクリチュールの渦から自ずと出現したように見えるが、それでいて小説論的考察のもとにあるのではないだろうか。つまり言語の線状性を揺るがす方法として採られているのではないだろうか。

サルトルの小説技法に関する関心は生涯にわたる。一九七〇年、『家の馬鹿息子』に一年先んじて発表された「私‐お前‐彼」は、この点で極めて重要である。これはアンドレ・ピュイッグ『未完』に付された長い序文であり、フローベール論と同様に、考察にはマラルメからの表現が織り込まれ、フローベールの『思い出・覚書・瞑想』からの引用が繰り返される。まさに最後の大作と連続した執筆であり、共通の方法意識がある論文だ。ここでサルトルは、小説家ピュイッグの試みをレアリスム小説との対決として提示する。まず、「物語を語ることの不可能性」を「批判的」作家たちの共通認識とする。そこでの関心の対象は小説の技法に向かう。レアリスム小説においては、時間がひとつの次元しかなく、それに対してピュイッグは複数の時間化作用を描くことを狙うとし、その詳細を分析する。「批判的小説家はなによりも建築家であらねばならない。単線的な物語を〈n＋1〉次元の時空間のうちの事件の構築によって置き換えねばならない[46]」と語る。ただそれは結局小説の挫折としてしか示せないのである。サルトルの若いときからの技法に対する理論的関心はここでひとつの到達点を見たと言えるだろう。そしてその実作への適用が伝統的小説には程遠いフローベール論に認められるのである。

サルトルが『家の馬鹿息子』について言った「真実の小説」とは、ディテールにおいて想像力を駆使したことを指しているのではないだろう。事実認定をめぐって、サルトルがいかに自信を持ち、論争的態度をとったかは、見たとおりだ。事実の漠然としたところを想像力に頼って書いたことを「真実の小説」と呼んでいるのではない。まして、偽装された自伝であるとか、自分が想像する限りのフローベールであるとかを指すのではないだろう。内容ではなく、むしろ方法。ひとことで言うならば通常の小説の批判的立場に立った小説ということではないだろうか。「私‐お前‐彼」でサルトルは、マラルメの「批判的詩」(poésie critique) の提示として、「あらゆる言語を難破させながら、実現しがたいものに間接的な現前を与える[47]」と語り、批判的小説家たちの試みも同種のものであると考えていたのである。

『家の馬鹿息子』においては、前進的綜合の中で、ポン＝レヴェックの落下を乾坤一擲の投企として意図的に造形していくことで、この局面においては、すべてが必然的に進行していく。人間の自由そのものであるはずの投企が、まるで宿命のように描かれているのである。これは時間的秩序が必然的にもたらす因果律によって支配されたレアリスム小説の中のように、それ以外にはありえなかったものとして示されるからである。前進的方法とは、局面的にはどうしても避けられないこの陥穽を引き受けることであり、「真実の小説」という呼称にはその屈折した意識を認めることができるように思われる。『家の馬鹿息子』はレアリスム小説批判を踏まえて、往還的方法と螺旋的進行という実践からなる批判的小説なのである。さらには、この批判的小説は、意図して自ら全体を「挫折」または「難破」の試みとして示しているという推定も排除できないだろう。『家の馬鹿息子』は、まさしく廃墟のように聳えているのである。

注

（1） Jean-Paul Sartre, *Situations, X*, Gallimard, 1976 [S X], p. 94.

（2） Michel Rybalka, « Sartre et Flaubert », in *Langages de Flaubert, actes du colloque de London (Canada)*, Lettres modernes minard, 1976, p. 213.

（3） 澤田直『新・サルトル講義』、平凡社新書、二〇〇二年、一五〇頁。

（4） S X, 94.

（5） Michel Sicard, *Essais sur Sartre*, Galiée, 1989, p. 148.

（6） Jean-Paul Sartre, *L'Idiot de la famille, Gustave Flaubert de 1821 à 1857*, nouvelle édition, tome 2, 1985 [IF II], p. 1781.

（7） Gustave Flaubert, *Correspondance II*, éd. par Jean Bruneau, Gallimard, coll. « Pléiade », 1980, p. 423.

（8） *Ibid.*, p. 377. この文は、当時の代表的なフローベール研究者で、医師でもあったデュメニルがフローベールの発作を癲癇ではないと主張する論拠のひとつであり、著作にそこだけ抜き出して引用している。当然サルトルの記述の意図もそこにある。

René Dumesnil, *Gustave Flaubert, l'homme et l'œuvre*, Desclée de Brouwer et Cie, 1932, p. 42.

（9） Maxime du Camps, *Souvenirs littéraires*, Hachette, 1906, pp. 180–182.（マクシム・デュ・カン『文学的回想』、戸田信吉訳、冨山房、一九八〇年）。訳注には次のようにある。「『癲癇』云々も、医学的には確認されておらず、フロベールを愛する人々の怒りを買った記述である」（二九六頁）。病気についてのわれわれの感性がここ数十年のうちにかくも大きく変化したことが分かる。しかも現在、フローベール研究者の多くは、サルトルの神経症説に対して、器質的な癲癇説を支持し、ほぼ決着がついたと感じている。このことについては次の論文が参考になる。

Young-Rae Ji, « La renconstruction sartrienne de la vie de Flaubert », in *L'Idiot de la famille de Jean-Paul Sartre, recherches & travaux*, n° 71, Université Stendhal-Grenoble 3, 2007.

（10） Jean Bruneau, *Les Débuts littéraires de Gustave Flaubert (1831–1845)*, Armand Colin, 1962, pp. 360–362.

（11） IF II, 1782.

（12） Jean Bruneau, « Jean-Paul Sartre biographe de Flaubert », in *Lectures de Sartre*, éd. par Claude Burgelin, Presses Universitaires de Lyon, 1986. p. 175.

（13） Gustave Flaubert, *Correspondance I*, éd. par Jean Bruneau, Gallimard, coll. « Pléiade », 1973, p. 202.

(14) *Ibid.*, p. 944.
(15) Lucie Chevalley-Sabatier, « Gustave Flaubert et sa sœur Caroline (suite) », in *Les amis de Flaubert*, n° 9, 1956, p. 8.
(16) IF II, p. 1875.
(17) サルトルがシュバルリー＝サバティエの論文を読んでいなかったと思える点をもう一点あげる。兄弟が見に行ったされるドーヴィルの別荘について、サルトルは一月上旬では工事がどこまで進んでいたか懐疑的態度を示している。これはドーヴィル行をなるべく遅く、できれば一月下旬に設定したい気持があるところから来ている。ところで、この論文では、計画はまだ構想段階であり、下見に行ったという位置づけになっている。これは一月一七日付けのカロリーヌの手紙の後半に、別荘の建築に関して自分の意見を聞いてもらえないという愚痴があることからの推定であろう。このくだりは、当時発表されず、シュバルリー＝サバティエだけがわきまえていた事柄である。もしサルトルがこの論文を読んでいれば、この推定を自分の議論に組み込むことができたであろう。
(18) Maxime du Camps, *op. cit.*, p. 178.
(19) IF II, 1792.
(20) *Ibid.*, p. 1719.
(21) IF I, 16.
(22) *Ibid.*, p. 44.
(23) *Ibid.*
(24) *Ibid.*, p. 45.
(25) *Ibid.*, p. 181.
(26) *Ibid.*, p. 192.
(27) *Ibid.*, p. 360.
(28) *Ibid.*, p. 399.
(29) IF II, 1775.
(30) *Ibid.*, p. 1940.
(31) *Ibid.*
(32) Jean-Paul Sarre, *Œuvres romanesques*, Gallimard, coll. « Pléiade », 1981 [OR], p. 150.
(33) IF II, 2022.
(34) 澤田直、前掲書、一六一頁。
(35) Jean-Paul Sartre, *Critique de la raison dialectique (précédé de Questions de méthode)*, tome 1, Gallimard, 1960, p. 89.
(36) *Ibid.*, p. 95.
(37) *Ibid.*, p. 93.
(38) IF II, 1931.
(39) *Ibid.*,p. 1932.
(40) Jean-Paul Sartre, *L'Etre et le Néant*, Gallimard, coll. « Tel », 1979, p. 617.
(41) *Ibid.*, p. 621.
(42) IF II, 1125.
(43) OR, p. 49.
(44) *Ibid.*, p. 50.
(45) *Ibid.*
(46) Jean-Paul Sartre, *Situations, IX*, Gallimard, 1972, p. 314.
(47) *Ibid.*, p. 281.

（『家の馬鹿息子』邦訳第四巻を準備中の先生方の訳稿を拝読する機会を得ましたが、校了前であることから、引用部分は拙訳をあてました。それに合わせて他も拙訳としました。）

小説家サルトル

——全体化と廃墟としてのロマン

澤田　直

はじめに

サルトルは哲学者であるのみならず、作家でもある。哲学と文学の双方で活躍したのはサルトルだけではないが、その一方が余技ではなく、どちらの領域でも重要視される稀な例であることはまちがいない。したがって、サルトルの仕事を全体的に捉えるためには、小説家としての側面を哲学思想の面と関連づけて考察することは望ましいのみならず、必要でもあるだろう。というのも、自伝『言葉』でも明らかにされているように、少年時代の彼はなによりも作家になりたかったのであり、哲学者としてのキャリアは、時間的に言えば、後から到来したものだからである。むろん、この後発性は重要度の低さを意味しない。一九三〇年代半ばから、サルトルは哲学と文学の両面から同じ問題——それは「偶然性」から「倫理」へと移行していく——に取り組んだ。一方が他方の説明という関係ではなく、相互補完的なありかたで発展していったのだ。本来ならば、両者の関係を双方向的に辿るべきだろうが、本稿では紙幅の関係から、小説家サルトルに重点を置いて考察したい。

一　哲学と文学を切り結ぶ

ところで、作家サルトルの特徴はどこにあるのだろうか。結論から言ってしまえば、それは何よりもジャンル横断性にある。哲学者であると同時に、小説家であり、劇作家であり、批評家であるサルトルは、ジャンルを横断して活躍したばかりでなく、ジャンルそのものを混合させた。この混合性は、プルーストやジィド、さらにはセリーヌのうちに萌芽的に見られるものだが、サルトルにおいては、先行者とは比べものにならないほど、徹底的に行われている。このことを明確に指摘したのは、ある意味で、サルトルの後継者と言えるロラン・バルトである。バルトはサルトルのもつ多面的な作家（polygraphe）というあり方に大きな刺激と影響を受けたと述べているが[1]、ジャンル横断性は二つの点から評価されるべきであろう。一方で、それは文学への哲学の侵入であり、もう一方で哲学への文学の参入でもある。前者についてはこれまでもしばしば指摘されてきたが、後者の方はこれまであまり注目されてこなかった。伝統的に概念を基本単位として思考を展開してきた哲学が、概念規定からより自由な形で論を展開することになってきたとすれば、その萌芽はサルトル哲学の文体のうちに見られるように思われる（その先駆者としてベルクソンやアランがいたし、モンテーニュ以来のフランス哲学の伝統がきわめて文学性の高いものであることも確かではあるが）。ともあれ、二〇世紀後半のフランスに顕著に見られる文学と哲学の急接近はなによりもサルトルによって先鞭をつけられたのであり、ドゥルーズ、フーコー、デリダらの文学論にも大きな影を落としている。

哲学と文学の綜合あるいは邂逅、しかし、このことが逆説的にも、サルトルの小説を隘路へと追い込んでいったこともまた否めない。ここで言わんとするサルトル小説の隘路とは、絵画における社会的リアリズムの小説版のことではない。『文学とは何か』に表明されているアンガジュマン文学の考えにもかかわらず、サルトル自身はいわゆる「主題小説」（roman à thèse）を書いていない。私が考えているのは、むしろ全体的な小説という、文学による現実再構成の試みがもつ危うさのことである。

思想家・作家サルトルの大きな特徴であり、功績であると私に思われるのは、様々なレベルに見られる全体化への意欲、全体化への試みだ。まず、文学の地平で見ると全体化への試みは、すでに指摘したジャンルの混合撹拌として現れる。サルトルは、詩以外のすべてのジャンルで旺盛に活動した作家であり、短編小説、長編小説、戯曲、批評、評伝とあらゆる分野を手がけたが、それぞれがオーバーラップする。そして、『シチュアシオン〔状況〕』と題された十冊の評論集は、文芸批評だけでなく、政治論集、時事評論なども入っているが、これ自体もまたジャンルの混合の例だと言える。さらに重要なのは、小説の内部においても、このようなジャンルの混合が認められることである。第一小説『嘔吐』はまさに、このような混合攪拌の実験場という様相を呈している。そこには、対話、幻想的物語、過去の哲学の再検討、自動筆記の断片、演劇、エッセーの切れ端、哲学的考察、叙情的なスケッチ、会話、現象学的還元などが、日記という形式的枠組みのもとに現れては消えていくのだ。

小説にはどんなジャンルも無縁ではない、とサルトルは考える。ジャンルなきジャンル、すべてのジャンルを呑み込んでゆくジャンル、制度化されたジャンルとしての小説《ロマン》の解体構築、つまり、作品というものについての伝統的な考え方を、そして「偉大な形式」への誘惑を破壊しようとする試み。それが、サルトルの文学実践における全体化であるように思われし、その顕著な例が本稿で取り上げる『自由への道』なのだ。

サルトルにとって、乗り越えるべき作家はプルーストやジィドという長編小説《ロマン》の世界を築き上げた作家たちであった。これは一九四七年に発表された『文学とは何か』での記述にも明確に表れている。サルトルは一九三〇年代初頭から新しい小説のあり方を精力的に探求し、英米の小説に対して強い関心を示していた。[2] ル・アーヴルの高校教師をしていた時代には、これらの小説技法に関して一連の講演会を行ってもいる。[3] 世界をすぐれて全体化する機能をもつロマンを、さらに革新しようと考えていた若きサルトルがモデルとしたのは、ジョイス、フォークナー、ドス・パソスなどの英米の作家であり、それは小説テクニック全般への関心と密接に結びついていた。というのも「小説テクニックは作家の形而上学をつねに示すものだからである」[4](Sit. I, 66／六一)。その例をサルトルは、彼が「現代の最も偉大な作家」(Sit. I, 24／二一)と見なすドス・パソスをはじめとするアメリカ作家のうちに見出す。

> 彼〔ドス・パソス〕の人物はいずれもみな唯一《ユニーク》である。その人物に到来する出来事は彼以外には起こらないだろう。だが、そんなことは重要ではない。なぜなら、いかなる特殊例もおよびつかない深い社会的なものが彼に記されており、社会的なものは彼だからだ。こうして偶然の宿命と、細部の偶然性の彼方に私たちは、ゾラ流の生理的構造やプルースト流の心理図式よりも、さらに柔軟自在な一つの秩序を垣間見る。(Sit. I, 22／二〇)

このように、サルトルは自然主義やフランス風心理小説と比べて、アメリカ小説が特殊的でありながら普遍である点に注目する。この独自＝普遍という考えは後期のサルトルの重要なテーマであるが、それこそは全体性としての小説の根底にある。その意味で、「全体性」は、小説と哲学の接点とも言える。『文学とは何か』においてサルトルは、状況によって限界づけられた戦後世代の作家は必然的に形而上学的作家だとしたうえで、「形而上学は体験に収まらない抽象的観念についての不毛の議論ではなく、人限の条件をその全体性において内部から捉えようとする生きた努力だからである」（傍点は引用者）と述べる。(5)

小説において、部分と全体の問題は、作品の全体が登場人物にとってどのように存在するのか、つまり全体が各々の人物に対してどのように現れるかという形で現れるのみならず、サルトル思想の中核である「自由」の問題とも関連する。一方、哲学の領域においては、「自由と全体」、「人間存在と世界の全体性との関係」の問題は、『存在と無』において提起されたあと、『弁証法的理性批判』において、全体性の可知性と全体性そのものの解明として深化されるのである。

このように、全体性が、サルトルの小説の中核にあるだけでなく、小説と哲学の結節点であるとすれば、一方で哲学書に現れる「全体」に関する記述の変遷を辿り、他方で小説観の展開を見ることで、私たちは作家サルトルの特徴を哲学的な関心と結びつけながら、素描することができるのではなかろうか。全体性がどのように論じられ、また提示されているのかを見ていくことにしよう。(6)

二　『存在と無』における全体性と『嘔吐』

『存在と無』において、「全体性」が最初に問題となるのは、第二部「対自存在」中の否定性を論じた第三節である。(7) サルトルによれば、対自は全体的なものとしての存在に対する現前なのだが、その全体性とはまさに対自によってはじめて現れるものだ、とされる。しかし、それはあらかじめ全体性なるものが対自に先立ってあることを意味しない。むしろ、対自の現前こそが、存在をそのつど全体的なものとして立ち上がらせるのである。この考えは現象学の主導的観念である「志向性」から演繹されるものとして当然のことと言える。

しかし、それですべてではない。この全体性はつねに脱全体化された全体性なのであって、そうでないような全体性などありえないこともサルトルは指摘する。なぜかといえば、対自は「自分がそれでないものであり、それであるものではない」という自己否定的な、あるいは、自己言及的なありかたによって存在と関わるからである。

根源的な否定は、じつは、徹底的な否定である。自分自身の全体性として存在の前に立つ対自は、そもそも自分が否定の全体であるのだから、全体の否定である。それゆえ、完結した全体性、もしくは世界は、全体性の存在を存在へと出現させる未完結な全体性の存在を、構成しているものとして、開示される。対自が脱全体化された全体性としての自己を、自分自身に告げ知らせるのは、世界によってなのだ。（EN, 230）

こうして、世界への純粋な現前としての対自と、対自への全面的な現れとしての世界が同時に立ち現れるのだが、これこそまさしく『嘔吐』の世界だ。この小説がしばしば現象学的記述とみなされるのも故なきことではない。ロカンタンが日記に綴る世界は、なによりも、意識への現れの世界。あるいは存在の現前である。『存在と無』では、右の引用に続く記述で、サルトルはゲシュタルト理論に依拠しながら、個物の現れを、地と図、背景と形態という形で考察していくのだが、「これ」（個物）は、全体を背景として認識される、と指摘する。「世界は総合的な全体としてと同時にすべての「これ」らの単なる総和として開示される」（EN, 232）。

つまり世界の個物は、それぞれ個物として分離可能であるが、まずは全体性として対自に現れることにサルトルは着目する。それは何を意味するのか？　それは、対自が世界をひとつの全体性として、自らがそれでないものとして、つまり他なるものとして捉えるということである。この根源的な世界の否定性があるからこそ、最初に無差別なブロックとして現れた世界は、対自によって、これとあれとは異なる、という外的な否定によって、差異化されうるのである。だが、通常きわめて自然に行われているこのような差異化が行われず、現象学的還元（エポケー）の状態に留まったままであったら、つまり日常空間に戻ることができなくなったとしたら、どうなるだろうか。その場合、世界はただ存在するだけで、吐き気を催すような塊にすぎないだろう。それは同時に、自ら減圧するような世界であり、それまで素朴に信じてきた日常世界が音も立てずに崩れていくような不安な状況である（じつは、後に見るように、このような崩壊への嗜好は、サルトルの小説のみならず、創作および思索活動を通底するものである）。マロニエの根を前にして以来ロカンタンが何度も経験するのはこのような状況なのである。

だが、より子細に見れば、『嘔吐』で記述される意識のあり方は、『存在と無』よりも、小説と同時期に書かれた「自我の超越」で表明された意識により近いことがわかるであろう。なぜなら、『存在と無』において、対自という契機は、それだけに留まるものではなく、対他存在という契機によって具体的に補完され、拡大されていくからだ。それに対して、「自我の超越」の方は独我論からの脱却、ないしは独我論の反駁を目ざしながらも、他者との具体的な出会いは問題とならないのである。

じっさい、世界はそのつど全体的なものとしてロカンタンに現れているとはいえ、その世界観は他者によって揺らぐことはない。それはきわめて自己閉鎖的な世界観である。アニー、独学者などの人物は出てきても、彼らはあくまでもロカンタンの視点から見られるだけの存在である。読者は、ロカンタンが判断するアニーや独学者に遭遇するにすぎず、彼らがどのような内実を伴った人物なのかに辿りつくことはけっしてない。その意味で、この小説はアンチ心理小説であるのだが、それがゆえにロカンタンは他者によって対象化されることも皆無なのである。つまり、この小説には対自自身の脱全体化された全体化はあるとしても、他者による脱全体化の契機は認められない。

『存在と無』第二部「対自存在」において、対自の脱自的な構造ゆえに、「全体化は脱全体化された全体化である」として軽く触れられた脱全体化のテーマが新たな重要性を帯びて再登場するのは、第三部「対他存在」においてである。対自は全体化であるが、他者が現れるやいなや、対自から世界は逃れていく。対自自身がひとつの消失点（point de fuite）なのだが、そこに別の消失点が現れる。それこそが他者である。つまり、意識はひとつではありえず、複数なのだ。第三部第一章において、他者の多数性が、単なる集合としてではなく、全体性と捉えられていることは注目に値するであろう。意識の多数性を問題とする箇所で、サルトルはヘーゲルを仮想敵にすえつつ、「精神」というようなものがあるとして、それが、全体性に対してひとつの観点を取り得るか、言いかえれば、全体性を外から考察することができるかを問い、それに対して否定的に答える。

> それは不可能である。なぜなら、まさに、私が私自身として存在するのは、このような全体性を根拠として、私がこのような全体性のうちに入り込んでいるかぎりにおいてだからである。いかなる意識も、たとえ神の意識でさえも、「裏側から見ること」はできない、つまり全体性としての全体性を捉えることはできないのだ。というのも、神が意識であるとすれば、神は全体性のうちに組み込まれてしまうからである。(EN, 363)

ここにサルトルがフランソワ・モーリヤックにしかけた論争の谺を聞き取ることができる。一九三九年、サルトルは、NRF誌に「フランソワ・モーリヤック氏と自由」と題する評論を発表した。それに先立つ一九二七年、モーリヤックは『小説論』において、現在の小説がどのようなものであるべきかを自問しながら、創造者の自由と被創造者の自由との相克を考察し、それに続く『小説家とその作中人物』（一九三三）の冒頭で、小説家は、神がその被造物に対するのと同じ関係を、登場人物に対して持っているのだと主張していた。[8] だが、このような超越的観点から外的関係として捉えられた小説観こそ、サルトルが一刀両断のもとに退けたものだった。「〔モーリヤック〕氏の技法の奇妙な点はすべて、彼がその作中人物を神の観点から見ているということから説明される。すなわち、神は内部も外部も、魂の奥底も肉体も、全宇宙を同時に眺める。これと同じやりかたで、モーリヤック氏は、彼の小世界に関係あるすべてのものについて何でも知っている」(Sit I, 42／三九)。つまり、対自の全体化がつねに、そしてすでに、他者によって脱全体化されており、すべてを統合するような全体化の主体がない以上、神のような視点はありえないというのである。[9] ここには『弁証法的理性批判』へとつながる考えがいまだ胚芽的ではあるが示されている。すなわち、対自の構造から考えて、神の視点はありえない、ということだ。「小説家は人物の目撃者となることができるし、共犯者となることもできる。だが同時に、その両方であることはけっしてできない」(Sit I, 44／四一)と続けるサルトルは、自らの創作においてこの原理に忠実であるといえる。だが、そのことによって、ロカンタンの世界はきわめて狭い世界に留まっていることも否定できない。世界中を旅行してきたにもかかわらず、ロカンタンには社会性がほとんど見られないし、その行動はきわめて小児的なものである。一言で言えば、この主人公は歴史性にも、社会性にも開かれない。というか、歴史性や社会性に背を向けることによって、成立するのがロカンタンの世界なのだと言えよう。『嘔吐』がもつ独特な魅力は、このような自己完結性を抜きにしては考えられない。

三　『分別ざかり』における他者

戦争体験を通して、サルトルは一挙に、具体的な他者との共存、さらには全体化する複数の対自を全体化する歴史へと惹きつけられていく。だが、いったいどのようにすれば現象学を出発点としながら、生身の他者を描くことはできるのか、そして、神の視点、つまり俯瞰的な視点なしにいかにして歴史を描きうるのだろうか。これこそ、『自由への道』を執筆する際にサルトルが直面した問題であった。

一九四五年に刊行が始まった長編小説『自由への道』と『嘔吐』の決定的な相違は、具体的な他者の出現、そしてなによりも歴史的な次元であろう。当初は、いわば『嘔吐』の続篇として構想されていたため、自伝的な性格が強かったことは、主人公のマチウ・ドゥラリュがパリの高校で教える三〇代半ばの哲学教員という、執筆開始時のサルトル自身のプロフィールとほぼ同じ設定であったことにも見られる。しかし、「リュシフェル」と題され、反逆と自由を主題としていた内容は執筆過程で大きな変容を被ることになり、それにつれ登場人物たちも重層的になった。『嘔吐』が、独学者とアニーという、ややもすればロカンタンと同様にマージナルでエクセントリックな副次的な人物しか登場しなかったのと比べると、『自由への道』第一巻の『分別ざかり』は、マチウとは明瞭なコントラストを示す人物たちによって脇を固められている。そして、物語の発端と筋立てが、愛人マルセルの妊娠と、その堕胎費用を工面するための金策というきわめて形而下的なものであることも、この小説に具体的な浮き彫りを与える。金に困るという物質的な課題によって、自由を謳歌していたはずのマチウは、自分の小さな殻を破って、平常時ならば近づくことのなかった家族や知人と交わらざるをえなくなるからだ。「分別ざかり」どころか、通常ならば青年期に通過していそうな社会性への参入がここでは問題となっている。

じっさいサルトルは、ほとんど図式的とも見える対立構造を通して、マチウと他者との具体的な交流を描く。マチウは価値観において、男色者ダニエル（誠実性）、共産党に入党した旧友のブリュネ（政治）、ブルジョワの兄ジャック（因習）、教え子ボリス（世代）といった男たちとぶつかり合い、愛人マルセル（恋愛観）、淡い恋の対象イヴィック（世代）、救いの手を差し伸べるサラ（他者観）、歌手ローラ（自由観）などの女性たちとも感情的に衝突し、そのたびごとに今までは見えていなかった自らの実像を発見する。一例だけをあげれば、政治活動に専念するブリュネと再会することで、マチウは、矮小な個人的トラブルに悩む自分と、理想にむかって邁進する相手とのギャップに愕然とし、自らの自由の限界を自覚するのだ。

この対立構造に対応するかのように、小説の様式も単線的ではない。時系列を追って記述が進むのは、『嘔吐』と同様だが、視点人物は各章ごとに変わっていくからである。中心となるのはマチウであるが、ダニエル、ボリス、マルセルも視点人物となる。視点人物であるということは、別の観点から言えば、その人物が内面性をもち、その内面性を読者が追うということであり、視点をもたないということは、外部からもっぱら描かれ、内面性を追うことができないということである。たとえば第七章は全面的にダニエルの視点から描かれているが、このことによってマチウによる世界の全体化は、ダニエルによって脱全体化される。つまり、『存在と無』で記述された、対他関係における相克的な関係が小説手法のうちに具現化しているのだ。

じっさい、他者が出現することで、対自は決定的な打撃を受ける、と『存在と無』は述べている。なぜなら、他者によって、そして他者にとっては、対自は世界を現出させる唯一の消失点であることをやめ、即自へと凝固されてしまうからだ。脱全体化された全体性としての対自は、けっして自らそのものであることはなく、「別の場所」へと逃走を続けていたのであるが、他者が出現することで、この「別の場所」は他者のそれとなってしまうのだ。

他者は、この全体性そのものを、彼自身のまえに出頭させる。他者は、この全体性そのものを、彼自身の「別の場所」へ向かって超越する。そこでは、この全体性が自己全体化する。つまり、他者にとって、私は、とりかえしのつかないまでに、私があるところのものであり、私の自由までもが、私の存在のひとつの所与の性格である。(EN, 429)

このような具体的な他者との葛藤を通して、マチウは自らの自由の限界を知るに至り、自分が信じていた自由が内容空虚な自由でしかないことに次第に気づいてゆくのである。

かくして具体的な他者は描かれたが、歴史の方はいまだ背景に留まっている。冒頭から、スペイン内戦が何度も言及され、ドイツを逃れてきたユダヤ人の姿が見え隠れし、風雲急を告げる世界情勢の切迫感がブリュネやサラの口から発せられる。だが、マチウは迫り来る戦争を実感できていないし、小説全体で見ても、歴史性の問題はいまだ十全には姿を現していない。それは『存在と無』が歴史性を意識しながらも、具体的な記述に踏み込むほどには、歴史性に関する考察が深化していないことと対応している。歴史性がはっきりと前景に出るのは、第二巻『猶予』になってからなのだ。

四 『弁証法的理性批判』と小説世界

このように見てくると、『存在と無』における全体性を巡る考察が『弁証法的理性批判』において全面展開される以前に、『自由への道』という小説が書かれたことはきわめて意義深い。じっさい、この小説と哲学書をつきあわせることによって、私たちはサルトル思想の展開の後を追うことができるだろう。とはいうものの、全体性、全体化は『弁証法的理性批判』全篇を通じて頻出するキーワードであるにもかかわらず、きわめて繊細な概念でもあるから、その全貌を追うことはとうてい不可能である。ここでは、『自由への道』との関わりにのみ絞って概観することで満足したい。

根源的選択や状況における投企が問題となっていた『存在と無』とは異なり、『弁証法的理性批判』第一部「個人的実践から実践的=惰性態へ」では個人的実践を出発点としながらも、実践は意識の問題としてではなく、なによりも物質性との関わりと、否定によるその乗り越えという全体化の動きとして、つまり具体的実践として記述される。[10] このような個人的実践は、状況によって条件づけられながらも状況を作っていくとサルトルは述べるが、それはまた常に惰性化する可能性をもっており、この全体化は全体に到達することはなく、常に脱全体化された全体化の不断の運動に留まるとされる。

「序論」で、サルトルは、「全体化」totalisationと「全体性」totalitéとの区別を提起する（CRD, 161／四四）。「全体化」とは、弁証法とほぼ同義であり、個人なり、集団が行う実践そのものである。「全体化の自己自身への意識的な現前というものがあるとすれば、それはこの全体化がまだ形式的で相貌も持たない綜合的な統一作用に留まっているかぎりにおいてではなく、全体化が統一する差異化された諸現実の媒介によってなのであり、この差異化された諸現実は、全体化的な作用の動きそのものによって自らを全体化するかぎりで、この全体性化を受肉している」（CRD, 164／四六）とサルトルは述べる。それに対して、「全体性とは、それを構成する諸部分の総和とは根本的に異なって、諸部分の各々のうちに〔…〕すっかりと認められるような存在」（CRD, 162／四四）だとされ、その実在は仮定的なものであり「想像力のなか」にしかないと指摘され、とくに受動的な全体性は否定的な評価を下される。「全体性とは〔…〕全体化作用の規制的原理でしかない（そして、同時に自分が仮に作った創造物の惰性的な総体に還元される）」（CRD, 162／四五）[11]。

つまり、きわめて大雑把に図式化すれば、全体化とは、多様な物を統一してゆく過程、つまり諸要素を総合的に統一してゆく運動として、まずは個人的実践であるが、それは同時に、集団的実践として実現されていく運動、すなわち弁証法そのものである。一方、全体性といった場合は、すでになされた、あるいは目指されるべき統一性ないしは統一体を示す。そして、その限りにおいて、『存在と無』の用語を用いれば、即自的なものに近い。だが、全体性そのものはけっしてたんなる認識の対象とはならない。というのも、認識者そのものもまた、つねにこの全体性のうちに塡まりこんでいるからであり、そのことによって認識者の実践（全体化）は、歴史の全体性と無縁ではないからである。それゆえ、サルトルは、歴史の全体化を行う最終的な主体（ヘーゲル的精神）はなく、あらゆる全体化はつねに他の主体によって脱全体化されるとした。

第一巻『分別ざかり』の世界が個人的実践としての全体化のレベルに留まっているのに対して、一九三八年九月ミュンヘン会談前後の激動の一週間を描いた第二巻『猶予』で前面に現れるのは、弁証法の不の側面、というか反弁証法の側面であり、それが万華鏡のように映し出されることで、全体性が志向されている。第一巻と第二巻のすぐ目につく明らかな違いは、登場人物たちの増加と舞台になる場所の多様化だ。登場人物が中流階級に属すパリ人たちであり、舞台もほとんどパリ市内だった『分別ざかり』に対して、『猶予』ではフランス全域、ドイツ、チェコ、スペイン、モロッコへと空間的に拡大するだけでなく、登場人物も、労働者や農民から上流階級や政治家まで一挙に広まり、歴史上の人物、エキストラ的人物を含めると百人以上に昇る。もはや通常の意味での主人公はいなくなり、マチゥは主人公としての特権的な位置を失う。出自も傾向も階級も異なる人びとが、戦争によって否応なく同時代を生きることになり、これまでのような階級、世代、性差などの対立構造がそれ自体としては意味を持たなくなる状況に力点が置かれるのだ。その意味で、「猶予」の主題は個々の人物というよりは、状況のうちで生きる人びとのそれぞれの全体化的実践ということになろう。

取られている手法も異なる。サルトルは映画的手法に想を得つつ、ドス・パソス、ヴァージニア・ウルフ、ジョイスといった英米系の作家の作法を独自に発展させ、小説史上でも例を見ない極端なモンタージュ技法を用いる。それによって同じ瞬間に欧州各地で起こっているできごとを描き、離れた場所を一挙につなぎ、同時性を強調することが可能となる。とはいえ、ここでもモーリヤック的な神の視線は斥けられている。物語は、第一巻と同様、登場人物の誰かの視線を通して描かれるからである。ただし、視点人物はめまぐるしく替わり、段落ごとどころか、段落途中、さらには一文のなかでも交替する。また、ひとつの場面が複数の視点から描かれる場合もある。それだけでなく、話がチェコからパリに、パリから南仏に、さらにはモロッコにと展開したりもするので、動作主体でもある視点の主体がまったく別の場所にいる異なる登場人物にシフトされ、読者は大きな努力を強いられることになる。この手法は大いに批判されたが、サルトルは読みにくさを十分自覚した上で、この脱全体化された全体性を選んだのであろう。

緊迫した世界情勢の原因のひとつであるヒットラーの演説を聴こうと各地の人びとがラジオの前に集まる場面は、作家の意図が成功した例のひとつであろう。演説現場の熱気と、それを彼方で耳にする人びとのコントラストだけではなく、列車の中にいてじっさいには聞くこともできないマチウにまでも反響する声がひとつのうねりとなって届く。歴史の渦を描くこの見事な一場によって、登場人物たちの未来にたいする不安は、歴史を知っている私たちにもひしひしと伝わってくる。

竹内芳郎はそのきわめて示唆に富む『サルトルとマルクス主義』において、『自由への道』は、まさにこの同じ問題の矛盾性『存在と無』の二元論的立場と史的唯物論の接合」によって、具体的な小説作法そのものの水準で、手ひどく復讐されるはめに陥った。というのは、この小説は本来、あくまで対自の自由に起点を置きながら、しかも歴史的状況の全体性を再現しようとする〈全体小説〉をめざしたものだったが、ほかならぬ対自の自由と歴史の全体性とのあいだの矛盾によって、この試みは中断を余儀なくさせられてしまったからだ[12]」ともっぱら否定的に評価しているが、はたしてそうだろうか。私としては、肯定的な側面にむしろ注目したい気がする。言いかえれば、サルトルは『猶予』で、歴史の全体性をだまし絵的に「再構成」しようとして失敗したわけではけっしてない。むしろ読者は、個々の登場人物を介しての脱全体化された全体としての歴史を奇妙なありかたで追体験するのではあるまいか。『文学とは何か』の註に記された次のくだりは「猶予」で採用した小説技法を自己解説したものであろう。「私たちのテクニック上の課題は、事件の多元性を表現できるような、複数の意識をオーケストレーションするやり方を見いだすことになる。さらに全知の語り手による虚構《フィクション》を放棄することで、複数の登場人物の視点からなる複数の主観性と、読者との間から、媒介者を取り除くことをあえてしたのだ。つまり、読者をすんなり作中人物の意識のうちに入り込ませることが問題なのであり、さらに言えば、読者はそれらの意識に次々と合致する必要がある」(『文学とは何か』前掲書、二九五頁)。

じっさいこの作品で、サルトルは戦後の視線から登場人物たちの行動を裁くことはけっしてしない。主人公たちはみな、ひたすら前方を見ており、そこには、いかなる意味でも、回顧的な視線はない。サルトル哲学の用語を用いれば、そこにあるのは「投企 projet」、つまり「自らを前へと投げかけていくこと」であり、その意味で、それぞれが全体化を行っているのだ。しかし、いかに作者が過去を裁くことを自らに禁じていても、作者は、そしてわれわれ読者は、登場人物たちとは異なり、その後に彼らを待ち構えているものを知ってしまっているのだし、それを知らないふりはできない。このアポリアこそが、全体化の小説を、そのまま廃墟の小説とするのである(ここで廃墟はけっして否定的な意味ではない)。私の念頭にあるのは、「歴史の概念について」のベンヤミンである。「過ぎ去った事柄を歴史的なものとして明確に言表するとは、それを〈実際にあった通りに〉認識することではなく、危機の瞬間にひらめくような想起を捉えることを言う」[13]という指摘をはじめ、そこでは過去の真のイメージをどう捉えるかが問題となっているが、その中でも最も有名なパウル・クレーによる「新しい天使《アンゲルス・ノーヴス》」のくだりは、そのまま『自由への道』にぴったりの解説のようにも見えるのだ。「彼は顔を過去の方に向けている。私たちの眼には出来事の連鎖が立ち現れてくるところに、彼はただ一つ、破局《カタストローフ》だけを見るのだ」[14]とベンヤミンは書き、この天使の眼に移る光景が、必然的に瓦礫の堆積となってしまうことに、歴史の進行を見る。私たち読者は、この天使にも似て、登場人物が出来事の連鎖を見るところに、破局と廃墟のみを見出さざるをえない。そして、この天使がなす術もなく、ただその破局を見つめ、それに臨席することしかできないように、私たちも、彼らを待つ破局を意識しながらも、彼らの行動から眼を離すことができないのだ。

終わりに

『自由への道』第三巻では、『猶予』の実験的スタイルは捨て去られ、極端なモンタージュ手法は背景に退き、一応は場面ごとの整合性が回復される。一九四〇年六月、フランスの敗北を背景とする『魂の中の死』第一部は、ニューヨーク亡命中のスペイン内戦の勇士だった画家ゴメス、ドイツ軍のパリ入城に際して南仏に逃れるマチウの兄ジャックとその妻オデット、結婚したイヴィック、戦場で負傷し入院中のボリスなど、主要人物たちのその後の物語となる。特にロレーヌ地方の村で敗戦を迎えたマチウのロマネスクな行動がクライマックスとなる構成は第二巻と比べると格段に小説らしい。一方、第二部の方は、保留収容所が舞台となり、マチウは登場せず、ブリュネと謎の人物シュネデールが現れ、永遠と政治談義が行われるというまったくもって小説らしからぬ展開となる。こうして小説は、個人と集団の関係、歴史認識の問題へと傾斜していきながら、未完のまま放棄されたのであった[15]。

『自由への道』を、私が廃墟の全体小説と捉えようとする理由をいまひとつだけ挙げることで、本稿を閉じることにしよう。それは、語られる時間の非均質性である。第一巻は三八年六月十三日から十四日の四十八時間。第二巻は、その三ヶ月後、同年九月二三日朝から三十日までの出来事。そして、第三巻一部は四〇年六月十五日から十八日まで。二部はおそらく四〇年八月と推定される。したがって、大部にもかかわらず、わずか十六日間でしかない。奇妙なことに、具体的に扱われるのは、わずか十六日間でしかない。全体性を目ざしながらも、なぜこのように断片的なのだろうか。しかも、ジョイスが円環的な二十四時間のうちに小宇宙を構築したのとは異なり、系は開かれたままなのである。つまり、サルトルは飛び飛びの断片のうちに脱全体化された全体性を提示する。かくして、『自由への道』は、歴史絵巻からはほど遠く、古代遺跡の床に残された、いたるところが欠けて部分的にエピソードが読み取れるモザイク画の様相を呈しているのである[16]。

この断片性こそが全体性の小説を目ざしたサルトルがたどり着いた場所だった。サルトルが強く意識していた作家のひとりにマラルメがいるが、この詩人による有名な「作品／アルバム」という二分法を用いれば、サルトルは作品を求めながらも、同時にアルバム的なものへの秘めた嗜好を持っていたようにも思われる。それがサルトル作品にしばしば見られる未完成、断章化、廃墟化への傾向の根にあるのではないか。断章、断片化の萌芽はすでに『嘔吐』に見られていたが、私たちが追ってきたように『自由への道』では、大河小説的な構想は断片化され、解体され、最終的に、廃墟へと進んでいったのである。ジュヌヴィエーヴ・イットが言うように[17]、哲学が全体化しようとするものを、文学はつねに脱全体化していくのではなかろうか。

じっさい、全体性をそっくりそのまま描こうとする小説は、世界と同じスケールの模型を作ろうとする無謀な試みとなろう。それゆえ、いわゆる大河小説は、現実を模しながらも尺を落としたジオラマのごときものを作ることで、それをなそうとする。だが、サルトルはきわめて限られた状況を描くことで、それに抵抗した。その試みは広大な建築物を透視させる廃墟に似ている。読者はまさにそこに欠けているものを想像することによってのみ、この断片的な作品を十全に鑑賞することができるのだ。

「もしも文学が全体（tout）でないならば、それは一時間の労苦にも値しない。そのことをわたしは、《アンガジュマン》という言葉によって言い表したいのです。もしも文学を無邪気な営みに、たわいのないお話に帰するなら、文学はなすこともなく、立ち枯れる。文字に記された一つ一つの言葉が、人間と社会とのあらゆる地平になり響かないならば、文学は何も意味しないことになる。一つの時代の文学とは、その時代の文学によって消化された時代そのものなのです[18]」とサルトルは述べていた。

全体的であるとは、繰り返して言うように、神の視点に立つことではない。そうではなく、有限な視点がすでにそのつど全体的なのである。だが、全体化がつねに脱全体化を含むことをも、私たちは見てきた。このような全体性に基づく文学観はもはや時代遅れだろうか。いや、そうではあるまい。全体性はつねに私たちの視線を逃れる。だからこそ、文学はその全体性を透視させることを可能にしてくれるべきなのではあるまいか。廃墟としての小説、それはけっしてネガティヴなものではない。なぜなら、ロラン・バルトが言ったように、「廃墟は死の側にはない。廃墟は、廃墟として生きている[19]」のだから。

注

（1）Roland Barthes, « Roland Barthes s'explique », in *Œuvres Complètes*, t. III, Ed. Seuil, 1994, p. 1072.

（2）この点については以前に別の場所で書いたことがあるので、参照していただければ幸いである。拙稿「サルトルの文体論」『青山総合文化政策』青山学院大学、第5号、二〇一二年。

（3）この一連の講演は、最近公刊された。« Les conférences du Havre sur le roman », édités par Annie Cohen-Solal et Gilles Philippe, *Etudes sartriennes*, 16, 2012, Ousia.

（4）以下、『シチュアシオンI』からの引用は、*Situations, I*, Gallimard 1947, rééd. coll. « Folio essais », 1993 に基づき、Sit. I の略号にページ数を添えて記すこととする。／の後は邦訳『シチュアシオンI』、人文書院、一九七〇年であるが、訳文に関しては小論との関係で拙訳を用いていることをお断りする。

（5）『文学とは何か』［改訂新装版］、加藤周一他訳、人文書院、一九九八年、二一一頁。

（6）全体性の問題に注目した卓抜な論考として、野間宏『サルトル論』、講談社、一九六八年がある。野間自身、自らの長編小説『青年の環』完成という課題が、サルトル論を書かせた原因のひとつだと述べている。一九四七年に第一部第一章が雑誌「近代文学」に発表された『青年の環』は、一九四九年に第一部が単行本として刊行されたが、最終的に完結するのは一九七〇年。この伝説的な中断の間に書かれたのが、『サルトル論』である。野間とサルトルの関係については、以前に別の場所で書いたことがあるので、参照していただければ幸いである。拙稿「サルトルと野間宏」『野間宏の会　会報』十三号、二〇〇六年。

（7）以下、『存在と無』からの引用は、その初版（*L'Être et le Néant*, Gallimard, 1943）に基づき、EN の略号にページ数を添えて記すこととする。

（8）François Mauriac, *Le Roman*, L'Artisan du livre, 1928 ; *Le Romancier et ses personnages*, 1933.

（9）柄谷行人は、興味深いことに、サルトルのモーリアック論を日本の私小説との関係でとりあげ、三人称客観の小説の崩壊を指摘している。柄谷行人『日本近代文学の起源　定本柄谷行人集　第一巻』、岩波書店、二〇〇四年、一〇〇―一〇一頁参照。

（10）以下、『弁証法的理性批判』からの引用は新版（*Critique de la raison dialectique*, tome I, texte établi et annoté par Arlette Elkaïm-Sartre, Gallimard, 1985）に基づき、漢数字で人文書院版邦訳、第一巻のページ数を記す。

（11）一方、全体 tout とは「全体性 totalité ではなく、全体化作用の統一性であり、それは多様化し、全体化された多様性のうち受肉するもの」だとされる（CRD, 164, n. 1／四四）。

（12）竹内芳郎『サルトルとマルクス主義』、紀伊國屋新書、一九六五年、三八―三九頁。

（13）ヴァルター・ベンヤミン「歴史の概念について」、浅井健二郎編訳、『ベンヤミン・コレクションI』、ちくま学芸文庫、六四九頁。

（14）同前、六五三頁。

（15）サルトルがどのような結末を構想していたかについては、邦訳『自由への道（六）』（岩波文庫）に附した訳者解説「全体性に向けた未完の長篇小説」を参照されたい。

（16）サルトルがこの点に自覚的であったことは、『文学とは何か』の註の以下のくだりからも明らかである。「時間性という、レアリスムのこの最後の面はさまざまな困難をひきおこし、われわれのうち誰ひとりその困難を解決しなかったし、おそらく部分的には解決できないものかもしれない［…］一冊の本を一時間よりはむしろ二四時間に、一分よりはむしろ一時間に割《さ》くということは、作者の介入と超越的選択を意味する」（『文学とは何か』前掲書、二九六頁）。

（17）« Préface » à Jean-Paul Sartre, *Œuvres romanesques*, sous la direction de Michel Contat et Michel Rybalka, Gallimard, « Bibliothèque de la Pléiade », 1981, p. XX.

（18）「作家の声」、海老坂武訳、『シチュアシオンIX』、人文書院、一九七〇年、一二頁

（19）Roland Barthes, *La Présentation du roman I et II, Cours et séminaires au Collège de France (1978–1979 et 1979–1980)*, Texte établi, annoté et présenté par Nathalie Léger, Seuil/IMEC, 2003, p. 257.

サルトル読本

2015年3月27日　初版第1刷発行

編　者　澤田 直
発行所　一般財団法人　法政大学出版局
〒102-0071 東京都千代田区富士見 2-17-1
電話03(5214)5540 振替00160-6-95814
組版：HUP　印刷：平文社　製本：根本製本

Printed in Japan

ISBN978-4-588-15069-2

◎編者紹介

澤田 直（サワダ ナオ）
1959年生．立教大学教授．著書：『新・サルトル講義』（平凡社），『〈呼びかけ〉の経験』（人文書院），『ジャン＝リュック・ナンシー』（白水社），訳書：サルトル『言葉』（人文書院）．

◎著者・訳者紹介（掲載順）

鈴木 道彦（スズキ ミチヒコ）
1929年生．獨協大学名誉教授．著書：『サルトルの文学』（紀伊国屋書店），『越境の時』（集英社），訳書：サルトル『嘔吐』（人文書院），プルースト『失われた時を求めて』（集英社）．

石崎 晴己（イシザキ ハルミ）
1940年生．青山学院大学名誉教授．共編著書：『サルトル　21世紀の思想家』（思潮社），『21世紀の知識人』（藤原書店），監訳書：B-H・レヴィ『サルトルの世紀』（藤原書店）．

ジャン＝リュック・ナンシー（Jean-Luc Nancy）
1940年生．ストラスブール大学名誉教授．著書：『無為の共同体』『侵入者』（以上，以文社），『自由の経験』『私に触れるな』（未來社），『共出現』『訪問』（以上，松籟社）．

フランソワ・ヌーデルマン（François Noudelmann）
1958年生．パリ第8大学教授大学教授．著書：*Sartre : l'incarnation de l'imaginaire*, L'Harmattan,『ピアノを弾く哲学者——サルトル，ニーチェ，バルト』（太田出版）．

岡村 雅史（オカムラ マサフミ）
1950年生．関西学院大学非常勤講師．論文：「サルトルの劇作における幼年期」（『年報・フランス研究』23号），「サルトルにおける演技と意識の問題」（『年報・フランス研究』30号）．

合田 正人（ゴウダ マサト）
1957年生．明治大学教授．著書：『フラグメンテ』（法政大学出版局）．訳書：F-D・セバー『限界の試練——デリダ、アンリ、レヴィナスと現象学』（法政大学出版局）．

松葉 祥一（マツバ ショウイチ）
1955生．神戸市看護大学教授．著書：『哲学的なものと政治的なもの——開かれた現象学のために』（青土社），訳書：J-F・リオタール『なぜ哲学するのか？』（法政大学出版局）．

谷口 佳津宏（タニグチ カヅヒロ）
1957年生．南山大学教授．共著：『哲学への旅』（北樹出版），共訳書：スピーゲルバーク『現象学運動（下巻）』（世界書院），I・プリゴジン『確実性の終焉』（みすず書房）．

清 眞人（キヨシ マヒト）
1949年生．近畿大学名誉教授．著書：『〈受難した子供〉の眼差しとサルトル』『実存と暴力』（以上，御茶の水書房），『サルトルの誕生——ニーチェの継承者にして対決者』（藤原書店）．

水野 浩二（ミズノ コウジ）
1952年生．札幌国際大学教授．著書：『サルトルの倫理思想――本来的人間から全体的人間へ』（法政大学出版局），訳書：A・ルノー『サルトル，最後の哲学者』（法政大学出版局）．

竹本 研史（タケモト ケンジ）
1977年生．南山大学非常勤講師．論文：「稀少性と余計者――サルトルにおける「集列性」から「集団」へ」（『Résonances』第8号），共訳書：『叢書「アナール」Ⅲ』（藤原書店）．

北見 秀司（キタミ シュウジ）
1960年生．津田塾大学教授．著書：『サルトルとマルクス』（春風社），共著：『ポスト資本主義を構想する』，論文：« Sartre et Merleau-Ponty : l'Autre entre le Visible et l'Invisible » (*Les Temps Modernes,* n° 572).

生方 淳子（ウブカタ アツコ）
1957年生．国士舘大学教授．共著：『サルトル　21世紀の思想家』（思潮社），『死の人間学』（金子書房），『子どもの暮らしの安心・安全～命の教育へ』（金子書房）．

永野 潤（ナガノ ジュン）
1965年生．首都大学東京非常勤講師．著書：『図解雑学サルトル』（ナツメ社），論文：「断崖に立つサルトル――自由と狂気についての素描」（『現象学年報』第11号）．

根木 昭英（ネギ アキヒデ）
1982年生．日本学術振興会特別研究員．共著：*Situations de Sartre* (Hermann)，論文：« L'art comme "anthropodicée" : la moralité de la création artistique chez J.-P. Sartre » (*Études sartriennes*, n°17).

森 功次（モリ ノリヒデ）
1981年生．日本学術振興会特別研究員．論文：「サルトル『聖ジュネ』における不道徳作品の「善用」」（『美学』第240号），訳書：ロバート・ステッカー『分析美学入門』（勁草書房）．

井上 たか子（イノウエ タカコ）
1941年生．獨協大学名誉教授．共訳書：ボーヴォワール『決定版 第二の性』（新潮社），共著書：辻村みよ子編『ジェンダーの基礎理論と法』（東北大学出版会）．

加國 尚志（カクニ タカシ）
1963年生．立命館大学教授．著書：『自然の現象学――メルロ＝ポンティと自然の哲学』（晃洋書房）．共訳書：J・デリダ『触覚、ジャン＝リュック・ナンシーに触れる』（青土社）．

鈴木 正道（スズキ マサミチ）
1959年生．法政大学教授．共著：*Jean-Paul Sartre: Mind and Body, Word and Deed* (Cambridge Scholars Publishing)．訳書：J・ジャコブ『政治的エコロジーの歴史』（緑風出版）．

中村 隆之（ナカムラ タカユキ）
1975年生．大東文化大学専任講師．著書：『カリブ－世界論』（人文書院）．共訳書：A・セゼール＋F・ヴェルジェス『ニグロとして生きる――エメ・セゼールとの対話』（法政大学出版局）．

齋藤 元紀（サイトウ モトキ）
1968年生．高千穂大学教授．著書：『存在の解釈学――ハイデガー『存在と時間』の構造・転回・反復』，共訳書：T・ロックモア『カントの航跡のなかで』（以上，法政大学出版局）．

岩野 卓司（イワノ タクジ）
1959年生．明治大学教授．著書：『ジョルジュ・バタイユ――神秘経験をめぐる思想の限界と新たな可能性』（水声社），『贈与の哲学――ジャン＝リュック・マリオンの思想』（明治大学出版会）．

檜垣 立哉（ヒガキ タツヤ）
1964年生．大阪大学人間科学研究科教授．著書：『瞬間と永遠――ジル・ドゥルーズの時間論』（岩波書店），『西田幾多郎の生命哲学』（講談社学術文庫）．

番場 寛（バンバ ヒロシ）
1953年生．大谷大学教授．共著：『揺れ動く死と生――宗教と合理性のはざまで』（晃洋書房），『現代フランス社会を知るための62章』（明石書店）．

永井 敦子（ナガイ アツコ）
1961年生．上智大学教授．著書：『クロード・カーアン』（水声社），訳書：J・グラック『アンドレ・ブルトン』（人文書院），『ひとつの町のかたち』（書肆心水），『街道手帖』（風濤社）．

翠川 博之（ミドリカワ ヒロユキ）
1968年生．東北大学非常勤講師．共著：『ポストコロニアル批評の諸相』（東北大学出版会），共訳書：ミシュレ『フランス史 V』（藤原書店）．

黒川 学（クロカワ マナブ）
1958年生．青山学院大学非常勤講師．共著：『サルトル　21世紀の思想家』（思潮社），共訳書：サルトル『家の馬鹿息子 4』（人文書院），B-H・レヴィ『サルトルの世紀』（藤原書店）．

人名・著作名索引

ア行

カ行

サ行

タ行

ナ行

ハ行

マ行

ヤ行

ラ行

事項索引

サ行

タ行

ナ行

ハ行

マ行

ヤ行

ラ行

サルトル関連文献目録

澤田 直・翠川博之

以下の文献目録は，**1. サルトルの著作とその邦訳**，**2. 日本で刊行されたサルトルに関する文献**（網羅的に1947年から2015年2月まで），**3. サルトルに関する近年の欧文文献**を集めたものである．

サルトル関連の書誌としては，以下のものが詳しい．

Contat, Michel & Rybalka, Michel, *Les Ecrits de Sartre*, Gallimard, Paris, 1970.［1969年までの詳細なサルトルの著作文献目録．サルトルの未刊テクストも多数含む］

Contat, Michel & Rybalka, Michel, *Sartre : bibliographie 1980–1992*, CNRS Editions, Paris, 1993.

Lapointe, François H., *Jean-Paul Sartre and his critics : An international biography (1938–1980)*, annotated and revised, second edition, Philosophy Documentation Center, Bowling Green State University, Bowling Green, 1981.

浦野衣子編「日本におけるサルトル文献」『本の手帖』1965年11月号特集「サルトル研究」昭森社 1965.

浦野衣子編「サルトル研究主要著作目録」竹内芳郎・鈴木道彦編『サルトルの全体像——日本におけるサルトル論の展開』ぺりかん社 1966.

鈴木道彦・海老坂武・浦野衣子『サルトルとその時代——綜合著作年譜』人文書院 1971.

市倉宏佑・伊吹克己編「サルトル年譜」・「サルトル著作文献目録」『理想』567号特大号「サルトル」理想社 1980.

上妻精・伊吹克己編「サルトルに関する日本語の文献目録」『実存主義』第89号 特集「サルトル」以文社 1985.

石崎晴己編「サルトル書誌」石崎晴己編『いま，サルトル——サルトル再入門』思潮社 1991.

澤田直編「サルトル関連文献」別冊『環』11「サルトル 1905–80【他者・言葉・全体性】」藤原書店 2005.

GES (Groupe d'Etudes Sartriennes) が1987年以来毎年刊行している *Bulletin d'information du Groupe d'Etudes Sartriennes*（2001年の n° 15 より *L'Année sartrienne* となる）には世界各国で発表された著作や論文に関する情報が掲載されている．また，サルトルの草稿に関しては，ITEM（フランス国立近代テクスト草稿研究所）サルトル班のホームページ（http://www.item.ens.fr/?id=75868）で知ることができる．

1. サルトルの著作

原著の出版地は特に記さないかぎりすべてパリ．邦訳のほとんどは人文書院から刊行されているので，それ以外の場合のみ発行所を記す．

【著書】

1936 *L'Imagination,* Librairie Félix Alcan ; rééd., PUF, 1949 ; rééd., PUF, coll. « Quadrige », 2012.「想像力」平井啓之訳『哲学論文集』所収 1957.

1938 *La Nausée,* Gallimard.『嘔吐』白井浩司訳 1951, 改訳新版 1994, 改訳新版『嘔吐』鈴木道彦訳 2010.

1939 *Esquisse d'une théorie des émotions*, Hermann.「情緒論素描」竹内芳郎訳『哲学論文集』所収 1957, 改訳新版『自我の超越・情動論素描』竹内芳郎訳 2000.

Le Mur, Gallimard.『壁』伊吹武彦他訳 1950,『水いらず』新潮文庫 1971.

1940 *L'Imaginaire, psychologie phénoménologique de l'imagination*, Gallimard ; rééd., coll. « Folio / Essai », 1986.『想像力の問題』平井啓之訳 1955, 改訂版 1983.

1943 *L'Etre et le néant*, Gallimard ; rééd., coll. « Tel », 1976.『存在と無』(Ⅰ, Ⅱ, Ⅲ) 松波信三郎訳 1956, 1958, 1960, 新版(上下)1999, ちくま学芸文庫(3 巻)2007, 2007, 2008.

Les Mouches, Gallimard ; repris dans *Théâtre I*, Gallimard, 1947.「蠅」加藤道夫訳『恭しき娼婦』所収 1952, 改訂版 1982.

1945 *Huis clos*, Gallimard ; repris dans *Théâtre I*, Gallimard, 1947.「出口なし」伊吹武彦訳『恭しき娼婦』所収 1952, 改訂版 1982.

L'Âge de raison, Gallimard.『自由への道, 第一部 分別ざかり』佐藤朔・白井浩司訳 1950,『自由への道』(1, 2) 海老坂武・澤田直訳 岩波文庫 2009.

Le Sursis, Gallimard.『自由への道, 第二部 猶予』佐藤朔・白井浩司訳 1951,『自由への道』(2, 3) 海老坂武・澤田直訳 岩波文庫 2009, 2010.

1946 *L'Existentialisme est un humanisme*, Nagel ; rééd., coll. « Essai », 1996.『実存主義とは何か』伊吹武彦訳 1955, 改訳新版 1996.

Morts sans sépulture, Marguerat, Lausanne ; repris dans *Théâtre I,* Gallimard, 1947 ; rééd., coll. « Livre de poche », 1954.「墓場なき死者」鈴木力衛訳『汚れた手』所収 1952.

La Putain respectueuse, Nagel ; repris dans *Théâtre I*, Gallimard, 1947.『恭しき娼婦』芥川比呂志訳 1952.

Réflexions sur la question juive, Paul Morihien ; rééd., Gallimard, 1954 ; rééd., coll. « Idées », 1973.『ユダヤ人』安堂信也訳 岩波新書 1956.

1947 *Situations, I*, Gallimard ; rééd., coll. « Idées », 1963 ; rééd., *Critiques littéraires (Situations I)*, coll. « Folio », 1993.『シチュアシオン Ⅰ』佐藤朔他訳 1965.

Baudelaire, Gallimard ; rééd., coll. « Idées », 1980.『ボードレール』佐藤朔他訳 1956.

Les Jeux sont faits, Nagel ; rééd., coll. « Folio », 1996.『賭はなされた』福永武彦訳 1957.

Théâtre I (*Les Mouches, Huis clos, Morts sans sépulture, La Putain respectueuse*), Gallimard.

1948 *Situations, II*, Gallimard, 1948.『シチュアシオン Ⅱ』加藤周一・白井健三郎訳 1964, 改訳新版『文学とは何か』加藤周一・白井健三郎・海老坂武訳 1998.

Les Mains sales, Gallimard ; rééd., coll. « Folio », 1972.『汚れた手』白井浩司訳 1952.

L'Engrenage, Nagel, 1948 ; rééd., Gallimard, coll. « Folio », 1996.「歯車」中村新一郎訳『賭はなされた』所収 1957.

1949 *Situations, III*, Gallimard.『シチュアシオン Ⅲ』佐藤朔他訳 1965.

La mort dans l'âme, Gallimard.『自由への道, 第三部　魂の中の死・第四部 最後の機会(断片)』佐藤朔・白井浩司訳 1952,『自由への道』(5, 6) 海老坂武・澤田直訳 岩波文庫 2010, 2011.

Entretiens sur la politique (avec David Rousset et Gérard Rosenthal), Gallimard.

1951 *Le Diable et le bon Dieu*, Gallimard ; rééd., coll. « Folio », 1972.『悪魔と神』生島遼一訳 1952.

1952 *Saint Genet, comédien et martyr*, Gallimard ; rééd., coll. « Tel », 2010.『聖ジュネ』（Ⅰ, Ⅱ）白井浩司・平井啓之訳 1966, 『聖ジュネ』（上下）白井浩司・平井啓之訳 新潮文庫 1971.

1953 *L'Affaire Henri Martin*, Gallimard.『反戦の原理』平井啓之・田中仁彦訳 弘文堂 1966.

1954 *Kean, adapté d'Alexandre Dumas*, Gallimard.『狂気と天才』鈴木力衛訳 1956.

1956 *Nekrassov*, Gallimard ; rééd., coll. « Folio », 1973.『ネクラソフ』淡徳三郎訳 1956.

1960 *Les Séquestrés d'Altona*, Gallimard ; rééd., coll. « Folio », 1972.『アルトナの幽閉者』永戸多喜雄訳 1961.

Critique de la raison dialectique, tome I, Gallimard ; nouvelle édition annotée par Arlette Elkaïm-Sartre, 1985.『方法の問題』平井啓之訳 1962, 『弁証法的理性批判』（Ⅰ, Ⅱ, Ⅲ）竹内芳郎・矢内原伊作・平井啓之・森本和夫・足立和浩訳 1962, 1965, 1973.

1962 *Bariona, ou le fis du tonnerre*, Atelier Anjou-copies ; repris dans *Les Ecrits de Sartre*, Gallimard, 1970.

1964 *Les Mots*, Gallimard ; rééd., coll. « Folio », 1972.『言葉』白井浩司・永井旦訳 1967, 改訳新版『言葉』澤田直訳 2005.

Situations, IV, Gallimard.『シチュアシオンⅣ』佐藤朔他訳 1964.

Situations, V, Gallimard.『シチュアシオンⅤ』白井健三郎他訳 1965.

Situations, VI, Gallimard.『シチュアシオンⅥ』白井健三郎他訳 1966.

1965 *Situations, VII*, Gallimard.『シチュアシオンⅦ』白井浩司他訳 1966.

Les Troyennes, Gallimard.『トロイアの女たち』芥川比呂志訳 1966.

1971 *L'Idiot de la famille. Gustave Flaubert de 1821 à 1857*, tome I, Gallimard ; rééd., coll. « Tel », 1975.『家の馬鹿息子』（Ⅰ, Ⅱ）平井啓之・鈴木道彦・海老坂武・蓮實重彦訳 1982, 1989.

L'Idiot de la famille. Gustave Flaubert de 1821 à 1857, tome II, Gallimard ; rééd., coll. « Tel », 1975.『家の馬鹿息子』（Ⅲ）平井啓之・鈴木道彦・海老坂武・蓮實重彦訳 2006, 『家の馬鹿息子』（Ⅳ）鈴木道彦・海老坂武監訳, 黒川学・坂井由加里・澤田直訳 2015.

1972 *L'Idiot de la famille. Gustave Flaubert de 1821 à 1857*, tome III, Gallimard ; rééd., coll. « Tel », 1977 ; nouvelle édition revue et complétée, texte établi et annoté par Arlette Elkaïm-Sartre, avec en annexe les *Notes sur* « Madame Bovary » 1988.

Situations, VIII, Gallimard.『シチュアシオンⅧ』鈴木道彦他訳 1974.

Situations, IX, Gallimard.『シチュアシオンⅨ』鈴木道彦他訳 1974.

1973 *Un théâtre de situations*, textes rassemblés, établis, présentés et annotés par Michel Contat et Michel Rybalka, Gallimard ; nouvelle édition, augmentée et mise à jour, 1992.

1974 *On a raison de se révolter* (avec Philippe Gavi, Pierre Victor), Gallimard.『反逆は正しい』(I, II) 鈴木道彦・海老坂武・山本顕一訳 1975.

1976 *Situations, X*, Gallimard.『シチュアシオンⅩ』鈴木道彦他訳 1977.

1977 *Sartre par lui-même*, Gallimard.『サルトル――自身を語る』海老坂武訳 1977.

1981 *Œuvres romanesques*, édition établie par Michel Contat et Michel Rybalka avec la collaboration de Geneviève Idt et de George H. Bauer, Gallimard, coll. « La Pléiade ». ［サルトルの小説作品を未定稿とともに収録］

1983 *Les Carnets de la drôle de guerre (novembre 1939–mars 1940)*, édition procurée par Arlette Elkaïm-Sartre, Gallimard ; nouvelle édition augmentée d'un carnet inédit, Gallimard, 1995.『奇妙な戦争』海老坂武・石崎晴己・西永良成訳 1985.

Cahiers pour une morale, édition procurée par Arlette Elkaïm-Sartre, Gallimard.

Lettres au Castor et à quelques autres, édition établie, présentée et annotée par Simone de Beauvoir, 2

tomes, Gallimard, 1983.『サルトル書簡集 1――女たちへの手紙』朝吹三吉・二宮フサ・海老坂武訳 1985,『サルトル書簡集 2――ボーヴォワールへの手紙』二宮フサ・海老坂武・西永良成訳 1988.

1984 *Le Scénario Freud*, Gallimard.『フロイト〈シナリオ〉』西永良成訳 1987.

1985 *Critique de la raison dialectique*, tome II (inachevé) : *L'intelligibilité de l'Histoire*, texte établi et annoté par Arlette Elkaïm-Sartre, Gallimard.

1986 *Mallarmé, La Lucidité et sa face d'ombre,* texte établi et annoté par Arlette Elkaïm-Sartre, Gallimard.『マラルメ論』渡辺守章・平井啓之訳 中央公論社 1983, ちくま学芸文庫 1999.

1989 *Vérité et existence*, texte établi et annoté par Arlette Elkaïm-Sartre, Gallimard, [datant de 1948].『真理と実存』澤田直訳 2001.

1990 *Ecrits de jeunesse*, texte établi par Michel Contat et Michel Rybalka, Gallimard. [*L'Ange du morbide, Jésus la Chouette, La Semence et le Scaphandre, Une défaite, Er l'Arménien, Apologie pour le cinéma, Le Carnet Midy,* etc.]

Situations philosophiques, Gallimard, coll. « Tel ». [『シチュアシオン』より哲学関連の論文を収録]

1991 *La Reine Albemarle ou le dernier touriste, fragments*, texte établi et annoté par Arlette Elkaïm-Sartre, Gallimard.

Album Sartre, Iconographie choisie et commentée par Annie Cohen-Solal, Gallimard, coll. « La Pléiade ».

1998 *La responsabilité de l'écrivain*, Verdier.

2005 *Théâtre complet*, édition publiée sous la direction de Michel Contat, Gallimard, coll. « La Pléiade ».[全戯曲の他に『バリオナ』を収録. 直筆原稿から再現されたテクストで, 62 年, 70 年の版とは若干の異同がある. タイトルも « Bariona ou le jeu de la douleur et de l'espoir » と変更]

2007 *Typhus*, édition établie et présentée par Arlette Elkaïm-Sartre, Gallimard.

2010 *Situations, I*, nouvelle édition revue et augmentée par Arlette Elkaïm-Sartre. [『シチュアシオン』の初版とは異なる編集を施したシリーズで, サルトルの評論をこれまでの単行本未収録の論考も含めて年代順に並べたもの. 以下, II, III も同じ]

Les Mots et autres écrits autobiographiques, édition publiée sous la direction de Jean-François Louette, avec la collaboration de Gilles Philippe et de Juliette Simont, Gallimard, coll. « La Pléiade ». [*Les Mots, Carnets de la drôle de guerre, La Reine Albemarle ou le dernier touriste, Retour sur les « Carnets de la drôle de guerre », Jean sans terre, Portraits* : « Paul Nizan » « Merleau-Ponty », Vers « Les Mots », etc.『言葉』のほかに,「戦中日記」などの自伝的作品を中心に編集,『言葉』の未定稿も多数収録]

2012 *Situations, II,* nouvelle édition revue et augmentée par Arlette Elkaïm-Sartre.

2013 *Situations, III*, nouvelle édition revue et augmentée par Arlette Elkaïm-Sartre.

Qu'est-ce que la subjectivité ?, édition établie et préfacée par Michel Kail et Raoul Kirchmayr, Les Prairies ordinaires, coll. « Essais ». [La conférence de Rome, 1961. 邦訳は 2015 年に刊行予定]

【その他のテクスト／Inédit】

論文・講演・対談等, 膨大なテクストすべてを記載することはできないので, 邦訳のあるものを中心に記す. また, 上記著書に収録されていない未刊行・未邦訳のテクストのうち特に資料的価値が高いと思われるものをここに含める.

1937 « La Transcendance de l'Ego, esquisse d'une description phénoménologique », Recherches philosophiques, n° 6 ; repris dans *La Transcendance de l'Ego, esquisse d'une description phénoménologique*, in-

troduction, notes et appendices par Sylvie Le Bon, Vrin, 1978 ; repris dans *La Transcendance de l'Ego et Conscience de soi et Connaissance de soi, précédés de Une idée fondamentale de la phénoménologie de Husserl : l'intentionnalité.* Textes introduits et annotés par Vincent de Coorebyter. Vrin, 2003.「自我の超越」竹内芳郎訳『哲学論文集』所収 1957,『自我の超越・情動論素描』所収 2000.

1938 « Nourritures », in Verve, n° 4 ; repris dans *Les Ecrits de Sartre*, Gallimard, 1970.「糧」海老坂武訳『実存主義とは何か』所収 1996.

1939 « Portraits officiels », « visage », in *Verve*, n° 5-6 ; repris dans *Les Ecrits de Sartre,* Gallimard, 1970.「偉人の肖像」「顔」石崎晴己訳『実存主義とは何か』所収 1996.

1941 « Moby Dick d'Herman Melville », in *Comœdia*, Nouvelle série, n° 1 ; repris dans *Les Ecrits de Sartre*, Gallimard, 1970 ; repris dans *Situations, I*, 2010.「ハーマン・メルヴィルの『白鯨』」石崎晴己訳『いま，サルトル』所収 思潮社 1991.

1944 « A propos de l'existentialisme : Mise au point », in *Action*, n° 17 ; repris dans *Les Ecrits de Sartre*, Gallimard, 1970.「実存主義について——批判に応える」石崎晴己訳『実存主義とは何か』所収 1996.

1945 « La libération de Paris : Une semaine d'apocalypse », in *Clarté*, n° 9 ; repris dans *Les Ecrits de Sartre*, Gallimard, 1970.「パリ解放・黙示録の一週間」海老坂武訳『実存主義とは何か』所収 1996.

1948 « Jean-Paul Sartre répond à ses détracteurs : L'existentialisme et la politique » in *Pour et contre l'existentialisme*, Editions Atlas.「攻撃者に対するジャン・ポール・サルトルの解答」伊吹武彦訳『実存主義は是か非か』所収 創元社 1950.

« Conscience de soi et connaissance de soi », in *Bulletin de la Société française de philosophie*, XLIIe année, n° 3 ; repris dans *La Transcendance de l'Ego et autres textes phénoménologiques*. Textes introduits et annotés par Vincent de Coorebyter, Vrin, 2003.

1949 « Drôle d'amitié », in *Les Temps Modernes*, n° 50 ; repris dans *Œuvres romanesques*, Gallimard, 1981.「奇妙な友情」佐藤朔・白井浩司訳『自由への道 第三部 魂の中の死・第四部 最後の機会（断片）』所収 1952，海老坂武・澤田直訳『自由への道』(6) 所収 岩波文庫 2011.

1953 « Réponse à M. Mauriac », in *L'Observateur*, le 19 mars.

1959 « Pourquoi des philosophes ? », in *Le Débat*, n° 24, mars 1984 ; repris dans *Sur les écrits posthumes de Sartre*, annales de l'Institut de Philosophie et de Sciences morales, Ed. de l'Université de Bruxelles, Bruxelles, 1987.

1960 « Lettre au tribunal militaire », in *Le Monde*, le 22 septembre.「ジャンソン裁判とサルトル」田中良訳『世界』1960 年 1 月号所収.

1962 *Marxisme et Existentialisme*, Jean-Paul Sartre, Roger Garaudy, Jean-Pierre Vigier, Jean Hyppolite, Jean Orcel, Plon.『マルクス主義と実存主義』森本和夫訳 1963.

1965 *Que peut la littérature ?*, Simone de Beauvoir, Yves Berger, Jean-Pierre Faye, Jean Ricardou, Jean-Paul Sartre, Jorge Semprun, Union Générale d'éditions. 平井啓之訳『文学は何ができるか』河出書房 1966.

1966 « Sartre parle... », interview par Yves Buin, in *Clarté*, n° 55.「リアリズムと虚構」鈴木道彦訳『サルトル対談集 I』所収 1969.

« Jean-Paul Sartre répond », entretiens avec Bernard Pingaud, in *L'Arc*, n° 30 : « Jean-Paul Sartre ».「サルトルとの対話」平井啓之訳『サルトルと構造主義』所収 竹内書店 1968.

Kierkegaard vivant : Colloque organisé par l'Unesco à Paris du 21 au 23 avril 1964, Jean-Paul Sartre, Gabriel Marcel, Martin Heidegger, Jean Bauffret, Lucien Goldmann, Enzo Paci, Karl Jaspers, Jean

Wahl, Jeanne Hersh, Niels Trulstrup, Gallimard, coll. « Idées ».『生けるキルケゴール』松浪信三郎他訳 1967.

1967 « Pour la Vérité », préface au numéro spécial des *Temps Modernes* : « Le conflit israélo-arabe », n° 253.「真理のために」伊東守男訳『アラブとイスラエル』所収 サイマル出版会 1972.

1976 « Sartre parle de Flaubert », entretiens avec Michel Sicard, le 6 mai 1976, in *Magazine littéraire*, n° 118 ; repris dans Sicard, Michel, *Essais sur Sartre, Entretiens avec Sartre (1975–1979)*, Galilée, 1989.

1977 « Sartre et les femmes » I, II, entretien avec Catherine Chaine, in *Le Nouvel Observateur*, n° 638, 639.「女　私の思想の核心」浦野衣子訳『海』1977 年 4 月号所収.

1979 « Extraits d'un cahier de Notes pour la Grande Morale », in *Obliques*, n° 18-19 : « Sartre inédit ».「倫理学ノート」鈴木道彦訳『中央公論』1979 年 9 月号所収.

« L'Ecriture et la publication », entretien avec Michel Sicard, de novembre 1977 à juin 1978, in *Obliques*, n° 18-19 : « Sartre inédit » ; repris dans Sicard, Michel, *Essais sur Sartre, Entretiens avec Sartre (1975–1979)*, Galilée, 1989.「書くことの行為に向かって――サルトル自作を語る」岩崎力訳『海』1980 年 1 月号所収.

1980 « L'Espoir maintenant » I, II, III, dialogue avec Benny Lévy, in *Le Nouvel Observateur*, n° 800, 801, 802 ; repris dans *L'Espoir maintenant, Les Entretiens de 1980*, présentés et suivis du *Mot de la fin* par Benny Lévy, Verdier, Lagrasse, 1991.「いま 希望とは」海老坂武訳『朝日ジャーナル』1980 年 4 月 18 日号～5 月 2 日号所収.

1981 « Penser l'Art », entretien avec Michel Sicard, in *Obliques*, n° 24-25 : « Sartre et les arts ».「芸術を語る」石崎晴己・東松秀雄訳『いま，サルトル――サルトル再入門』所収 思潮社 1991.

« Saint Marc et son double (Le Séquestré de Venise)», in *Obliques*, n° 24-25.

« Entretiens avec Jean-Paul Sartre août-septembre 1974 », dans Beauvoir, Simone de, *La Cérémonie des adieux*, Gallimard.「サルトルとの対話」朝吹三吉・海老坂武訳 ボーヴォワール『別れの儀式』所収 1983.

1985 « La lutte est-elle intelligible ? », in *Les Temps Modernes*, n° 471.

1990 « Lettres à Wanda », in *Les Temps Modernes*, n° 531-532-533, vol. 2.

1994 « Sartre, Merleau-Ponty : les lettres d'une rupture », in *Magazine littéraire,* n° 320.『サルトル／メルロー＝ポンティ 往復書簡』菅野盾樹訳 みすず書房 2000.

2000 « Résistance », in *Les Temps modernes*, n° 609. [Scénario jusque-là inédit, écrit au cours de l'hiver 1943-1944. Précédé par le texte « Un film pour l'après-guerre » publié en avril 1944]

2001 « Fragments posthumes de la *Légende de la vérité* », in Simont, Juliette, éd. *Écrits posthumes de Sartre, II,* Vrin, pp. 27–58. [Texte transcrit, édité et introduit par Michel Rybalka et Vincent de Coorebyter]

« Pages inédites du "Carnet Dupuis" », in *Études sartriennes*, VIII, Université Paris X.

2005 « Esquisses pour la Critique de la Raison dialectique », in *Études sartriennes,* n° 10, Ousia, Bruxelles.

« Morale et Histoire », in *Les Temps Modernes*, n° 632-633-634.

« Fragments du scénario *Joseph Le Bon* », in *Les Temps Modernes*, n° 632-633-634.

« Sur le baroque », in *Les Temps Modernes*, n° 632-633-634.

2006 « Quelques feuillets inédits du scénario *Joseph Le Bon* », in *Études sartriennes*, n° 11, Ousia, Bruxelles.

2007 « Mai-juin 1789. Manuscrit sur la naissance de l'Assemblée nationale », in *Études sartriennes*, n° 12, Ousia, Bruxelles.

« Liberté – Égalité. Manuscrit sur la genèse de l'idéologie bourgeoise », in *Études sartriennes*, n° 12, Ousia, Bruxelles.

« L'amour courtois : pour une psychologie de l'homme féodal », in *Les Temps Modernes*, n° 645-646.

2012 « La technique du roman et les grands courants de la pensée contemporaine. Conférences de la Lyre havraise, novembre 1932–mars 1933 », in *Études sartriennes*, n° 16, Ousia, Bruxelles.

【日本で独自に編集された書籍】

『革命か反抗か――カミュ＝サルトル論争』佐藤朔訳 1953 新潮社，1968 講談社，1969 新潮文庫．［1952 年に『現代』誌上で行われた論争をまとめて収録］

『サルトルとの対話』J.-P. サルトル・S. ボーヴォワール・大江健三郎・坂本義和・鶴見俊輔・日高六郎・加藤周一・平井啓之・鈴木道彦・海老坂武・白井浩司 1967.［サルトルが来日した際に行った三つの対談「知識人・核をめぐって」「私の文学と思想」「西欧と日本」を収録］

『知識人の擁護』佐藤朔・松浪信三郎他訳 1967.［滞日講演集］

『ラッセル法廷』ラッセル・サルトル他 ベトナムにおける戦争犯罪調査日本委員会編 1967.［ベトナムにおけるアメリカの戦争犯罪を裁くために開かれた国際法廷の記録］

『サルトル対談集』（Ⅰ, Ⅱ）鈴木道彦他訳 1969, 1970.［新聞・雑誌等に掲載されたテクストを収録］

『サルトル 否認の思想――'68 年 5 月のフランスと 8 月のチェコ』海老坂武他訳 1969.［68 年 5 月革命をめぐるサルトルの発言を収録.『シチュアシオンⅧ』未収録のものも含む］

『植民地の問題』海老坂武他訳 2000.［『シチュアシオン』より植民地関連の論文を収録］

『哲学・言語論集』清水徹他訳 2001.［『シチュアシオン』より哲学・言語関連の論文を収録］

2. 日本語の文献

【書籍】

1948 高桑純夫編『自我と実存』白揚社.
フランス文化友の会編『J・P・サルトル』新樹社.
松浪信三郎『実存哲学粗描』小石川書房 .
森隆編『実存主義者サルトルをめぐって』草美社.

1949 伊吹武彦『サルトル論』世界文学社.
高坂正顕『キェルケゴオルからサルトルへ――実存哲学研究』弘文堂，1967『キェルケゴールからサルトルへ』国際日本研究所.

1950 R. トロワフォンテーヌ『サルトルとマルセル――二つの実存主義』（安井源治訳）弘文堂.
藤野渉『サルトルと唯物論』三一書房.

1951 森有正『現代フランス思想の展望――サルトル，アラゴン，カミュ』桜井書店.

1953 ジャン・ヴァール『実存主義的人間』（永戸多喜雄訳）人文書院

1954 金子武蔵『サルトルの哲学――存在と虚無』弘文堂，1967 清水弘文堂 .

1955 松浪信三郎『実存哲学』河出書房.
矢内原以作『実存主義の文学』河出書房.

1956 R. M. アルベレス『サルトル 人と作品』（松浪信三郎訳）河出書房，1965 理想社.
A. スターン『サルトル論――その哲学と実存的精神分析』（亀井裕訳）筑摩書房.
竹内芳郎『サルトル哲学入門』河出書房，1966『サルトル哲学序説』盛田書店，1972 筑摩書房

1957 小島輝正『サルトル文学論』青木書院.
小林利裕『サルトル哲学研究』三和書房.
フランシス・ジャンソン『サルトル』（伊吹武彦訳）人文書院.

1958 平井啓之『ランボオからサルトルへ』弘文堂，1968『ランボオからサルトルへ――フランス象徴主義の問題』清水弘文堂，1989 講談社学術文庫.
1959 寺沢恒信『サルトルとカミュ――自由と革命』弘文堂，1968 清水弘文堂.
1960 白井健三郎『実存主義と革命』現代思潮社.
1962 森本和夫『実存主義とマルクス主義』現代思潮社.
1963 鈴木道彦『サルトルの文学』紀伊國屋新書，1994 精選復刻紀伊國屋新書.
1965 竹内芳郎『サルトルとマルクス主義――『弁証法的理性批判』をめぐって』紀伊國屋新書，1994 精選復刻紀伊國屋新書.
松尾邦之助『親鸞とサルトル』実業之世界.
1966 小島輝正『サルトルの文学――その理論と作品』ぺりかん社.
白井浩司『サルトルと知識人』日経新書.
白井浩司『「サルトル」入門』講談社現代新書，2012『サルトルとその時代』アートデイズ.
清水幾多郎編『ニーチェからサルトルへ』平凡社.
竹内芳郎・鈴木道彦編『サルトルの全体像――日本におけるサルトル論の展開』ぺりかん社，1969 新泉社.
松浪信三郎『サルトル』勁草書房.
1967 金子武蔵『キェールケゴールからサルトルへ――実存思想の歩み』清水弘文堂.
ピエトロ・キョーディ『サルトルとマルクス主義』（西川一郎訳）合同出版.
A. シセルブレシト他『サルトル――彼はマルクス主義者か？』（刀江書院編集部訳）刀江書院.
ヴァルター・ビーメル『サルトル』（岩波哲男訳）理想社.
村上嘉隆『サルトルの存在論』啓隆閣.
矢内原伊作『サルトル――実存主義の根本思想』中公新書.
1968 ウィルフリッド・デサン『サルトルのマルクス主義』（玉井茂・宮本十蔵訳）筑摩書房.
野間宏『サルトル論』河出書房，1977 河出書房新社.
アイリス・マードック『サルトル――ロマン的合理主義者』（田中清太郎・中岡洋訳）国文社.
1969 ブノワ・プルシュ『サルトルの人間像』（谷亀利一訳）神無書房.
1970 広瀬京一郎『サルトルとマルセル』塙書房.
村上嘉隆『サルトル』清水書院・人と思想 34，新装版 2014.
1971 モリス・クランストン『サルトルの世界――絶望の裏側のいのち』（堂庭一郎訳）清水弘文堂.
フランシス・ジャンソン『もう一人のサルトル』（海老坂武訳）晶文社.
鈴木道彦・海老坂武・浦野衣子『サルトルとその時代――綜合著作年譜』人文書院.
1972 白井健三郎『異常が正常をあばくとき』朝日出版社.
白井健三郎『実存と虚無』朝日出版社.
シュザンヌ・リラール『サルトルと愛――その哲学・文学における情念論の考察』（榊原晃三訳）サイマル出版会.
R. D. レイン・D. G. クーパー『理性と暴力――サルトル哲学入門』（足立和浩訳）番町書房.
1974 森本和夫『道元とサルトル――「存在」と「無」の哲学』講談社現代新書.
1976 フランシス・ジャンソン『伝記サルトル――実生活におけるサルトル』（権寧訳）筑摩

書房.
ジュルメーヌ・プレ『カミュとサルトル——沈黙か言語か』(村松仙太郎訳) 早川書房.
1979 藤中正義『実存的人間学の試み——サルトル思想の深層構造』耕土社.
1980 滝沢克己『デカルトとサルトル』創言社.
箱石匡行『サルトルの現象学的哲学』以文社.
渡辺幸博『サルトルの哲学——人間と歴史』世界思想社.
1981 白井健三郎『知と権力』三一書房.
アクセル・マドセン『カップル——サルトル，ボーヴォワール二人の旅』(藤枝澪子訳) 新潮社.
1984 加藤周一編『サルトル』講談社・人類の知的遺産 77.
シモーヌ・ド・ボーヴォワール『別れの儀式』(朝吹三吉・二宮フサ・海老坂武訳) 人文書院.
1987 アンナ・ボスケッティ『知識人の覇権——20 世紀フランス文化界とサルトル』(石崎晴己訳) 新評論.
1988 村上嘉隆『サルトルの現象学』村田書店.
西永良成『サルトルの晩年』中公新書.
1990 リリアーヌ・シエジェル『影の娘——サルトルとの二十年』(西陽子・海老坂武訳) 人文書院.
1991 朝吹登水子『わが友サルトル，ボーヴォワール』読売新聞社.
石崎晴己編『いま，サルトル——サルトル再入門』思潮社・現代詩手帖特集版.
桂愛景『サルトルの饗宴——サイエンスとメタサイエンス』サイエンスハウス.
1992 渡辺幸博『サルトルとポスト構造主義』関西大学出版部.
1993 渡辺幸博『哲学の現在——サルトルからポスト構造主義へ』関西大学出版部.
1994 長谷川宏『同時代人サルトル』河出書房新社，2001 講談社学術文庫.
1995 ビアンカ・ランブラン『ボーヴォワールとサルトルに狂わされた娘時代』(阪田由美子訳) 草思社.
朝吹登水子『サルトル，ボーヴォワールとの 28 日間・日本』同朋舎.
アラン・ルノー『サルトル，最後の哲学者』(水野浩二訳) 法政大学出版局.
1996 清眞人『〈受難した子供〉の眼差しとサルトル』御茶の水書房.
1997 市倉宏祐『ハイデガーとサルトルと詩人たち』NHK出版.
1998 金山誠『小林秀雄とサルトル』三章文庫.
ポール・ストラザーン『90 分でわかるサルトル』(浅見省吾訳) 青山出版社，2014 WAVE 出版.
クロード・ランズマン編『レ・タン・モデルヌ 50 周年記念号』(記念号翻訳委員会訳) 緑風出版.
朝西柾『サルトル 知の帝王の誕生——「世界という魔界」と「全知への野望」』新評論.
1999 フレドリック・ジェイムソン『サルトル——回帰する唯物論』(三宅芳夫・太田晋・谷岡健彦・松本徹臣・水溜真由美・近藤弘幸訳) 論創社.
2000 三宅芳夫『知識人と社会　J.=P. サルトルにおける政治と実存』岩波書店.
2001 石崎晴己・澤田直編『サルトルの遺産』日本サルトル学会・青山学院大学.
小西忠彦『私の思想遍歴——サルトルとともに』人文書院.
辻昭臣『サルトルとカミュ——文学的アンガージュマン』文芸社.
2002 末次弘『サルトル哲学とは何か』理想社.

澤田直『〈呼びかけ〉の経験――サルトルのモラル論』人文書院.
澤田直『新・サルトル講義』平凡社新書.
2003 永野潤『図解雑学 サルトル』ナツメ社.
ドナルド・D・パルマー『サルトル』(澤田直訳) ちくま学芸文庫.
2004 水野浩二『サルトルの倫理思想――本来的人間から全体的人間へ』法政大学出版局.
清眞人『実存と暴力――後期サルトル思想の復権』御茶の水書房.
2005 柴田芳幸『マラルメとフローベールの継承者としてのサルトル』近代文芸社.
海老坂武『サルトル――「人間」の思想の可能性』岩波新書.
クロディーヌ・セール=モンテーユ『世紀の恋人――ボーヴォワールとサルトル』(門田眞知子・南知子訳) 藤原書店.
ベルナール=アンリ・レヴィ『サルトルの世紀』(石崎晴己監訳, 澤田直・三宅京子・黒川学訳) 藤原書店.
梅木達郎『サルトル――失われた直接性をもとめて』NHK 出版.
2006 川神傅弘『サルトルの文学――倫理と芸術のはざまを奏でる受難曲』関西大学出版部.
アニー・コーエン=ソラル『サルトル』(石崎晴己訳) 白水社文庫クセジュ.
合田正人『サルトル『むかつき』ニートという冒険』みすず書房.
2007 ミシェル・ヴィノック『知識人の時代――バレス/ジッド/サルトル』(塚原史・立花英裕・築山和也・久保昭博訳) 紀伊國屋書店.
石崎晴己・澤田直編『サルトル 21 世紀の思想家――国際シンポジウム記録論集』思潮社.
2008 山縣熙『劇作家サルトル』作品社.
2010 北見秀司『サルトルとマルクス I ――見えない『他者』の支配の陰で』春風社.
2011 北見秀司『サルトルとマルクス II ――万人の複数の自律のために』春風社.
永野潤『図説あらすじでわかる! サルトルの知恵』青春新書.
2013 清眞人『サルトルの誕生――ニーチェの継承者にして対決者』藤原書店.
渡部佳延『サルトル, 世界をつかむ言葉』トランスビュー.
渡部佳延『サルトル, 存在と自由の思想家』トランスビュー.
2014 フランソワ・ヌーデルマン『ピアノを弾く哲学者――サルトル, ニーチェ, バルト』(橘明美訳) 太田出版.
2015 アニー・コーエン=ソラル『サルトル伝 1905–1980』(石崎晴己訳) 藤原書店.〔近刊〕

【雑誌の特集】
『本の手帖』1965 年 11 月号　特集「サルトル研究」昭森社.
『理想』567 号 1980 年 8 月　特大号「サルトル」理想社.
『現代思想』1980 年 7 月号　特集「サルトル――ある時代の終焉」青土社.
『実存主義』第 89 号 (最終後) 1985 年 7 月　特集「サルトル」以文社.
『現代思想』1987 年 7 月号　特集「サルトル以後のサルトル」青土社.
『文藝』春季号 1995 年 特集「聖サルトルと世紀末実存主義」河出書房新社.
『理想』665 号 2000 年 8 月 特集「サルトル・今」理想社.
別冊『環』11 2005 年「サルトル 1905–80【他者・言葉・全体性】」藤原書店.

3. 欧文文献

【書籍】

1980 年以降の書籍から特に近年フランスで出版された研究書に重点を置いて作成した．出版地がパリの場合は省略．

伝記

PERRIN, Marius, *Avec Sartre au Stalag 12 D*, J.P. Delarge, 1980.

MICHEL, Georges, *Mes années Sartre : Histoire d'une amitié*, Hachette, 1981.

COHEN-SOLAL, Annie, *Sartre 1905–1980*, Gallimard, 1985 ; coll. « Folio/Essais », 1989.

CAU, Jean, *Croquis de mémoire*, Julliard, 1989.

LÉVY, Benny, *Le nom de l'homme : dialogue avec Sartre*, Verdier, Lagrasse, 1990.

COHEN-SOLAL, Annie, *Album Jean-Paul Sartre*, Gallimard, 1991.

GALSTER, Ingrid, *Sartre, Vichy et les intellectuels*, L'Harmattan, 2001.

LÉVY, Benny, *La Cérémonie de la naissance : lectures de Sartre*, Verdier, Lagrasse, 2005.

BAROT, Jean-Pierre, *Sartre, le temps des révoltes*, Stock, 2006.

LÉVY, Benny, *Pouvoir et liberté*, Verdier, Lagrasse, 2007.

GERASSI, John, *Entretiens avec Sartre*, Grasset, 2011.

HANUS, Gilles, *Penser à deux : Sartre et Benny Lévy face à face*, L'Age d'Homme, 2013.

REPAIRE, Sébastien, *Sartre et Benny Levy : Une amitié intellectuelle du maoïsme triomphant au crépuscule de la révolution*, L'Harmattan, 2013.

GALSTER, Ingrid, *Sartre sous l'Occupation et après : Nouvelles mises au point*, L'Harmattan, 2014.

作品全般

PACALY, Josette, *Sartre au miroir : une lecture psychanalytique de ses écrits biographiques*, Klincksieck, 1980.

COLOMBEL, Jeannette, *Sartre ou le parti de vivre*, Grasset, 1981.

VERSTRAETEN, Pierre (éd.), *Autour de Jean-Paul Sartre : littérature et philosophie,* Gallimard, coll. « Idées », 1981.

HOLLIER, Denis, *Politique de la prose : Jean-Paul Sartre et l'an quarante*, Gallimard, 1982.

BOSCHETTI, Anna, *Sartre et* « Les Temps Modernes » *: Une entreprise intellectuelle*, Minuit, 1985.

BURGELIN, Claude (éd.), *Lectures de Sartre*, Presses Universitaires de Lyon, Lyon, 1986.

VERSTRAETEN, Pierre (éd.), *Sur les écrits posthumes de Sartre*, Annales de l'Institut de Philosophie et de Sciences morales de l'Université de Bruxelles, Bruxelles, 1987.

HOWELLS, Christina, *Sartre, The Necessity of Freedom*, Cambridge University Press, Cambridge, 1988.

SICARD, Michel, *Essais sur Sartre, Entretiens avec Sartre (1975–1979)*, Galilée, 1989.

BOULÉ, Jean-Pierre, *Sartre médiatique : la place de l'interview dans son œuvre*, Minard, 1993.

LOUETTE, Jean-François, *Silence de Sartre*, Presses Universitaires du Mirail, Toulouse, 1995.

SIMONT, Juliette, *Jean-Paul Sartre, Un demi-siècle de liberté*, De Boeck & Larcier, Bruxelles, 1998.

COLOMBEL, Jeannette, *Sartre : un homme en situations*, LGF, coll. « Livre de Poche », 1999.

BERTHOLET, Denis, *Satre*, Plon, 2000.

COLOMBEL, Jeannette, *Lettre à Mathilde sur Jean-Paul Sartre*, LGF, coll. « Livre de Poche », 2000.

DENIS, Benoît, *Littérature et engagement, de Pascal à Sartre*, Seuil, 2000.

LÉVY, Bernard-Henri, *Le Siècle de Sartre*, Grasset, 2000.

PETIT, Philippe, *La Cause de Sartre*, PUF, 2000.

Galster, Ingrid (éd.), *La Naissance du « phénomène Sartre ». Raisons d›un succès 1938–1945*, Seuil, 2001.
Simont, Juliette (éd.), *Écrits posthumes de Sartre, II, Avec un inédit de Jean-Paul Sartre*, Vrin, Annales de l'Institut de Philosophie de l'Université de Bruxelles, Bruxelles, 2001.
Bertholet, Denis, *Sartre*, Libraire Académique Perrin, coll. «Tempus», 2005.
Bertholet, Denis, *Sartre : L'Écrivain malgré lui*, Infolio, 2005.
Cohen-Solal, Annie, *Sartre, un penseur pour le XXIe siècle*, Gallimard, coll. « Découvertes », 2005.
Cohen-Solal, Annie, *Sartre*, PUF, coll. « Que sais-je ? », 2005.
Contat, Michel, *Sartre : L'invention de la liberté*, Textuel, coll. « Passion », 2005.
Contat, Michel (éd.), *Sartre*, Bayard, 2005.
Galster, Ingrid (éd.) , *Sartre et les juifs. Actes du colloque de Paris, 19-20 juin 2003*, La Découverte, 2005.
Gomez-Muller, Alfredo, *Sartre : de la nausée à l'engagement*, Le Félin, 2005.
Jeanson, Francis, *Sartre devant Dieu*, Cécile Defaut, Nantes, 2005.
Noudelmann, François, *Jean-Paul Sartre*, ADPF, 2005.
Gomez-Muller, Alfredo (dir.), *Sartre et la culture de l'autre*, L'Harmattan, 2006.
Münster, Arno & Wallet, Jean-William (dir.), *Sartre : le philosophe, l'intellectuel et la politique*, L'Harmattan, 2006.
Wormser, Gérard (dir.), *Sartre : du mythe à l'histoire*, Sens Public, Lyon, 2006.
Menu, André, *Sartre : Une chance pour les sciences humaines*, Connaissances et Savoirs, 2007.
Contat, Michel, *Pour Sartre,* PUF, 2008.
Monnin, Nathalie, *Sartre*, Les Belles Lettres, coll. « Figures du savoir », 2008.
Davies, Howard, *Sartre and 'Les Temps Modernes',* Cambridge University Press, Cambridge, 2009.
Louette, Jean-François, *Traces de Sartre*, ELLUG, Grenoble, 2009.
Rius, Mercè, *Quatre essais sur Sartre*, L'Harmattan, 2010.
Boulé, Jean-Pierre & O'donohoe, Benedict (ed.), *Jean-Paul Sartre : Mind and Body, Word and Deed,* Cambridge Scholars Publishing, Newcastle upon Tyne, 2011.
Cabestan, Philippe & Zarader, Jean-Pierre, *Lectures de Sartre*, Ellipses Marketing, 2011.
Depraz, Natalie & Parant, Noémie (dir.), *L'écriture et la lecture : des phénomènes miroir ?, L'exemple de Sartre*, Publications de l'Université de Rouen et du Havre, Mont-Saint-Aignan, 2011.
Chabot, Alexis, *Sartre et le Père :* Le Scénario Freud, Les Mots, L'Idiot de la famille, Honoré Champion, 2012.
Mares, Petre, *Jean-Paul Sartre ou Les chemins de l'existentialisme*, L'Harmattan, 2012.
O'donohoe, Benedict (ed.), *Severally Seeking Sartre,* Cambridge Scholars Publishing, Newcastle upon Tyne, 2013.
Pagès, Claire & Schumm, Marion (dir.), *Situations de Sartre,* Hermann, 2013.
Robert, Rémi, *Le Regard chez Sartre ; pur duel de violence ou liberté généreuse ? : La liberté prise en situations*, Presses Académiques Francophones, Sarrebruck, 2013.

哲学

Anderson, Thomas C., *The Foundation and Structure of Sartrean Ethics*, Regents Press of Kansas, Lawrence, 1980.
Adloff, Jean-Gabriel, *Sartre : Index du corpus philosophique*, Klincksiek, 1981.
Anderson, Thomas C., *Sartre's Two Ethics : From Authenticity to Integral Humanity*, Open Court Pub. Co., Chicago, 1993.
Renaut, Alain, *Sartre, le dernier philosophe*, Grasset, 1993.

Louette, Jean-François, *Sartre contra Nietzsche*, Presses Universitaires de Grenoble, Grenoble, 1996.
Noudelmann, François, *Sartre : L'incarnation imaginaire*, L'Harmattan, 1996.
Rizk, Hadi, *La Constitution de l'être social : Le statut ontologique du collectif dans* La Critique de la raison dialectique, Kimé, 1998.
Mouillié, Jean-Marc (ed.), *Sartre et la phénoménologie*, ENS-LSH Editions, Lyon, 2000.
Mouillié, Jean-Marc, *Sartre : Conscience, ego et psyché*, PUF, 2000
Barbaras, Renaud (éd.), *Désir et liberté*, PUF, coll. « Débats philosophiques », 2005.
Breeur, Roland, *Autour de Sartre : La conscience mise à nu*, Jérôme Millon, Grenoble, 2005.
Coorebyter, Vincent de, *Sartre face à la phénoménologie. Autour de « L'Intentionnalité » et de « La Transcendance de l'ego »*, Ousia, Bruxelle, 2005.
Royle, Peter, *L'homme et le néant chez Jean-Paul Sartre*, Les Presses de l'Université Laval, Sainte-Foy, 2005.
Daigle, Christine, *Le nihilisme est-il un humanisme ? : Étude sur Nietzche et Sartre*, Les Presses de l'Université Laval, Sainte-Foy, 2006.
Stal, Isabelle, *La philosophie de Sartre, Essai d'analyse critique*, PUF, 2006.
Wormser, Gérard (dir.), *Sartre : violence et éthique*, Sens Public, Lyon, 2006.
Coombes, Sam, *The Early Sartre and Marxism*, Peter Lang AG, coll. « Modern French Identities », 64, Bern, 2008.
Ang Mei Sze, Jennifer, *Sartre and the Moral Limits of War and Terrorism*, Routledge, London, 2010.
Barot, Emmanuel (dir.), *Sartre et le marxisme*, La Dispute, 2011.
Jaoua, Mohamed, *Phénoménologie et ontologie dans la première philosophie de Sartre*, L'Harmattan, 2011.
Kail, Michel, *Jean-Paul Sartre, conscience et subjectivité*, SCÉRÉN-CNDP, coll. « Philosophie en cours », 2011.
Guigot, André, *La question morale et politique dans la pensée de Sartre*, M-Editer, Vallet, 2012.
Münster, Arno, *Sartre et la morale*, L'Harmattan, 2012.
Münster, Arno, *Sartre et la praxis : Ontologie de la liberté et praxis dans la pensée de Jean-Paul Sartre*, L'Harmattan, 2012.
Cambria, Florinda, *La Matière de l'histoire : Praxis et connaissance chez Jean-Paul Sartre*, Mimesis, 2013.
Miamboula, Paul, *Sartre : du néant à l'intersubjectivité*, L'Harmattan, 2014.

小説

Howells, Christina, *Sartre, The Necessity of Freedom*, Cambridge University Press, Cambridge, 1988.
Philippe, Gilles, *Le Discours en soi : La représentation du discours intérieur dans les romans de Sartre*, Honoré Champion, 1997.
Coorebyter, Vincent de, *Sartre avant la phénoménologie. Autour de* « La Nausée » *et de la* « Légende de la vérité », Ousia, Bruxelle, 2005.
Grell, Isabelle, *Les Chemins de la liberté de Sartre : genèse et écriture (1938–1952)*, Peter Lang AG, Bern, 2005.
Cornille, Jean-Louis, *Nauséographie de Sartre*, L'Harmattan, 2007.

自伝

Lejeune, Philippe, *Le Pacte autobiographique*, Seuil, 1975 ; Nouvelle édition augmentée, 1996.
Doubrovsky, Serge, *Autobiographiques de Corneille à Sartre*, PUF, 1988.
Contat, Michel (éd.), *Pourquoi et comment Sartre a écrit* « Les Mots », PUF, 1996.
Idt, Genviève, *Les Mots*, Belin, 2001
Renotte, Guy, *Étude sur Les Mots, Jean-Paul Sartre*, Ellipses Marketing, 2006.

評論・評伝

Lamouchi, Noureddine, *Jean-Paul Sartre, critique littéraire,* Academia, Louvain-la-Neuve, 2006.

Anselmini, Julie & Aucagne, Julie (dir.), L'Idiot de la famille *de Jean Paul Sartre*, ELLUG, Université Stendhal, « Recherches & Travaux », n° 71, Grenoble, 2007.

Deguy, Jacques, *Sartre : Une écriture critique*, Presses Universitaires du Septentrion, Villeneuve-d'Ascq, 2010.

演劇

Ireland, John, *Sartre un art déloyal*, Jean-Michel Place, 1994.

Galster, Ingrid, *Théâtre de Jean-Paul Sartre devant ses premiers critiques :* Les Mouches *et* Huis clos, L'Harmattan, 2003.

Galster, Ingrid (éd.), *Sartre devant la presse d'Occupation. Le dossier critique des* Mouches *et* Huis clos, Presses Universitaires de Rennes, coll. « Interférences », Rennes, 2005.

O'Donohoe, Benedict, *Sartre's Theatre : Acts for life*, Peter Lang AG, coll. « Modern French Identities », 34, Bern, 2005.

Mulamba, Joseph Cimbalanga, *Le tragique dans* Les Mouches *de Jean-Paul Sartre : La vie contradictoire de l'existence humaine*, L'Harmattan, 2010.

その他

Cannon, Betty, *Sartre et la psychanalyse*, PUF, 1993.

Lamouche, Noureddine, *Jean-Paul Sartre et le tiers monde : Rhétorique d'un discours anticolonialiste*, L'Harmattan, 1996.

Vassallo, Sara, *Sartre et Lacan, Le verbe être : entre concept et fantasme*, L'Harmattan, 2003.

Witmann, Heiner, *L'Esthétique de Sartre : Artistes et intellectuels*, L'Harmattan, 2003.

Château, Dominique, *Sartre et le cinéma*, Séguier, Biarritz, 2005.

Zhang, Chi, *Sartre en Chine (1977–1989) : Histoire de sa réception et de son influence,* Le Manuscrit, 2009.

Leguil, Clotilde, *Sartre avec Lacan : Corrélation antinomique, liaison dangereuse,* Navarin, 2012.

Astier-Vezon, Sophie, *Sartre et la peinture : Pour une redéfinition de l'analogon pictural*, L'Harmattan, 2013.

Hamel, Yan, *L'Amérique selon Sartre : littérature, philosophie, politique*, Presses de l'Université de Montréal, Gatineau, 2013.

事典

Noudelmann, François & Philippe, Gilles (éd), *Dictionnaire Sartre*, Honoré Champion, 2004 ; rééd., 2013.

Cox, Gary, *The Sartre Dictionary*, Continuum, London, 2008.

Cabestan, Philippe, *Dictionnaire de Sartre,* Ellipses Marketing, 2009.

専門誌

Études sartriennes, I, II-III, IV, V, VI, VII, VIII, Université Paris X, 1984, 1994, 1990, 1993, 1995, 1998, 2001.

Études sartriennes, n° 9–n° 16, Ousia, Bruxelles, 2004–2012.

Sartre Studies International, An Interdisciplinary Journal of Existentialism, and Contemporary Culture, vol. 1–20, Berghahn Books, New York / Oxford, 1995–2014.

【新聞・雑誌のサルトル特集】

L'Arc, n° 30, 1966 : « Jean-Paul Sartre ». 『サルトルと構造主義』平井哲之訳 竹内書店 1968.
Magazine littéraire, n° 55-56, septembre 1971 : « Spécial Sartre ».
Magazine littéraire, n° 103-104, septembre 1975 : « Sartre dans son histoire ».
Obliques, n° 18-19, 1979 : « Sartre inédit », dirigé par Michel Sicard.
Libération, 17 avril 1980.
Obliques, n° 24-25, 1981 : « Sartre et les arts », dirigé par Michel Sicard.
Magazine littéraire, n° 176, septembre 1981.
Libération, 23/24 juin 1990.
Les Temps modernes, n° 531-533, octobre-décembre 1990 : « Témoins de Sartre ».
Magazine littéraire, n° 282, novembre 1990 : « Sartre dans tous ses écrits ».
Revue philosophique de la France et de l'étranger, tome 121 (n° 3-1996) : « Jean-Paul Sartre ».
Revue Lignes, n° 1, mars 2000 : « Sartre-Bataille ».
Alter : revue de phénoménologie, n° 10, 2002 : « Sartre phénoménologue ».
Revue internationale de Philosophie, vol. 59, n° 231 (n° 1-2005), janvier 2005.
Rue Descartes, revue du Collège International de Philosophie, n° 47, février 2005 : « Sartre contre Sartre », coordonné par Bruno Clément.
L'Histoire, n° 295, février 2005 : « Sartre portait sans tabou ».
Le Nouvel Observateur, n° 2104, mars 2005 : « Faut-il brûler Sartre ? ».
Magazine littéraire, hors-série n° 7, mars-mai 2005 : « Jean-Paul Sartre, la conscience de son temps ».
Les Temps Modernes, n° 632-633-634, juillet-octobre 2005 : « Notre Sartre ».
Cités, n° 22, 2005 : « Sartre à l'épreuve : L'engagement au risque de l'histoire ».
Cahiers d'Etudes Lévinassiennes, n° 5, 2006 : « Lévinas-Sartre ».
Le Monde magazine, n° 31, 17 avril 2010 : « 30 ans après sa mort, Sartre n'a pas dit son dernier mot ».
La Revue Commune, n° 60, décembre 2010 : « Le camarade Sartre ».
Revue des Sciences Humaines, n° 308, avril 2012 : « Autour des écrits autobiographiques de Sartre ».
Études françaises, vol. 49, n° 2-2013 : « Jean-Paul Sartre, la littérature en partages », Les Presses de l'Université de Montréal.
Europe, n° 1014, octobre 2013, « Diderot, Sartre, Chris Marker ».
Les Temps Modernes, n° 674-675, juillet-octobre 2013 : « Sartre avec Freud ».

サルトル略年譜

黒川 学

1905 6月21日，ジャン＝ポール・サルトル，パリ16区に生まれる．父はジャン＝バチスト（1874年生まれ），母はアンヌ＝マリー（1882年生まれ）．両親の結婚は1904年5月3日．母方の祖父は，アルザス出身のドイツ語教授シャルル・シュヴァイツアー（1844–1935）であり，ノーベル平和賞（1952）の医師アルベルト・シュヴァイツアーはアンヌ＝マリーのいとこにあたる．父は理工科学校を卒業した海軍士官であり，同級生だった造船技師ジョルジュ・シュヴァイツアーから妹を紹介されたのだった．父方の祖父エイマール・サルトルはペリゴール（ドルドーニュ県），ティヴィエの医師であった．

1906 9月17日，父死去．コーチシナで罹患した熱病によるもの．その時点で住まいはティヴィエだったが，その後，母と子は祖父母の住むパリ西隣のムードンに移る．

1911 一家はパリに移る．リュクサンブール公園に近い，ル・ゴフ通り1番．

1913 リセ・モンテーニュに入学するが，祖父の判断で，すぐに退学．
・フッサール『イデーン』発表．プルースト『スワン家の方へ』．

1914 パリにある私塾，ブーボン学院に一学期間通う．
・第一次世界大戦（～1918）．

1915 リセ・アンリ四世校に入学．ここで，ポール・ニザン（1905–40）と友人になる．

1917 4月26日，母，ジョゼフ・マンシーと再婚．マンシーは亡き父と理工科学校の同級生で，ラ・ロシェルで船舶技師．11月からサルトルはラ・ロシェルのリセに入る．新たな環境に馴染めず，義父との関係においても「暴力」を体験する．
・ロシア2月革命，10月革命．

1920 リセ・アンリ四世校に寄宿生として転校．ニザンとの再会．ジィド，プルースト，ジロドゥなど現代文学の手ほどきを受ける．
・ジッド『コリドン』．

1922 6月，バカロレアに合格．リセ・ルイ＝ル＝グラン校の高等師範学校入学準備クラスに移る．常にニザンとともに行動．

1923 同人誌に『病的な天使』，『ふくろうイエス』を発表．

1924 8月, 高等師範学校合格. 同期にニザンの他, レイモン・アロン(1905–83), ダニエル・ラガシュ(1903–71)など.
・ブルトン『シュルレアリスム宣言』.
・レーニン死去.

1925 シモーヌ・ジョリヴェ(1904–67)(後に女優)と知り合い, 恋愛関係になる.
・ジッド『贋金つくり』, カフカ『審判』(没後刊行, 仏訳は1933年).

1927 論文「心的生活におけるイマージュ」を提出. 未完の小説「ある敗北」を書く.
・ハイデガー『存在と時間』, ヘミングウェイ『男だけの世界』, ジッド『コンゴ紀行』.

1928 教授資格試験に失敗.「アルメニア人エル」を書く. 留学中の九鬼周造(1888–1941)にフランス語, フランス哲学の個人教授をする.

1929 教授資格試験の準備をしていたシモーヌ・ド・ボーヴォワール(1908–86)と出会う. サルトルは1番で, ボーヴォワールは2番で合格. 11月, 18ヶ月の兵役が始まり, サン=シールの気象隊に配属される.
・フォークナー『サートリス』,『響きと怒り』.

1930 母方の祖母, ルイーズ・シュヴァイツァー死去, 10万フランほどの遺産を相続するが, ボーヴォワールとの旅行資金に充て, 2, 3年で使い尽くす.
・ブルトン『シュルレアリスム第二宣言』, マルロー『王道』.

1931 ル・アーヴルのリセの哲学教授に任命される. ボーヴォワールはマルセイユのリセに赴任(32年からルーアン).『真理伝説』を雑誌に発表.
・ニザン『アデン・アラビア』, フッサール『デカルト的省察』.

1932 ル・アーヴル市主催の公開講座で, 月例講演「小説の技術と現代思想の潮流」(11月から翌年3月まで).
・ドス・パソス『1919』.

1933 アロンによって現象学の教示を受け, レヴィナス『フッサールにおける直観の理論』(1930)を読む. 9月から, ベルリンのフランス学院に滞在し, フッサールを研究する.
・1月30日, 独でヒトラーが首相になる.
・マルロー『人間の条件』.

1934 ベルリンで,『メランコリア』,『自我の超越性』を書く. 10月, ル・アーヴルに戻る. ボーヴォワールの教え子, オルガ・コサキエヴィチ(1915–83)を紹介される.

1935 2月, サン=タンヌ病院で, ラガシュによってメスカリンの注射を受け, その体験の既述を試みる. 3月21日, 祖父, シャルル・シュヴァイツァー死去.

1936 『想像力』刊.『エロストラート』,『デペイズマン』を書く. 秋, ランのリセに赴任. ボー

ヴォワールはパリに.

・6月4日，レオン・ブルム人民戦線内閣成立（〜1937年6月22日）. 7月17日，スペイン内戦（〜1939年4月1日）

・ジッド『ソヴィエト紀行』.

1937 「自我の超越性」を『哲学研究』誌に発表.『メランコリア』がガリマール社に採用される. タイトルは『嘔吐』に変更.『壁』を『NRF』に発表. 秋，ヌイイのリセ・パストゥールに赴任. オルガの妹，ワンダ（1917–89）と関係（後，女優として，サルトルの芝居に出演）.

・ピカソ『ゲルニカ』.

1938 『嘔吐』刊.「部屋」,「水入らず」，フォークナー論，ドス・パソス論を発表.「一指導者の幼年時代」を書く.「糧」を雑誌『ヴェルヴ』に発表.

・9月29日〜30日，ミュンヘン会談

・ニザン『陰謀』，マルロー『希望』.

1939 短編集『壁』,『情動論素描』刊.「顔」を雑誌『ヴェルヴ』に発表. 9月2日，動員され，アルザスへ送られる.『奇妙な戦争——戦中日記』として死後刊行されることになる膨大な量の執筆と読書.

・8月23日，独ソ不可侵条約締結. 9月1日，独，ポーランド侵攻. 9月3日，英仏，独に宣戦布告（翌年5月，独軍の仏侵攻まで戦闘なし）. ニザン，共産党離党（9月25日），翌年戦死（5月23日）

・ミシェル・レリス『成熟の年齢』.

1940 『想像力の問題（イマジネール）』刊.『壁』でポピュリスム小説賞を受賞. 6月21日，独軍の捕虜となる. 8月半ばにはトリーアの捕虜収容所12Dに送られる. 12月24日,『バリオナ』を執筆・上演. 自らも，バルタザールの役で舞台に立つ.

・6月14日，独軍，パリ占領. 7月11日，ヴィシー政権成立. 8月21日，トロッキー暗殺.

1941 3月中旬，視力障害のある一般市民と偽ることで，解放され，パリに帰還. リセ・パスツールに復職. レジスタンス・グループ「社会主義と自由」を結成（メルロ＝ポンティ，ボスト，ドゥサンティなどと）するも，成果を上げられず解散. 10月，リセ・コンドルセ校に赴任（1944年まで）. ジャコメッテイ（1901–66）と知り合う.

・6月22日，独ソ戦開始.

1942 ホテルに暮らし，サン＝ジェルマン＝デ＝プレのカフェで書く日々.『猶予』と『存在と無』を並行して執筆. レリス（1901–90）と知り合う.

・カミュ『異邦人』，ブランショ『アミナダブ』.

1943 『存在と無』刊行.「『異邦人』解説」，ドリュ＝ラ＝ロシェル，バタイユ，ブランショについて評論を発表. CNE（全国作家委員会）にレリスとともに参加. 映画製作配給のパテ社と契約を結ぶ. 翌年にかけて『賭けはなされた』,『チフス』などのシナリオを執筆. 6月2日,『蠅』公演. 総稽古の際，カミュ（1913–60）と知り合う.

・ボーヴォワール『招かれた女』，バタイユ『内的体験』.

1944 ピカソのファルス『尻尾を掴まれた欲望』に参加.『コンバ』紙にパリ解放(8月25日)のルポルタージュを連載. 9月9日,「沈黙の共和国」を発表.『花のノートルダム』の抜粋が初めて公になったジャン・ジュネ(1910–86)との出会い.

1945 『出口なし』,『自由への道』第一部(『分別ざかり』), 第二部(『猶予』)刊. 1〜5月,『フィガロ』,『コンバ』の特派員として米国へ. ニューヨークでブルトン, マッソン, カルダーらと知り合う. ドロレス・ヴァネッティ(1912–2008)と関係. 1月21日, 義父ジョセフ・マンシー死去. 母とボナパルト街で暮らすようになる. 10月,『レ・タン・モデルヌ〔現代〕』創刊(当初の編集委員は他にボーヴォワール, メルロ=ポンティ, アロン, レリス, ジャン・ポーラン, アルベール・オリヴィエ). 講演『実存主義はヒューマニズムか』. 実存主義ブームの始まり.
・5月7日, 独, 降伏.
・メルロ=ポンティ『知覚の現象学』.

1946 『実存主義とは何か』,『ボードレール』,『ユダヤ人問題の考察』刊.『墓場なき死者』と『恭しき娼婦』の初演.「唯物論と革命」発表. ボリス・ヴィアン(1920–59), ミシェル・ヴィアン(1920–)夫妻と知り合う. スイスでの講演旅行の際にアンドレ・ゴルツ(1923–2007)を知る. アロンは『レ・タン・モデルヌ』誌離脱.

1947 『シチュアシオンⅠ』,『ボードレール』刊.「文学とは何か」発表. 倫理学のノートを大量にとるが, 翌年中断し, 完成を見ず(一部は『倫理学ノート』,『真理と実存』として没後刊行). ジャン・ドラノワ監督『賭けはなされた』公開.
・6月, 米, マーシャル・プラン発表するも, ソ連は拒絶. コミンフォルム結成.
・ヴィアン『日々の泡』, メルロ=ポンティ『ヒューマニズムとテロル』, ハイデガー『ヒューマニズム書簡』.

1948 『汚れた手』初演.『シチュアシオンⅡ』,『歯車』刊.「奇妙な友情」,「黒いオルフェ」発表. サロート『見知らぬ男の肖像』に序文. ジャコメッティの個展のカタログに「絶対の探究」を寄稿. R. D. R.(民主的革命連合)への参加. 米ソ冷戦が進むなか第三の道の模索.
・5月14日, イスラエル独立宣言. 5月15日, 第一次中東戦争勃発. 6月, ベルリン封鎖.

1949 『シチュアシオンⅢ』,『自由への道』第三巻(『魂の中の死』)刊. R. D. R. のルーセ, ロゼンタルとともに『政治鼎談』を発表するも, 10月には正式脱退.
・中華人民共和国建国.
・ボーヴォワール『第二の性』, レヴィ=ストロース『親族の基本構造』, ブローデル『地中海』.

1950 ロジェ・ステファン『冒険家の肖像』の序文を書く.
・6月25日, 朝鮮戦争勃発(〜1953).

1951 『悪魔と神』初演. 2月, ジィド死去.「生きているジィド」発表. 9月, ナポリでイタリア紀行『アルブルマルル女王』に取りかかる(翌年放棄).
・カミュ『反抗的人間』

1952 『聖ジュネ』刊. この時期, マラルメ論を用意するが中断. 短いエッセイ「マラルメ(1842–1898)」のみが翌年, 発表された. 5月, 米将軍リッジウェーに対するデモの際に, 仏共産党指導者デュクロが不当に逮捕されたことを契機として,『共産主義者と平和』を執筆. 党の同伴者の時代が始まる. フランシス・ジャンソン(1922–2009)の書評をきっかけとして, サルトル・カミュ論争が起きる. クロード・ランズマン(1925–)を『レ・タン・モデルヌ』編集委員に迎える. 12月, ウィーンの世界平和会議に参加.

1953 編著『アンリ・マルタン事件』(邦題『反戦の原理』)を出版する(前年より, 反軍水兵の特赦を求めることで共産党と共闘した). クロード・ルフォール(1924–2010)との論争. メルロ＝ポンティ,『レ・タン・モデルヌ』から抜ける.『キーン』初演.『チフス』をもとにしたイヴ・アレグレ監督『狂熱の孤独』公開.

・3月, スターリン死去. 7月27日, 朝鮮戦争休戦合意.

・バルト『零度のエクリチュール』.

1954 5〜6月, 最初のソヴィエト旅行.「ジャコメッティの絵画」発表.

・仏軍, ディエンビエンフーで敗北. インドシナから撤退へ. 7月21日, ジュネーヴ協定. 11月1日, FLN(アルジェリア民族解放戦線)一斉蜂起.

・ボーヴォワール,『レ・マンダラン』でゴンクール賞.

1955 『ネクラソフ』初演. メルロ＝ポンティ,『弁証法の冒険』でサルトルを批判. ボーヴォワールが反論を書く. 9〜11月, ボーヴォワールと中国訪問.

1956 3月, アルレット・エルカイム(1935–)と知り合う(1965年養女になる). 6月, フローベール論のためのノートを取り始める. 11月, ソ連のハンガリー介入を批判する.「スターリンの亡霊」執筆. 仏共産党と絶縁.

・2月14日〜15日, ソ連共産党第20回大会のフルシチョフ報告で, スターリン批判がなされる. 10月24日, ハンガリー事件. 10月29日, 第二次中東戦争(スエズ動乱). 11月4日, ソ連のハンガリーへの第二次介入.

・カミュ, ノーベル賞受賞.

1957 「方法の問題」,「ヴェネツィアの幽閉者」発表. 植民地体制, アルジェリア戦争での拷問を告発する論考多数. レイモン・ルーロー監督『サレムの魔女』(アーサー・ミラー原作, サルトル脚色)公開.

1958 アンリ・アレッグ『尋問』の書評「ひとつの勝利」を『レクスプレス』誌に発表. この号は押収され, ついで『尋問』も発禁となる. ド・ゴールの政権復帰(6月1日), 第五共和国憲法制定の国民投票(9月28日)に反対の論陣を張る. ゴルツ『反逆者』に序文「ねずみと人間」を寄せる.

・5月15日, アルジェリアの現地フランス軍の反乱. 10月4日, フランス第五共和制発足. 12月21日, ド・ゴール, 大統領になる.

・レヴィ＝ストロース『構造人類学』.

1959 『アルトナの幽閉者』初演. ジョン・ヒューストン監督の依頼により, アイルランドで

『シナリオ・フロイト』の執筆.
・1月, キューバ革命.

1960 『弁証法的理性批判』刊. 1月4日, カミュ, 交通事故で死亡.「アルベール・カミュ」を三日後に発表. ニザン『アデン・アラビア』の再刊に序文. 2～3月, キューバ訪問. カストロ, ゲバラと会見. 5月, ユーゴスラヴィア訪問. チトーと会見. 8月,「アルジェリア戦争における不服従の権利の宣言」(121人宣言) に署名. 8～11月, ブラジル訪問.
・2月, FLN支援組織「ジャンソン機関」発覚.

1961 ラプージャード展に「特権なき画家」を寄稿. 5月4日, メルロ＝ポンティ, 急逝(「生きているメルロ＝ポンティ」を『レ・タン・モデルヌ』の追悼号に発表). 7月19日, 自宅が右翼のOAS (秘密軍事組織) によるプラスチック爆弾のテロを受ける. 夏, ローマで, フランツ・ファノン (1925–61) との対話,『地に呪われたる者』の序文を書く. 未完に終わるティントレット論にも取り組む. 12月, ローマのグラムシ研究所で講演(「主体性とマルクス主義」).
・1月, ケネディ米大統領就任 (～63), 8月, ベルリンの壁建設.
・フーコー『狂気の歴史』, メルロ＝ポンティ『眼と精神』.

1962 1月7日, 2度目のテロの被害にあう. ラスパイユ通りに転居. 6月, ボーヴォワールとソ連訪問.
・3月, エヴィアン協定調印. 国民投票を経てアルジェリアの自決権承認. 7月に独立.
・レヴィ＝ストロース『野生の思考』.

1963 1月, 8月, ソ連訪問. 11月, チェコスロヴァキア訪問. ヴォルス画集に寄稿.

1964 『言葉』,『シチュアシオン』IV, V, VI, 刊. 4月, ユネスコで, キルケゴールについて講演. 5月, ローマで, 倫理学の講演. 10月, ノーベル文学賞辞退. 12月,「文学は何ができるか」の討論会に参加.

1965 『シチュアシオンVII』刊.『トロイアの女たち』初演. 3月, 米コーネル大学での講座(倫理学) をキャンセル. 8月, ソ連旅行. ヘルシンキ世界平和大会に出席. ピエール・フェルストラーテンとの対談「作家とその言語」発表.
・米軍, 北ヴェトナムへの空爆を恒常化.
・アルチュセール『資本論を読む』,『マルクスのために』.

1966 フローベール論の断章を発表. 7～8月, ギリシャ旅行. 9月18日～10月16日, 日本訪問.「知識人の擁護」の講演.『世界』,『文芸』の両誌で座談会. ベ平連主催の討論集会で発言.
・文化大革命はじまる.
・フーコー『言葉と物』, ラカン『エクリ』.

1967 2, 3月, エジプト (ナセルと会見), イスラエル訪問. 両国の知識人の交流を図るが成果なし. 5月, 11月, ラッセル法廷の議長として, 米国の戦争犯罪を裁く(「ジェノサイド」).

5月, 第10回ソヴィエト作家会議への出席拒否.
・6月5日, 第三次中東戦争勃発(「六日戦争」). ゲバラ, ボリビアで銃殺される.
・デリダ『エクリチュールと差異』,『グラマトロジーについて』.

1968 「5月革命」で, 学生への支持を表明. 5月20日, ソルボンヌでの学生集会に参加, リーダーのダニエル・コーン＝ベンディット(1945–)と対談. 8月, チェコスロバキアへのソ連軍の侵攻を非難.
・1月, チェコスロバキアでドゥプチェクが共産党第一書記になり, プラハの春始動. 4月4日, キング牧師暗殺. 5月, パリ大学ナンテール校での反戦学生処分に対する抗議は, ソルボンヌ校の封鎖に続き, カルチェラタンで学生と警官隊が衝突する(5月10日). これに労働者が呼応し(5月13日), ゼネストへ. ド・ゴールは国民議会を解散すると表明し(5月30日), ド・ゴール派は選挙で圧勝する(6月30日). 8月20日, ソ連, チェコスロバキアに介入(チェコ事件)
・ドゥルーズ『差異と反復』.

1969 1月30日, 母死去. 夏, ユーゴスラヴィアに滞在.
・4月28日, ド・ゴール, 大統領辞任(翌年, 11月死去).

1970 4月, 毛沢東派からの要請で, 機関紙『人民の大儀』を存続させるために名目上の編集長を引き受ける. その際, ベニ・レヴィ(ピエール・ヴィクトール)(1945–2003)と知り合う. 6月には『人民の大義』の街頭配布.「赤色救援」の結成に参加. 10月21日, アラン・ジェスマール(1939–)の裁判に際して, ルノー工場前での街頭演説.『われ告発す』紙に参加. 12月, ランスで, 坑夫16名の死者を出した炭鉱の爆発事故の責任を問う人民法廷を開く.

1971 『家の馬鹿息子』Ⅰ, Ⅱ刊. 5月, キューバの詩人エベルト・パディリャの逮捕に対して, カストロへ抗議の公開書簡. 6月, モーリス・クラヴェル(1920–79)と通信社リベラシオン創設.

1972 『シチュアシオン』Ⅷ, Ⅸ,『家の馬鹿息子』Ⅲ, 刊. 映画『サルトル自身を語る』の撮影(映画の公開は1976年). 1月, 監獄の処遇改善を訴える会見(フーコーらも参加). 2月, ブリュッセルで「司法と国家」の講演. 2月28日, ルノー工場前で警備員に殺された毛沢東主義者ピエール・オヴェルネ殺害の大規模な抗議デモに参加.
・5月, ドイツ赤軍派(バーダー＝マインフォフ・グループ), 西ドイツ各地で爆弾テロを起こす. 5月30日, テルアビブ空港乱射事件.
・デリダ『哲学の余白』.

1973 『状況の演劇』刊. 1月,「間抜け狩り選挙」発表. 5月22日, 編集長として日刊紙『リベラシオン』創刊にこぎつける(1年後に健康上の理由で辞任). 眼底出血を繰り返し, 半ば失明状態. 高血圧, 糖尿も心配されていたが, 禁酒禁煙の徹底には至らず. 10月, エドガー＝キネ通りに転居.
・10月6日, 第四次中東戦争勃発.

1974 『反逆は正しい』(ガヴィ, ヴィクトールとの鼎談)刊. 放送局アンテヌ2からサルトルに

番組制作の提案がある. 多くの歴史家の協力を得る10回シリーズへと構想は膨らむが, 翌年には交渉決裂. ボーヴォワール『別れの儀式』(1981) に収録されることになる対談を録音. 12月, シュトゥットガルトのシュタムハイム刑務所で, ドイツ赤軍派のバーダーと面会. 12月17日, パリ大学都市の日本館で学生たちと討論.

1975 インタヴュー「70歳の自画像」発表. 夏, 例年のヴェネツィア, ローマに代えてギリシア旅行.
・4月, サイゴン陥落. ヴェトナム戦争終結. カンボジアではポル・ポト派がプノンペン入城.

1976 『シチュアシオンX』刊. 11月, エルサレム大学名誉博士の称号を受ける.
・9月, 毛沢東, 死去.

1977 『サルトル自身を語る』刊.

1978 2月, イスラエル訪問. ミシェル・シカールのインタヴューをうける (「芸術を考える」). 『オブリック』誌のサルトル特集号発刊.

1979 「ヴェトナムに救援船を送るための委員会」に参加. 6月20日, アロンとともに記者会見.
・ソ連, アフガニスタンに侵攻 (～1989).

1980 3月, ベニ・レヴィとの対談による「いま, 希望とは」発表. 3月20日, 肺水腫により入院. 4月15日, 死去. 4月19日, モンパルナス墓地に葬られる.

(主として Jean-Paul Sartre, *Les Mots et autres écrits autobiographiques*, Pléiade, 2010 ; *Sartre*, BNF, 2005 ; Annie Cohen-Solal, *Album Jean-Paul Sartre*, Gallimard, 1991 ; Simone de Beauvoir, *La Cérémonie des adieux*, Gallimard, 1981 ; Michel Contat et Michel Rybalka, *Les Écrits de Sartre*, Gallimard, 1970 ; 『いま, サルトル』思潮社, 1991年を参考にした.)

サルトル (1966年, 来日の折)